Unternehmen und Gesellschaft

Herausgegeben vom Kulturkreis der deutschen Wirtschaft
im Bundesverband der Deutschen Industrie (BDI) e.V.

Springer
Berlin
Heidelberg
New York
Hongkong
London
Mailand
Paris
Tokio

Susanne Litzel
Friedrich Loock
Annette Brackert

Herausgeber

Handbuch Wirtschaft und Kultur

Formen und Fakten unternehmerischer Kulturförderung

Mit 27 Abbildungen

Springer

Dr. Susanne Litzel
Kulturkreis der dt. Wirtschaft im BDI e.V.
Haus der Deutschen Wirtschaft
Breite Straße 29
10178 Berlin

Prof. Dr. Friedrich Loock
Hochschule für Musik und Theater
Harvestehuder Weg 12
20148 Hamburg

Annette Brackert
Arbeitskreis Kultursponsoring
Haus der Deutschen Wirtschaft
Breite Straße 29
10178 Berlin

ISSN 1610-8752
ISBN 3-540-44334-7 Springer-Verlag Berlin Heidelberg New York

Bibliografische Information Der Deutschen Bibliothek
Die Deutsche Bibliothek verzeichnet diese Publikation in der Deutschen Nationalbibliografie; detaillierte bibliografische Daten sind im Internet über <http://dnb.ddb.de> abrufbar.

Springer-Verlag Berlin Heidelberg New York
ein Unternehmen der BertelsmannSpringer Science+Business Media GmbH

http://www.springer.de

Printed in Germany

SPIN 10894697 43/3130-5 4 3 2 1 0 – Gedruckt auf säurefreiem Papier

Vorwort

Der vorliegende Band entstand in einer Kooperation des Kulturkreises der deutschen Wirtschaft im BDI e.V. mit dem Institut für Kultur- und Medienmanagement der Hochschule für Musik und Theater Hamburg. Beide Einrichtungen arbeiten bereits seit über zehn Jahren sehr eng zusammen. Der Kulturkreis veranstaltet beispielsweise am Institut eine Vorlesungsreihe zum Thema „Formen privater Kulturfinanzierung".

Die Herausgeber danken den Autoren und Autorinnen für die praxisnahen und detaillierten Beiträge. Ein besonderer Dank gilt Anne Stieve sowie der Projektgruppe „Handbuch" des Hamburger Instituts für Kultur- und Medienmanagement, der Franziska Hammer, Andrea Kowalczyk, Michael Theede und Karin von Voithenberg angehörten. Sie haben im Rahmen ihres Projektstudiums durch ihre Recherche-Arbeiten eine wesentliche Grundlagenarbeit für das Handbuch geleistet.

Die Herausgeber wünschen sich, mit diesem Handbuch einen Beitrag zur Transparenz und Bekanntmachung des Zusammenwirkens von Wirtschaft und Kultur zu leisten und damit Unternehmen zu verstärktem Kulturengagement zu motivieren.

Die Herausgeber Berlin / Hamburg, im September 2002

Vorwort

Inhaltsverzeichnis

Im Sinne einer guten Lesbarkeit verzichten die Herausgeber auf eine gleichzeitige Nennung in der weiblichen und männlichen Form. Selbstverständlich sind jedoch immer beide Formen gemeint - das jeweils nicht-genannte Geschlecht möge sich daher bitte gleichermaßen angesprochen fühlen.

Verzeichnis der Kurzportraits

Abbildungsverzeichnis

Abkürzungsverzeichnis

a.a.O.	am angegebenen Ort/am anderen Ort
Abs.	Absatz
AG	Aktiengesellschaft
AKS	Arbeitskreis Kultursponsoring
Aufl.	Auflage
AO	Abgabenordnung
BDA	Bundesvereinigung der Deutschen Arbeitgeberverbände
BDI	Bundesverband der Deutschen Industrie
BFH	Bundesfinanzhof
BGB	Bürgerliches Gesetzbuch
BMF	Bundesministerium der Finanzen
BStBl	Bundessteuerblatt
bzw.	beziehungsweise
ca.	circa
CD	Corporate Design
Co.	Compagnie
d.h.	das heißt
DIHK	Deutscher Industrie- und Handelskammertag
Ed.	Editor
EFG	Eigentumsfristengesetz
ErbStG	Erbschaftssteuergesetz
EStDV	Einkommensteuerdurchführungsverordnung
EStG	Einkommensteuergesetz
EStR	Einkommensteuerrichtlinien
et al.	et alii (und andere)
etc.	et cetera
e.V.	eingetragener Verein
f.	folgende Seite
ff.	fortfolgende Seiten
FG	Finanzgericht
Fn	Fußnote

gem.	gemäß
GewStG	Gewerbesteuergesetz
GfK	Gesellschaft für Konsum-, Markt- und Absatzforschung
ggf.	gegebenenfalls
GmbH	Gesellschaft mit beschränkter Haftung
GPRA	Government Performance and Results Act
GuV	Gewinn und Verlust
h.c.	honoris causa
Hdb.	Handbuch
Hrsg.	Herausgeber
i.d.R.	in der Regel
Inc.	incorporated (eingetragen)
i.V.m.	in Verbindung mit
KMM	Kultur- und Medienmanagement
KGaA	Kommanditgesellschaft auf Aktien
KStG	Körperschaftssteuergesetz
lit. a	Einschub a
m.E.	meines Erachtens
Mio.	Millionen
NJW	Neue Juristische Wochenschrift
NGO	Non-governmental organization
Nr.	Nummer
o.ä.	oder ähnliche
OECD	Organisation for Economic Cooperation and Development
OFD	Oberfinanzdirektion
P.O.S.	Point of Sale
PPP	Public Private Partnership
PR	Public Relations
Rdn.	Randnote
RStV	Rundfunkstaatsvertrag
Rz.	Randziffer
s.	siehe
S.	Seite
s.o.	siehe oben

sog. sogenannt
SolZ Solidaritätszuschlag
StiftungsR Stiftungsrecht
SWR Südwestrundfunk
u.a. unter anderem
u.ä. und ähnlichen
UNESCO United Nations Educational, Scientific and Cultural Organization
u.U. unter Umständen
UStG Umsatzsteuergesetz
usw. und so weiter
vgl./vergl. vergleiche
v. von/vom
z.B. zum Beispiel
ZEV Zeitschrift für Erbrecht und Vermögensnachfolge
z.T. zum Teil

Abb. 1: Jane Alexander, Preisträgerin des „DaimlerChrysler Award for South African Sculpture 2002“; Installation „African Adventure“ (1999-2002) (Foto: Mark Lewis, Copyright: DaimlerCrysler), s. Kurzportrait S. 175

Einleitung

Bund, Länder und Gemeinden geben in Deutschland den weitaus größten Finanzierungsteil für die Kultur. Im Vergleich dazu nimmt sich der private Anteil an der Gesamtfinanzierung sehr gering aus. Doch unmittelbare Vergleiche von öffentlicher und privater Kulturförderung sind letztlich wenig hilfreich und verstellen den Blick für das Eigentliche:

1. Ein Großteil von Kulturarbeiten wird nahezu vollständig von der öffentlichen Hand getragen. Ebenfalls zahlreich aber sind künstlerische Projekte, die ausschließlich von privaten Förderern ermöglicht werden. Beides kann man nicht in einen Topf werfen und dann feststellen, der eine gibt mehr als der andere.

2. Es kursieren zum Teil geradezu abenteuerliche Schätzungen über die Größenordnung der privaten Kulturförderung. Doch wer hat die Spenden, die Stiftungen und alle kleinen und großen Sponsorings wirklich lückenlos erfasst? Wer hat die Sach- und Dienstleistungen, die viele private Förderer vorzugsweise geben, in Euro-Beträge umgerechnet und zu den Finanzbeträgen addiert? Auch sogenannte „vorsichtige Schätzungen" entbehren aufgrund fehlender Transparenz der Förderleistungen jeder Grundlage. Diese erfolgen vollkommen willkürlich und führen die Diskussion eher in eine falsche Richtung.

Verlassen wir also die Zahlenspiele und konzentrieren uns auf das Wesentliche: die chancenreiche Ausgestaltung der privaten Kulturförderung in all ihren Facetten. Denn im Gegensatz zur öffentlichen Förderung können Privatpersonen und private Unternehmen auf ein ungeheuer breites Spektrum an Fördermöglichkeiten zurück greifen – Finanzleistungen, Sachleistungen, Dienstleistungen – und diese auch noch individuell einsetzen. Die öffentliche Hand hingegen ist angehalten, streng den Haushaltsgesetzen folgend ihre Ressourcen möglichst gleichmäßig und gerecht zu verteilen.

Das Zusammenwirken von Wirtschaft und Kultur wird in der einschlägigen Literatur gern auf ein „Kultursponsoring" reduziert. Ohne Frage, Sponsoring ist ein aktuelles und sehr wichtiges Thema. Und selbstverständlich wird auch das vorliegende Handbuch dazu hilfreiche Anregungen geben. Doch wird jene Eingrenzung der Vielfalt eines Zusammenwirkens von Unternehmen und Kulturschaffenden nicht ausreichend gerecht. Reduzierung auf der einen Seite und Vielfalt auf der anderen – für Unternehmen war es bislang nicht einfach, sich umfassend über das *gesamte* Spektrum einer Kooperation mit der Kultur zu informieren. Diese Lücke schließt das vorliegende Handbuch.

Unternehmen, Verbänden und auch Privatpersonen, die etwas *für* die bzw. *mit* der Kultur machen möchten, stellen sich erfahrungsgemäß vielfältige Fragen. In erster Linie dürften diese zu den Bereichen Recht und Steuern gehören. Fragen wie beispielsweise „Welche Vorteile hat Kultursponsoring gegenüber klassischer Werbung?", „Ist es für ein Unternehmen sinnvoll, eine Kulturstiftung zu gründen?", „In welcher Höhe sind Ausgaben für Kultur steuerlich geltend zu machen?" werden von den Autorinnen und Autoren so aufgegriffen, dass sich sowohl diejenigen angesprochen fühlen dürfen, die sich einen allgemeinen Überblick über das Zusammenwirken verschaffen möchten als auch diejenigen, die bereits über konkrete Erfahrungen verfügen.

Die Bereitschaft, eine Kooperation mit Kulturschaffenden einzugehen, entspringt bei den Unternehmen einem entsprechenden Bewusstseins für gesellschaftliche Belange. Diesbezüglich setzt sich der Begriff „Corporate Citizenship" (CC) mehr und mehr auch bei uns durch. Eine Einführung in Inhalte und Strukturen des CC gibt **André Habisch** in seinem Grundsatzbeitrag. **Gesa Birnkraut** bietet in ihrer Darstellung einen internationalen Vergleich zum „Corporate Volunteering" (CV) an, das eine der tragenden Säulen des CC ist.

Unternehmen werden vor allem in drei – zumindest in steuerlicher Hinsicht – unterschiedlichen Feldern aktiv: (1) Spenden, (2) Stiftungen und (3) Sponsoring. Dieser Aufteilung folgt denn auch die Gliederung des Buches. Einen umfassenden Einblick in die Gemeinsamkeiten und Unterschiede der drei Formen gewähren **Helmut Rundsagen** und **Rudolf Herfurth**. Zur praktischen Illustration ihrer Ausführungen stellen sie zahlreiche Fallbeispiele vor.

Erwerbswirtschaftlich ausgerichtete Unternehmen fragen bei betriebsüblichen Entscheidungen immer nach dem zu erwartenden bzw. dem eingetretenen Nutzen. Diese Frage scheinen viele Unternehmen allerdings im Zusammenhang mit einem Engagement für die Kultur zu scheuen. Doch diese Zurückhaltung ist nicht erforderlich. Eine offene und selbstbewusste Auseinandersetzung mit diesem entscheidenden Aspekt sollte auch im Sinne der Kultur selbst sein. Bei ausreichend guten ökonomischen, politischen und gesellschaftlichen Gründen dürften Unternehmen dem Kulturengagement weitaus eher treu bleiben als wenn ihnen jene Argumente fehlten. In einer seit 1999 laufenden Studie wird die Wirkung von Kultursponsoring erfasst. In Zusammenarbeit mit der Ludwig-Maximilians-Universität stellt der Arbeitskreis Kultursponsoring unter anderem zweifelsfrei fest, dass sich Kultursponsoring vor allem hinsichtlich der Erschließung neuer Märkte und zur Motivation der Mitarbeiter lohnt. **Manfred Schwaiger** stellt die wichtigsten Ergebnisse und Erkenntnisse dieser Studie in seinem Beitrag vor.

Um Entscheidungswege und Mitwirkungsmöglichkeiten zu erkennen, sind Kenntnisse über die inneren Strukturen und Abläufe auf Seiten der unternehmerischen Partner unverzichtbar. Welche Besonderheiten zeichnen die unterschiedlichen Rechtsformen der Kultureinrichtungen aus? Welche entscheidungsrelevanten Überlegungen stellen Gebietskörperschaften an, die sich mit dem Gedanken an ein „Public Private Partnership" (PPP) mit Unternehmen tragen? **Alexander Bretz** und **Friedrich Loock** widmen sich in ihren Beiträgen aus diesem Blickwinkel heraus den Unternehmen, den Kulturinstitutionen und den politischen Akteuren.

Selbstverständlich streben Unternehmen mit ihrem Kulturengagement gute Ergebnisse an – bei der Auswahl geeigneter Projekte, beim Projektmanagement sowie bei der Wahrnehmung durch die definierten Zielgruppen. Es ist beispielsweise steuerliche Vorgabe und unternehmerisches Ziel zugleich, dass ein Sponsor in den Medien genannt wird und entsprechende Aufmerksamkeit erhält. Dazu eignen sich entsprechende Wegbereiter und Wegbegleiter. Diese Mittler können Medien und Agenturen sein. Das Handbuch bietet mit den Beiträgen von **Rudolf Stilcken** und **Annette Brackert** auch hierzu Hintergrundinformationen und Tipps an.

Ergänzt werden die genannten Beiträge durch zahlreiche Beispiele unternehmerischer Kulturförderung in Kurzportraits. Im Anhang findet sich eine Sammlung von Musterverträgen und Mustersatzungen, relevanten Verordnungen und Gesetzestexten. Ferner enthält er Erläuterungen zu Fachbegriffen und benennt einschlägige Einrichtungen.

„Corporate Citizenship“ – unternehmerisches Bürgerengagement im Gemeinwesen des 21. Jahrhunderts

André Habisch

„Corporate Citizenship“ – eine Innovation?

Neue angelsächsische Vokabeln erobern sich seit einigen Monaten ihren Platz in Veranstaltungsprogrammen, Fachzeitschriften und öffentlichen Reden: „Corporate Citizenship“, „Corporate Social Responsability“, „Corporate Volunteering“, „Community Engagement“, „Public Private Partnership“ usw. Kommt hier Neues zur Sprache oder werden wiederum neue Namen für Altbekanntes präsentiert? Allseits akzeptierte Übersetzungen ins Deutsche sind noch nicht gefunden: Wird hier also einmal mehr die unkritische Übertragung von Modellen gefordert, die nur auf dem Hintergrund des angelsächsischen Gesellschaftsmodells zu verstehen sind? Was kann das Gemeinte im deutschen Kontext bedeuten?

Die genannten Begriffe beleuchten auf die eine oder andere Weise den tätigen Bezug des Unternehmens auf seinen sozialen Kontext. Die Reflexion auf „Corporate Citizenship“ ruft in Erinnerung, dass unternehmerisches Handeln immer in einem größeren gesellschaftlichen Rahmen stattfindet. Dieser umfassende institutionelle Rahmen ist einerseits in verschiedener Hinsicht Voraussetzung für unternehmerisches Handeln, er wird aber andererseits auch selbst von ihm mitgestaltet. Das gesellschaftliche Umfeld von Unternehmen im 21. Jahrhundert wird zunehmend durch Globalisierung und Individualisierung geprägt. Auf regionaler, nationaler und internationaler Ebene sind sie mit völlig neuen Problemstellungen und Herausforderungen konfrontiert, die sich nicht mehr mit den hergebrachten Instrumenten staatlicher Regulierung oder diplomatischer Vereinbarungen bearbeiten lassen. Als „Corporate Citizens“ investieren Unternehmen dann selbst in dieses gesellschaftliche Umfeld. Sie helfen mit, tragfähige Strukturen bereichsübergreifender Zusammenarbeit, also „soziales Kapital“, aufzubauen, um zusammen mit Partnern aus anderen gesellschaftlichen Bereichen (Bildungs-, Sozial- und Kultureinrichtungen, Bürgerinitiativen, Verbänden, Politik, anderen Unternehmen etc.) gemeinsame Probleme zu lösen. In diesen Prozess bringen sie nicht nur Geld, sondern alle ihre Ressourcen – also Mitarbeiterengagement, fachliches Know-how und Organisations-Kompetenz, Informationen etc. – ein.

„Corporate Citizenship"-Projekte nutzen sowohl der Gesellschaft als auch den engagierten Unternehmen selbst - und zwar in einer Vielzahl von Handlungsfeldern (Reputation, Mitarbeitermotivation, Gewinnung von Informationen und Know-how, Lernprozesse und Aufbau von Humanressourcen, Unternehmensbewertung an den Finanzmärkten, Fusionsmanagement, Politikkontakte und Lobbying etc). Vorreiterunternehmen bauen daher auch in wirtschaftlich schwierigen Zeiten ihre diesbezüglichen Aktivitäten weiter aus. Das gilt für Klein- und Mittelbetriebe sowie für Großunternehmen.

Die Einbeziehung des gesellschaftlichen Umfeldes als relevante Variable für das eigene unternehmerische Handeln stellt gegenüber vielen Management-Ansätzen eine wichtige konzeptionelle Erweiterung dar. Sie gewinnt insbesondere im Kontext hochentwickelter gesellschaftlicher Arbeitsteilung und Spezialisierung an Bedeutung. Je ausdifferenzierter ein Rechtsgebiet, ein Teilbereich der Medizin, ein Segment der Ingenieurwissenschaften etc. sind, umso leistungsfähiger sind sie in Bezug auf ihre spezielle Funktion; doch die lebensweltliche Seite dieser Spezialisierung ist zugleich eine zwangsläufige Beschränktheit der Perspektive auf die eigene Teilkultur mit ihren Werten, Plausibilitäten und Vorurteilen. Beide - Leistungssteigerung und Beschränkung - sind zwei Seiten derselben Medaille. Betriebswirte, Ingenieure, Juristen und Naturwissenschaftler, die nach einem (möglichst kurzen) Studium in ein Unternehmen eintreten, sind oft einseitig auf ihren Ausschnitt der gesellschaftlichen Realität ausgerichtet; Sozialpädagogen und -arbeiter, Künstler, Lehrer, Theologen und Geisteswissenschaftler haben dagegen mitunter wenig Berührungspunkte mit (und z.T. recht diffuse Vorstellungen von) Wirtschaft. Das Nebeneinander verschiedener Teilkulturen in einer modernen Gesellschaft gerinnt schnell zum Gegeneinander abgeschotteter Bereiche. Eine bürgerschaftliche Zusammenarbeit über Bereichsgrenzen hinweg stellt die Grundlage für soziales Lernen und die Verbesserung des gesellschaftlichen Umfeldes dar. Entstehende Netzwerke lassen sich als „soziales Kapital" einer Gesellschaft begreifen, wenn und insofern sie ein koordiniertes Vorgehen zur Lösung gemeinsamer Probleme und die (Um-) Gestaltung von gesellschaftlichen Institutionen ermöglichen.

Unternehmerisches Bürgerengagement als Kulturarbeit

In dieser Perspektive beschreibt unternehmerisches Bürgerengagement selbst eine kulturelle Aktivität. Denn Kultur zielt ja auf die Erarbeitung übergreifender Interpretationen und Beiträge, die Kommunikation ermöglichen und Identität vermitteln. Unternehmerisches Bürgerengagement gestaltet den sozialen und gesellschaftlichen Raum mit und wird dadurch zum Ausdruck und integralen Bestandteil der Kulturarbeit einer Region. Es schafft darüber hinaus aber auch die sozioökonomische Basis für spezialisierte Kommunikationsformen - sei es in Form künstlerischer Aktivität, sei es in Form von Verständigung im

Rahmen einer breiteren Öffentlichkeit. In dieser doppelten Funktion trägt unternehmerisches Bürgerengagement direkt und indirekt zur Weiterentwicklung der Gesellschaft und zur Lösung aktueller Problemlagen bei.

Die Selbstbestimmung eines Unternehmens zum „Corporate Citizen" ist nicht nur eine semantische, sondern auch eine inhaltliche Festlegung. Sie bejaht die eigene bürgerschaftliche Mitverantwortung im Gemeinwesen ebenso wie die Existenz anderer Bürger als (potentieller) Kooperationspartner. Wer als „Corporate Citizen" handelt, für den mag zugleich moralische Überzeugung, wirtschaftliches Eigeninteresse oder (im Regelfall) beides zugleich eine Rolle spielen. Wichtig ist, dass er im Modus der Bürgergesellschaft agiert, d.h.

- in Anerkennung eines prinzipiell gleichen Rechtsstatus' von Kooperationspartnern (trotz existierender Unterschiede der finanziellen, sozialen oder bildungsmäßigen Ausstattung),
- mit klar ausweisbarem Bezug auf die „polis", also auf das gemeinsame (politisch - institutionell - gesellschaftliche) Umfeld mit seinen klar identifizierbaren Stärken und Schwächen und schließlich
- in Transparenz gegenüber der demokratischen Öffentlichkeit als wichtiger Kontrollinstanz.

Es sind mithin klare Kriterien, die unternehmerisches Handeln als bürgerschaftlich und seine Subjekte als Teil der Bürgergesellschaft qualifizieren. Die bloße Umbenennung von „Public Relations" in „Corporate Citizenship", des Geschäftsberichts in „Corporate Citizenship Report" ohne Veränderung der zugrunde liegenden Handlungslogik trägt nicht zur Ausbildung eines klaren Konzeptes unternehmerischen Bürgerengagements (und damit einer neuen Rollenbestimmung des Unternehmens in der modernen Bürgergesellschaft) bei. Bürgerschaftliches Handeln von Unternehmen ist anspruchsvoller als traditionelle Formen der Öffentlichkeitsarbeit. Denn diese sind oft einseitige Mitteilung oder Selbstdarstellung und gerade nicht Unternehmenskommunikation. Demgegenüber bringt das Handeln in Partnerschaften für Unternehmen in bestimmtem Maße einen Kontrollverlust mit sich. Wie in den Modellen der mathematischen Spieltheorie hängt der Erfolg nicht mehr nur von der eigenen Strategie ab, sondern auch von den Handlungen der anderen Seite. Aus einem einseitigen Kommunikationsakt wird Interaktion. Gerade dadurch gewinnt Unternehmenskommunikation an Glaubwürdigkeit. Doch ein solches Wagnis einzugehen widerspricht dem Autonomiestreben und einem gerade im Management weit verbreiteten Kontrollbedürfnis. Es wird auch in der Ausbildung kaum vorbereitet. Denn die erfolgreiche Durchführung verlangt den dafür Verantwortlichen eigene soziale Kompetenzen ab, die besonderer Schulung und Weiterentwicklung bedürfen.

Unternehmerisches Bürgerengagement in Deutschland

Obwohl die Diskussion um „Corporate Citizenhip" in Deutschland relativ neu ist, verfügt die deutsche Wirtschaft über eine lange Tradition bürgerschaftlichen Gemeinwohlengagements, die bis in die Zeit der Industrialisierung zurück reicht. Stärker als andere Wirtschaftsverfassungen setzt die Soziale Marktwirtschaft in Deutschland auf die strukturierte Zusammenarbeit zwischen den sozialen Gruppen. Im Rahmen des dazu entwickelten Gefüges von Institutionen der Selbstverwaltung engagieren sich Unternehmer ehrenamtlich in Kammern und Bildungseinrichtungen, in der Arbeitsverwaltung und im Gesundheitswesen. Ohne dieses Engagement könnten viele Einrichtungen - inklusive des viel gelobten Systems der dualen Ausbildung - nicht funktionieren. Unbemerkt von einer breiten Öffentlichkeit bringen Handwerker und Kleinunternehmer immer wieder ehrenamtlich ihre betrieblichen Ressourcen, vor allem aber ihre Kenntnisse und Fähigkeiten in Sportvereine und Schulen, in Kirchengemeinden und Umweltgruppen, in soziale und kulturelle Initiativen ein. Der Umfang dieses Engagements ist bis heute nicht annährend erfasst - er lässt sich auch kaum erfassen, da vieles bewusst nicht an die große Glocke gehängt wird. Immer stärker diskutiert aber werden die vielfältigen positiven Effekte eines solchen unternehmerischen Engagements: Initiativen und Aktivitäten anderer engagierter Gruppen (z.B. von Jugendlichen) werden überhaupt erst möglich, Schulen sowie Kultur- und Bildungseinrichtungen können ihre Aufgaben besser erfüllen: Unternehmerisches bürgerschaftliches Engagement stellt in diesem Sinne einen wichtigen Standortfaktor in einer Region dar.

Traditionell gerät engagierten Bürgern das Unternehmen überall dort in den Blick, wo für eine öffentliche Veranstaltung, eine Schülerzeitung, eine kulturelle oder soziale Veranstaltung Geldgeber gesucht werden. Sponsoring ist und bleibt dabei eine unverzichtbare Stütze zur Finanzierung bürgerschaftlicher Initiativen. Dies gilt auf kontinuierlicher Basis auch für das Kultur- und Sozialsponsoring, ohne das manche Häuser und Einrichtungen nicht arbeiten könnten. Große Unternehmen haben ihre Aktivitäten oft in entsprechenden Stiftungen zusammengefasst, die Strategien längerfristiger und großräumiger Initiativen - und damit ein bestimmtes Geberprofil - entfalten. Kleine und mittlere Betriebe unterstützen sportliche, soziale, kulturelle oder ökologische Aktivitäten in ihrer Region. Institutionen wie der Kulturkreis der deutschen Wirtschaft im BDI e.V. bilden ein Forum des Austausches und eine Plattform für gemeinsame Aktivitäten im Kulturbereich.

Trotz dieses Formenreichtums, den gerade die deutsche Wirtschaftskultur der Sozialen Marktwirtschaft hervorgebracht hat, sind doch in den letzten Jahren Engagementformen entstanden, die im Zusammenhang mit „Corporate Citizenship" von einer Innovation zu sprechen erlauben. Teilweise angestoßen durch die wachsende internationale Verflechtung und den resultierenden Kulturaustausch, teilweise in Weiterentwicklung eigener Traditionen, teilweise in Entsprechung zu einem allgemeinen Strukturwandel der Engagementbereitschaft haben Klein-, Mittel- und Großbetriebe Mitverantwortung für die Lösung gesellschaftlicher Probleme übernommen und sind dazu in Partnerschaften mit anderen Bürgern und Bürgergruppen eingetreten. Die Initiative „Freiheit und Verantwortung" der Zeitschrift „Wirtschaftswoche" und der Spitzenverbände der Wirtschaft unter der Schirmherrschaft des Bundespräsidenten hat dazu im Jahr 2001 erstmalig einen Wettbewerb ausgeschrieben. Die über 100 Bewerbungen geben einen ebenso aktuellen wie lebendigen Überblick über die vielfältigen Aktivitäten deutscher Unternehmen. Sie sind Grundlage der folgenden kurzen Darstellung.

Betriebliche Freiwilligenprogramme

Eine Form unternehmerischen Bürgerengagements, die gegenwärtig ganz erheblich an Bedeutung gewinnt, sind betriebliche Freiwilligenprogramme. Sie dienen dem Training der Sozialen Kompetenz der Mitarbeiter und der Horizonterweiterung insbesondere auch des Führungsnachwuchses. Betriebliche Freiwilligenarbeit spielt auch engagementpolitisch eine wichtige Rolle. Denn für viele gerade jüngere Mitarbeiter stellen solche Angebote erstmalig einen Kontakt zu ehrenamtlichem und bürgerschaftlichem Engagement her und bilden so einen Türöffner für das Ehrenamt. Projekte unternehmerischen Bürgerengagements siedeln sich überwiegend in den Bereichen Schule/Jugend, Kultur und Soziales an. Programme wie „Switch" oder „Seitenwechsel", in denen Manager von ihrem Arbeitgeber für einige Wochen an soziale oder kulturellen Einrichtungen ausgeliehen werden, um die dortigen Erfahrungen später in den eigenen Berufsalltag einbringen zu können („secondment"), sind noch weit weniger verbreitet als Kurzprogramme, im Rahmen derer sich etwa die Mitarbeiter einer Bank oder Versicherung auf die sozialen Einrichtungen der Stadt verteilen und dort für einen Tag mitarbeiten.

„Corporate Volunteering"-Programme werden von den Mitarbeitern in der Regel sehr gut angenommen und steigern das Zusammengehörigkeitsgefühl und die Identifikation mit dem Unternehmen. In den USA, wo Unternehmen zur professionellen Durchführung solcher Programme bereits wesentlich stärker als in Deutschland mit Vermittlungsagenturen zusammenarbeiten, wird von einem weiteren Vorteil berichtet. Bei Fusionen bilden verschiedene Unternehmenskulturen meist das wichtigste Hindernis für das Zusammenwachsen der Unternehmensteile. Betriebliche Freiwilligenprogramme können dann zum Erfahrungsraum für neue Gemeinsamkeiten werden, an denen entlang die verschiedenen Unternehmensteile zusammen wachsen.

Freilich sind betriebliche Freiwilligenprogramme auch Gegenstand der Kritik: nämlich immer dann, wenn sie sich zu wenig an den Interessen der sozialen Einrichtungen orientieren. Die sorgfältige Auswahl eines für beide Seiten passenden Projekts, die logistische und operative Vorbereitung und Begleitung, die angemessene Öffentlichkeitsarbeit, Nachbereitung in Form von Evaluation und weiterführenden Angeboten an die Mitarbeiter - dies sind Leistungen, die die Einhaltung von Professionalitätsstandards erfordern. Die Zuarbeit professioneller Vermittlungsagenturen ist amerikanischen Unternehmen 100 Dollar pro Tag und Teilnehmer und mehr wert.

Zusammenarbeit mit Schulen und Bildungseinrichtungen

Ein weiterer fester Block von „Corporate Citizenship"-Aktivitäten sind Partnerschaften mit Schulen und Bildungseinrichtungen. Der Preisträger des Wettbewerbs „Freiheit und Verantwortung" 2001 in der Kategorie der Großunternehmen - das Projekt „Schulen im gesellschaftlichen Verbund" der BMW Group - ist ein Modellversuch mit vier bayrischen und einer Berliner Schule. Schüler und Lehrer verbringen einen Teil des Unterrichts in Ateliers, Studios oder den Produktionshallen des BMW-Werkes. Angeleitet durch die BMW-Lehrlinge (die dabei von Lernenden zu Lehrenden werden) und in Zusammenarbeit mit ihnen führen sie ein eigenes Projekt unter den realen Bedingungen eines Industrieunternehmens durch. Gesteigert wird nicht nur der Einblick ins reale Berufsleben, sondern auch kooperatives Lernen im Team und im Umgang mit anderen Teams (nach dem Kunden-Lieferanten-Prinzip). Der entstehende Qualifizierungsbedarf für Lehrer und Ausbilder erbringt neue Lernstrategien für den Schulunterricht in einer anderen Lernumgebung. Die Evaluation durch den Fachbereich Erziehungswissenschaften der FU Berlin förderte erhebliche Entwicklungspotentiale des Projekts für das deutsche Schulsystem insgesamt zutage. In gemeinsamen Folgeprojekten der Bosch-Stiftung und der Siemens AG werden die Erfahrungen an anderen Orten reproduziert. „Schulen im gesellschaftlichen Verbund" ist ein Prototyp des „Corporate Citizenship": Es entsteht nicht nur soziales Kapital zwischen Schulen und Unternehmen, sondern das Unternehmen engagiert sich zugleich als Bürger für die Weiterentwicklung des gesellschaftlichen Institutionensystems - hier im Bildungswesen - und übernimmt dadurch ordnungspolitische Mitverantwortung.

Sponsoring und die Förderung des Mitarbeiterengagements

Sponsoring ist und bleibt ein wesentlicher Bestandteil von „Corporate Citizenship". Durch finanzielle Hilfen macht das Unternehmen bürgerschaftliches Engagement anderer Gruppen im Kultur-, Sport- und Sozialbereich überhaupt erst möglich und trägt dadurch zur Lebendigkeit des Gemeinwesens bei. Sponsoring ist aber auch Türöffner für eine inhaltliche Zusammenarbeit mit anderen Bürgergruppen oder Institutionen. Denn durch Sponsoring ergeben sich bereichsübergreifende Kontakte, die dann zu gemeinsamen Projekten

Abb. 2: „Literalog“ – eine Veranstaltungsreihe der Kultur-Stiftung der Deutschen Bank in mehreren deutschen Städten, hier in Jena mit Martin Lüdke, Daniel Kehlmann und Michael Degen (v.l.n.r.) (Foto: Peter Poser), s. Kurzportrait S. 47

heranwachsen. Dadurch erfüllt es auch eine Kommunikationsfunktion: Das Unternehmen signalisiert im Sponsoring seine Präsenz als Bürger in der Region und damit seine Ansprechbarkeit auf gemeinsame Initiativen bürgerschaftlichen Engagements hin.

„Corporate Citizenship" bringt aber häufig auch eine Weiterentwicklung der Sponsoring-Aktivitäten im Unternehmen. Dabei kommt es zum Einbezug der Mitarbeiter, denen Mitwirkungsrechte bei der Vergabe von Fördermitteln eingeräumt werden. Die Henkel KGaA, Düsseldorf, zielt mit ihrer Initiative „MIT-Miteinander im Team" auf die Stärkung des einzelnen Mitarbeiters in seiner sozialen Verantwortung ab. Ehrenamtliches Engagement des aktiven oder ehemaligen Mitarbeiters wird ideell (zeitweise Freistellung von der Arbeit), materiell (finanziell und durch Sachmittel), organisatorisch (Beratung, Netzwerke, Logistik) und durch gezielte Fortbildungsangebote unterstützt. Ein betriebsinternes MACH-MIT-Team hat die entstandenen Erfahrungen in eine Datenbank eingebracht, die anderen Engagierten zur Beratung und Information zugänglich ist. Eigenes Informationsmaterial und unternehmensinterne Kommunikation unterstützen die Arbeit. Durch MIT entstanden Netzwerke zwischen engagierten Mitarbeitern und Pensionären nicht nur unternehmensintern, sondern auch zu anderen Unternehmen in der Region. Dadurch wurden die Aktivitäten der Mitarbeiter finanziell, aber auch logistisch und durch die Weitergabe von Informationen unterstützt. MIT hat zahlreiche - erwünschte - Nachahmer gefunden, die Reputation des Unternehmens, so die Motivation der Mitarbeiter und deren Identifikation mit dem Unternehmen erhöht.

Eine besondere Form des Sponsorings hat die Bayerische Versicherungsbank AG (BVB) realisiert. Das Versicherungsunternehmen unterstützt die Abteilung „Betrieb - Erhaltung" der Bayerischen Staatsbibliothek (BSB) bei der Entwicklung eines Bestandserhaltungsprogramms durch betriebswirtschaftliche Beratung in Fragen der Kostensenkung. Ein Großteil des zwischen 1840 und 1970 hergestellten Buchbestandes ist durch Papierzerfall bedroht, Rettungsmaßnahmen würden nach heutigem Stand gut 65 Mio. € kosten und rein theoretisch 116 Jahre dauern. Eine Projektgruppe des Führungsnachwuchses der BVB erarbeitete alternative Lösungskonzepte. Dabei stellte sich schnell heraus, dass nicht eine aufwändige Sanierung der vorhandenen Buchbestände, sondern nur die Erfassung und Dokumentation des bedrohten Materials betriebswirtschaftlich darstellbar ist. Hier könnten zugleich durch eine koordinierte Zusammenarbeit der deutschen Bibliotheken, die alle vor ähnlichen Problemen stehen, die vorhandenen Ressourcen effizienter eingesetzt werden.

Um diesen Weg gangbar zu machen, richteten die Partner BVB und BSB im März 2001 ein Symposium „Strategien der Bestandserhaltung" aus, zu dem Mitarbeiter anderer deutschen Bibliotheken eingeladen wurden. Dort vereinbarten einige der großen deutschen Bibliotheken die Gründung einer „Allianz zur Erhaltung des schriftlichen Kulturgutes", um ein koordiniertes Vorgehen bei der kooperativen Bestandserhaltung (insbesondere bei der Erstellung von

Sekundärformen) zu ermöglichen und zudem ein gemeinsames Fundraising-Konzept zu erstellen. Die Projektgruppe des BVB-Führungsnachwuchses steht dabei auch weiterhin beratend zur Seite und bringt ihre spezifischen Kompetenzen ein. In diesem Fall ist die Mitgliedschaft eines Vorstandsmitglieds der Versicherungsgesellschaft im Kuratorium der BSB zur personellen Brücke geworden, die das „Corporate Citizenship"-Projekt angestoßen und Verantwortliche aus beiden Bereichen an einen Tisch gebracht hat. Seitens des Unternehmens sind nur wenig direkte Sponsoringmittel geflossen – doch der Ertrag bei der Bibliothek ist allein durch die ersparten Fehlinvestitionen in bestandserhaltene Maßnahmen enorm.

Die Ausrichtung von themenbezogenen Gesprächsveranstaltungen, Diskussionsforen, Podien mit Fachleuten aus unterschiedlichen gesellschaftlichen Bereichen sind ein Beitrag zur gemeinsamen Ortsbestimmung in einer vielfältig ausdifferenzierten Gesellschaft. Die „Johannisberger Gespräche – Frankfurter Forum für Wissenschaft und Wirtschaft" sind im Rahmen der Corporate University der mg technologies AG entstanden. Die Initiatoren reflektieren gesellschaftliche und kulturelle Transformationen im Kontext ihrer eigenen Erfahrung als Unternehmen: „Mit dem Leitthema ‚Von der Industriegesellschaft zur Wissensgesellschaft' ziehen wir bewusst eine Parallele zur eigenen Entwicklung der alten Metallgesellschaft zur neuen mg technologies. Darin spiegelt sich der fundamentale Wandel eines traditionsreichen, rohstoffintensiven Unternehmens der Metallbranche zu einem modernen, wissensbasierten Technologiekonzern." Entlang den drei Themenzyklen „Der Strukturwandel der Geschäfts- und Arbeitswelten", „Kulturwandel und neue Handlungsmuster in einer vernetzten Welt" und „Die Veränderung der Welt im Kopf" richten sich die Veranstaltungen an Führungskräfte aus Wissenschaft, Wirtschaft und Kultur, ohne dabei vordergründigem „name dropping" zu verfallen. Die Dokumentation der Vorträge und Diskussionen spiegelt das Ergebnis bereichsübergreifender Verständigungsprozesse in die gesellschaftliche Öffentlichkeit zurück: Konstitutionelle Dialoge, in denen Reflexion der eigenen alltäglichen Praxis geleistet wird und zugleich Ansätze zu ihrer Weiterentwick-

„Mit einer gewissen Sorge betrachten wir eine gesellschaftliche Entwicklung, die oft mit dem Schlagwort »Individualisierung« umschrieben wird. Zweifellos bietet die damit verbundene Pluralität der Lebensentwürfe dem Einzelnen große Entfaltungschancen. Wenn die vielbeschworene Selbstverwirklichung aber zum alleinigen Lebenszweck wird, drohen Gemeinschaftsgedanke und Gemeinwohlorientierung, die Voraussetzung unserer gesellschaftlichen Ordnung sind, in den Hintergrund zu geraten. Es ist uns daher ein besonderes Anliegen, den Gedanken bürgerschaftlicher Verantwortung, den viele Ehrenamtliche Tag für Tag eindrucksvoll vorleben, zu fördern und zu stärken. Hier liegt ein weiterer Schwerpunkt der Arbeit der Herbert-Quandt-Stiftung der ALTANA AG."

Klaus Schweickart, Vorsitzender des Vorstandes der ALTANA AG

lung und Umgestaltung aufscheinen. Die Johannisberger Gespräche stellen mithin als „Corporate Citizenship"-Aktivitäten selbst ein Stück Kulturarbeit dar, die einen Beitrag zur Überwindung der Kommunikationsblockaden und der spezifischen Sprachlosigkeit ausdifferenzierter Gesellschaften erbringt.

„Corporate Citizenship" - das Leitbild des Unternehmens als mitverantwortlichem Bürger - gibt in seinen verschiedenen Spielarten und Modifikationsformen eine Entwicklungsperspektive für gesellschaftsbezogenes unternehmerisches Handeln im 21. Jahrhunderts wider. Die Öffentlichkeit wird sich immer stärker der Tatsache bewusst, dass die Politik nicht mehr der große Problemlöser der Gesellschaft ist und es auch nie wieder werden wird. Den vielfältigen sozialen, ökologischen und wirtschaftlichen Herausforderungen der Gegenwart lässt sich nicht mehr durch flächendeckende Programme, technokratische Steuerung oder gar nur eine Rhetorik des Wandels begegnen. Auch mit Appellen und Ruck-Reden ist es nicht getan, solange nicht Strukturen bereichsübergreifender, bürgerschaftlicher Zusammenarbeit entstehen, die Impulse aufzunehmen und in konkrete Initiativen zu überführen vermögen. Unternehmen können und müssen Initiatoren solcher Netzwerkprojekte sein, auf die sie in der posttraditionellen Gesellschaft nicht mehr als selbstverständliche Vorgabe zurückgreifen können. Dies schließt finanzielle Unterstützung - im Sinne des klassischen Sponsorings - ein. Doch es geht in Anforderung und Chancen zugleich weit darüber hinaus: Es geht um eine neue Dimension der Wertschöpfung - und den Aufbau sozialen Kapitals.

Literatur

Andriof J, McIntosh M (Hrsg.) (2001) Perspectives on Corporate Citizenship. Sheffield

Damm, D, Lang R (2001) Handbuch Unternehmenskooperation. Erfahrungen mit Corporate Citizenship in Deutschland. Brennpunkt-Dokumentationen zu Selbsthilfe und Bürgerengagement 39. Bonn / Hamburg

Deutscher Kulturrat (Hrsg.) (2001) Verbändealmanach Kultur 2001/ 2002. Bonn-Berlin

Europäische Kommission (2001) Green Paper: Promoting a European framework for Corporate Social Responsibility. Brüssel

Schöffmann D (Hrsg.) (2001) Wenn alle gewinnen. Bürgerschaftliches Engagement von Unternehmen. edition Körber-Stiftung. Hamburg

Stiftung MITARBEIT & Bundesarbeitsgemeinschaft der Freiwilligenagenturen (Hrsg.) (1999) Freiwilligenagenturen, Stiftungen und Unternehmen: Modelle für neue Partnerschaften. Bonn

Zimmermann R, von Schmeling A (1998) Kultursponsoring der Großunternehmen. In: Späth L, Michels G, Schily K (Hrsg.) Das PPP-Prinzip: Private Public Partnership. München

Stichwort: Corporate Volunteering

Gesa Birnkraut

In Ländern wie z.B. den USA, Großbritannien, den Niederlanden und Dänemark ist bürgerschaftliches Engagement Bestandteil der Unternehmensentwicklung. Die systematische Förderung des ehrenamtlichen Engagements von Mitarbeitern wird dort eingebettet in ein „Corporate Volunteering"-Programm. Zentrale Argumente dafür sind zum einen, dass Unternehmen durch ein entsprechendes Programm einen intelligenten Kompetenztransfer, eine positive Sozialbilanz und ein gutes Image erreichen können. Auch lassen sich hierüber die Wünsche der Konsumenten aus erster Hand in das Unternehmen tragen. Zum anderen benötigen Mitarbeiter in modernen Arbeitsorganisationen besondere Sozialkompetenzen, die sie möglicherweise nicht in dem gewünschten Maß im engeren betrieblichen Arbeitsfeld erlernen. Die praktischen Lern- und Erfahrungsfelder eines gesellschaftlichen Engagements liegen direkt vor den Betriebsorten; folglich erleben Mitarbeiter das betriebliche Umfeld noch intensiver. Sie können im gesellschaftlich geprägten Umfeld ihre sozialen Fähigkeiten ausbauen; zu den dadurch geförderten „soft skills" gehören unter anderem Kommunikation, Personalführung, Motivation und strategisches Management. Und schließlich profitieren auch die gesellschaftlichen Einrichtungen von jenem Programm. Denn hierüber werden spezialisierte Talente aus der Wirtschaft im gemeinnützigen Bereich tätig und geben ihre Kenntnisse und Fertigkeiten weiter.

Beispiele eines Corporate-Volunteering-Programms

Innerhalb eines Corporate-Volunteering-Programms bieten sich einem Unternehmen zahlreiche Möglichkeiten, ein gesellschaftliches Engagement von Mitarbeitern zu fördern. Einige Beispiele: (1) Unternehmen gestatten ehrenamtlich tätigen Mitarbeitern in einem begrenzten Umfang die Infrastruktur-Nutzung des Unternehmens (z.B. Telefon, Fax, Kopierer). (2) Unternehmen richten „Service-Tage" ein; an diesen Tagen führen einzelne Teams bzw. die gesamte Belegschaft konkrete gesellschaftliche Projekte durch. Die Firmen können bei diesen Einsätzen u.a. die Materialkosten oder die Logistik übernehmen. (3) Unternehmen können Mitarbeitern erlauben, in einem begrenzten Maß ihr ehrenamtliches Engagement innerhalb der normalen Arbeitszeit zu verrichten. (4) Unternehmen erlauben Freiwilligenagenturen, ihren aktuellen Bedarf an Mitarbeit in den Unternehmen bekannt zu geben – beispielsweise über Aushänge oder in der Mitarbeiterzeitung. (5) Unternehmen führen „Ehrenamt-Messen" durch und geben dadurch lokalen Einrichtungen die Möglichkeit, sich zu präsentieren und für ein Ehrenamt zu werben. (6) Unternehmen berufen Mitarbeiter-Koordinatoren, die das Corporate Volunteering-Programm betreuen. (7) Unternehmen motivieren pensionierte Mitarbeiter, sich für bestimmte Zwecke zu engagieren. (8) Unternehmen richten Mentorenprogramme ein, über die Firmenangehörige oder das Unternehmen selbst langfristige Patenschaften für sozial benachteiligte Gruppen übernehmen.

In dem schweizerischen Programm „Seitenwechsel“ beispielsweise tauschen Führungskräfte aus der Wirtschaft für einen kurzen Zeitraum von meist einer Woche den Platz mit einem Pendant aus einer gesellschaftlichen Einrichtung. Verschiedene Auffassungen von Management können diskutiert bzw. erlernt sowie Erfahrungen auf Führungsebene aus diesen verschiedenen Bereichen untereinander ausgetauscht werden. Nicht selten führt das kurzzeitige Engagement dazu, dass der Unternehmensmitarbeiter das ehrenamtliche Engagement in eben jener gesellschaftlichen Einrichtung fortsetzt.

Ein in den USA weit verbreitetes Programm ist „Business volunteers for the arts“, eine Initiative der Arts and Business Councils. Die Councils arbeiten eng mit den Handelskammern der US-amerikanischen Städte zusammen. Hier werden Manager in gehobenen Positionen rekrutiert, um in mittleren und kleineren kulturellen Institutionen Beraterfunktionen in den Bereichen Finanzen, Marketing, PR, Technologie, strategische Planung und Personalmanagement auszuüben. Diese ehrenamtlichen Tätigkeiten werden zum großen Teil von den Unternehmen unterstützt, indem die Mitarbeiter in einem Zeitraum von 3 Monaten bis zu 1 Jahr für bis zu 10 bis 12 Stunden pro Monat freigestellt werden. Dadurch werden enge Verbindungen zwischen der Wirtschaft und der Kultur geknüpft, aus denen sich wiederum wertvolle Netzwerkvorteile ergeben können.

Aufbau eines Corporate Volunteering-Programms

Zweifellos können bei der Zusammenarbeit zwischen einem Unternehmen und einer gesellschaftlichen Einrichtung hier und da Missverständnisse entstehen. Diese lassen sich erfahrungsgemäß vor allem auf zwei Dinge zurückführen: zum einen kennen Mitarbeiter von Wirtschaftsunternehmen nicht hinreichend die Strukturen und Abläufe einer gemeinnützigen Vereinigung. Folglich sollten Ausgangsdaten wie z.B. die Finanzierung einer gemeinnützigen Institution, deren Mitgliederstruktur und historische Entwicklung bereits im Vorfeld transparent gemacht werden. Zum anderen erkennen gemeinnützige Institutionen häufig nicht ausreichend die Bedeutung des Faktors Zeit an, der für Wirtschaftsmanager ein äußerst knappes Gut darstellt.

Ein formelles „employee volunteer program“ kann diesen Missverständnissen systematisch vorbeugen und dem unternehmerischen Engagement noch mehr

Substanz geben, da das außerbetriebliche Engagement mit den innerbetrieblichen Abläufen in einen engen Zusammenhang gestellt wird. Zur Orientierung hin zu einem institutionell geförderten gesellschaftlichen Engagement sind folgende Fragen sehr dienlich: (1) Welche innerbetriebliche Zielsetzung soll ein „Corporate Volunteering"-Programm unterstützen? (2) Wer wird das Programm inhaltlich und organisatorisch koordinieren? (3) Bei welcher Abteilung wird es angegliedert? (4) Wie hoch ist das jährliche Budget? (5) Wie lauten die Kriterien für entsprechende Projekte? (6) Welche Mitarbeiter werden in das Programm eingebunden? (7) Was ergibt die SWOT-Analyse?

Weiterentwicklung des Corporate Volunteering

Die Diskussion um die Zukunft des bürgerschaftlichen Engagements hat seit einigen Jahren Konjunktur - in der Presse und den Fachkreisen, bei Expertenrunden und Verbänden. Laut aktuellen Umfragen engagiert sich jeder dritte Deutsche durchschnittlich 14 Stunden im Monat ehrenamtlich. Diejenigen, die sich nicht ehrenamtlich betätigen, führen als Hauptgründe unter anderem an, dass ihr berufliches und privates Leben immer hektischer werde, ihre Arbeit mehr Raum einnähme und ihnen damit die Zeit für ein gesellschaftliches Engagement fehle. Das Potential an Engagementwillen ist also noch lange nicht ausgeschöpft.

Abb. 3: Daniel Pflumm, o.T., 1999, Leuchtkästen, Installation im „kunstfenster" des Kulturkreises der deutschen Wirtschaft im Haus der Deutschen Wirtschaft, Berlin (Foto: Jens Ziehe), s. Kurzportrait S. 18

Kulturkreis der deutschen Wirtschaft im BDI e.V. – ein Modell für unternehmerische Kulturförderung

Der Kulturkreis ist ein in Europa einzigartiger Zusammenschluss von über 400 Unternehmen und der Wirtschaft nahestehenden Persönlichkeiten. Als er 1951 in Köln als gemeinnütziger Verein gegründet wurde, war es das erklärte Ziel der beteiligten Unternehmer, nicht nur den wirtschaftlichen, sondern auch den kulturellen Wiederaufbau Deutschlands nach dem Nationalsozialismus mit zu gestalten und zu fördern.

Bis heute ist es die vordringlichste Aufgabe des Kulturkreises, junge Künstlerinnen und Künstler in den Sparten Architektur, Bildende Kunst, Musik und Literatur zu fördern. Zu den geförderten Künstlern gehören u.a. Heinrich Böll (1953), Günter Grass (1958), Tabea Zimmermann (1982) oder Horst Antes (1960). Die Fördermittel werden aus Spenden und Mitgliedsbeiträgen der Unternehmen finanziert. Das bedeutet, dass kein Geber die Förderung mit seinem Namen oder seiner Firma verbinden kann. Es handelt sich also im klassischen Sinne um mäzenatisches Wirken.

Aktive Auseinandersetzung mit Kunst

Der finanzielle Beitrag allein ist es nicht, was die Mitglieder des Kulturkreises verbindet. Zum einen dokumentiert sich in der Mitgliedschaft die Bereitschaft, Kultur zu fördern und gesellschaftliche Mitverantwortung zu übernehmen für die Erhaltung und die aktive Gestaltung eines lebendigen und zukunftsorientierten Kulturlebens. Zum anderen engagieren sich die Unternehmen über die Arbeit im Kulturkreis hinaus in ihrem speziellen Umfeld und ihrer Region für Kunst und Kultur. Der Kulturkreis ist die einzige überregionale Institution der Wirtschaft für den Dialog zwischen Kultur und Wirtschaft.

Der Kulturkreis versteht sich auch als Zusammenschluss von kulturinteressierten Personen, die sich unmittelbar mit künstlerischen Ausdrucksformen auseinandersetzen wollen. Jeder Kunstsparte ist ein Gremium zugeordnet, in dem Mitglieder unter Zuhilfenahme von Fachberatern über die Auswahl der zu fördernden Künstler entscheiden. Die persönliche Begegnung mit den Künstlern ist für viele Mitglieder ein großer Anreiz für ihr Engagement im Kulturkreis. Gemeinsame Besuche von Künstlerateliers und Ausstellungen, Reisen zu wichtigen kulturellen Veranstaltungen oder Gesprächskreise sind weitere wichtige Aspekte dieser aktiven Auseinandersetzung mit Kunst.

Der Kulturkreis zeichnet sich dadurch aus, dass er sich vor allem neuen Strömungen in der Kunst öffnet. Die Förderung von Computermusik, Themen wie „Medienkunst" oder „Bauen in der Informationsgesellschaft" machen dies deutlich. Die Gremien wurden im Laufe der Zeit von Unternehmerpersönlichkeiten wie Jürgen Ponto oder Hermann Josef Abs geprägt.

Förderpreise und Grundsatzstiftungen

Die Fördergelder, die der Kulturkreis vergibt, bewegen sich zwischen 2.500,- € und 5.000,- €. Neben der finanziellen Förderung und der Unterstützung durch die Veröffentlichung von Katalogen, Texten, Tonträgern oder Ausstellungen können die Künstler Kontakte knüpfen, die wichtig für ihre Zukunft sind. Darüber hinaus wird durch die persönliche Begegnung von Künstler und Unternehmern der Dialog zwischen Kultur und Wirtschaft immer wieder neu angeregt und geleistet.

Neben der sich jährlich wiederholenden Vergabe von Förderpreisen setzte der Kulturkreis bereits in seiner Gründungsphase mit besonderen Initiativen Zeichen. Diese sogenannten Grundsatzstiftungen haben Modellcharakter und möchten weitere Projekte anregen. Sie sind in ihrer Art jeweils einzigartig. In der „Stiftung Regensburg" wurde beispielsweise in den 60er Jahren eine Methode zur Erhaltung historischer Städte entwickelt. Der Ergebnisbericht „Regensburg - zur Erneuerung einer alten Stadt" (1967) gehörte lange Zeit zu den Standardwerken für die in dieser Zeit beginnenden Altstadtsanierungen.

Das heute noch existierende Jugend- und Kulturzentrum in Berlin-Kreuzberg, Schlesische Straße 27, kurz „Schlesische 27", genannt, wurde 1983 eingerichtet. Damals als Ort der Begegnung zwischen türkischen und deutschen Jugendlichen gedacht, gehört es heute zu den renommierten Jugendzentren Berlins mit vielfältigen Aufgaben. Die neue unternehmerische Initiative „Niketown Berlin" arbeitet beispielsweise eng mit diesem Jugendzentrum bei der Verwirklichung ihres Ziels zusammen: Nike stellt Arbeitnehmerinnen und Arbeitnehmer mit Trainerlizenzen frei, um mit Jugendlichen in sozial schwachen Gebieten Berlins zu trainieren. Weitere Projekte waren der Bau und die Renovierung der Marienorgel in Ottobeuren (1957/2001), die Unterstützung des Busch-Reisinger-Museums an der Harvard-University in den 80er Jahren oder die Initiierung der Leipziger Galerie für Zeitgenössische Kunst (1998). Auf Initiative des Kulturkreises wurden im Jahr 1999 fünf zeitgenössische Installationen im Haus der Deutschen Wirtschaft in Berlin, dem gemeinsamen Sitz des BDI, der DIHK, der BDA und des Kulturkreises, installiert und ein Kunstraum geschaffen, dem sechs Büroräume „zum Opfer" fielen. Im sogenannten „kunstfenster" finden Ausstellungen und Lesungen der Preisträger statt sowie Diskussionsveranstaltungen aus dem Themenbereich „Kultur und Wirtschaft".

Kulturpolitische Aktivitäten

In den 90er Jahren erweiterte der Kulturkreis sein Aufgabenfeld nochmals entscheidend. Neben der Förderung von jungen Künstlerinnen und Künstlern übernimmt er zunehmend die kulturpolitische Sprecherrolle der Wirtschaft und versteht sich als umfassendes Kompetenzzentrum für private Kulturfinanzierung. So wurden 1994 der Aktionskreis Kultur, 1995 der Arbeitskreis Kunst- und Kulturstiftungen und 1996 der Arbeitskreis Kultursponsoring (AKS) gegründet. Der Arbeitskreis Kunst- und Kulturstiftungen arbeitete beispielsweise entscheidend mit an der Verbesserung der steuerrechtlichen Richtlinien des Stiftungsrechts, dessen Reform zum 1. Januar 2000 in Kraft trat. Dem Arbeitskreis Kultursponsoring gelang es, die Diskussion über den Sponsoringerlass neu anzuregen und diesen in der heutigen Fassung von 1998 für die Empfänger von Sponsorengeldern wesentlich zu verbessern. Gemeinsames Ziel aller Foren ist die Verbesserung der gesellschaftlichen, rechtlichen und steuerlichen Rahmenbedingungen insbesondere im Hinblick auf die private Kulturfinanzierung. Die Arbeitskreise erfassen mit ihrer Thematik die Schwerpunktbereiche privater Kulturförderung: das Spenden- und Stiftungswesen sowie das Sponsoring.

Forum für Kultur und Wirtschaft

Der Kulturkreis versteht sich als Ansprechpartner in allen Fragen der privaten Kulturförderung. Seien es politische Initiativen wie die zur Bündelung und Thematisierung bürgerschaftlichen Engagements oder die Reformierung des Stiftungsrechts, seien es Kulturinstitutionen, die auf Sponsorensuche sind oder öffentliche Einrichtungen und Verbände, die einen Kooperationspartner an der Schnittstelle von Kultur und Wirtschaft suchen: der Kulturkreis gilt als Mittler dieses Dialogs und als zuverlässiger Berater in diesen Fragen. Auch gegenüber Unternehmen nimmt der Kulturkreis eine Berater- und Vermittlerrolle ein und er versteht sich als Anreger neuer Modelle im Miteinander von Kultur und Wirtschaft.

Das Zusammenspiel von Kultur und Wirtschaft wird in einem umfassenden Sinne thematisiert, wovon die zahlreichen Veröffentlichungen und Veranstaltungen des Kulturkreises zeugen.

**Kulturkreis
der
deutschen
Wirtschaft
im
Bundesverband
der
Deutschen
Industrie
e.V.**

Abb. 4: Türkische Musikgruppe im Jugend- und Kulturzentrum „Schlesische27“, Berlin, ein Förderprojekt des Kulturkreises der deutschen Wirtschaft im BDI e.V. (Foto: Archiv der „Schlesischen Straße“), s. Kurzportrait S. 18

Arbeitsring Ausland für kulturelle Aufgaben (ARA) e.V.

Der Arbeitsring Ausland für kulturelle Aufgaben (ARA) e.V. ist ein gemeinnütziger Verein, der im Jahre 1957 von den Spitzenverbänden der deutschen Wirtschaft (BDI, BDA und DIHK) gegründet wurde. Seine Mitglieder setzen sich in erster Linie aus deutschen Wirtschaftsverbänden zusammen, es sind jedoch auch Einzelfirmen vertreten.

Mit seiner Arbeit und den Mitteln, die vorwiegend aus Spenden von Unternehmen resultieren, will der ARA einen Beitrag zur deutschen Kulturarbeit im Ausland leisten. Er tut dies, indem er kulturelle Projekte fördert, zu denen die deutsche Wirtschaft einen besonderen Bezug hat und die wegen ihrer Wirkung für die Entwicklung des Partnerlandes von besonderem Nutzen sind.

Hierbei kann es sich sowohl um die direkte Förderung von kulturellen und wissenschaftlichen Veranstaltungen handeln als auch um die Unterstützung von Austauschprogrammen; in jedem Fall sollten die Projekte der Vermittlung, Präsentation und Förderung von deutscher Kultur im Ausland dienen.

In den letzten Jahren engagierte sich der ARA schwerpunktmäßig in den EU-Beitrittsgebieten und deren Nachbarn in Osteuropa. Beispielsweise wurden Autorenaustauschprojekte mit der Slowakei, Rumänien und den baltischen Republiken gefördert, so u.a. ein Internationales Jugendtheater-Projekt, bei dem studentische Theatergruppen aus Deutschland, Polen und der Ukraine an einem Festival für deutschsprachiges Jugendtheater in Kiew teilnahmen.

Spendenweiterleitung ins Ausland

Für Unternehmen, die Kultur auch im Ausland unterstützen, ist der ARA eine hilfreiche Einrichtung. Er bietet als eine von wenigen deutschen Einrichtungen die Möglichkeit, entsprechend seiner Satzungsziele eine Spende ins Ausland weiterzuleiten. Über den geleisteten Förderbeitrag kann der ARA eine steuerlich anerkannte Spendenbescheinigung ausstellen.

Institut für Kultur- und Medienmanagement Hamburg

Diejenigen, die ein Zusammenwirken von Wirtschaft und Kultur betreuen, müssen zwei zum Teil vollkommen unterschiedliche Welten erfolgreich und im Sinne einer Win-Win-Situation zusammenführen. Dazu benötigen sie eine doppelte Kompetenz: Kenntnisse und Fähigkeiten aus dem ökonomisch geprägten Umfeld von Unternehmen sowie detaillierte Einblicke in die Welt der Kultur.

An diese Doppelqualifikation werden Kulturmanager herangeführt. Sie können in Deutschland mittlerweile aus einer Vielzahl von entsprechenden Aus- und Weiterbildungsangeboten auswählen. Das Hamburger Institut für Kultur- und Medienmanagement ist bundesweit die traditionsreichste Kulturmanagement-Einrichtung. Jährlich nehmen rund 25 Studierende ihr viersemestriges Intensiv-Studium auf. Sie absolvieren im Rahmen ihres Studiums unter anderem drei jeweils mehrmonatige Team-Projekte; Projektgeber sind neben Kultur- und Medieneinrichtungen auch Unternehmen wie z.B. Yamaha, Siemens, Bertelsmann, Deutsche Bahn, Fielmann und Würth.

Von großer Bedeutung für eine umfassende Ausbildung sind zudem Kooperationen des Instituts mit internationalen Partnern auf allen Kontinenten. Das Institut bindet in- und ausländische Führungskräfte aus der Wirtschaft und aus Kultur und Medien als Lehrende ein. Diese vermitteln den Studierenden sehr praxisnah die zentralen Bedingungen für ein erfolgreiches Miteinander ökonomischer und sonstiger Anforderungen. Im Mittelpunkt stehen dabei Finanzwirtschaft, Controlling, Marketing, Fundraising, Recht, Politik, Verwaltung, Mitarbeiterführung und Organisationsentwicklung.

Zum Institut, das sich ausschließlich über unternehmerische Mittel finanziert, gehören neben dem oben vorgestellten Institutsbereich *Studium* zwei weitere Institutsbereiche: der Institutsbereich *Forschung* und der Institutsbereich *Service*. Hierüber gibt das Institut sein Know-how weiter an Unternehmen und Kultur- bzw. Medieneinrichtungen, in erster Linie als Gutachter, Coach sowie Berater.

Jahresring 45

Jahrbuch für moderne Kunst

Make it Funky

Ulrike Groos / Markus Müller

Crossover zwischen Musik, Pop, Avantgarde und Kunst

Oktagon

Abb. 5: Cover des Jahresrings 45. Der Jahresring erscheint einmal jährlich als Jahrbuch für moderne Kunst im Auftrag des Kulturkreises mit wechselnden Herausgebern, s. Kurzportrait S. 18

Spenden, Stiften, Sponsern

Spenden und Stiften – Formen der Zuwendung

Rudolf Herfurth

Einleitung

Wie eindrucksvolle Beispiele belegen, ist der Kunstsinn bei Unternehmern und Unternehmensverantwortlichen in Deutschland weit verbreitet. Die Förderung von Kunst und Kultur durch Unternehmen ist in vielen Fällen erkennbar von persönlicher Begeisterung getragen.

Wer aber die Absicht hat, Geld oder Sachwerte begünstigten Zwecken zuzuführen, also bereit ist, selbstlos ein Opfer zu bringen, mag sich nicht zu allem Überfluss noch mit lästigen Formalien befassen, die Voraussetzung für die störungsfreie Inanspruchnahme der vom Gesetzgeber bereitgestellten Erleichterungen, vor allem steuerlicher Art, sind. Deshalb sei den folgenden Ausführungen vorausgeschickt, dass die Anforderungen im Einzelfall tatsächlich nicht überbordend sind, auch wenn die Darstellung der vielen möglichen Lebenssachverhalte in ihrer konzentrierten Form zunächst Anderes denken lassen mag.

Folgende Varianten einer Unterstützung steuerbegünstigter Zwecke bieten sich für Unternehmer und Unternehmen an:

- Errichtung einer rechtsfähigen Stiftung,
- Gründung eines Vereins,
- Gründung einer steuerbegünstigten Kapitalgesellschaft,
- Errichtung einer nicht rechtsfähigen (unselbstständigen) Stiftung,
- Zuwendung an eine bestehende Einrichtung der vorbenannten Art,
- Zuwendung an eine öffentlich-rechtliche Körperschaft (auch öffentlich-rechtliche Stiftung) zur Förderung steuerbegünstigter Zwecke.

Eine weitere Form der Unterstützung steuerbegünstigter Zwecke, das Sponsoring, soll hier außer Betracht bleiben, weil sie Gegenstand eines anderen Beitrages im vorliegenden Band ist. Hier sei nur schlaglichtartig angemerkt, dass das Sponsoring als bewusst und gewollt dem Erscheinungsbild des Unternehmens in der Öffentlichkeit förderliche Maßnahme gerade nicht die Selbstlosigkeit in den Vordergrund stellt und damit in einem grundsätzlichen Gegensatz zur Spende, Stiftung oder Zustiftung steht, bei der die mäzenatische

Motivation das Hauptmerkmal darstellt[1]. Gleichwohl sollte nicht verkannt werden, dass es lebensfremd wäre, Beweggründe in einer Weise gegeneinander abgrenzen zu wollen, die keinerlei Nebeneinander oder Vermischung zulassen würde. In den meisten Fällen wird es einer wertenden Beurteilung bedürfen, durch die festgestellt wird, welche Willenselemente das größere Gewicht haben. Eine solche Würdigung ist freilich unerlässlich, sind doch die Konsequenzen, insbesondere steuerlicher Art, sehr unterschiedlich (Betriebsausgabe beim Sponsoring, Spendenabzug bei Spende, Stiftung oder Zustiftung).

Sollten allerdings Pläne für eine Einschränkung oder Abschaffung des Spendenabzugs für Kapitalgesellschaften verwirklicht werden, wie sie im Rahmen der Regierungsbildung im Oktober 2002 bekannt wurden, so wäre damit für solche Überlegungen ein völlig veränderter Hintergrund entstanden. Soll eine Zuwendung seitens einer Kapitalgesellschaft dann nicht aus versteuerten Mitteln erfolgen, bleibt nur noch der Weg des Sponsorings. Dies wäre vor allem deshalb zu bedauern, weil damit zwangsläufig die Selbstlosigkeit als Entscheidungsmotiv an Boden verliert, vielmehr das „return on investment" oder etwas überspitzt: der Eigennutz nachweisbare Grundlage des Entschlusses sein müsste.

Die Stiftung

Errichtung einer selbstständigen Stiftung

Die nachhaltigste, aber auch aufwendigste Form der Förderung steuerbegünstigter Zwecke ist die Errichtung einer gemeinnützigen rechtsfähigen Stiftung des privaten Rechtes. Wie das Beispiel in Deutschland bestehender Stiftungen zeigt, deren Alter tausend Jahre deutlich überschreitet, ist die rechtsfähige Stiftung eine traditionsreiche und zugleich stabile Rechtsform zur Wahrnehmung gemeinwohlorientierter Interessen[2]. Ursprünglich standen dabei naturgemäß die mildtätigen Aufgaben als bitterste Notwendigkeit im Vordergrund, bis eine wohlhabende Gesellschaft in der Erkenntnis, dass die zunehmende geistige Anspannung des Menschen auch das Bedürfnis nach kulturellen Aktivitäten immer dringender werden lässt, die Bereiche Kunst und Kultur für die Stiftungen erschlossen hat.

---

[1] zu Begriff und Abgrenzungsfragen: Irle (2002), S. 32 ff.

[2] ausführlich dazu Liermann (2002)

Wie neuere Untersuchungen zeigen, ist diese Tradition keineswegs auf die europäisch-christliche Kultur beschränkt[3], was als Beleg für die Eignung der Stiftung als Instrument einer offenen Kultur dienen mag.

Gestaltungsfreiheit

Es liegt in der Natur der Stiftung als Rechtsform, dass sie es dem Initiator, also in diesem Falle dem Stifter, erlaubt, am nachhaltigsten seine eigenen Vorstellungen einzubringen und deren dauerhafte Verwirklichung zu sichern. Das Stiftungsrecht gewährt ihm weitgehende gestalterische Freiheiten und ermöglicht es ihm, auf Dauer Einfluss auf das Schicksal der von ihm begründeten Institution zu nehmen. So kann die Ausgestaltung der Organe der Stiftung und deren Verhältnis zueinander weitgehend den individuellen Anforderungen angepasst sein; zwingend ist nur die Bestellung eines Vorstandes, der auch aus einer Person bestehen kann. Der Stifter kann in eigener Person dieses oder andere Ämter in der Stiftung wahrnehmen. Ist er eine juristische Person, so kann er sich Einflussmöglichkeiten auf die Besetzung der Organe auf unbegrenzte Zeit sichern. Möglich und steuerlich unschädlich ist es auch, Bezüge zwischen der Stiftung und dem Unternehmen in der Weise herzustellen, dass das zu erwartende günstige Öffentlichkeitsbild der Stiftung positiv auf das Unternehmen ausstrahlt. Schon die Wahl des Namens der Stiftung kann in diesem Sinne eine entscheidende Weichenstellung bedeuten. Streng zu meiden sind demgegenüber - zumindest im Falle der Gemeinnützigkeit - alle Maßnahmen, die zu einer einseitigen Begünstigung des Unternehmens führen können.

Der Zuwendende muss sich stets bewusst sein, dass er sich der Mittel, die er der Stiftung zugeführt hat, endgültig entäußert, dass er sie wegen der notwendigen Bindung des Vermögens weder zurückerlangen noch einem dem Zweck der Stiftungsverfassung fremden Ziel zuführen kann, es sei denn, dass es ihm gelingt, die Zustimmung von Finanzverwaltung und Stiftungsaufsicht zu einer Zweckänderung innerhalb des Rahmens der Steuerbegünstigung zu erlangen. Auch eine Aufhebung oder Auflösung der Stiftung ist nur unter außergewöhnlichen Umständen möglich. Die Wahl einer rechtsfähigen Stiftung ist deshalb sowohl der intensivste als auch der unabänderlichste Schritt zur Verwirklichung der angestrebten Förderziele.

[3] Borgolte in Liermann (2002), S. 13 ff.

Stiftungsrecht

Mit dem Gesetz zur Modernisierung des Stiftungsrechtes aus dem Jahr 2002 ist eine sehr moderate Reform der stiftungsrechtlichen Regelungen des Bürgerlichen Gesetzbuches durchgeführt worden. Von Kritikern der gegenwärtigen Rechtswirklichkeit im Stiftungsrecht wird diese Gesetzesänderung teilweise heftig als nicht weitgehend genug beklagt[4], doch bezieht sich diese Kritik im wesentlichen auf Bereiche, wie z.B. die Zulässigkeit der Unternehmensträgerstiftung, die nur in entferntem Zusammenhang mit kulturfördernden Aktivitäten durch Stiftungen oder über Stiftungen stehen. Ausgeblieben ist allerdings auch die vielfach erwartete und begrüßte Einführung eines Stiftungsregisters[5].

Erwähnenswert bleibt aber vor allem die Stärkung der Position des Stifters gegenüber den Genehmigungsbehörden durch die Änderung des § 80 BGB, der nicht mehr von „Genehmigung", sondern von „Anerkennung" der Stiftung spricht und in seinem Absatz 2 grundsätzlich einen Anspruch auf diese Anerkennung einräumt. Damit wird die schon gängige Praxis, die Erlaubnis für die Errichtung einer Stiftung nicht mehr als hoheitlichen Gnadenakt, auch umschrieben mit dem Begriff Konzessionssystem, zu verstehen, auch formell festgeschrieben[6]. Im Einzelfall kann diese gesetzgeberische Klarstellung durchaus den Standpunkt des Stifters bei Meinungsverschiedenheiten mit der Genehmigungsbehörde stützen, der mit Nachdruck Erwägungen zurückweisen kann, die nicht eindeutig unter einen der drei Vorbehalte des § 80 Abs. 2 BGB subsumierbar sind. Danach müssen lediglich die Anforderungen an die Satzung erfüllt sein, die nachhaltige Erfüllung des Stiftungszweckes gesichert erscheinen und der Stiftungszweck darf das Gemeinwohl nicht gefährden.

Die teilweise geforderte Abschaffung oder Einschränkung der staatlichen Stiftungsaufsicht ist durch die Änderung nicht verwirklicht worden. Auch unter den Stiftern gibt es sehr kontroverse Ansichten über Vor- und Nachteile dieser Aufsicht. So betrachten viele Stifter die – in der Regel zurückhaltende – Überwachung der Stiftung nach ihrem Ableben als eine zusätzliche Garantie dafür, dass ihr Wille von den für die Stiftung handelnden Personen verwirklicht wird. Im Gegensatz dazu wird die Staatsaufsicht auch bisweilen als unwillkommener Eingriff in die Gestaltungsfreiheit des Stifters und der Stiftung empfunden. Einem Stifter, der diesen Denkansatz in den Vordergrund stellt, kann als Ausweg die Wahl einer anderen Rechtsform empfohlen werden.

---

[4] vergl. Rawert in FAZ v. 23.4.2002, S. 51

[5] so u.a. Hennerkes und Schiffer (2001), S. 45

[6] zur Diskussion auf Basis der früheren Gesetzeslage: Andrick und Suerbaum (2001), S. 102 ff.

Andere Rechtsformen

Die erwähnten Alternativen zur Stiftungserrichtung kommen in ihrer Nachhaltigkeit nicht der rechtsfähigen Stiftung gleich. Auch die Öffentlichkeitswirkung, die legitimerweise von der Entscheidung für eine die Allgemeinheit fördernde Maßnahme erwartet wird, ist schon deshalb mit anderen Rechtsformen kaum zu erreichen, weil das Ansehen der rechtsfähigen Stiftung beim interessierten Publikum mit Abstand das größte sein dürfte.

Gleichwohl ist die Stiftung nicht für alle Fälle geeignet, insbesondere dann, wenn nur kleinere Beträge oder zeitlich begrenzte Vorhaben ins Auge gefasst sind. Zur Wahl der dann maßgeschneiderten Rechtsform können folgende Hinweise gegeben werden:

- Die unselbstständige Stiftung ist dann ein geeignetes Instrument, wenn sich ein zuverlässiger Treuhänder, möglichst mit einem dem Stiftungszweck angepassten Know-how finden lässt und mit ihm ein sorgfältig ausgearbeiteter Treuhandvertrag abgeschlossen wird. Eine staatliche Aufsicht besteht nicht. Ein so nachhaltig eigenständiges Profil wie bei der rechtsfähigen Stiftung lässt sich allerdings schwerlich aufbauen:

- Der Verein ist dann vorteilhaft, wenn die Einbindung relativ zahlreicher, für den Zweck engagierter Personen im Wege einer Mitgliedschaft angestrebt wird. Die Unwägbarkeiten der Mitgliederversammlung als höchstrangiges Organ des Vereins, insbesondere was deren Zusammensetzung angeht, können sich aber störend auf die Kontinuität auswirken.

- Die gemeinnützige Kapitalgesellschaft kann über die Person des Gesellschafters auf lange Zeit stabil gehalten werden. Die langdauernde angemessene Besetzung des geschäftsführenden Organs kann schwierig zu gestalten sein.

Formen der Zuwendung

Finanzmittel können situationsabhängig in unterschiedlicher Weise von einer gemeinnützigen Körperschaft benötigt werden.

Zuwendung zur Vermögensausstattung

Zunächst liegt es auf der Hand, dass die Körperschaft bei ihrer Errichtung einen Grundstock an Vermögen braucht, der ihre Überlebensfähigkeit sichert. Ganz besonders gilt das für die Stiftung, denn grundsätzlich ist diese Rechtsform auf eine unbegrenzte Lebensdauer angelegt[7]. Wohl sind Ausnahmen denkbar und akzeptiert, doch im Regelfall muss sich der Stifter auf diese langfristige Perspektive einrichten, indem er seiner Stiftung ein Kapital mit auf den Weg gibt, das ihre langfristige Existenz erlaubt. Die für die Genehmigung – oder künftig „Anerkennung"[8] – der Stiftung zuständigen Landesbehörden legen in aller Regel auf diesen Gesichtspunkt großen Wert; teilweise bestehen dort unabhängig vom Zweck der zu errichtenden Stiftungen Vorstellungen über bestimmte Mindestbeträge der Vermögensausstattung. Werden hier allerdings zu strenge Maßstäbe angelegt, insbesondere ohne Berücksichtigung des in Abhängigkeit von der konkreten Ausgestaltung des Satzungszweckes sehr unterschiedlichen Mittelbedarfs, wird man solchen Anforderungen unter Berufung auf § 80 Abs. 2 BGB in seiner Neugestaltung entschiedener entgegentreten können.

Wird für die kulturellen Aktivitäten eine andere Rechtsform gewählt, so sind Alternativen zu einer von Beginn an hinreichenden Vermögensausstattung leichter gestaltbar. Zum einen ist in diesen Fällen der Gedanke einer zeitlich befristeten Planung leichter ins Werk zu setzen, der auch die Möglichkeit eines Vermögensverzehrs während des Ablaufs einschließen kann, zum anderen kann die Existenz auch durch einen Finanzplan abgesichert werden, der der Körperschaft über ausgewiesene Zeiträume ausreichende Zuflüsse in Aussicht stellt oder besser: verbindlich zusichert. Es liegt auf der Hand, dass Lösungen dieser Art aus der Sicht der empfangenden Körperschaft weniger befriedigend sind, stellen sie doch die langfristige Fortführung der Aktivitäten in eine größere Abhängigkeit von den jeweils aktuell gegebenen Möglichkeiten und dem guten Willen des Zuwendungsgebers.

Auch nach der Errichtung der gemeinnützigen Körperschaft kann das Bedürfnis entstehen, dem Vermögen (vergleichbar mit dem Eigenkapital einer gewerblichen Gesellschaft) weitere Beträge zuzuführen, weil die bestehende Ausstattung sich als nicht den Zwecken angemessen erweist oder weil eine Ausweitung der Aktivitäten beabsichtigt ist. In diesem Fall können der Körperschaft Zuwendungen gemacht werden, die ausdrücklich dazu bestimmt sind, das Vermögen zu erhöhen. Diese Beträge können bei dem Zuwendungsempfänger dem Grundstockvermögen (vergleichbar etwa mit dem Stammkapital einer GmbH) oder (Kapital-) Rücklagen zugeführt werden. Aus steuerlichen Gründen[9] ist es wichtig, diesen Verwendungszweck zu betonen, falls der Zuwendungsempfänger gemeinnützig ist, weil die Mittel andernfalls der Pflicht zur zeitnahen Mittelverwendung unterliegen.

---

[7] dazu Hennerkes und Schiffer (2001), S. 35

[8] s. dazu oben

[9] siehe dazu unten

Abb. 6: Plakat „The BigFour", Konzertreihe im Rahmen des BASF-Kulturprogramms (Copyright: Hübner + Stürk), s. Kurzportrait S. 174

Zuwendung zur laufenden Verwendung

Im Gegensatz zur vorerwähnten Zuwendungsform steht die dem traditionellen Spendenbegriff am nächsten kommende Zuwendung, mit der die laufende Arbeit der empfangenden Körperschaft unterstützt werden soll. Im Falle der Gemeinnützigkeit wird jede Zuwendung als mit dieser Zielsetzung versehen gewertet, wenn nicht besondere Sachverhalte oder ein ausdrücklicher Hinweis des Zuwendenden ausnahmsweise die Behandlung als Vermögenszuführung erlauben. Da das Steuerrecht hier mittlerweile ein in sachkundigen Kreisen bekanntes Regel- bzw. Ausnahmeverhältnis nachdrücklich eingeführt hat, wird man unterstellen dürfen, dass auch zivilrechtlich eine Zuwendung im Regelfall als mit der stillschweigenden Auflage der unmittelbaren Verwendung für die Satzungszwecke gegeben anzusehen ist.

Steuerliche Rahmenbedingungen

Gemeinnützigkeit

Die Förderung von Kunst und Kultur ist gem. § 52 Abs. 2 der Abgabenordnung ausdrücklich und „insbesondere" als Förderung der Allgemeinheit anzuerkennen. Die Förderung „als besonders förderungswürdig anerkannter kultureller Zwecke" gehört auch zu den durch eine auf 10% des Gesamtbetrages der Einkünfte verdoppelte Spendenabzugsfähigkeit besonders geförderten Bereichen der Gemeinnützigkeit.[10] Damit hat die Kulturförderung einen Rückstand aufgeholt, den sie gegenüber der Wissenschaftsförderung hatte. Dies mag als Indiz dafür gelten, dass das soziale Ansehen, das die Kulturförderung genießt, inzwischen auf dieselbe Ebene gerückt ist wie das der Wissenschaftsförderung.

Über die bloße Tatsache der Förderung von Kunst und Kultur hinaus muss die Körperschaft zahlreiche weitere Einschränkungen beachten, die ihr - vor allem durch Bestimmungen der Abgabenordnung - auferlegt sind. Damit verfolgt das Gesetz das Ziel, steuerlich begünstigte Mittel auch ausnahmslos der Verwendung für anerkannte gemeinwohlfördernde Zwecke zuzuführen. Zu diesen Bindungen gehören insbesondere die Verpflichtung zur satzungsmäßigen Bindung des Vermögens an steuerbegünstigte Zwecke[11] sowie das Verbot, außerhalb des Satzungszweckes einzelne Personen zu begünstigen.[12]

---

[10] § 10 b Abs. 1 Satz 2 EStG; § 9 Abs. 1 Nr. 2 Satz 2 KStG; § 9 Nr. 5 Satz 2 GewStG

[11] § 61 AO

[12] § 55 AO: Selbstlosigkeit

Zeitnahe Mittelverwendung

Das Merkmal der Selbstlosigkeit ist auch dann gefährdet, wenn eine gemeinnützige Körperschaft die Ansammlung eigenen Vermögens in den Vordergrund ihrer Interessen stellt. Die Verpflichtung gemeinnützige Zwecke zu verfolgen, beinhaltet nicht lediglich den Einsatz der eigenen Mittel zu irgendeinem beliebigen, u.U. in ferner Zukunft liegenden Zeitpunkt, sondern auch die Verwendung innerhalb eines überschaubaren Zeitrahmens. Die Abgabenordnung hat deshalb das von der Rechtsprechung und Finanzverwaltung schon lange entwickelte und anerkannte Gebot der zeitnahen Mittelverwendung ausdrücklich gesetzlich festgeschrieben.[13]

Dieser Grundsatz erfährt zwar zahlreiche detailliert umschriebene Ausnahmen, wird im übrigen aber von der Finanzverwaltung konkret überwacht. Verstöße führen in aller Regel nicht zum unmittelbaren Verlust der Anerkennung als gemeinnützig, wohl aber im ersten Schritt zur Setzung einer Frist, innerhalb derer die unzulässig angesammelten Mittel verwendet werden müssen.[14]

Die Ausnahmen, die in § 58 AO definiert sind, bestehen vor allem in der Möglichkeit, unter näher beschriebenen Voraussetzungen Rücklagen zu bilden. Die Gestaltbarkeit dieses Instruments ist angesichts der gesetzlichen Grenzen eingeschränkt; frei gestaltbar ist bei übereinstimmendem Willen von Zuwendendem und Zuwendungsempfänger nur die Möglichkeit Zuwendungen ausdrücklich der Vermögensausstattung oder -erhöhung zu widmen.

„Stifter sollten ihre Arbeit für die Öffentlichkeit nachvollziehbar machen, Transparenz ist also im hohen Maße wichtig."

Prof. Dr. Karin von Welck, Generalsekretärin der Kulturstiftung der Länder

Dieser Umstand ist bei der Planung eines gemeinnützigen Engagements vor allem deshalb zu bedenken, weil vermieden werden muss, dass ohne ausreichend klare Vorstellungen über die Aktivitäten einer gemeinnützigen Einrichtung dieser ein überhöhtes Vermögen zugewiesen wird, dessen Erträge später nur mühsam der zeitnahen Mittelverwendung zugeführt werden. Überraschenderweise ist festzustellen, dass Fälle dieser Art in der Praxis nicht selten sind, etwa weil eine spontane „Geberlaune" nicht genügend durchdacht ist. Einziger Ausweg ist dann die – eingeschränkt zulässige[15] – Weitergabe der Mittel an eine andere gemeinnützige Körperschaft, wenn geeignete eigene Vorhaben nicht rechtzeitig definiert werden können. Es liegt auf der Hand, dass auf diese Weise die Gewinnung eines eigenen Profils der abgebenden Körperschaft kaum möglich ist.

[13] § 55 Abs. 1 Nr. 5 AO

[14] § 63 Abs. 4 Satz 1 AO

[15] § 58 Nr. 2 AO

Für ein Unternehmen, das sich entscheidet, den Weg der Kulturförderung über eine gemeinnützige Organisation zu gehen, ist es deshalb wichtig, stets die Konsequenz im Auge zu haben, dass die Weggabe der diesem Zweck gewidmeten Mittel eine nicht revidierbare Entscheidung ist. Besonders weitreichend ist der Entschluss im Falle einer bedeutenden Vermögenszuwendung, etwa als Grundausstattung einer Stiftung. Gerade aus dieser Sicht verdienen Entscheidungen dieser Art freilich auch umso mehr Anerkennung und können nur schärfstens gegen den den Sachverhalt auf den Kopf stellenden Vorwurf des „Steuersparmodells" in Schutz genommen werden. Keine wie immer geartete Steuerersparnis, die das zuwendende Unternehmen erzielen mag, kann auch nur annähernd den Betrag des weggegebenen Vermögens erreichen.

Eine gewisse Absicherung des Stifters, sofern dieser eine natürliche Person ist, und seiner Familie ist dadurch gegeben, dass es erlaubt ist, dass eine gemeinnützige Stiftung maximal ein Drittel ihres Einkommens dazu verwendet, um „in angemessener Weise" den Stifter und seine Angehörigen zu unterhalten.[16] Zweckmäßigerweise sollte diese Möglichkeit ausdrücklich in der Satzung der Stiftung vorgesehen werden.

Steuerbegünstigung der gemeinnützigen Körperschaft

Gemeinnützige Körperschaften sind von den Ertragsteuern weitgehend befreit.[17] Von der Grundsteuer sind sie befreit, soweit Grundvermögen für die eigenen gemeinnützigen Zwecke benutzt wird,[18] was z.B. für Museen von erheblicher Bedeutung ist, und umsatzsteuerlich sind sie durch Anwendung des Steuersatzes von sieben Prozent begünstigt.[19] Diese Vergünstigungen sind allerdings ausgeschlossen, soweit die Körperschaft steuerpflichtige wirtschaftliche Geschäftsbetriebe[20] unterhält. Ein wirtschaftlicher Geschäftsbetrieb ist aber dann wiederum nicht steuerpflichtig und kommt damit durchaus in den Genuss der Steuerbefreiungen bzw. -begünstigungen, wenn er Zweckbetrieb nach § 65 AO ist, also mit dem „Betrieb" zwar Einnahmen erzielt werden, dieser aber unmittelbar der Zweckverwirklichung dient. Im kulturellen Bereich sind hier insbesondere als Beispiele hervorzuheben die Veranstaltung von Konzerten gegen Entgelt oder die Veranstaltung von Ausstellungen sowie der Betrieb von Museen gegen Eintrittsgeld. Umsatzsteuerlich können allerdings über den begünstigten Steuersatz hinaus auch Befreiungsvorschriften

[16] § 58 Nr. 5 AO

[17] § 5 Abs. 1 Nr. 9 KStG; § 3 Nr. 6 GewStG

[18] § 3 Abs. 1 Nr. 3 lit. b GrStG

[19] § 12 Abs. 2 Nr. 8 lit. a UstG

[20] Definition in § 14 AO

greifen, die nicht im Zusammenhang mit der Gemeinnützigkeit stehen.[21] Es sei erwähnt, dass diese Befreiungen sich nicht immer steuerlich vorteilhaft auswirken, weil sie den Vorsteuerabzug ausschließen. Dies kann - etwa im Zusammenhang mit Baumaßnahmen - nachteilig sein und fordert die Gestaltungsphantasie heraus, durchaus bestehende, aber komplizierte Wege zur Vermeidung der Steuerbefreiung zu suchen. Die Anwendung des begünstigten Umsatzsteuersatzes in Verbindung mit der Vorsteuerabzugsberechtigung kann sich besonders vorteilhaft auswirken, weil letztere in voller Höhe, d.h. soweit zulässigerweise in Rechnung gestellt, mit 16 % erfolgen kann.

Ein weiterer Vorteil ist, dass das in einer gemeinnützigen Körperschaft gebundene Vermögen sowohl bei seiner Zuwendung an die Körperschaft erbschaft- und schenkungsteuerfrei bleibt[22] als auch während des Bestehens der Körperschaft - im Gegensatz zu Familienstiftungen, bei denen alle 30 Jahre ein fiktiver Erbfall besteuert wird - keiner wiederkehrenden Erbschaft - oder Schenkungsteuer unterworfen ist.

Die Erbschaftsteuerfreiheit für die Zuwendung gilt auch insoweit, als Vermögensgegenstände innerhalb von 24 Monaten nach der Schenkung oder dem Erbfall[23] einer kulturellen Zwecken dienenden gemeinnützigen Organisation zugewendet werden.

Steuerliche Abzugsfähigkeit von Zuwendungen

Die Entwicklung des steuerlichen Gemeinnützigkeitsrechtes hat immer unter dem Einfluss zweier Spannungsverhältnisse gestanden. Das eine ist der Gegensatz zwischen dem Willen zur Förderung von die Allgemeinheit fördernden Aktivitäten einerseits und der Befürchtung, damit Steuereinnahmen zu verringern und im Gefolge Haushaltslöcher aufzureißen, andererseits. Das andere ist der Konflikt zwischen dem politisch verführerischen Wunsch, möglichst breite Bevölkerungsschichten in den Genuss der Vergünstigungen zu bringen, und der Absicht, gezielt und effektiv die besonders wertvollen Beiträge zum Gemeinwohl zu fördern. Es liegt auf der Hand, dass gerade der letztgenannte Aspekt die Förderung von Kunst und Kultur nicht immer in die beste Ausgangslage gebracht hat im Vergleich zu konkurrierenden Bereichen wie insbesondere den Sport mit einer in aller Regel viel breiteren Mitgliederbasis, was den dennoch erreichten Stand umso mehr als Erfolg erscheinen lässt.

Die bezeichneten politischen Hintergründe dürften die entscheidende Erklärung dafür sein, dass die schrittweise und zögernd eingeführten Mosaiksteine

[21] Beispiel für Museen: § 4 Nr. 20 lit. a Satz 2 UStG

[22] § 13 Abs. 1 Nr. 16 lit. b ErbStG

[23] § 29 Abs. 1 Nr. 4 ErbStG

des Gesamtbildes der Begünstigungen dieses zu einem außerordentlich unübersichtlichen und schwierig zu handhabenden Instrumentarium gemacht haben.[24]

Ein deutliches Beispiel für diese Problematik ist die Gestaltung des § 10b EStG bzw. für Kapitalgesellschaften des § 9 KStG, der so verzweigte Differenzierungen für die Abzugsfähigkeit von Zuwendungen enthält, dass auch der alltäglich damit befasste Praktiker die Bestimmung kaum ohne jeweils erneute Lektüre handhaben kann.[25] Die von unterschiedlichen auch politischen Entscheidungssituationen abhängige Gestaltungsvielfalt wird zum Beispiel dadurch augenfällig, dass bei der Bezeichnung unterschiedlicher steuerbegünstigter Zweckgruppen offensichtlich ohne tieferen Sinn sogar die Reihenfolge der Aufzählung unterschiedlich gewählt wurde.[26]

Die Möglichkeiten gliedern sich wie folgt:

- Grundsätzlich können Ausgaben zur Förderung mildtätiger, kirchlicher, religiöser und wissenschaftlicher Zwecke und der als besonders förderungswürdig anerkannten Zwecke bis zur Höhe von 5 % des Einkommens oder 2 ‰ der Summe der gesamten Umsätze und der im Kalenderjahr aufgewendeten Löhne und Gehälter bei der Ermittlung des zu versteuernden Einkommens abgezogen werden.[27] Von den durch das „oder" bezeichneten Alternativen kommt die jeweils für den Steuerpflichtigen günstigere zur Anwendung.[28] Die Formulierung „als besonders förderungswürdig anerkannte gemeinnützige Zwecke" verweist auf § 48 Abs. 2 der Einkommensteuer-Durchführungsverordnung, der in Verbindung mit Anlage 1 zu dieser Verordnung diese Zwecke definiert. Die Förderung kultureller Zwecke ist nach Abschnitt A Nr. 3 dieser Anlage grundsätzlich anerkannt, wobei nähere Erläuterungen zur Abgrenzung dieses Begriffes in den Buchstaben a) bis c) gegeben werden.

  Einschränkend wirkt sich allerdings die zusätzliche Erwähnung der „Förderung kultureller Zwecke, die in erster Linie der Freizeitgestaltung dienen" in Abschnitt B Nr. 2 der Anlage aus, weil diese Ausprägung der Förderung kultureller Zwecke zwar auch die steuerliche Berücksichtigung von Zuwendungen erlaubt, jedoch mit Ausnahme der Mitgliedsbeiträge.[29] Unternehmen, die kulturelle Einrichtungen der so bezeichneten Art fördern wollen, sollten deshalb darauf achten, dass sie nicht in größerem Umfang

[24] dazu Herfurth und Dehesselles, Inf. 2000, S. 553, 554

[25] dazu Wallenhorst in Troll et al. (2000), S. 231

[26] vgl. § 9 Abs. 1 Satz 1 KStG im Verhältnis zu Satz 2 derselben Vorschrift

[27] § 9 Abs. 1 Nr. 2 Satz 1 KStG; einkommensteuerlich: § 10b Abs. 1 Satz 2 EStG

[28] Schmidt (2002), § 10b Rz. 60

[29] § 48 Abs. 4 Nr. 2 EstDVO

- möglicherweise freiwillig erhöhte - Mitgliedsbeiträge zusagen, sondern eindeutig einzelfallbezogene Spenden leisten. Die Abgrenzung der der Freizeitgestaltung dienenden von den übrigen kulturellen Zwecken ist sehr problematisch, zumal diese Gesetzeslage noch jung ist, kann für den Zuwendenden aber recht einfach dadurch gelöst werden, dass die geförderte Körperschaft aufgefordert werden kann zu belegen, auf welche Zwecksetzung der von der Finanzverwaltung ausgestellte Freistellungsbescheid verweist. Hinzu kommt, dass die nunmehr zwingend nach amtlichem Muster zu gestaltenden Zuwendungsnachweise[30] genaue Auskunft über den Charakter der Zuwendung wie auch den begünstigten Zweck geben.

- Die oben bezeichnete Abzugsmöglichkeit erhöht sich für die am Einkommen orientierte Alternative von 5 % auf 10 % u.a. bei Ausgaben zur Förderung als besonders förderungswürdig anerkannter kultureller Zwecke.[31] In diese Definition sind auch kulturelle Zwecke, die in erster Linie der Freizeitgestaltung dienen, eingeschlossen. Es fällt auf, dass diese damit zwar in Bezug auf die Mitgliedsbeiträge aus der Förderung ausgenommen sind, wohl aber in die besondere Privilegierung der erhöhten Abzugsfähigkeit einbezogen sind. Die auf der Summe von Umsatz, Löhnen und Gehältern basierende Alternative verdoppelt sich hier nicht.[32]

- Über die genannten Abzugsmöglichkeiten hinaus kann für Zuwendungen an Stiftungen jährlich ein weiterer Abzugsbetrag von 20.450,– € geltend gemacht werden. Entgegen nach Einführung der Vorschrift geäußerten Zweifeln gilt der Betrag uneingeschränkt über die Höchstbeträge der Sätze 1 und 2 hinaus und unabhängig von den Gründungsspenden.[33]

  Diese Abzugsmöglichkeit ist nicht auf als besonderes förderungswürdig anerkannte Zwecke beschränkt, sondern gilt für alle gemeinnützigen Zwecke, hier jedoch mit der Ausnahme der in § 52 Abs. 2 Nr. 4 AO genannten Zwecke, die allenfalls mit den Stichworten „traditionelles Brauchtum" und „Karneval, Fastnacht, Fasching" eine mögliche Berührung mit dem Bereich kultureller Zwecke haben. Enger ist sie andererseits insofern, als sie die Rechtsform des Empfängers auf die der (öffentlich-rechtlichen oder zivilrechtlichen) Stiftung beschränkt, wobei sich mittlerweile ein Konsens dahingehend herausgebildet hat, dass dies die Rechtsform der unselbstständigen Stiftung einschließt.[34] Gestaltungsüberlegungen gehen deshalb des öfteren dahin, eine unselbstständige Stiftung zwecks Inan-

---

[30] BMF-Schreiben vom 18. Nov. 1999, BStBl 1999 I, S. 979

[31] § 9 Abs. 1 Nr. 2 Satz 2 KStG; einkommensteuerlich: § 10b Abs. 1 Satz 2 EStG

[32] Kirchhof (2001), § 10b, Rz.41

[33] Schmidt (2002), § 106 b Rz. 63

[34] so z.B. Schauhoff (2000), § 3 Rz. 26; ebenso, aber mit verfassungsrechtlichen Bedenken: Crezelius und Rawert, ZEV 2000, S. 421, 425

Abb. 7: Revolver Archiv für aktuelle Kunst, KIOSK - Modes of Multiplication / KIOSK - Wege der Vervielfältigung, Installation von Stefan Wieland, Frankfurter Kunstverein, Manifesta 4 (2002), gefördert von der Allianz Kulturstiftung (Foto: Axel Stephan), s. Kurzportrait S. 52

spruchnahme dieser Begünstigung als Förder- oder Sammelstiftung[35] einer Körperschaft vorzuschalten, die wegen ihrer Rechtsform davon ausgeschlossen ist.

- Die Beschränkung dieser Vorschrift auf die Rechtsform der Stiftung ist auf erhebliche verfassungsrechtliche Bedenken gestoßen, weil eine sachlich stichhaltige Begründung für die damit verbundene Ungleichbehandlung anderer Rechtsformen kaum ersichtlich ist[36].Für Einzelzuwendungen von mindestens 25.565 € – hier wieder beschränkt auf die als besonders förderungswürdig anerkannten kulturellen Zwecke – kann über die vorgenannten Abzugsmöglichkeiten hinaus eine Vortragsmöglichkeit in Anspruch genommen werden, die eine Inanspruchnahme der Höchstgrenzen des § 9 Abs. 1 Nr. 2 Satz 1 KStG über insgesamt sieben Veranlagungszeiträume ermöglicht[37]. Diese Vortragsmöglichkeit besteht[38] nach der klaren Systematik des Textes auch für den auf Stiftungen als Empfänger beschränkten Abzugsbetrag von 20.450 €.

„Das oberste Ziel eines Unternehmens ist der Leistungsbeitrag für die Gesellschaft."

Liz Mohn, Mitglied des Präsidiums der Bertelsmann Stiftung

Ist der Stifter eine natürliche Person, so kommt ihm als Gründer einer Stiftung eine weitere Vergünstigung zugute, nämlich die Möglichkeit, die Zuwendung als „anlässlich der Neugründung in den Vermögensstock einer Stiftung" geleistete Zuwendung bis zu einem Betrag von 307.000 € steuerlich geltend machen zu können und diesen Abzug nach eigener Wahl auf das Jahr der Zuwendung und die folgenden neun Veranlagungszeiträume zu verteilen.[39] Der Betrag wurde für den Fall der Zusammenveranlagung von Ehegatten nicht ausdrücklich verdoppelt; deshalb kann er gem. § 26b EstG in diesem Fall nur einmal in Anspruch genommen werden.[40] Diese Abzugsmöglichkeit, die für alle seit dem 1. Januar 2000 geleisteten Zuwendungen gilt, hat der Gesetzgeber juristischen Personen bewusst und gewollt nicht eingeräumt, weil hier gezielt natürliche Personen als Stifter in ihrer Bereitschaft zu selbstlosem Handeln angespornt werden sollten. Nachdem das Gesetzgebungsverfahren bei der Einführung des „Gesetzes zur wei-

[35] § 58 Nr. 1 AO ermöglicht diese Rechtskonstruktion

[36] z.B. Hüttemann, NJW 2000, S. 638; ders. in Non Profit Law Yearbook 2001 (2002), S .145 ff. 167 und a.A. im Ergebnis: Kirchhof (2001). § 10 b, Rdn. 53. Herfurth und Dehesselles, Inf. 2000, S. 553, 554

[37] Für Einkommensteuerpflichtige eine Vor- und Rücktragsmöglichkeit, insgesamt ebenfalls über sieben Veranlagungszeiträume, § 10 b Abs. 1 Satz 4 EStG

[38] möglicherweise aufgrund eines Redaktionsversehens im Gesetzgebungsverfahren: Schmidt (2002). § 10 b, Rz. 63

[39] § 10 b Abs. 1a EStG

[40] vgl. Herfurth und Dehesselles, Information über Steuer und Wirtschaft 2000, S. 553

teren steuerlichen Förderung von Stiftungen"[41], in seinem Schlussstadium die in ihrem betragsmäßigen Umfang für alle Beobachter überraschende Förderung gebracht hatte[42], haben offensichtlich die dadurch zugespitzten Haushaltsängste seitens der Politik eine auch nur teilweise Übertragung dieser Vergünstigung in das Körperschaftsteuergesetz verhindert. Ob diese Unterscheidung, die das steuerliche Gemeinnützigkeitsrecht erneut unübersichtlicher gemacht hat[43], angemessen und politisch klug war, kann mit Fug und Recht in Frage gestellt werden. Besonders die Frage, warum Personengesellschaften, deren Gesellschafter unmittelbar Nutznießer einkommensteuerlicher Vorteile werden können, auf diese Weise in den Genuss der Förderung kommen können, Kapitalgesellschaften aber nicht, dürfte schwer zu beantworten sein.

Neuerliche Reformüberlegungen, die diese Gesetzeslage verändern könnten, sind allerdings kurzfristig kaum zu erwarten.

Sach- und Aufwandsspenden

Zuwendungen können nicht nur als Geldbeträge, sondern auch als Sachspenden geleistet werden. Das schließt auch die Möglichkeit ein, auf rechtswirksam erworbene Ansprüche gegen den Zuwendungsempfänger zu verzichten. Voraussetzung ist dafür aber, dass ein Anspruch zunächst zweifelsfrei entstanden ist, etwa ein Vergütungsanspruch für erbrachte Leistungen oder ein Erstattungsanspruch, z.B. für den Einsatz eines Kraftfahrzeuges. Die Finanzverwaltung erwartet hier grundsätzlich eine vorherige Fixierung des Anspruchs, zweckmäßigerweise durch Abschluss eines schriftlichen Vertrages.[44] Im Zusammenhang mit dem Verzicht auf eine vertraglich zugesagte Vergütung ist allerdings vor dem gelegentlich anzutreffenden Missverständnis zu warnen, dass sich auf diese Weise das steuerpflichtige Einkommen des Spenders per Saldo mindern ließe. Berücksichtigt werden muss nämlich, dass der Anspruch als solcher zunächst zu den steuerpflichtigen Einkünften zählt und der Verzicht allenfalls zur Kompensation des steuerpflichtigen Betrages und damit maximal zur Reduktion des steuerpflichtigen Einkommens auf die ohne den Anspruch bestehende Höhe führt. Ein wirtschaftlich spürbarer Effekt kann deshalb nur durch den Verzicht auf Erstattung von Beträgen erzielt werden, die steuerfrei hätten bezogen werden können.[45] In anderen Fällen lässt sich durch den schlichten Verzicht auf das Entstehen des Anspruchs ein völlig gleichgelagertes Ergebnis erzielen.

---

[41] BGB 2000 I, S. 1034 ff.

[42] dazu Wachter (2001), S. 274 f.

[43] so auch Schauhoff (2000), § 3, Rz. 26,

[44] Bundesfinanzmin. vom 7.7.1999, BStBl I 1999, S. 591

[45] Beispiel: Reisekosten innerhalb der steuerlich anerkannten Pauschalen

Sachspenden sind grundsätzlich zum Verkehrswert anzusetzen.[46] Bei hohen Werten kann die Ermittlung dieses Wertes, der realistisch geschätzt werden darf, aber vom Spender nachzuweisen ist[47], zu erheblichen Schwierigkeiten führen. Unter Umständen sind Sachverständigengutachten erforderlich.

Auslandsbezüge

Das deutsche Gemeinnützigkeitsrecht kennt grundsätzlich keine Einschränkungen für die Verwirklichung gemeinnütziger Zwecke im Ausland, sofern sie durch im Inland ansässige und anerkannte Einrichtungen erfolgt. Auch der Umstand, dass die Förderung ggf. nur ausländischen Staatsbürgern zugute kommt, ist unschädlich. Ausnahmen gelten lediglich für Zwecke, die ihrer gesetzlichen Definition nach dem Inland vorbehalten sind, so z.B. die Denkmalpflege, der Naturschutz und die Landschaftspflege, also nicht für die Förderung von Kunst und Kultur, sowie für Tätigkeiten, die sich zum Nachteil der Bundesrepublik Deutschland auswirken können.

„Die private Wirtschaft sollte Kunst fördern, weil sie so Entwicklungen unterstützen und Bedingungen erleichtern kann, die unsere kulturelle Landschaft bereichern – je vielfältiger, desto besser. Dabei geht es darum, die öffentliche Hand zu ergänzen, nicht aber zu ersetzen. Am besten und vielleicht auch am effizientesten sind dabei nicht nur kurzfristige, sondern nachhaltige und langfristige Fördermodelle.
Dies kann man in ganz unterschiedlicher Form tun: als Auftraggeber oder – wie ich mich selbst sehe – als jemand, der begleitet, »hinhorcht« und in dieser Form teilhaben darf an der zeitgenössischen künstlerischen Entwicklung und die Künstler als Avantgardisten der Gesellschaft beobachtet."

Dr. Arend Oetker, Geschäftsführender Gesellschafter Dr. Arend Oetker Holding GmbH & Co. KG, Vorsitzender des Gremiums Bildende Kunst des Kulturkreises der deutschen Wirtschaft im BDI e.V.

Es ist deshalb nicht möglich, mit steuerlicher Wirkung Zuwendungen unmittelbar an ausländische Organisationen zu leisten, auch wenn diese nach dem Recht ihres Heimatstaates als gemeinnützig anerkannt sind. Wohl aber kann eine inländische gemeinnützige Körperschaft eine ausländische – gemeinnützige oder nicht gemeinnützige – Einrichtung als „Hilfsperson" im Sinne von § 57 Abs. 1 Satz 2 AO einschalten, die mit einem klar umrissenen Auftrag, am besten gestaltet als Fördervertrag, die Aufgaben vor Ort wahrnimmt. Soweit umfängliche Projekte dies wirtschaftlich angemessen erscheinen lassen, kann eine örtliche Organisation speziell für diesen Zweck errichtet werden.

---

[46] Seifart und v. Campenhausen (1999), § 40, Rz. 65

[47] EStR H 111

Immer ist aber zu gewährleisten, dass die ordnungsgemäße Verwendung der Mittel im Ausland nachgewiesen werden kann. Dafür sind ordnungsgemäße Aufzeichnungen zu führen[48]; nötigenfalls müssen geeignete Beweismittel beschafft werden[49] wie Verträge, Gutachten oder behördliche Bestätigungen.[50] Die Verantwortung der inländischen Körperschaft, die ordnungsgemäße Durchführung von Projekten zu belegen, tritt wegen der fehlenden eigenen Möglichkeiten der Finanzverwaltung, Nachprüfungen vorzunehmen, verständlicherweise wesentlich mehr in den Vordergrund als bei inländischen Aktivitäten.

Verfügt das zuwendende Unternehmen nicht über eine inländische gemeinnützige Adresse, der die Auflage zur Durchführung eines Projektes im Ausland gemacht werden kann, so kann auch der Weg der Zuwendung über eine Körperschaft des öffentlichen Rechts gegangen werden, auch wenn der gemeinnützige Zweck im Ausland verwirklicht wird.[51]

Auswertung

Zwei Aspekte dürften unter den dargestellten Randbedingungen Entscheidungen zugunsten der Förderung kultureller Zwecke besonders beeinflussen:

- Es gibt zahlreiche im Laufe der letzten Jahrzehnte kontinuierlich weiterentwickelte Begünstigungen, die mittlerweile stattliche Anreize für die Förderung von Kunst und Kultur geschaffen haben.
- Die rechtstechnische Komplexität der Abzugsmöglichkeiten kann nicht geleugnet werden, ist im Einzelfall aber durchaus zu handhaben.
- Die Abwägung, ob das Sponsoring im engeren Sinne oder die steuerbegünstigte Zuwendung (traditionell: Spende) im konkreten Einzelfall die angemessenere Gestaltung ist, ist von vielfältigen Faktoren abhängig, vor allem aber von der Grundfrage: Steht die Förderung des Ansehens des zuwendenden Unternehmens im Vordergrund (dann Sponsoring) oder sind die als mäzenatenhaft zu bezeichnenden Motive dominierend (dann Gemeinnützigkeit)? Beide Wege weisen auch Risiken auf, die es zu vermeiden gilt: Das Sponsoring trägt die Tendenz zu „reklamehafter" Darstellung in sich, wenn es nicht mit Fingerspitzengefühl gehandhabt wird; die selbstlose Zuwendung kann zu Rechtfertigungszwängen gegenüber dem kurzfristigen wirtschaftlichen Nutzen verhafteten Denken führen.

---

[48] § 63 Abs. 3 AO

[49] § 90 Abs. 2 AO

[50] insgesamt dazu: OFD Hannover vom 15. Juni 2001, BB 2001, S. 1724 f.

[51] Abschnitt 111 Abs. 5 EStR; dazu Kießling/Buchna (2000), S. 322

Wie das kulturelle Leben in Deutschland in der praktischen Beobachtung zeigt, hat sich jenseits aufgezeigter Schwierigkeiten mittlerweile eine Förderkultur entwickelt, die Mut zu der Erwartung gibt, dass reines Nützlichkeitsdenken immer mehr von dem Bewusstsein verdrängt wird, wie sehr eine lebendige Gesellschaft auch von dem Zusammenwirken der gewerblichen Wirtschaft mit Kunst und Kultur geprägt wird. In diesen Zusammenhang gehört auch die Erkenntnis, dass Kultur sich von der Ausschließlichkeit staatlicher Alimentierung befreien muss, um kräftige eigenständige Impulse zu entwickeln und nicht in Unbeweglichkeit aus einer vermuteten oder tatsächlichen Abhängigkeit zu erstarren. Dies sollte auch in Zeiten knapper Mittel das private Engagement stimulieren.

Literatur

Andrick und Suerbaum (2001) Stiftung und Aufsicht. München

Hennerkes und Schiffer (2001) Stiftungsrecht, 3. Auflage. Frankfurt am Main

Irle (2002) Kunstsponsoring im Steuerrecht. Bielefeld

Kießling und Buchna (2000) Gemeinnützigkeit im Steuerrecht, 7. Auflage. Achim

Kirchhof (2001) Einkommensteuergesetz Kompaktkommentar. Heidelberg

Liermann (2002) Geschichte des Stiftungsrechts, 2. Auflage. Tübingen

Schauhoff (2000) Handbuch der Gemeinnützigkeit: Verein - Stiftung - GmbH. München

Schmidt (2002) Einkommensteuergesetz Kommentar, 21. Auflage. München

Seifart und v. Campenhausen (1999) Handbuch des Stiftungsrechts, 2. Auflage. München

Troll et al. (2000) Die Besteuerung gemeinnütziger Vereine und Stiftungen, 4. Auflage. München

Wachter (2001) Stiftungen, Zivil- und Steuerrecht in der Praxis. Köln

Abb. 8: Künstler arbeiten in Industriebetrieben. Joachim Bandau: „Fünf Kabinenmobile. Liegen, Sitzen, Knien, Stehen, Zurücklehnen" (Spritzverzinktes Stahlblech, Elektroantrieb, mixed media). Situation auf dem Werksgelände der Daimler Benz AG, Sindelfingen 1973, Kulturkreis der deutschen Wirtschaft im BDI e.V. (Foto: Joachim Bandau), s. Kurzportrait S. 18

Kultur-Stiftung der Deutschen Bank

Im 125sten Jahr ihres Bestehens gründete die Deutsche Bank 1995 eine Kultur-Stiftung. Sie soll das kulturelle Engagement des Hauses dauerhaft sichern und weiterführen. Mit einem Stiftungskapital von 50 Mio. € ausgestattet, gehört die Kultur-Stiftung der Deutschen Bank zu den großen ihrer Art in Deutschland. In den sieben Jahren ihres Bestehens hat die Stiftung viel bewegt und anspruchsvolle, internationale Förderziele verfolgt. Mit über 550 geförderten Projekten der unterschiedlichsten künstlerischen Gattungen hat sie die Kulturlandschaft bereichert - regional, national und international. Eng mit ihrer Stifterin verbunden steht die Kultur-Stiftung für das kulturelle Engagement eines globalen Unternehmens.

Im Jahre 2000 begann eine Phase der Neuorientierung: Die Stiftung arbeitet seitdem verstärkt operativ und initiiert Projekte, die ihre eigene Handschrift tragen. Den Schwerpunkt bilden verschiedene Veranstaltungsreihen, in denen sich herausragende Persönlichkeiten des kulturellen und gesellschaftlichen Lebens in wechselnden europäischen Städten dem Dialog mit dem Publikum stellen. Gattungs- und Ländergrenzen treten dabei in den Hintergrund, der interdisziplinäre und internationale Austausch verschafft überraschende Einsichten. So gelingt es der Kultur-Stiftung Freiräume zu schaffen, in denen sich diese verbindende Qualität von Kunst und Kultur entfalten kann.

Beispiel „InselPerspektiven"

Der Titel der von der Kultur-Stiftung initiierten Gesprächsreihe „InselPerspektiven" steht zum einen für den Ort, an dem die Veranstaltungen stattfinden: die 1999 von der UNESCO zum Weltkulturerbe erklärte Berliner Museumsinsel. Zum anderen verdeutlicht der Name des Forums die Idee, die hinter den inhaltlich abwechslungsreichen Kulturveranstaltungen steht. Gemeinsam mit den Staatlichen Museen zu Berlin/Stiftung Preußischer Kulturbesitz lädt die Kultur-Stiftung zur Diskussion über die Zukunft des Museums im Allgemeinen und der Museumsinsel im Besonderen ein. Pierre Rosenberg, Jan Assmann, Julian Nida-Rümelin und Fawwaz Khraysheh gehören zu denen, die auf der Museumsinsel zu Gast waren. Über die Erörterung kunsthistorischer Themen hinaus schließen die „InselPerspektiven" auch philosophische Gespräche und künstlerische Darbietungen mit ein: Peter Sloterdijk las aus seinen „Sphären", Bruno Ganz rezitierte Goethe und Anna Thalbach las aus dem Hohelied Salomos. Im zweiten Jahr ihres Bestehens haben sich die Veranstaltungen im Berliner Kulturleben längst etabliert. Die Kultur-Stiftung begleitet auf diese Weise die Sanierung der Museumsinsel und bietet einem kunst- und kulturinteressierten Publikum vielfältige Gesprächs- und Diskussionsanregungen.

KulturStiftung
der Deutschen Bank

Kulturstiftung der Stadtsparkasse München

Viel beachtete Projekte gleichberechtigt neben Nischenkultur und Nachwuchsarbeit zu setzen, das ist das Ziel der Kulturstiftung der Stadtsparkasse München. 1992 gegründet und mit einem Stiftungsvolumen von 5 Mio. € ausgestattet, stehen pro Jahr 250.000 € für Projektförderungen zur Verfügung. Unterstützt werden Bildende und Darstellende Kunst, Musik, Film und Literatur, aber auch Kunsttherapien, Denkmal-, Heimat- und Brauchtumspflege. Der Bezug zu München ist Vergabekriterium.

Eine Ausnahme stellt, zumindest vordergründig, die Verleihung des Kunstpreises München dar. Dieser Preis für Bildende Kunst ist international ausgerichtet. Mit einem Preisgeld von 50.000 € und einer Katalogförderung von 25.000 € ist er einer der höchst dotierten Kunstpreise Deutschlands. Und er setzt die Grundidee - Münchens Ruf als renommierte Kunststadt über die Stadtgrenze hinaus zu tragen und hochkarätige Kunst nach München zu holen - perfekt um. Mit dem Preis verbunden ist ein Lehrauftrag an der Akademie der Bildenden Künste und eine Ausstellung im Kunstbau des Lenbachhauses.

Beispiel „Tollwood-Festival"

Den Nachwuchs zu fördern sowie Neues und Außergewöhnliches zu ermöglichen, entsprach schon 1990 der Philosophie der Stadtsparkasse München. So unterstützte sie von Anfang an das Festival „Tollwood". Dieses Festival zeichnet sich durch einen einzigartigen und vielseitigen Erlebnischarakter aus, der von der Kombination aus Kultur-Event (Zirkus, Tanz, Theater, Musik), lebendigem Markttreiben und internationaler Gastronomie lebt. Rund eine Million Gäste besuchen jährlich das Festival, das inzwischen im Sommer und im Winter stattfindet. Auf dem Tollwood-Festival wird auch der mit 3.500 € dotierte Künstlerpreis der Stadtsparkasse München verliehen. Der ausgezeichnete Nachwuchskünstler in der Sparte Kleinkunst bekommt außerdem die Möglichkeit, sein Programm eine Woche lang auf einer renommierten Münchner Bühne einem breiten Publikum vorzustellen.

Stiftung „Brandenburger Tor“ der Bankgesellschaft Berlin

Die Stiftung „Brandenburger Tor“ der Bankgesellschaft Berlin ist eine rechtsfähige Stiftung des bürgerlichen Rechts, die ausschließlich gemeinnützige Zwecke verfolgt. Das Brandenburger Tor, Symbol für Freiheit und Toleranz, der Einheit Deutschlands und der Öffnung zwischen Ost und West, gibt der Stiftung ihren Namen. Die Stiftung ist operativ in den Bereichen Bildung, Wissenschaft und Kultur tätig. Mit den Erträgen aus einem Kapital in Höhe von 30 Mio. € entwirft und realisiert sie eigene Projekte, die von bundesweiten Schülerwettbewerben über Existenzgründungshilfen bis hin zu Ausstellungen im Max Liebermann Haus reichen.

Oberster Grundsatz der Stiftung ist, die zur Verfügung stehenden Mittel zur Förderung des eigenverantwortlich handelnden Individuums zum Nutzen der Gesellschaft, der Kultur und der Wissenschaft einzusetzen. Dem engagiert, leistungsbewusst und kreativ Handelnden soll besondere Aufmerksamkeit geschenkt werden; Personen in ihrer Vorbildfunktion für die Allgemeinheit sollen in ihren Leistungen und Werken unterstützt werden. Im Kulturbereich geht es darum, die kulturelle Integration Europas bei Erhaltung der kulturellen Vielfalt europäischer Regionen zu fördern.

Beispiel „Literarisches Tandem“

Das „Literarische Tandem“ ist eine Art Schriftsteller-Austausch zwischen Berliner Autoren und ihren osteuropäischen Nachbarn. Dazu ermöglicht es die Stiftung „Brandenburger Tor“ einem Berliner Autor in eine osteuropäische Stadt zu reisen und sich vor Ort ein „Pendant“ zu suchen, d.h. einen Schriftsteller-Kollegen, der danach wiederum durch ein Stipendium nach Berlin eingeladen wird. Beide werden in einer Art „sanftem Auftrag zur Literatur“ gebeten, ihre Eindrücke der jeweiligen Stadt festzuhalten. Bekanntschaften sollen den Schriftsteller-Dialog beginnen und fortsetzen, so dass sich zunächst eine lose Kette von Begegnungen und dadurch ein immer größeres Beziehungsgeflecht mit literarischem Hintergrund ergibt. Die Aufenthalte werden abgerundet durch eine Lesung beider Autoren im Liebermann Haus, und die während des Auslandsaufenthaltes entstandenen Texte werden übersetzt und publiziert. Die Stiftung „Brandenburger Tor“ möchte mit dieser Art der literarischen Begegnungen neue Blicke auf Berlin ermöglichen und Wege in andere Sprachen, Länder und Kulturen eröffnen.

STIFTUNG BRANDENBURGER TOR
DER BANKGESELLSCHAFT BERLIN

„Lassen Sie mich nur einige verwandte Elemente im geistigen Prozess des Unternehmers und des Künstlers ansprechen: Beide unterliegen in ihrer Arbeit durchaus vergleichbaren Prinzipien insofern, als sie berufen sind, die Dinge zu gestalten. Wer in unser weithin abgeleitetes Leben neue Formen bringt, neue Wege aufzeigt, veränderte Verbindungen herstellt, der unterliegt unentrinnbar dem Zwang zur Entscheidung. So unerschöpflich unsere Zweifel auch sein mögen, so verworren und unübersichtlich die Gedanken, die Mittel und Wege, am Ende steht das Handeln, das Bekennen, das Verantworten, Kunst und Wirtschaft müssen abschließen können. Da mag der Weg noch interessieren, es zählt die Entscheidung. Hier sind die Gesetze von Kunst und Wirtschaft identisch – die Etüde kann nicht übersprungen werden, gewollt ist aber das Ganze, die Komposition!

Dem Zwang zur Tat entspricht das Risiko, das Risiko des Widerstandes, das Risiko der Nichterkennung, das Risiko des Versagens. Es spricht viel dafür, dass die Risiken für den Künstler genauso gewachsen sind wie für den Unternehmer, und dass ihm der Mut, aus der Kontemplation herauszutreten, in der Zukunft nicht weniger abverlangt werden wird als in der Vergangenheit, eine Courage übrigens, die die Brutalität gegen sich selbst einschließen muss, sich von dem eigenen Werk abzuwenden, ja, es zu zerstören. So haben sich der Künstler und auch der Mann der Wirtschaft an der Sache zu erweisen. Und von der Sache her vereint sie beide Argwohn und Distanz gegenüber allem Dilettantischen; gegenüber den geschwätzigen Amateuren."

Jürgen Ponto, als Sprecher des Vorstandes der Dresdner Bank AG in einer Rede anlässlich der Jahrestagung des Kulturkreises der deutschen Wirtschaft 1973

Jürgen Ponto-Stiftung

Die Jürgen Ponto-Stiftung wurde 1977 nach der Ermordung des damaligen Vorstandssprechers der Dresdner Bank, Jürgen Ponto, durch die RAF von Ignes Ponto und der Dresdner Bank ins Leben gerufen; zu ihrem Kapital trugen außerdem zahlreiche Einzelspender bei. In den 25 Jahren ihres Bestehens hat die Stiftung mit gut 4 Mio. € 544 Künstlerinnen und Künstler sowie 291 Schülergruppen gefördert.

Sie fördert unmittelbar junge, hochtalentierte Künstler, die am Anfang ihrer künstlerischen Entwicklung stehen und von anderer Seite noch keine wesentliche Unterstützung erhalten haben. Jeder Förderbereich – Musik, Bildende Kunst, Literatur, Architektur und Darstellende Künste – ist im Kuratorium durch einen Fachkurator vertreten, der ein Förderprogramm und ein eigenes Auswahlverfahren entwickelt. So vergibt die Stiftung Stipendien an junge Musiker und vermittelt ihnen Konzertauftritte. Die Stiftung engagiert sich zudem sehr für das schulische Musizieren. Bildende Künstler unterstützt sie ebenfalls durch Stipendien oder durch Ausstellungen und Projektförderung. Mit einem Förderpreis zeichnet sie jedes Jahr einen jungen Autor für sein Erstlingswerk aus, und im Bereich Architektur führt sie Workshops durch.

Beispiel „Atelierstipendium“

Seit drei Jahren vergibt die Stiftung im Bereich Bildende Kunst ein Atelierstipendium für einen einjährigen Aufenthalt in Frankfurt am Main. Bewerben können sich Absolventen aller deutschen Kunsthochschulen mit einem Projekt, das sich im Spannungsfeld zwischen Kunst und Wissenschaft bewegt und versucht, den wissenschaftlichen Erklärungsmodellen künstlerische entgegenzustellen. Bis zu zehn Künstler lädt die Stiftung ein, ihr Projekt persönlich einer Jury vorzustellen, der nicht nur Vertreter aus Kunst und Kultur angehören, sondern auch Persönlichkeiten aus der Wirtschaft sowie Wissenschaftler.

Anliegen der Stiftung, die sich nicht nur als Geldgeber sondern als Partner versteht, ist es, die Künstler auch durch das Gespräch sowie weitere Vermittlung von Kontakten bei ihrem Projekt zu unterstützen. Der Atelierstipendiat erhält neben dem monatlichen Stipendium eine Unterstützung bei der Umsetzung seines Projektes und seiner Präsentation.

Allianz Kulturstiftung

Das gesellschaftliche Engagement, das über den Geschäftszweck des Unternehmens hinausführt, hat in der Allianz AG eine lange Tradition. Im kulturellen Bereich hat dieses Engagement durch die Gründung der Allianz Kulturstiftung im Sommer 2000 ein neues zusätzliches Gewicht bekommen. Das Motiv war, ein neues, autonomes Forum der Allianz zu etablieren, das sich auf Dauer den großen Potenzialen, die in den Bereichen Jugend und Kultur in Europa liegen, widmet. Mit diesem Schwerpunkt fördert die Stiftung Kunst- und Kulturprojekte ohne Ausgrenzung von Sparten im Geiste der europäischen Integration. Gerade Kultur kann in hervorragender Weise als Identifikationsfaktor, Vermittlungsmedium und als Spiegelbild gesellschaftlicher Prozesse Brücken bauen zwischen unterschiedlichen Nationalitäten und Traditionen, zwischen Sprachen und Generationen.

Die Stiftung strebt in ihrem Förderprogramm keine kurzfristigen Effekte an, sondern setzt auf Beständigkeit, Vernetzungen und nachhaltige Wirkung. Die Förderkriterien sind bewusst weit gefasst, der Förderschwerpunkt liegt dabei auf gattungsübergreifenden zeitgenössischen Kulturprojekten. Neugier auf das Experimentelle statt Bestätigung des Etablierten ist deshalb ein Motto der Allianz Kulturstiftung. In der Umsetzung ihres Programms ist sie sowohl fördernd als auch operativ tätig.

Beispiel „Manifesta"

Die „Manifesta" wurde als Europäische Biennale zeitgenössischer Kunst im Zuge der politischen Veränderungen in Europa zu Beginn der neunziger Jahre des vergangenen Jahrhunderts ins Leben gerufen. Ihr Ziel ist es, einen länderübergreifenden Dialog zwischen jungen Künstlern und dem jeweiligen Publikum in Europa zu initiieren und ein Forum für neue und innovative Formen der Gegenwartskunst zu schaffen. Nach dem Auftakt der Manifesta in Rotterdam 1996 wurde dieses Projekt bisher in Luxemburg 1998, Lubiljana 2000 und Frankfurt a.M. 2002 realisiert. Seit 2002 ist die Allianz Kulturstiftung Hauptförderer der Manifesta, an der bisher rund 300 Künstler aus 50 europäischen Ländern teilgenommen haben. Zu jeder Biennale der Manifesta entwickelt ein wechselndes Team unabhängiger junger Kuratoren ein neues eigenständiges Ausstellungskonzept. Die Internationale Stiftung Manifesta, der Projektpartner der Allianz Kulturstiftung, garantiert die künstlerische Integrität, die Unabhängigkeit und Kontinuität dieser Biennale, die sich schon jetzt zu einem interessanten eigenständigen Kulturnetzwerk in Europa entwickelt hat.

Corporate Citizenship bei Bertelsmann

Das nachhaltige Engagement für die Gesellschaft hat im Haus Bertelsmann Tradition. Dieses Engagement ist vor allen Dingen in der Person Reinhard Mohns begründet, der zum einen aus einer Familientradition und zum anderen aufgrund seiner persönlichen Erfahrung während der Kriegsgefangenschaft in den USA stets die Verpflichtung abgeleitet hat, in seinen Unternehmenszielen das gesamtgesellschaftliche Interesse zu berücksichtigen und als Bürger eine aktive Rolle zu übernehmen.

In Ergänzung zu den Aktivitäten der Bertelsmann Stiftung praktiziert die Bertelsmann AG durch eigene Förder- und Kooperationsprojekte ein eigenes Corporate Citizenship.

Die Bertelsmann Stiftung

Vor nunmehr genau 25 Jahren von Reinhard Mohn gegründet, stellt die Bertelsmann Stiftung den Kristallisationspunkt aller Corporate-Citizenship-Aktivitäten des Hauses Bertelsmann dar. Eine Besonderheit ist dabei die Tatsache, dass die Bertelsmann Stiftung Eigentümerin der Bertelsmann AG ist: Über 57 % der Anteile an der Bertelsmann AG gehören der Stiftung, so dass eine finanzielle Ausstattung der Stiftung bei entsprechendem Geschäftserfolg der AG gewährleistet ist. Die Stiftung sichert im Gegenzug dem Unternehmen Unabhängigkeit und Kontinuität. Im Geschäftsjahr 2001/2002 betrug der Etat der Stiftung 72 Mio. €.

Die Bertelsmann Stiftung ist keine Förderstiftung im üblichen Sinne, sondern arbeitet nach dem Prinzip einer operativen Stiftung. Das bedeutet, dass alle Finanzmittel für eigene Projekte aufgewendet und von der Konzeption bis zur Evaluation *inhouse* durchgeführt werden. Dabei arbeitet die Stiftung eng mit Partnern aus Politik, Wissenschaft und Gesellschaft zusammen. Die aktuell rund 180 Projekte werden von insgesamt 300 Mitarbeitern betreut. Die bisherigen neun Fachbereiche „Medien", „Wirtschaft", „Politik", „Kultur", „Öffentliche Bibliotheken", „Hochschule", „Stiftungswesen", „Staat und Verwaltung" sowie „Medizin und Gesundheitswesen" werden zusammen geführt in die fünf Kompetenzfelder „Kultur & Bildung", „Internationale Verständigung", „Gesundheit", „Wirtschaft & Soziales" und „Demokratie & Bürgergesellschaft". Ein besonderer Fokus der Bertelsmann Stiftung liegt auch beim Stiftungswesen in Deutschland, und hier insbesondere bei der Etablierung von Bürgerstiftungen sowie einer umfassenden Beratung in allen Fragen des Stiftungsmanagements.

Bertelsmann Stiftung

Abb. 9: Neuköllner Oper Berlin – „Cinderella passt was nicht", gefördert durch die GASAG, s. Kurzportrait S. 140

Sponsoring – die steuerliche Behandlung

Helmut Rundshagen

Die untechnisch als „Sponsoring" bezeichnete Form der Imageförderung von Unternehmen hat in den letzten Jahren enormen Aufschwung erlebt. Sponsoring als Mittel zur Steigerung der Aufmerksamkeit eines Unternehmens bzw. seiner Dienstleistungen und Produkte ist dabei historisch wohl gar nicht einmal primär im Kultur- und Kunstbereich angesiedelt. Man kann wohl davon ausgehen, dass Unternehmen zunächst die Welt des Sports für diese besondere Form der Werbung entdeckt haben, noch bevor das Gebiet der Kultur für Werbung und Sponsoring erschlossen wurde, um von dem positiven Image einer Sportart, einer bestimmten Veranstaltung oder eines Einzelsportlers zu profitieren. Inzwischen sind neben dem großen Bereich des Sportsponsorings bzw. der echten Sportwerbung und des Kultursponsorings aber auch die Förderung sozialer Projekte und ökologischer Vorhaben sowie das Wissenschaftssponsoring hinzugetreten. Die Vorteile für das Unternehmen sind häufig sehr schwer zu bestimmen und hängen wesentlich von der Art, Form und Durchführung des Sponsoring-Projekts ab.

In vielen Fällen des Sponsorings wird das fördernde Unternehmen im Hinblick auf ein gewünschtes Image eine Verbindung zu bestimmten Produkten oder einen Lebensbereich auswählen, der sich für Sponsoring eignet. Andere Unternehmen wollen dagegen unabhängig von einem Produkt und direktem Unternehmensbezug durch Sponsoring eine positive Grundhaltung des Unternehmers bzw. des Managements gegenüber der Gesellschaft zum Ausdruck bringen, die dadurch gekennzeichnet ist, dass der Allgemeinheit etwas zurückgegeben wird. Es lassen sich also auf der Motivationsebene folgende Aspekte der Auswahl eines bestimmten geförderten Lebensbereichs (Sport, Kultur, Soziales, Umwelt) einer Sponsoringform (Art der Förderung, Gegenleistung) feststellen:

- Produktbezug,
- Unternehmensbezug,
- nicht Produkt- oder Unternehmensbezug, sondern nicht-spezifische Selbstverpflichtung „Gutes zu tun" als Unternehmensprinzip,
- Persönlicher Altruismus eines Managers bzw. eines Firmeninhabers.

Die unterschiedlichen Motive der Sponsoren können daher danach unterschieden werden, ob sie primär das Ziel verfolgen, Umsatz und Ergebnis des

Unternehmens direkt zu verbessern oder aber über eine Verbesserung des Ansehens des Unternehmens bzw. seines Inhabers oder des Managements indirekt eine positive Auswirkung auf die Entwicklung des Unternehmens am Markt haben. Die Motivation von Unternehmen, Sponsoring zu betreiben, lässt sich dabei wie folgt graphisch darstellen:

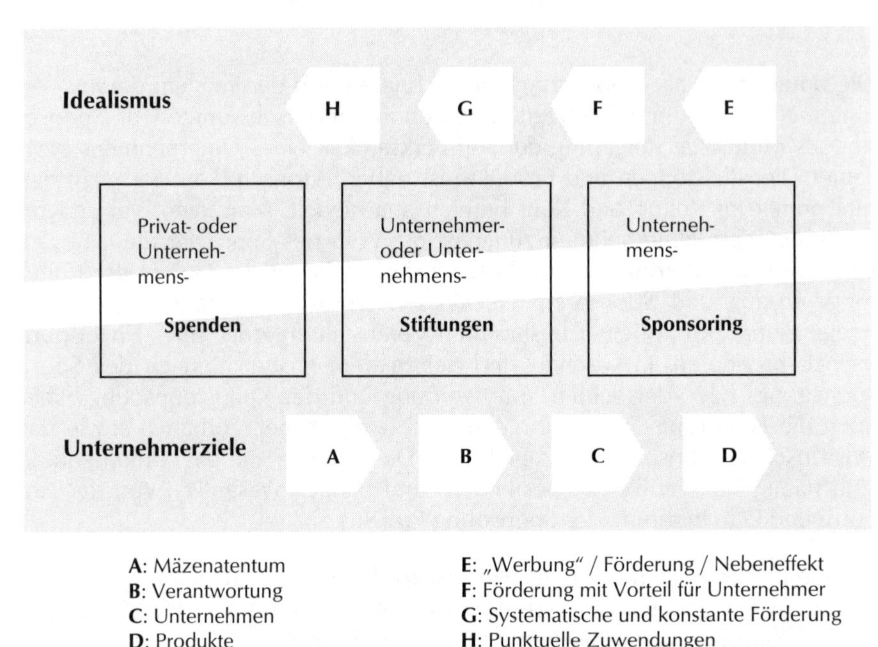

A: Mäzenatentum
B: Verantwortung
C: Unternehmen
D: Produkte

E: „Werbung" / Förderung / Nebeneffekt
F: Förderung mit Vorteil für Unternehmer
G: Systematische und konstante Förderung
H: Punktuelle Zuwendungen

Chart 1: Motive für Formen der Kulturförderung

Die Frage der Zwecke hat nicht nur wesentlichen Einfluss auf die Auswahl von geförderten Projekten und Veranstaltungen, sondern insbesondere auch auf die Werbewirksamkeit für das Unternehmen und für die steuerliche Beurteilung der Sponsoringaktivitäten. Die Strategie von Sponsoringkonzepten, die Unternehmen entwickeln, ist deswegen auch mit den steuerlichen Folgewirkungen zu prüfen. Nicht zuletzt wegen nachteiliger steuerlicher Folgen kann ein durch das fördernde Unternehmen sorgsam geplantes Sponsoringbudget leicht aus den Fugen geraten.

Systematik des Sponsorings

Aus betriebswissenschaftlicher und steuerlicher Sicht können Sponsoringmodelle nach folgenden Kriterien systematisiert werden:

- Welche *Art der Förderung* gewährt das Unternehmen den Begünstigten?
- Welchen *Vorteil* hat das Unternehmen, das sich an einem Sponsoringprojekt beteiligt im Hinblick auf Werbewirksamkeit und Erscheinung in der Öffentlichkeit?
- Erbringt die geförderte Einrichtung oder der geförderte Veranstalter gegenüber dem Sponsor eine *Gegenleistung* und wenn ja, welchen Charakter hat diese?

Die detaillierte Analyse der zu erbringenden Leistungen und Gegenleistungen sowie die Ermittlung des Nutzens und der Bedeutung einer Maßnahme für das Unternehmen, das Sponsoring betreibt, ist von zentraler Bedeutung für die steuerliche Beurteilung nicht nur bei dem Unternehmen selbst. Auch bei der begünstigten Einrichtung bzw. dem Veranstalter eines Kulturprojektes treten bei verschiedenen Formen des Sponsorings sehr unterschiedliche steuerliche Folgen ein.

Die nachfolgende Darstellung orientiert sich an der Perspektive der Unternehmen, die zunächst entscheiden müssen, ob sie einer als förderungswürdig eingestuften Veranstaltung oder Einrichtung einen bestimmten Vorteil zugute kommen lassen wollen und welche Art der Gegenleistung von dem Geförderten erbracht werden soll. Es ist aber auch erforderlich, die steuerlichen Gesamtauswirkungen zu untersuchen, also auch die Belastung bei dem Geförderten. Nur so kann beurteilt werden, ob ein Projekt insgesamt wirtschaftlich sinnvoll ist.

Sponsoring vs. Spende

Zunächst stellt sich die Frage, ob in der jeweilig gewählten Sponsoringaktivität überhaupt eine Gegenleistung durch die begünstigte Kultureinrichtung oder den Veranstalter gegeben ist. Diese Frage wird in vielen Fällen sehr einfach zu beantworten sein, weil z.B. die Gegenleistung darin besteht, dass die geförderte Einrichtung den Namen des Sponsors auf Eintrittskarten erwähnt oder aber weil deutlich sichtbare Leistungen der Einrichtung erbracht werden, die einen Werbeeffekt erzeugen.

Wenn dagegen keine Gegenleistung erfolgt, wird die Zuwendung regelmäßig als Mäzenatentum und im steuerlichen Sinne als Spende einzuordnen sein. Dies bedeutet, dass ein Abzug der Aufwendungen für steuerliche Zwecke nur in Betracht kommt, wenn die besonderen steuerlichen Voraussetzungen materieller und formeller Art des Spendenverfahrens eingehalten worden sind. Zuwendungen in Form von Spenden haben aus steuerlicher Sicht der Unternehmen jedoch gegenüber Sponsoring einige Nachteile:

- Der Spendenabzug ist der Höhe nach begrenzt, vgl. § 10b EStG und § 9 KStG.
- Eine Gegenleistung des Begünstigten gegenüber dem Zuwendenden, die über das Nennen des Namens des Spenders hinausgeht, ist nicht zulässig.
- Spenden können direkt nur an gemeinnützige Körperschaften des Privatrechts und an Gebietskörperschaften des öffentlichen Rechts geleistet werden.
- Der Betriebsausgabenabzug hängt auch vom Einhalten formeller Anforderungen ab, die es im Bereich des Sponsorings nicht gibt (ordnungsgemäße Spendenquittung).

In einigen Fällen ist es allerdings schwierig zu beantworten, ob eine Leistung des geförderten Veranstalters bzw. der Kultureinrichtung gegeben ist oder aber die Werbewirkung für den Sponsor alleine durch seine eigene Sponsoring-Aktivität eintritt. In diesem Fall muss man weiterhin die Frage untersuchen, ob eine Gewährung eines Vorteils darin zu sehen ist, dass der Sponsor exklusiv eine bestimmte sichtbare Aktivität für einen Veranstalter ausführen darf. In diesen Fallgruppen wird man auch für steuerliche Zwecke eine betriebliche Veranlassung für die Aufwendungen annehmen können, selbst wenn keine Gegenleistung des Geförderten vereinbart ist.

Bei der Gegenleistung des Geförderten bzw. des Veranstalters ist aus zwei Gründen neben dem Ob auch die Intensität für die Unternehmenskommunikation bzw. Werbung und deren Form für die ertragsteuerliche Beurteilung des Sachverhaltes von zentraler Bedeutung:

- Zum einen rechtfertigt eine intensive Werbewirkung den oben angesprochenen Betriebsausgabenabzug bei dem Sponsor.
- Zum anderen wirkt sich die Form der Gegenleistung für das Sponsoring bei einer gemeinnützigen Kultureinrichtung bzw. einer öffentlich-rechtlichen Gebietskörperschaft (Bund, Länder und Kommunen) in erheblicher Weise aus. Qualifiziert sich nämlich die Form der Werbung als eine Leistung der Kultureinrichtung, die über einen Duldungscharakter für die Benutzung bestehender Vermögenswerte hinausgeht, handelt es sich nach Auffassung der Finanzverwaltung bei diesen Aktivitäten um einen steuerpflichtigen Gewerbebetrieb innerhalb einer grundsätzlich körperschaftsteuerfrei gestellten Körperschaft. Damit wäre in einem solchen Fall die kulturelle Einrichtung verpflichtet, Ertragsteuern auf die Gewinne aus den erhaltenen Vorteilen zu entrichten. In der betriebswirtschaftlichen Gesamtrechnung von Sponsoringaktivitäten hat dies zur Folge, dass der Sponsor einen höheren Geldbetrag zuwenden muss, um bei der Kultureinrichtung im Ergebnis einen bestimmten Nettozufluss zu ermöglichen.

Es ist deshalb regelmäßig im beiderseitigen Interesse des Sponsors und der geförderten gemeinnützigen Einrichtung dafür zu sorgen, dass bei dieser ein steuerpflichtiger Geschäftsbetrieb nicht entsteht. Andererseits kann betriebswirtschaftlich eine besonders geeignete Form der Werbung einen weitaus höheren Geldbetrag für diese Werbemaßnahme rechtfertigen und somit das Sponsoringmodell trotz zusätzlicher Steuerbelastungen bei der Kultureinrichtung als insgesamt vorteilhaft erscheinen.

Zu berücksichtigen ist in diesem Zusammenhang ebenfalls, dass bestimmte Leistungen sowohl des Sponsors als auch der Kultureinrichtungen zusätzlich zu Ertragsteuernachteilen auch Umsatzsteuer auslösen können, weil hier ein Unternehmer im umsatzsteuerlichen Sinne gegenüber einem anderen Unternehmer Leistungen erbringt. Auch hierdurch kann eine zusätzliche Verschlechterung der betriebswirtschaftlichen Gesamtbilanz einer Sponsoringmaßnahme eintreten, die jedoch auch in diesem Fall durch eine besonders wirksame Sponsoringform für das Unternehmen überkompensiert werden kann.

Sponsoring vs. Werbung

Die Abgrenzung zwischen Sponsoring und Werbung hat nur für steuerliche Zwecke eine Bedeutung. Im allgemeinen Sprachgebrauch wird man Sponsoring immer auch mit der Förderung von Aktivitäten und Projekten, die sich nicht unmittelbar den unternehmerischen Zielen unterordnen lassen, in Verbindung bringen. Werbung unterscheidet sich dagegen jedenfalls dann eindeutig von Sponsoring, wenn mit den Aufwendungen für Werbemaßnahmen keine der Allgemeinheit nützenden ideellen Ziele unterstützt werden. Allerdings kann gerade das Sponsoring als eine indirekte Form der Werbung in erheblichem Umfang zur Förderung des Images von Produkten und Unternehmen beitragen und hat sich so als zusätzlicher und unentbehrlicher Bestandteil der Werbetätigkeit von Unternehmen entwickelt.

Die *steuerliche* Abgrenzung zwischen Sponsoring und Werbung beruht dagegen auf einer sehr formalen und aus steuerlicher Sicht durchaus zutreffenden Unterscheidung in Gegenleistungen, die entweder Duldungscharakter haben oder echte Werbeleistungen darstellen. Hervorzuheben ist allerdings, dass diese Unterscheidung nur für die begünstigte Kultureinrichtung Relevanz hat, regelmäßig nicht jedoch für das leistende Unternehmen. Denn es macht bei der Prüfung der steuerlichen Abzugsfähigkeit von Aufwendungen keinen Unterschied, ob diese für Werbung oder ein Sponsoringprojekt getätigt wurden. Allein entscheidend ist, ob durch die Leistung in ausreichendem Umfang wirtschaftliche Vorteile für das Unternehmen erstrebt werden können.

Geldsponsoring

Geldsponsoring ist vermutlich die Urform des Sponsorings. Schon immer hat sich bei wirtschaftlich erfolgreichen Unternehmen und Institutionen das Bedürfnis entwickelt, nicht nur Gutes zu tun, sondern auch eine gewisse öffentliche Anerkennung für die der Allgemeinheit dienende Leistung zu erhalten. Die Zuwendung von Mitteln für förderungswürdige Zwecke in Form von Spenden hat, wie bereits dargestellt, gerade für Unternehmen aus steuerlicher Sicht erhebliche Beschränkungen. Gleichzeitig dürften sich Spendenaktivitäten im Regelfall nur in sehr beschränktem Umfang für die Unternehmenskommunikation nach innen und außen nutzbar machen lassen.

„Seit Anfang der 80er Jahre gilt Sponsoring als ein wirkungsvolles Mittel für Unternehmen, um gesellschaftliches Engagement zu zeigen. Was häufig als klassisches Mäzenatentum der Geschäftsleitung begonnen hat, wird jetzt zunehmend professionell und in Anbindung an die Kommunikationsabteilungen betrieben. Die kommunikativen Aspekte des Sponsorings werden immer stärker betont. Gleichzeitig ist eine stärkere Professionalisierung der gesponserten Organisationen zu beobachten, die in der Regel PR-Konzepte als integralen Bestandteil einer Fördermaßnahme anbieten. So spielen die Medien beim Sponsoring nicht nur durch eigene Initiativen, sondern auch in ihrer Funktion als Mittler eine tragende Rolle."

Urs Rohner, Vorstandsvorsitzender ProSiebenSat.1 Media AG

Diese Einschränkungen gelten steuerlich jedoch dann nicht, wenn das geldgebende Unternehmen für seine Zahlung eine Gegenleistung erhält, die es als gerechtfertigt erscheinen lässt, die Zuwendung als für Zwecke des Unternehmens getätigt anzusehen. Der BFH hat entschieden, dass die Aufwendungen eines Sponsors steuerlich immer dann als Betriebsausgaben anzuerkennen sind, wenn dieser beabsichtigt durch eine solche Zuwendung wirtschaftliche Vorteile zu erzielen. Hierzu gehört insbesondere, das Ansehen des Unternehmens bzw. dessen Produkte zu sichern oder zu erhöhen. Wenn ein Unternehmen diese Kriterien erfüllt und dem gemäß Geldzahlungen als Sponsoringaufwendungen abzugsfähig sind, greift die für Spenden maßgebliche betragsmäßige Begrenzung nicht.

Zu beachten ist, dass die Höhe der geleisteten Zahlung nach der Rechtsprechung ein wesentlicher Indikator dafür ist, dass der Sponsor in einem zur Gegenleistung angemessenen Umfang Zahlungen tätigt, um seine Aufmerksamkeit zu erhöhen. Steht also der zugewendete Geldbetrag in einem krassen Missverhältnis zu dem vermuteten unternehmerischen Vorteil durch Steigerung des Ansehens, so besteht die Gefahr, dass die Finanzverwaltung die Zahlung insgesamt als nicht durch das Unternehmen veranlasst ansieht und die Voraussetzung für den Spendenabzug prüft. Häufig wird dieser Vorteil in einem solchen Fall dann aber wegen der nicht eingehaltenen formellen und materiellen Voraussetzungen für den Spendenabzug nicht greifen. In diesem Fall wird die Werbemaßnahme für das Unternehmen außerordentlich teuer. Denn zum einem tritt die tatsächliche Belastung durch Zuwendung eines Geldbetrages ein und zum anderen mindert die Zuwendung nicht die Steuerpflicht des Unternehmens, ohne dass gleichzeitig ein besonderer Aufmerksamkeitswert erzielt worden wäre.

Die steuerliche Beurteilung des Geldsponsorings hängt also ganz wesentlich von der Art und der Höhe bzw. der Bedeutung der Gegenleistung der gesponsorten Einrichtung für das Unternehmen ab.

Geldsponsoring ist, bezogen auf die in der Einführung dargestellten Motive, auf allen Ebenen denkbar, betrifft jedoch primär den Imagetransfer auf Unternehmen und Produkte. Anders als eine Sachspende bzw. das Erbringen von Dienstleistungen als Spende sind Secondment und Know-how im Rahmen eines Sponsoringprojekts durch den Versuch gekennzeichnet, eine inhaltliche Verbindung zwischen dem Sponsor bzw. seinen Produkten und dem Kulturereignis herzustellen, um einen positiven Effekt für das Unternehmen zu erzielen. Das Fehlen einer solchen Brücke kann wiederum steuerlich für die Anerkennung des Betriebsausgabenabzuges nachteilig sein.

Sachsponsoring, Dienstleistungen

Eine vielfach anzutreffende Form des Sponsorings ist, dass Unternehmen selbst produzierte Güter einer Einrichtung zur Nutzung überlassen, damit diese kulturelle Zwecke verfolgen kann. Genauso häufig anzutreffen ist das Erbringen von Dienstleistungen durch das sponsernde Unternehmen. Dabei kann es sich um das kostenlose Zur-Verfügung-Stellen eines PKW, um das Anbieten einer unentgeltlichen Rechtsberatung, um die Überlassung von Handwerkern bzw. Fachkräften oder Ähnlichem handeln.

In der Ergebnisrechnung der Unternehmen wirkt sich ein Sponsoring von Dienstleistungen weniger sichtbar aus als etwa eine Geldzuwendung. In dem Fall von Dienstleistungen durch Unternehmer werden nämlich die so oder so vorhandenen Lohn- und Gehaltsaufwendungen nicht unmittelbar zur Wertschöpfung innerhalb des Unternehmens eingesetzt, so dass eine Auswirkung sich lediglich über eine geringere Produktivität in Form von Umsatz- oder Produktionsausfällen ergeben könnte. Das Sachsponsoring erfordert dagegen eine ergebniswirksame Minderung von Vorrats- bzw. Betriebsmitteln oder im Ausnahmefall von Anlagekonten. Eine Gewinnrealisation ist bei Sachsponsoring denkbar, wenn in den zugewendeten Gütern stille Reserven enthalten waren.

Abb. 10: HUGO BOSS, Flagship Store New York mit Kollage von Jeff Koons (Foto: Richard Cadan; Copyright: HUGO BOSS), s. Kurzportrait S. 115

Diese betriebswirtschaftliche Ausgangssituation hat auch steuerrechtliche Konsequenzen. Die steuerliche Abzugsfähigkeit bei Sachsponsoring und Dienstleistungen ist nämlich ebenfalls auf diese direkt zuzurechnenden Kosten des sponsernden Unternehmens beschränkt. Dies bedeutet, dass ein Unternehmen nicht die eigene Wertschöpfung zum Gegenstand einer steuerlich abzugsfähigen Sponsoringleistung machen kann. Im Ergebnis ähnelt dies der steuerlichen Behandlung von Sach*spenden*.

Secondment und Know-how-Transfer

Während das Sachsponsoring und das Erbringen von Dienstleistungen durch Unternehmen regelmäßig im Bereich deren am Markt positionierten Produkte erfolgt, ist beim Secondment und dem Know-how-Transfer eine etwas andere Situation gegeben. Hier überlässt das Unternehmen dem Veranstalter bzw. der Kultureinrichtung statt Produkten bzw. Ergebnissen der eigenen Wertschöpfung nur immaterielle Ressourcen, die zur Förderung der Aktivitäten im Kulturbereich eingesetzt werden können.

Steuerlich ist diese Form des Sponsorings in ähnlicher Weise zu beurteilen wie Sachsponsoring oder das Erbringen einer Dienstleistung. In umsatzsteuerlicher Hinsicht allerdings können sich bei dieser Form des Sponsorings Vorteile ergeben, wenn die Überlassung der Ressource, z.B. eines Arbeitnehmers für eine bestimmte Zeit, nicht als „Leistung“ des Sponsors im umsatzsteuerlichen Sinne qualifiziert wird, oder es bei der Wertbemessung nur auf einen Wert ankommt, der sich z.B. aus einer Arbeitsüberlassung ergeben würde. Ein solcher Wert ist fast immer niedriger als eine konkret durch ein Unternehmen geschuldete Dienstleistung. Es macht einen erheblichen Unterschied, ob ein Unternehmen, das einen Mitarbeiter im Rahmen eines Secondments zur Verfügung stellt, auf Basis eines externen Beraterstundensatzes Umsatzsteuer abführen muss oder aber lediglich die internen, direkt zuzuordnenden Personalkosten Bemessungsgrundlage sind.

Steuerliche Rahmenbedingungen von Sponsoring

In steuerlicher Hinsicht hat das Sponsoring sowohl für das Unternehmen, das Zuwendungen erbringt, als auch für den begünstigten Kulturträger Konsequenzen, die im Einzelfall insbesondere im Bereich der Ertragsteuern durchaus Interessengegensätze verursachen können, obwohl beide Seiten - wie bereits dargestellt - im Ergebnis ein gemeinsames Interesse an der Minimierung der Ertragssteuerlast haben.

Das Unternehmen, das Sponsoringleistungen erbringt, muss dafür Sorge tragen, dass die Zuwendungen dem Grunde nach als Betriebsausgabe für ertragsteuerliche Zwecke gelten. Darüber hinaus wird es regelmäßig im Interesse des Sponsors sein, dass die von ihm zu erbringende Leistung möglichst nicht umsatzsteuerpflichtig ist, weil im Fall von nicht vorsteuerabzugsberechtigten Leistungsempfängern insoweit die Umsatzsteuer zum Kostenfaktor im Rahmen eines Sponsoringprojektes wird und damit der Gesamtaufwand, der zu leisten ist, steigt.

Auf der anderen Seite ist bei dem Empfänger zu unterscheiden, ob es sich hier um einen gemeinnützigen Kulturträger handelt oder eine Gebietskörperschaft einerseits, oder andererseits um einen privaten Träger von Kultur, der gewerblich tätig ist und auf Gewinnerzielungsabsicht angelegt ist. In letzterem Fall ist korrespondierend zur Frage der Höhe der Abzugsfähigkeit von Sachleistungen zu prüfen, in welcher Höhe ein steuerpflichtiger Ertrag bei dem Begünstigten entsteht. Im Hinblick auf die steuerlichen Bewertungsgrundsätze besteht kein Korrespondenzprinzip zwischen dem abzugsfähigen Betrag beim Sponsor und dem steuerpflichtigen Ertrag bei dem geförderten Veranstalter. Der steuerpflichtige Ertrag kann vielmehr auch dem Verkehrswert einer Leistung entsprechen, was im Ergebnis das Sponsoring von nicht gemeinnützigen Veranstaltern und Kulturträgern erheblich belastet.

Sofern jedoch ein dem Grunde nach gemeinnütziger und demnach steuerfreier Kulturträger begünstigt ist, wird es darauf ankommen zu vermeiden, dass eine als Werbeleistung zu qualifizierende Sponsorleistung vorliegt, da diese bei dem Empfänger steuerpflichtig wäre. Allerdings sind hier mit Wirkung zum 1. Januar 2001 wichtige Steuererleichterungen in Kraft getreten, die die wirtschaftliche Relevanz der Abgrenzung zwischen Sponsoring und Werbung im steuerlichen Sinne auf Seiten des Empfängers als weniger folgenreich erscheinen lassen.

Rechtsgrundlagen und Steuerarten

Sponsoring als besondere Erscheinungsform wirtschaftlichen Handelns ist in den Steuergesetzen nicht explizit geregelt. Vielmehr sind die allgemeinen steuergesetzlichen Normen auf den jeweiligen Sachverhalt anzuwenden.

Sponsoring-Erlass

Im Hinblick auf diese Rechtsanwendung gibt es jedoch einige Erlasse und Verfügungen der Finanzverwaltung. Die zweifellos wichtigste Verwaltungsvorschrift ist dabei der sog. „Sponsoring-Erlass“ vom 18. Februar 1998, BStBl I 1998, 212 (vgl. Anhang). Dieser Erlass stellt die ertragsteuerliche Behandlung des Sponsoring aus Sicht der Finanzverwaltung dar. Umsatzsteuerliche Aspekte dagegen sind in diesem Erlass nicht abgehandelt. Der Erlass stellt die steuerlichen Folgen von Sponsoring getrennt für den Sponsor und die begünstigte Kultureinrichtung dar. Für den Sponsor unterscheidet der Erlass dabei Aufwendungen, die der privaten Lebensführung des Unternehmers oder von leitenden Angestellten dienen, Spenden und als Betriebsausgaben anzuerkennende Sponsoringaufwendungen. Auf der Empfängerseite befasst sich der Erlass nur mit den Leistungen von gemeinnützigen Körperschaften und - ohne diese ausdrücklich zu erwähnen - von Gebietskörperschaften des öffentlichen Rechts (Bund, Länder und Gemeinden) gegenüber dem Sponsor. Dabei wird unterschieden zwischen Gegenleistungen, die für die begünstigte Einrichtung lediglich als Leistung im Bereich der Vermögensverwaltung (Duldung) anzusehen sind und solchen, die als gewerbliche Leistung (Werbung) zu qualifizieren sind und damit einen steuerpflichtigen wirtschaftlichen Geschäftsbetrieb der Körperschaft begründen.

Dabei kann davon ausgegangen werden, dass die im Sponsoring-Erlass niedergelegten Rechtsgrundsätze in der steuerrechtlichen Praxis dem Grunde nach wenig bestritten sind, auch wenn die Anwendung im Einzelfall - insbesondere auf Seiten des Leistungsempfängers - Probleme bereiten kann. Dies war vor allem auf Seiten der begünstigten Kulturträger bislang bezüglich der Frage der Fall, ob im Einzelfall noch eine Gegenleistung im Bereich der reinen Vermögensverwaltung erfolgte oder ob diese im Rahmen der Veranstaltung so hervorgehoben war, dass sie Werbecharakter hatte.

„»Ohne die Künste wäre die Welt grau« - unter diesem Motto unterstützt J.P. Morgan sehr gezielt einige Kulturereignisse mit dem lokalen Schwerpunkt Frankfurt. Damit wollen wir zum kulturellen Leben der Stadt, in der wir seit über 50 Jahren erfolgreich tätig sind, beitragen. Wir stellen hohe Anforderungen an die geförderten Projekte und unterstützen künstlerisch innovative Ideen. Unser Wunsch ist es, dass sich aufgrund gemeinsamer kultureller Erlebnisse Gespräche mit unseren Kunden ergeben, die über das rein Bankgeschäftliche hinausgehen. Wir wollen Projekte anregen, die gerade das Emotionale, das Künstlerische in jedem von uns ansprechen und uns zeigen, dass unsere Welt alles andere als grau ist - und zwar spannend und unendlich facettenreich."

Rainer Gebbe, Vorstandsvorsitzender der J.P. Morgan AG

Durch eine Änderung der Abgabenordnung zum 1. Januar 2001 hat diese Abgrenzung zwischen einem unschädlichen Hinweis und einer steuerschädlichen Hervorhebung des Sponsors jedoch an Bedeutung verloren, weil nach der gesetzlichen Neuregelung die begünstigte Körperschaft zu einer pauschalierenden Besteuerungsmethode optieren kann, die im Idealfall die Steuerbelastung auf ca. 6 % absenkt. Damit steht aber auch zu vermuten, dass die Finanzverwaltung im Rahmen von zukünftigen Betriebsprüfungen an die Abgrenzung einen strengeren Maßstab anlegen wird, da ertragsteuerlich die Folgen für den geförderten Kulturträger vermeintlich überschaubar sind. Denn steuerlich erhebliche Belastungen können sich z. B. ergeben, wenn der Verkehrswert einer Sach- oder Dienstleistung sehr hoch ist. Auch sind in einem solchen Fall die umsatzsteuerlichen Folgen zu bedenken. Geht die Gegenleistung der geförderten Einrichtung nämlich über die reine Vermögensverwaltung hinaus in den Bereich der Werbung, dann dürfte regelmäßig auch eine umsatzsteuerbare und -pflichtige Leistung gegenüber dem Sponsor vorliegen, die jedenfalls dann zu einer definitiven Mehrbelastung führt, wenn der Sponsor nicht zum Abzug der Vorsteuer berechtigt ist.

Zu erwähnen sind außerdem folgende Verfügungen der Finanzverwaltung, die sich mit der Besteuerung von Sponsoring befassen:

Erlass des Finanzministeriums Bayern vom 11. Februar 2000
(33-S0183-12/14-59 238)

In dem Erlass äußert sich das Finanzministerium Bayern zu Zweifelsfragen im Zusammenhang mit dem „Sponsoring-Erlass" zum Thema Sponsoring vom 18. Februar 1998 (s.o.). Gegenstand des Erlasses sind zwei Aspekte, nämlich zum einen, welche steuerlichen Konsequenzen die Benennung eines Saals in einem Museum nach dem Sponsor hat und zum anderen, welche steuerlichen Wirkungen sich ergeben, wenn das Logo des Sponsors auf einer Internetseite eines gemeinnützigen Vereins als Empfänger der Sponsoringleistung abgedruckt wird.

Ohne Einschränkungen stellt das Finanzministerium zunächst fest, dass die Benennung eines Museumssaals nach einem Sponsor bei dem Museum keinen steuerpflichtigen Geschäftsbetrieb begründet. Dies bedeutet, dass es sich bei der Benennung eines Raumes nach einem Sponsor nicht um eine Hervorhebung handelt, die über den Bereich der reinen Vermögensverwaltung bei der geförderten Einrichtung hinausgeht. In dem zu entscheidenden Fall war in einem Museum nach einer entsprechenden Geldzuwendung ein Raum als „BMW-Saal" gekennzeichnet worden. Bedauerlicherweise fehlen in dem Erlass Ausführungen dazu, ob neben der reinen Namensbenennung auch ein Logo des Sponsors beigefügt werden darf.

Dagegen sieht die Finanzverwaltung in Bayern einen Link auf der Homepage der geförderten Einrichtung jedenfalls dann als Werbung an, wenn dieser Link zu den Werbeseiten des Sponsors führt. Dagegen soll eine Einnahme eines Vereins nicht steuerpflichtig sein, wenn lediglich das Logo des Sponsors auf der Internetseite dieses Vereins auftaucht. Voraussetzung ist allerdings, dass ein Umschalten auf die Webseiten des Sponsors technisch nicht möglich ist. Das Finanzministerium begründet die Beurteilung damit, dass es sich bei dem Link dem Grunde nach um eine technisch moderne Variante der klassischen Werbung in einer Vereinszeitschrift für ein Produkt oder ein Unternehmen handelt. Dieser Vergleich ist zweifelhaft, denn anders als bei Werbung auf Plakaten und Prospekten bedarf es eines aktiven Handels des Internetnutzers, um auf die Werbeseite zu gelangen. Die Parallelität besteht dagegen bei der Bannerwerbung im Internet für den Besucher einer Homepage, da er nicht die Möglichkeit hat, die Werbung nicht zu betrachten.

Der Erlass äußert sich nur zu ertragsteuerlichen Aspekten dieser zwei Fallgruppen des Sponsorings. Umsatzsteuerliche Fragestellungen, die insbesondere bei dem Thema der Werbung auf der Internetseite eines gemeinnützigen Vereins auftreten können, sind dagegen nicht bearbeitet.

Erlass der OFD Karlsruhe vom 5. März 2001
(S7100/17)

In Ergänzung zu dem „Sponsoring-Erlass" zu den ausschließlich ertragsteuerlichen Aspekten von Sponsoringmaßnahmen befasst sich der Erlass der OFD Karlsruhe ausschließlich mit umsatzsteuerlichen Konsequenzen von Sponsoring. Dabei unterscheidet die Finanzverwaltung die steuerliche Behandlung zunächst danach, ob es sich bei der Leistung des Sponsors um eine Geldleistung oder aber um eine Sachleistung handelt.

Bei Geldleistungen von Sponsoren an gemeinnützige Einrichtungen sieht die OFD Karlsruhe in der jeweiligen Gegenleistung grundsätzlich eine steuerbare und steuerpflichtige Leistung der gemeinnützigen Einrichtung an den Sponsor im Sinne von § 1 Abs. 1 Nr. 1 UStG. Dies soll unabhängig davon gelten, ob für Ertragsteuerzwecke nach dem BMF-Schreiben vom 18. Februar 1998 die Leistung der begünstigten Einrichtung in einer konkreten Werbeleistung besteht und damit auch ertragsteuerlich einen steuerpflichtigen Geschäftsbetrieb begründen würde, oder aber in einer Duldungsleistung, die in den typischen Bereich des für Ertragsteuerzwecke steuerunschädlichen Sponsorings fällt. In beiden Fällen führt die Leistung in der Einrichtung regelmäßig zu einer Umsatzsteuerzahllast.

Dennoch hat die Unterscheidung zwischen Werbeleistungen (in dem Erlass exemplarisch als Banden- oder Trikotwerbung, Anzeigenschalten, Vorhalten von Werbedrucken, Lautsprecherdurchsagen usw. gekennzeichnet) einerseits und den Duldungsleistungen andererseits (Aufnahme von Emblemen und Logos in Mitteilungsblättern von Vereinen, Veranstaltungshinweisen oder Ausstellungskatalogen) eine erhebliche umsatzsteuerliche Bedeutung. Während nämlich Werbeleistungen grundsätzlich dem allgemeinen Steuersatz gemäß § 12 Abs. 1 UStG unterliegen, sind Duldungsleistungen, die ohne besondere Hervorhebung des Sponsors erbracht werden, mit dem ermäßigten Steuersatz nach § 12 Abs. 2 Nr. 8a UStG von 7 % zu erfassen, weil insofern kein steuerschädlicher wirtschaftlicher Geschäftsbetrieb vorliegt. Dies bedeutet, dass die durch den Sponsor geförderte Einrichtung aus den Geldzuwendungen des Sponsors die Umsatzsteuer herausrechnen und an das Finanzamt abführen muss.

Beispiel:

Ein Sponsor zahlt einem gemeinnützigen Kulturträger für eine Werbeleistung 10.000 €, während ein zweiter Sponsor dem gleichen Verein für eine als Duldungsleistung zu qualifizierende Nennung des Namens ebenfalls 10.000 € bezahlt.

In dem Verhältnis zu dem Geldgeber, demgegenüber der Verein eine Werbeleistung erbringt, muss daher Umsatzsteuer in Höhe von rund 1.380 € einbehalten und an das Finanzamt abgeführt werden. In dem zweiten Fall der echten Sponsoringleistung sind lediglich 654 € auf eine Bemessungsgrundlage von 9.346 € einzubehalten und abzuführen.

Bei Sach- oder Dienstleistungen des Sponsors gelten für die begünstigte Einrichtung die gleichen umsatzsteuerlichen Regeln wie in dem Fall der Zahlung einer Geldleistung. Probleme ergeben sich im Unterschied zur Geldzahlung allerdings bei der Bestimmung der Bemessungsgrundlage für die steuerpflichtige Leistung der gesponserten Einrichtung. Nach Auffassung der Finanzverwaltung ist als Wert der sogenannte „gemeine Wert" der Sach- oder Dienstleistung des Sponsors für dessen Umsatzsteuer anzusetzen (§ 3 Abs. 12 und § 10 Abs. 2 UStG). Der gemeine Wert entspricht faktisch regelmäßig dem Marktwert der Sach- oder Dienstleistung, die der Sponsor im Wirtschaftsjahr erbringt. Zu der Definition kann im einzelnen auf Abschnitt 153 Abs. 1 der Umsatzsteuerrichtlinie der Finanzverwaltung verwiesen werden. Nach Meinung der OFD Karlsruhe gilt dieser Verkehrswert auch dann, wenn er deutlich höher ist als der Verkehrswert der erbrachten Werbe- oder Duldungsleistung durch die steuerbegünstigte Einrichtung.

Der Sponsor ist berechtigt, über die von ihm erbrachte Sach- oder Dienstleistung eine Rechnung auszustellen. In diesem Fall soll die gemeinnützige Einrichtung dann zum Vorsteuerabzug berechtigt sein, wenn die Versendung der Sach- oder Dienstleistung *nicht* in den ideellen Bereich oder zur Erzielung steuerfreier Umsätze eingesetzt wird. Als Mindestgrenze für die Nutzung eines einheitlichen Gegenstandes im umsatzsteuerlich relevanten wirtschaftlichen Geschäftsbereich gilt ein Satz von 10 % mit Verweis auf § 15 Abs. 1 S. 2 UStG.

Die OFD Karlsruhe stellt erfreulicherweise klar, dass steuerbegünstigte Einrichtungen umsatzsteuerlich berechtigt sind, die Umsätze aus Werbe- und Duldungsleistungen in Rechnungen unter Ausweis der Umsatzsteuer auszustellen. Es stellt sich damit die Frage, unter welchen Voraussetzungen und Beschränkungen der Sponsor wiederum berechtigt ist, diese in der Rechnung ausgewiesene Umsatzsteuer als Vorsteuer abzuziehen. Hierfür nennt der Erlass zwei Beschränkungen. Zum einen soll der Vorsteuerabzug dann nicht gewährt werden, wenn bei dem Sponsor zwischen dem Wert der erbrachten Geld- oder Sachleistung einerseits und der erhaltenen Werbe- oder Sponsorleistung andererseits ein so krasses Missverhältnis besteht, dass auch ertragsteuerlich der Betriebsausgabenabzug nach den Grundsätzen des BMF-Schreibens vom 18. Februar 1998 versagt werden würde. Zum anderen ist der Vorsteuerabzug ausgeschlossen, wenn die Werbe- oder Sponsorleistungen dem Erbringen umsatzsteuerfreier Umsätze des Sponsors dienen. Hiervon betroffen sind insbesondere Banken, Versicherungen und Unternehmen im Bereich der Medizin.

Nachdem die ertragsteuerliche Problematik der Abgrenzung zwischen Sponsoring und Werbung für die begünstigte Einrichtung weitgehend bereinigt worden sind (hierzu weiter unten), tauchen auf dem Gebiet der Umsatzsteuer neue praktische Probleme auf. Dies gilt umso mehr als insbesondere bei dem Austausch von Sach- und Dienstleistungen das Ermitteln der steuerlich richtigen Bemessungsgrundlage schwierig sein kann. Darüber hinaus ist das Besteuerungsverfahren für die geförderten Einrichtungen relativ komplex und bindet daher zusätzliche administrative Kapazitäten.

Verfügung der OFD München vom 3. Juli 2000
(S2223-113ST423)

In einem umfangreichen Merkblatt zur Reform des steuerlichen Spendenrechts stellt die OFD München im Detail die Unterschiede zwischen den bisherigen Vorschriften über den Spendenabzug und die Neuregelung mit Wirkung zum 1. Januar 2000 dar. Dieser Erlass ist insbesondere dann von Bedeutung, wenn einzelne als Sponsoring angedachte Maßnahmen der Imagewerbung sich im Nachhinein als Spende zu qualifizierende Zuwendung herausstellen.

Eine finanzgerichtliche Rechtsprechung zum Thema des Sponsorings ist nur in geringem Umfang vorhanden. Es soll deshalb lediglich auf folgende Urteile hingewiesen werden:

BFH vom 9. August 1989, BStBl II 1990, 237
(Sparkassenfall)

In der Entscheidung befasst sich der BFH mit der Abgrenzung zwischen Spenden und Sponsoringleistungen. Dabei hat der BFH entschieden, dass der für einen nicht unerheblichen Geldbetrag als „Gegenleistung" erbrachte Hinweis an einem Kunstgegenstand auf den Stifter wegen zu geringer Werbewirkung für den Betriebsausgabenabzug nicht ausreichend ist. Ein Spendenabzug scheiterte, weil die entsprechenden Höchstbeträge in dem betreffenden Jahr durch den „Sponsor" ausgeschöpft waren. Aus dem Urteil ergibt sich, dass ein Betriebsausgabenabzug für Sponsoringzwecke nur in Betracht kommt, wenn der Nutzen oder die Gegenleistung die Anerkennung der Zuwendung als Spende ausschließt.

Abb. 11: „Oper für alle", Max-Joseph-Platz München, dank BMW (Copyright: Wilfried Hösl), s. Kurzportrait S. 141

Entscheidung des FG Hessen vom 23. November 1998, EFG 1999, 496
(Motorrad-Ralley)

In der Entscheidung hat das FG Hessen positiv festgestellt, dass auch erhebliche Werbeaufwendungen für das Anbringen von Kürzeln an Fahrzeugen eines Motorradrennteams einen Betriebsausgabenabzugs selbst dann rechtfertigen, wenn die Rennen ausschließlich außerhalb Deutschlands stattfinden. Die Medienberichterstattung reiche hier als angemessene Werbewirksamkeit für den Betriebsausgabenabzug aus. Darüber hinaus sei auch in diesem Fall durch die Sponsorentätigkeit eine Imagepflege gegenüber Geschäftspartnern zu erzielen.

FG Bremen vom 16. Oktober 1987, EFG 1988, Seite 107
(Architekten als Sammler)

Die Entscheidung befasst sich mit der Abgrenzung zwischen Sponsoringmaßnahmen und Aufwendungen für die private Lebensführung der handelnden Unternehmer. In dem zu entscheidenden Fall hatten Architekten, die allesamt namhafte Kunstliebhaber an dem Bürostandort waren, in regelmäßigen Abständen Ausstellungen in den Räumen des Büros durchgeführt und hierbei die damit verbundenen Kosten als Werbungskosten geltend gemacht. Das FG Bremen hat den Abzug nach § 12 EStG abgelehnt, weil es sich um Ausgaben der privaten Lebensführung handele, die sich von der privaten Lebensführung nicht klar trennen lassen. Daher seien die Kosten in vollem Umfang nicht abzugsfähig.

Steuerfolgen für Sponsoren

Die steuerlichen Konsequenzen von Sponsoring können bei den Unternehmen hinsichtlich folgender Steuerarten eintreten:

- Einkommensteuer bei Einzelunternehmen und Personengesellschaften mit natürlichen Personen als Gesellschaftern bzw. Körperschaftsteuer bei Kapitalgesellschaften und nicht gemeinnützigen Stiftungen.
- Regelmäßig Gewerbesteuer, wenn es sich um ein gewerblich tätiges Unternehmen im Inland handelt, während selbständige Freiberufler dieser Steuerart meistens nicht unterworfen sind.
- Umsatzsteuer, wenn die Zuwendung des Sponsors nach den Regeln des Umsatzsteuerrechts als steuerbare und steuerpflichtige Leistung qualifiziert; andererseits kann sich die Frage stellen, ob der Sponsor zum Vorsteuerabzug berechtigt ist, wenn die Gegenleistung der begünstigten Einrichtung oder des Veranstalters umsatzsteuerbar und -pflichtig ist.

Für die steuerliche Behandlung ist bei dem Sponsor zunächst einmal die Rechtsform entscheidend. Handelt es sich um eine Körperschaft des Privatrechts, also eine Kapitalgesellschaft (AG, GmbH oder KGaA) oder Stiftung des Privatrechts, findet das Körperschaftsteuerrecht Anwendung. Dies ist dadurch gekennzeichnet, dass das in dieser Rechtsform betriebene Unternehmen oder die mit einer Stiftung verfolgten Zwecke wegen ihrer Rechtsfähigkeit steuerlich getrennt von den Gesellschaftern, Aktionären oder Stiftern erfasst werden. Dagegen sind Einzelunternehmer und Gesellschafter von steuerlich als transparent behandelten Personenhandelsgesellschaften der Einkommensteuer unterworfen. Die Unterscheidung hat zunächst Relevanz für die steuerliche Entlastungswirkung einer Sponsoringmaßnahme. Während bei Kapitalgesellschaften der einheitliche Steuersatz von 25 % Anwendung findet, werden natürliche Personen als Gesellschafter von Personenunternehmen mit einem maximalen Spitzensteuersatz von derzeit 48,5 % belastet. In beiden Fällen ist zusätzlich die gewerbesteuerliche Entlastungswirkung zu berücksichtigen, die rechtsformunabhängig im Wesentlichen gleich hoch sein sollte. Die ertragsteuerliche Belastung von natürlichen Personen bei der Einkommensteuer mindert sich jedoch nach § 35 EStG durch die Gewerbesteueranrechnung bei gewerblichen Einkünften. Die Reduktion der Gesamtsteuerbelastung bei natürlichen Personen soll die Steuerbelastungsunterschiede zwischen Kapital- und Personengesellschaften etwas ausgleichen.

„Jeder künstlerischen Intention entspricht heute eine spezifische Art ihrer Finanzierung. Ästhetische Entscheidungen sind beinahe mit Finanzierungsentscheidungen identisch geworden."

Boris Groys, in: „Mäzene, Stifter und Sponsoren". Ostfildern-Ruit 2001

Weitere Unterschiede ergeben sich zwischen Personen- und Einzelunternehmen einerseits und Kapitalgesellschaften andererseits, wenn die Aufwendungen für ein vermeintliches Sponsoring oder Werbung von der Finanzverwaltung nicht als Betriebsausgabe anerkannt werden. In diesem Fall kann, wenn die Motivation für die Leistung des Unternehmens aus der Gesellschafterebene resultiert, bei einer Kapitalgesellschaft eine sogenannte verdeckte Gewinnausschüttung vorliegen. In diesem Fall wäre der Aufwand auf Ebene der Kapitalgesellschaft weder für Körperschaftsteuer- noch für Gewerbesteuerzwecke abzugsfähig. In Höhe des steuerpflichtigen Vorteils wäre dagegen bei dem betreffenden Gesellschafter ein Dividendenertrag grundsätzlich steuerpflichtig, es sei denn, es liegt eine Steuerbefreiung vor. Diese ist bei natürlichen Personen als Gesellschaftern nach § 3 Nr. 40 EStG in Höhe von 50 % gegeben (sogenanntes Halbeinkünfteverfahren).

Ist dagegen Empfänger der verdeckten Gewinnausschüttung eine andere Kapitalgesellschaft, so ist hier die Steuerfreiheit auf den vollen Betrag nach § 8b Abs. 1 KStG gegeben. In diesem Fall sollte allerdings geprüft werden, ob nicht eine natürliche Person hinter diesem Gesellschafter steht, die auf die Obergesellschaft entsprechend Einfluss hat. In diesem Fall wäre die verdeckte Gewinnausschüttung ggf. an diese natürliche Person „weiterzureichen". Dagegen stellen sich bei Einzelunternehmen und Personengesellschaften solche Vorgänge als Entnahmen dar, die zwar nicht zu einer Minderung des Gewinns auf Ebene der Personengesellschaft führen, aber auch keine steuerpflichtigen Erträge auf Ebene der Gesellschafter bzw. des Einzelunternehmers zur Konsequenz haben. In diesen Fällen ist für die Gesellschafter von Personengesellschaften und Einzelunternehmern der Spendenabzug zu prüfen. Wenn ein Spendenabzug nicht in Betracht kommt, liegen Aufwendungen der privaten Lebensführung vor, die nach § 12 EStG selbst dann vom Abzug ausgeschlossen sind, wenn sie Bezüge zur beruflichen Tätigkeit aufweisen („Repräsentationsaufwendungen").

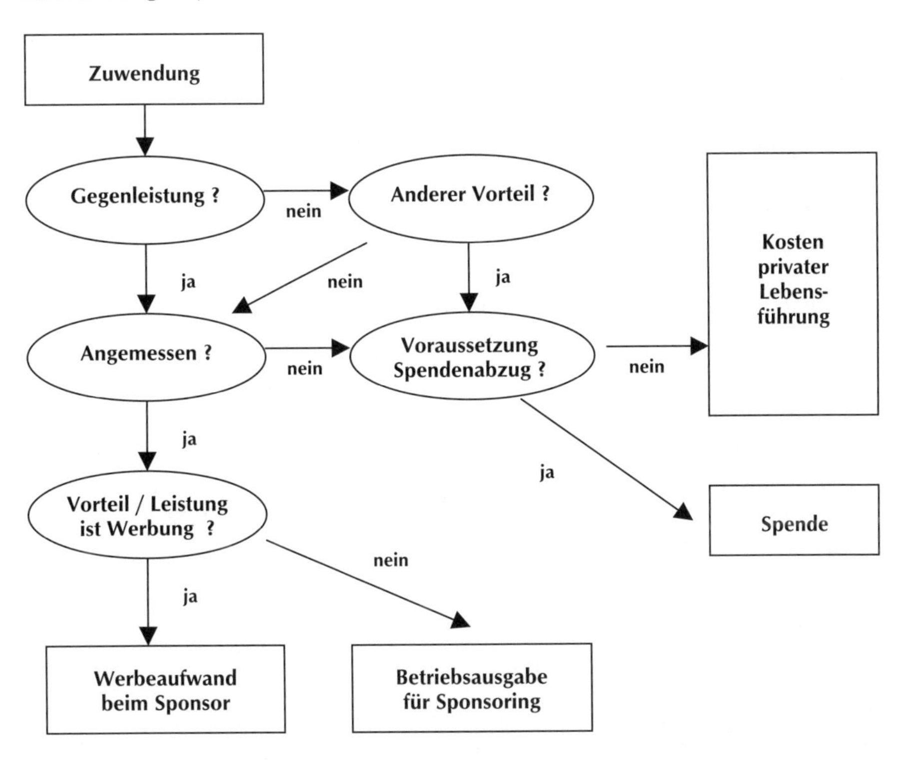

Chart 2: Steuerliche Abzugsfähigkeit von Zuwendungen

Die gewerbesteuerlichen Folgen entsprechen regelmäßig der einkommen- bzw. körperschaftsteuerlichen Betrachtungsweise und sollen deshalb an dieser Stelle nicht weiter vertieft werden. Freiberufler, die ihre Profession nicht in einer Kapitalgesellschaftsstruktur ausüben, unterliegen regelmäßig nicht der

Gewerbesteuer. Allerdings können sich für sie aus dem berufs- und wettbewerbsrechtlichen Umfeld Beschränkungen ergeben. Dabei kann nach einem Beschluss des Bundesverfassungsgerichts vom 17. April 2000 davon ausgegangen werden, dass Sponsoring durch Rechtsanwälte, Wirtschaftsprüfer und Steuerberater, aber auch von anderen Freiberuflern wie Mediziner und Architekten nicht per se unzulässig ist. Als denkbare Kriterien für eine wettbewerbs- und berufsrechtlich unbedenkliche Sponsortätigkeit hat das Bundesverfassungsgericht die Art und Form der gesponserten Veranstaltung sowie den Charakter eines Hinweises auf den Sponsor als „nicht reklamehaft" genannt. Damit dürften die von der Finanzverwaltung als Sponsoring eingestuften Maßnahmen der Imageförderung von Unternehmen auch Freiberuflern berufsrechtlich grundsätzlich offen stehen.

Von zentraler Bedeutung beim Sponsoring kann die Umsatzsteuer sein. Diese kann den Sponsor je nach Ausgestaltung der Sponsoringvereinbarung in zweierlei Hinsicht betreffen:

- Die *Leistung* des Sponsors besteht in einer Dienst- oder Sachleistung, die im konkreten Fall als Wertabgabe entweder im Rahmen des Unternehmens nach § 1 Abs. 1 Nr. 1 UStG oder aber nach § 3 Abs. 9a Nr. 1 bzw. 2 UStG als umsatzsteuerpflichtige Leistung im nicht unternehmerischen Bereich zu qualifizieren ist. Der Sponsor ist verpflichtet Umsatzsteuer auf die maßgebliche Bemessungsgrundlage abzuführen, ggf. sogar wenn er keine Gegenleistung erhalten hat.
- Die *Gegenleistung* des geförderten Veranstalters oder der Einrichtung kann umsatzsteuerbar und -pflichtig sein, so dass sich die Frage stellt, ob der Sponsor die in Rechnung gestellte Umsatzsteuer als Vorsteuer abziehen kann. Dies hängt davon ab, ob diese als für seine unternehmerische Aktivität im umsatzsteuerlichen Sinne bezogen gilt. Ein Vorsteuerabzug ist regelmäßig bei Unternehmen nicht gegeben, die ihrerseits ganz überwiegend umsatzsteuerfreie Leistungen erbringen, wie etwa Banken, Versicherungen oder Privatkliniken.

Steuerfolgen bei den Geförderten

Die Steuerfolgen bei den durch Sponsoren geförderten Veranstaltern und Kultureinrichtungen hängen zunächst von der Frage ab, ob diese Gemeinnützigkeitscharakter haben bzw. ob sie Gebietskörperschaften des öffentlichen Rechts sind oder ob es sich um private Veranstalter handelt, die mit Gewinnerzielungsabsicht tätig werden.

Natürliche und juristische Personen, die unternehmerisch tätig werden und Sponsoringleistungen beziehen, müssen den Verkehrswert der Leistung als steuerpflichtigen Ertrag versteuern und können ihrerseits Aufwendungen im

Zusammenhang mit dem Einwerben von Sponsoren als Betriebsausgabe abziehen. Die Leistungen gegenüber dem Sponsor sind auf Basis des gemeinen Wertes (Verkehrswert) umsatzsteuerpflichtig; entsprechende Rechnungen des Sponsors über umsatzsteuerpflichtige Sach- und Dienstleistungen können im Regelfall als Vorsteuer bei der eigenen Umsatzsteuervoranmeldung bzw. Umsatzsteuerjahreserklärung abgezogen werden.

Im Unterschied dazu haben gemeinnützige Einrichtungen ein Interesse daran, dass die Leistung des Sponsors an sie ertragsteuerlich gemäß der Grundsätze des BMF-Schreibens vom 18. Februar 1998 als eine nicht steuerpflichtige Duldungsleistung im Bereich der Vermögensverwaltung beurteilt wird. In diesem Fall wären bei der geförderten Einrichtung keine weiteren ertragsteuerlichen Konsequenzen zu ziehen. Wie bereits dargestellt, weicht hiervon die umsatzsteuerliche Beurteilung ab, weil nach Auffassung der Finanzverwaltung auch Duldungsleistungen durch eine gemeinnützige Körperschaft eine grundsätzlich umsatzsteuerbare und auch umsatzsteuerpflichtige Leistung gegenüber dem Sponsor darstellen, es sei denn, dass ein spezieller Steuerbefreiungstatbestand aus § 4 UStG gegeben ist. Dies wird nur in Ausnahmefällen der Fall sein, z.B. wenn die Leistung in der Vermietung einer Immobilie besteht. Andernfalls findet allerdings nach § 12 Abs. 2 Nr. 8a UStG der sogenannte ermäßigte Steuersatz von 7 % Anwendung. Bemessungsgrundlage dabei ist wiederum der gemeine Wert (Verkehrswert) der Duldungsleistung durch die gemeinnützige Körperschaft bzw. Gebietskörperschaft des öffentlichen Rechts. Hierbei können sich in erheblichem Umfang Bewertungsschwierigkeiten ergeben.

Die gemeinnützige Körperschaft ist berechtigt, auch im Fall der ermäßigten steuerpflichtigen Duldungsleistung gegenüber dem Sponsor eine Rechnung auszustellen, so dass dieser im Einzelfall die Umsatzsteuer als Vorsteuer abziehen kann. In einer solchen Situation wird die Umsatzsteuer nicht zum Kostenfaktor. Etwas anderes gilt allerdings, wenn Banken und Versicherungen oder andere Unternehmen, die ganz überwiegend oder fast ausschließlich umsatzsteuerfreie Leistungen erbringen, eine Sponsoringvereinbarung treffen. In diesem Fall werden Umsatzsteuerzahlungen echte Kosten, die die Wirkung der eingesetzten Mittel des Sponsors bei der Kultureinrichtung mindern. Es sollte deshalb rechtspolitisch geprüft werden, ob nicht Leistungen von gemeinnützigen Körperschaften und Gebietskörperschaften des öffentlichen Rechts, die sich nach den Kriterien des Sponsoringerlasses für ertragsteuerliche Zwecke vom 18. Februar 1998 als eine steuerunschädliche Duldungsmaßnahme qualifizieren, von der Umsatzsteuer befreit werden können. Dies würde das „klassische" Sponsoring vereinfachen und wirtschaftlich effizienter machen. Dies gilt umso mehr als bis auf die genannten Fälle des Sponsorings durch Banken und Versicherungen durch Erhebung von Umsatzsteuer im Regelfall wegen der Möglichkeit des Vorsteuerabzuges für den Leistungsempfänger sowieso kein höheres Steueraufkommen zu erwarten wäre.

Qualifiziert sich dagegen eine Gegenleistung für Sponsoringleistungen nach den Kriterien des Sponsoringerlasses vom 18. Februar 1998 als Werbemaßnahme, begründet dies bei gemeinnützigen Körperschaften und bei Gebietskörperschaften des öffentlichen Rechts einen wirtschaftlichen Geschäftsbetrieb im Sinne der Abgabenordnung. Dies hat zur Konsequenz, dass alle diesem Geschäftsbetrieb zuzurechnenden Einnahmen und Aufwendungen in einer Gewinnermittlung zu erfassen und der Gewerbesteuer sowie der Körperschaftsteuer einschließlich Solidaritätszuschlag wie bei einer nicht gemeinnützigen Kapitalgesellschaft zu unterwerfen sind. Dies führt bezogen auf den erzielten Gewinn zu einer Steuerquote von bis zu 40 %. Es ist deshalb zumindest in der Vergangenheit von erheblicher Bedeutung gewesen, dass sich eine Gegenleistung einer geförderten Kultureinrichtung (nur) als Sponsoringleistung und nicht als Werbung darstellte.

Mit Wirkung zum 1. Januar 2000 ist eine Sonderregelung in § 64 Abs. 6 AO aufgenommen, die es dem Geförderten unter bestimmten Voraussetzungen erlaubt, den Gewinn aus einem steuerpflichtigen wirtschaftlichen Geschäftsbetrieb pauschal mit 15 % der Einnahmen der Besteuerung zu unterwerfen. Voraussetzung dafür ist, dass die gemeinnützige Einrichtung Werbung für ein Unternehmen tätigt, die im Zusammenhang mit den steuerbegünstigten Tätigkeiten des Kulturträgers erfolgt. Wenn man unterstellt, dass die Kosten im Zusammenhang mit der Werbeleistung für den Veranstalter bzw. Kulturträger gering sind, bedeutet dies eine effektive Steuerlast von 40 % auf 15 % der Einnahmen, so dass die Steuerbelastung ca. 6 % beträgt. Allerdings ist auch in diesem Fall die Umsatzsteuerproblematik zu beachten. Dies bedeutet, dass die Bruttoeinnahmen sich inklusive Umsatzsteuer von 16 % versteht und dem gemäß eine entsprechende Umsatzsteuererklärung der geförderten Einrichtungen abzugeben ist. Nur ausnahmsweise wird ein Steuerbefreiungstatbestand aus § 4 UStG gegeben sein. Insofern hängen die sich ergebenden Belastungen für das Sponsoringprojekt wesentlich davon ab, ob der Sponsor seinerseits zum Abzug von Vorsteuer berechtigt ist.

Grenzüberschreitendes Sponsoring

Zusätzliche steuerliche Fragestellungen treten auf, wenn entweder der Sponsor oder aber die geförderte Kultureinrichtung bzw. der Veranstalter seinen Sitz im Ausland hat. Solche Aspekte sind bisher in den Erlassen der Finanzverwaltung nicht abgehandelt worden. Es ist daher auf allgemeine Grundsätze, insbesondere auch des internationalen Steuerrechts, zurückzugreifen. In der Betrachtung sind dabei Fälle, in denen ein inländischer Sponsor ausländische Kultureinrichtungen fördert von solchen zu trennen, bei denen ausländische Sponsoren inländische Veranstalter unterstützen.

Sofern ein ausländischer Sponsor eine inländische gemeinnützige Körperschaft oder Gebietskörperschaft des öffentlichen Rechts fördert, ist Folgendes zu berücksichtigen:

- Der Sponsor unterliegt regelmäßig mit seinen gewerblichen Einkünften unter Anwendung von Art. 7 OECD Musterabkommen nur der Besteuerung im Heimatstaat. Etwas anderes gilt allerdings dann, wenn er im Inland über eine sogenannte Betriebsstätte im Sinne von Art. 5 OECD Musterabkommen verfügt. Denkbar ist, dass die Sponsoringaktivitäten eines ausländischen Unternehmens in Deutschland einer solchen Betriebsstätte zuzurechnen sind. Dann gelten für einen solchen ausländischen Sponsor mit inländischer Betriebsstätte die gleichen ertragsteuerlichen und umsatzsteuerlichen Grundsätze wie für einen inländischen Sponsor. Sofern dagegen die Sponsoraktivität keiner inländischen Betriebsstätte zugerechnet werden kann, ist eine Geltendmachung der Aufwendungen für den Sponsor ertragsteuerlich nur im Ausland nach dem Steuerrecht des betreffenden Staates möglich.
- Umsatzsteuerlich stellt sich die Frage, ob eine Lieferung von Gütern im Inland umsatzsteuerpflichtig wäre oder aber ob Sach- oder Geldleistungen gewährt werden, wobei sich die Frage stellt, wo fiktiv der Ort dieser Leistung im Sinne von § 3a UStG gegeben ist. Im Hinblick auf die Vielfältigkeit der denkbaren Dienstleistung ist dies nicht pauschal zu beantworten. Denkbar ist, dass gewerbliche Leistungen erbracht werden, die umsatzsteuerlich aus Sicht des deutschen Rechts nur in dem Land des Sponsors erfasst werden können, weil aus deutscher Umsatzsteuersicht dort die Leistung als nach § 3a Abs. 1 S. 1 UStG erbracht gilt. Andererseits ist es denkbar, dass ein Sponsor z.B. Datenverarbeitungs-, Werbungs- oder Telekommunikationsleistungen erbringt, die nach § 3a Abs. 3 UStG in Verbindung mit Abs. 4 UStG dazu führen, dass Umsatzsteuerpflicht dort eintritt, wo der Empfänger der Leistungen sein Unternehmen betreibt. Da bei echtem Sponsoring und bei Werbung jedoch auch gemeinnützige Einrichtungen Unternehmer im umsatzsteuerlichen Sinne sind, wäre damit eine Umsatzsteuerpflicht in Deutschland gegeben. Dies wiederum hätte nach neuester Rechtslage nach Abschaffung der sogenannten „Nullregelung" zum 1. Januar 2002 zur Konsequenz, dass bei einem ausländischen Sponsor die begünstigte Einrichtung zum Einbehalt der Umsatzsteuer auf die Leistung des Sponsors verpflichtet wäre; allerdings ist wegen der Umsatzsteuerpflicht der erbrachten Sponsor- oder Werbeleistung ein Vorsteuerabzug in gleicher Höhe aller Voraussicht nach gegeben. Auch hierdurch ergibt sich für die begünstigte Einrichtung jedenfalls administrativer Mehraufwand.
- Darüber hinaus ist zu bedenken, dass sich bei ausländischen Sponsoren für die begünstigte gemeinnützige Einrichtung oder Gebietskörperschaft

neben der umsatzsteuerlichen Einbehaltspflicht auch eine ertragsteuerliche Abzugsverpflichtung ergeben kann. In § 50a Abs. 4 Nr. 3 EStG wird etwa für die Vergütung, die ein Steuerinländer an einen Steuerausländer für die Nutzung beweglicher Sachen für die Überlassung von Rechten auf Nutzung, Urheberrechten, technischen, wissenschaftlichen und ähnlichen Erfahrungen und Kenntnissen und Fertigkeiten bezahlt, eine Quellensteuerpflicht angeordnet. Diese beträgt 25 % der Bruttoeinnahmen und ist dann vom Vergütungsschuldner, also der gemeinnützigen Einrichtung oder Gebietskörperschaft an das zuständige Finanzamt abzuführen. Hierüber ist eine entsprechende Steuerbescheinigung auszustellen, die dann dem Sponsor ausgehändigt werden muss.

Sofern dagegen der Sponsor ein inländisches Unternehmen ist und die gesponserte Kultureinrichtung seinen Sitz im Ausland hat, sind folgende Überlegungen anzustellen:

- Die Leistung des Sponsors kann sich als eine umsatzsteuerpflichtige Sach- oder Dienstleistung darstellen, die nach den oben genannten Grundsätzen entweder im Inland oder aus deutscher steuerlicher Sicht aber fiktiv im Ausland erbracht wird.

- Ertragsteuerlich gelten dagegen die für einen ausländischen Sponsor angestellten Überlegungen korrespondierend. Zu bedenken ist, dass Deutschland in seinen Doppelbesteuerungsabkommen überwiegend die sogenannte Freistellungsmethode für Einkünfte aus ausländischen Betriebsstätten vereinbart hat. Dies bedeutet, dass Sponsoringaktivitäten in Ländern, in denen das Unternehmen eine Betriebsstätte unterhält, regelmäßig in Deutschland vom Steuerabzug selbst dann ausgeschlossen sind, wenn die Werbemaßnahme insgesamt geeignet ist, das Image des Unternehmens zu fördern. Eine solche Zuordnung zu der Betriebsstätte wird im Wesentlichen von der Art und der Form des Sponsoringprojektes abhängen. Dabei kommt der Frage eine besondere Bedeutung zu, in welchem Land durch die Sponsorentätigkeit in erster Linie der Imagetransfer erzielt werden soll. Ist dies das Land der Betriebsstätte, so scheidet ein Abzug in Deutschland regelmäßig aus; werden andererseits damit Ziele im Inland verfolgt, so ist entweder eine Aufteilung oder aber ein voller Abzug in Deutschland gegeben.

Insgesamt ist festzustellen, dass die grenzüberschreitenden Aspekte vom Sponsoring bisher wenig bearbeitet und daher kaum geklärt sind. Besonders gewarnt werden muss vor den Steuereinbehaltspflichten gemeinnütziger Körperschaften und Gebietskörperschaften bei ausländischen Sponsoren sowohl für Umsatzsteuer- als auch für Ertragsteuerzwecke.

Abb. 12: Das Motiv des „menschlichen Maßes" wurde in einer Videoarbeit des in der Schweiz geborenen und in Düsseldorf lebenden Künstlers Beat Streuli aufgegriffen, die während der Foster-Ausstellung im Kölner Museum für Angewandte Kunst zu sehen war. Der Fotokünstler zeigt mit seinen Fotografien alltägliche Situationen von Menschen. So bildete die Arbeit mit Ausschnitten aus der Bevölkerung Birminghams eine ideale optische Unterstützung des Ausstellungsthemas „Architecture is about people"; gesponsert von der Gerling Versicherungs-Beteiligungs-AG (Foto: Beat Streuli), s. Kurzportrait S. 176

Beurteilung typischer Fallgruppen des Sponsorings

Sponsoring durch Geldleistungen

Fall 1

Ein namhafter Konsumgüterkonzern, die X-AG, wendet dem Museum für moderne Kunst in der Stadt des Unternehmenssitzes Geldmittel zum Ankauf einer privaten Sammlung mit Werken namhafter Expressionisten zu. Eine Gegenleistung hierfür ist nicht vereinbart worden. Die finanzielle Unterstützung deckt ca. 50 % der erforderlichen Kosten für den Kauf der Kunstwerke ab.

Variante: Das Museum verpflichtet sich im Gegenzug in der Ausstellung bei jedem Exponat dieser Sammlung folgenden Hinweis anzubringen: „Erworben mit freundlicher Unterstützung der X-AG".

Beurteilung: Da die X-AG sich von dem Museum keine Gegenleistung versprechen lässt, scheidet ein Betriebsausgabenabzug gemäß § 4 Abs. 1 EStG aus.

Es stellt sich daher die Frage, ob die Voraussetzungen für einen Abzug als Spende gegeben sind. Dabei sind allerdings die höchsten Betragsgrenzen zu bedenken, die zur Konsequenz haben, dass bei einem Ausschöpfen der Höchstbeträge in dem maßgeblichen steuerlichen Veranlagungszeitraum der dann verbleibende Betrag in die Zukunft vorgetragen werden kann.

In Betracht kommt hier jedoch auch, dass ein Spendenabzug für die X-AG ganz ausgeschlossen ist. Dies gilt nämlich dann, wenn die Unterstützung des Museums weniger der Förderung des Images des Unternehmens und seiner Produkte dient, sondern Ausdruck privater Interessen des Managements oder eines wesentlichen Gesellschafters ist. In diesem Fall wäre entweder eine verdeckte Gewinnausschüttung nach § 8 Abs. 3 KStG gegenüber einem wesentlich beteiligten Aktionär gegeben, mit der Konsequenz, dass die Gesellschaft selbst die Aufwendungen steuerlich nicht geltend machen kann und der Aktionär seinerseits die als Dividende umqualifizierte Zuwendung versteuern müsste. Auf seiner Ebene wäre dann zu prüfen, ob die Voraussetzung für einen Spendenabzug gegeben sind. Andererseits könnte auch die private Sammlerleidenschaft z.B. eines Vorstandsvorsitzenden Ursache für die Zuwendung sein. Dann wäre die Zahlung gegebenenfalls ein lohnsteuerpflichtiger Vorteil. Auch in diesem Fall wäre zu prüfen, ob dann der Manager privat die Voraussetzung zum Spendenabzug erfüllt.

Auch in der Variante ist die Zahlung nicht als Sponsoring der Leistung zu sehen, sondern erfüllt gegebenenfalls die Voraussetzungen für den Spendenabzug. Der schlichte Hinweis auf einen Erwerb mit Mitteln der X-AG ist im Zweifel im Hinblick auf die erheblichen Geldmittel nicht ausreichend, um hier ein krasses Missverhältnis zwischen Leistung, nämlich Zurverfügungstellung eines Geldbetrages, und Wert der Gegenleistung zu verhindern (vgl. „Sparkassenfall" des BFH). Anders wäre der Fall zu beurteilen, wenn neben dem Hinweis auf die Unterstützung durch die X-AG ein Raum oder Gebäudeflügel des Museums für alle Museumsbesucher deutlich sichtbar in „X-AG Flügel" umbenannt würde. In diesem Fall könnte die Voraussetzung des Sponsorings gegeben sein, mit der Konsequenz, dass die X-AG den uneingeschränkten Betriebsausgabenabzug für die Zahlung hätte.

Auf Seiten des Museums ist die im Grundfall zugewendete Geldsumme steuerlich ohne Gegenleistung erbracht, so dass weder ertragsteuerliche noch umsatzsteuerliche Konsequenzen bei dem Museum zu befürchten sind. Gleiches gilt für den Spenderhinweis in der Variante, weil dies noch nicht eine als Sponsoringleistung zu qualifizierende Nennung der X-AG darstellt. Ein solcher Hinweis ist noch nicht als Gegenleistung zu qualifizieren und wäre daher auch bei einer Spende zulässig.

„Produkte der Wirtschaft sollen auch immer die Sinne und die Ästhetik ansprechen. Deshalb ist das Zusammenwirken von Wirtschaft und Kultur wichtig. Ich denke, Kultur kann nicht ohne die Wirtschaft leben und auch umgekehrt soll die Kultur die Wirtschaft beeinflussen, denn die Wirtschaft gestaltet den Lebensraum des Menschen, und der wäre ohne den Einfluss der Kultur sehr trist."

Werner M. Bahlsen, Bahlsen GmbH & Co. KG, Vorstandsmitglied des Kulturkreises der deutschen Wirtschaft im BDI e.V.

Sofern dagegen das Museum weitergehende Leistungen erbringt, wie z.B. die Benennung eines Raumes nach dem Sponsor X-AG, ist grundsätzlich eine umsatzsteuerbare und umsatzsteuerpflichtige Leistung gegeben. In diesem Fall wäre der Wert dieser Leistung grob zu schätzen und auf diesen Betrag nach § 12 Abs. 2 Nr. 8a UStG 7 % Umsatzsteuer einzubehalten und abzuführen. In dem konkreten Fall der Benennung eines Raumes nach dem Sponsor könnte jedoch die Vermietung einer Immobilie für eine Werbemaßnahme zu sehen sein, die gegebenenfalls nach § 4 Nr. 12 UStG steuerfrei gestellt ist.

Fall 2

Die A-AG, ein Unternehmen, das hochwertige Geräte der Unterhaltungselektronik herstellt („High-End-Geräte"), wendet einer städtischen Oper einen Betrag von 100.000 € zu, damit dort eine bestimmte Opernaufführung inszeniert werden kann. Im Gegenzug enthalten Plakate, Einladungen, Einlasskarten und Programmhefte folgenden Hinweis: „Mit freundlicher Unterstützung der A-AG, first class sound". Daneben ist das Logo der Gesellschaft abgedruckt.

Variante: Das Logo der A-AG wird nicht mit abgedruckt und der Hinweis ist lediglich auf der zweiten Seite im Programmheft abgedruckt.

Beurteilung: In diesem Fall stellt sich für die A-AG die Frage, ob der Betriebsausgabenabzug hier gewährt werden kann. Dies erscheint vor dem Hintergrund eines Betrages von 100.000 € und der üblichen Form der Sponsoringleistung durch den Abdruck des Sponsors auf Publikationen und Eintrittskarten der geförderten Einrichtung dem Grunde nach nicht ernsthaft zweifelhaft. Dies gilt umso mehr, als der Sponsor berechtigt sein dürfte, in Imagebroschüren und auch in Produktprospekten auf diese Tätigkeit hinzuweisen.

Das steuerliche Abgrenzungsproblem liegt in diesem Fall vielmehr auf Seiten der städtischen Oper. Hier ist die Frage, ob die Leistung gegenüber der A-AG noch im Rahmen des Sponsorings, also einer Duldungshandlung, liegt oder ob aktiv Werbung betrieben wird. Die Bedenken resultieren aus der Ergänzung des Logos des Sponsors um einen Werbespruch, der die Produkte der A-AG anpreist. Es dürfte sich dabei um einen Grenzfall handeln, wobei man der Meinung den Vorzug geben sollte, dass die Hervorhebung der Produkte und des Sponsors hier so gering ist, dass dies insgesamt noch als Duldung qualifiziert werden kann. Zu betonen ist jedoch, dass die Anpreisung von Produkten – auch in zurückhaltender Form – von der Finanzverwaltung im Zweifel als Werbetätigkeit qualifiziert wird. Sollte im vorliegenden Fall das zuständige Finanzamt zu dem Ergebnis kommen, dass hier eine Werbetätigkeit im Sinne des „Sponsoring-Erlasses" vom 18. Februar 1998 vorliegt, wäre zum einen eine Körperschaftsteuerpflicht wegen des Unterhaltens eines wirtschaftlichen Geschäftsbetriebes gegeben und zum anderen Umsatzsteuer von 16 % auf die erhaltene Vergütung einzubehalten und abzuführen.

Die steuerlichen Belastungen der Oper unter Annahme der Besteuerung nach der Pauschalregelung § 64 Abs. 6 AO würden damit betragen: ca. 6.000 € Ertragsteuerbelastung (KSt, SolZ, GewSt) sowie eine Umsatzsteuer von 13.793 €. Hinsichtlich der Umsatzsteuer sollte die Oper mit der A-AG verhandeln, ob der vereinbarte Betrag von 100.000 € als Nettobetrag angesehen werden kann. In diesem Fall wäre ein Betrag von 16.000 € Umsatzsteuer bei der A-AG zum Vorsteuerabzug berechtigt, so dass dieser Betrag an die Oper gezahlt werden könnte, die dann im Ergebnis keine Umsatzsteuerbelastung hätte. Bei diesem Verfahren würde sich allerdings die Ertragsteuerbelastung um weitere 960 € erhöhen.

In der Variante stellt sich dagegen die Frage, ob die Gegenleistung dem Geldbetrag angemessen ist. Dies wird im Zweifel zu verneinen sein, so dass ein Betriebsausgabenabzug bei der A-AG nicht gegeben ist. Aller Voraussicht nach würde auch hier die Leistung der Oper nicht als Sponsoring oder Werbeleistung betrachtet werden, so dass bei der Oper weder ertrag- noch umsatzsteuerliche Konsequenzen eintreten würden.

Sponsoring durch Sach- und Dienstleistungen

Fall 3

Die Y-AG, ein inländischer Autohersteller, überlässt dem Veranstalter eines bedeutenden Filmfestes, einem Stadtstaat, eine Flotte von 15 Luxuslimousinen der Marke ABC als „VIP-Shuttle" inklusive Chauffeur. Der Veranstalter nutzt die PKW, um prominente Gäste und Besucher zu den jeweiligen Veranstaltungen fahren zu lassen. Der Veranstalter zahlt für diese Dienstleistung nichts und erbringt auch keine andere Leistung. Die Autos sind seitlich mit Werbefolien versehen, die folgenden Text haben: „ABC - Partner des Filmfestes". Die Autos mit dem Aufdruck sind auch in der Presse- und Fernsehberichterstattung sichtbar.

Variante 1: Der Veranstalter nennt den Namen des Herstellers der PKW-Flotte auf Einlasskarten und Veranstaltungsprospekten.

Variante 2: Der Veranstalter nennt auf Einlasskarten und Veranstaltungsprospekten nicht den Firmenamen des Produzenten, sondern druckt den Namen und das Logo der Automarke ABC ab. Außerdem ist in Programmheften eine Doppelseite Werbung für das Modell der Marke ABC enthalten, das dem Veranstalter des Filmfestes überlassen wurde.

Beurteilung: Ertragsteuerlich bestehen keine Bedenken dagegen, dass die Leistungen der Y-AG an den Veranstalter des Filmfestes eine Betriebsausgabe im Sinne von § 4 Abs. 4 EStG sind. Es wird hier ein Aufmerksamkeitseffekt erzeugt, der auch ohne unmittelbare Gegenleistung des Veranstalters Betriebsausgaben rechtfertigt. Hier liegt die Besonderheit darin, dass der Nutzwert für den Autohersteller darin besteht, exklusiv für den Veranstalter diesen Shuttle-Service zu übernehmen, ohne dass es einer weiteren Leistung des Veranstalters bedarf. Diese mit der Inanspruchnahme der Leistung einheitlich und untrennbar zusammenhängende Duldung, dass die Y-AG ausschließlich diese Leistung erbringt, kann m.E. nicht als Gegenleistung qualifiziert werden.

Umsatzsteuerlich erbringt die Y-AG allerdings eine Leistung gegenüber dem Veranstalter, der der Verkehrswert zu Grunde zu legen ist. Die Y-AG hat daher auf Basis von Mietwagenpreisen mit Chauffeur bzw. den Kosten für einen entsprechenden Fahrer die Umsatzsteuer zu ermitteln und an das Finanzamt abzuführen. Ein Vorsteuerabzug scheidet m. E. bei der Stadt als Empfänger der Leistung aus, weil diese ihrerseits keine umsatzsteuerpflichtige Leistung erbringt.

Insgesamt ergeben sich bei der Stadt weder ertrag- noch umsatzsteuerliche Folgen. Die Y-AG kann zwar den Betriebsausgabenabzug geltend machen, ist jedoch wirtschaftlich mit zusätzlicher Umsatzsteuer belastet, weil diese von der Stadt nicht als Vorsteuer in Abzug gebracht werden kann.

In der Variante 1 wird eine typische Form des Sponsorings gewählt, so dass die Stadt nach Auffassung der OFD Karlsruhe (s.o.) eine Leistung im umsatzsteuerlichen Sinne erbringt. Damit könnte die Stadt ihrerseits eine eventuell von der Y-AG in Rechnung gestellte Umsatzsteuer auf die Erbringung der Leistung als Vorsteuer abziehen. Andererseits ist auf den Wert der Werbung durch Abdruck von Logo bzw. Nennung des Herstellernamens auf Einlasskarten und Veranstaltungsprospekten Umsatzsteuer zu entrichten. Ein Problem kann sich dabei dann ergeben, wenn Leistung und Gegenleistung in einem krassen Missverhältnis stehen. Dann wäre ein Vorsteuerabzug bei der Stadt ausgeschlossen. Hierfür spricht im vorliegenden Fall, dass die Hauptmotivation der Y-AG darin liegt, mit den Fahrzeugen in Presse- und Fernsehberichterstattung genannt zu werden, es jedoch weniger relevant sein dürfte, die Zuwendung zu tätigen, um eine „klassische" Sponsorgegenleistung zu bekommen.

In der Variante 2 ist die Werbewirkung auf dem Abdruck von Logo und Marke sehr viel deutlicher. Allerdings schlägt hier die Leistung der Stadt in eine Werbeleistung um, so dass nach den Regeln des Sponsoring-Erlasses ein steuerpflichtiger Gewerbebetrieb entstehen würde. Dieser könnte aller Voraussicht nach unter die Pauschalbesteuerung des § 64 Abs. 6 AO fallen, so dass auf den auf die Leistung entfallenden Umsatz eine Steuerbelastung von ca. 6 % eintreten würde. Allerdings ist zu bedenken, dass eine umsatzsteuerliche Leistung erbracht wird, die dem Regelsteuersatz von 16 % unterliegt. Für die Frage der Neutralisierung der Umsatzsteuereffekte kommt es darauf an, dass der Empfänger der Leistung, also die Y-AG, vorsteuerabzugsberechtigt ist, was in diesem Fall unzweifelhaft gegeben ist.

Fall 4

Ein bundesweit präsenter Händler von Produkten der Unterhaltungsindustrie und Computern stattet eine Video- und Medienkunstausstellung eines Museums für moderne Kunst mit der notwendigen Hard- und Software aus. Auf Eintrittskarten, Ausstellungsführern und bei den Exponaten in der Ausstellung selbst wird das Firmenlogo des Sponsors abgedruckt. Außerdem ist mit der Museumsleitung vereinbart, dass der Sponsor in seiner Werbung auf die Ausstattung der Ausstellung hinweisen darf. Nach Durchführung der Ausstellung erhält der Händler die Gegenstände nicht wieder zurück, da sie nunmehr fester Bestandteil der Exponate geworden sind. Es ist auch vereinbart, dass die Geräte einschließlich Software-Lizenz in das Eigentum des Künstlers übergehen. Die Künstler der Ausstellung wiederum haben sich gegenüber dem Museum vertraglich verpflichtet, auf Wunsch des Veranstalters die Exponate auf Dauer zu überlassen.

Beurteilung: Die Besonderheit dieses Falls besteht darin, dass eine echte Sachleistung gewährt wird. Für Zwecke der Umsatzsteuer ist hier der Verkehrswert der Hard- und Software zu Grunde zu legen, die der Sponsor nach der Veranstaltung nicht wieder zurückerhält. Es kann davon ausge-

Abb. 13: Der Philip Morris New York Stipendiat 2000 Martin Eder vor seinem Werk „Dead Star/Black Hole/Shine On My Little Light/Big Pancake Peacefest", Polysterol 7 x 8 m, im neu eröffneten Oktogon der Hochschule für Bildende Künste Dresden, 2001 (Foto: Matthias Rietschel), s. Kurzportrait S. 96

gangen werden, dass der Betriebsausgabenabzug hierfür nach § 4 Abs. 4 EStG gegeben ist, da ein durchaus nicht unerheblicher Aufmerksamkeitswert mit der Maßnahme verbunden sein dürfte.

Ertragsteuerlich ist das Museum in dem Bereich des Sponsorings nach Sponsoring-Erlass geblieben; eine Werbeleistung gegenüber dem Händler liegt nicht vor. Allerdings ist gemäß § 12 Abs. 2 Nr. 7 UStG Umsatzsteuer zum ermäßigten Steuersatz von 7% auf den Wert der Sponsoringleistung einzubehalten und abzuführen. Diese Umsatzsteuer kann mit gesonderter Rechnung dem Sponsor in Rechnung gestellt werden, der dieses wiederum bei sich als Vorsteuer geltend macht. Auf Seiten der geförderten Kultureinrichtung entstehen also in diesem Fall keine Mehrkosten durch Steuerbelastungen.

Für die Künstler stellt sich die Frage, ob die überlassene Hard- und Software als Betriebseinnahme zu qualifizieren ist. Dies ist m.E. erst dann der Fall, wenn sie die Exponate zurück erhalten, weil das Museum auf das Recht, diese als Dauerleihgabe zu behalten, verzichtet. Behält das Museum dagegen das Werk, so ist der Künstler nur mit der für die Erstellung des Kunstwerkes von dem Museum oder sonstigen Auftraggeber bezogenen Vergütung persönlich einkommensteuerpflichtig. Gegebenenfalls hat der Künstler gegenüber dem Museum oder seinem Auftraggeber eine Leistung i.S.v. § 1 Abs. 1 Satz 1 UStG erbracht, die zu einer Umsatzsteuerverpflichtung führt.

Fall 5

Die B-GmbH, ein Hersteller elektrischer Spezial-Leuchtmittel, hat eine neue besonders farbneutrale und blendfreie Bilderbeleuchtung entwickelt. Mit dieser neuen Beleuchtungstechnik stattet die B-GmbH für ein Museum eine Sonderausstellung mit Werken flämischer Meister aus. Das Museum weist auf den Einlasskarten und dem Ausstellungsführer auf die Unterstützung durch die B-GmbH hin. Die B-GmbH will auf diese Weise einerseits Aufmerksamkeit für das neue Produkt erreichen, andererseits aber gleichzeitig Erkenntnisse über die Praxistauglichkeit der noch nicht auf dem Markt befindlichen Produkte gewinnen.

Beurteilung: Unabhängig davon, ob die Hinweise auf Einlasskarten und Ausstellungsführern auf die Unterstützung der Ausstellung durch die B-GmbH ausreichen, ist hier jedenfalls ein Betriebsausgabenabzug dadurch gewährleistet, dass die B-GmbH eine kundenbezogene Testmöglichkeit ihres neuen Produktes hat. Damit verfolgt sie durch die Ausstellung unternehmerische Zwecke, die einen Betriebsausgabenabzug nach § 4 Abs. 4 EStG rechtfertigen.

Die Leistung des Museums ist eine Sponsoringleistung und damit eine Duldung, die ertragsteuerlich keine Auswirkungen hat. Allerdings ist auch hier Umsatzsteuer einzubehalten und abzuführen. Die in Rechnung gestellte Umsatzsteuer kann von der B-GmbH im Zweifel als Vorsteuer in Abzug gebracht werden, so dass insgesamt keine Belastung mit Steuern bei dem Museum entsteht.

Fall 6

Die S-GmbH ist die deutsche Tochtergesellschaft eines weltweit vertretenen amerikanischen Maschinenbauunternehmens. Die S-GmbH sponsert in Hannover parallel zur Industrie-Messe eine Kunstausstellung mit Stahl-Plastiken eines Bildhauers, indem sie die Exponate mit eigenen Kranen (Produkte der Unternehmensgruppe im Eigentum der S-GmbH) und den eigenen Mitarbeitern aufstellt. Im Gegenzug dürfen Mitarbeiter und Kunden der S-GmbH die Ausstellung besuchen. Während der Messe werden wichtige Kunden und Interessenten mit einem Shuttle-Bus zu der Ausstellung gefahren. Bei den Geschäftspartnern, die die S-GmbH mit dem Kulturangebot anspricht, handelt es sich erfahrungsgemäß um Unternehmensvertreter aus ganz Europa.

Der Gewinn der deutschen Gesellschaft beträgt im Durchschnitt der letzten Jahre ca. 300.000 € und entspricht damit einer Umsatzrendite von ca. 3 %. Die externen Kosten für den Messeauftritt werden von der S-GmbH im Konzern zu 50 % an die anderen europäischen Tochtergesellschaften weiterbelastet. Dieses Verfahren wurde von der deutschen Finanzverwaltung in der Vergangenheit anerkannt. Die Aufwendungen von 50.000 € für die Förderung der Ausstellung in Hannover sowie die Kosten im Zusammenhang mit dem Transport und der Betreuung von Kunden bei Ausstellungsbesuchen sind als interne Aufwendungen behandelt und nicht weiter belastet worden. Der Gewinn der S-GmbH beträgt in diesem Jahr nur 250.000 €.

Beurteilung: Es stellt sich die Frage, ob die Aufwendungen der S-GmbH im Zusammenhang mit der Förderung der Ausstellung in Hannover als Betriebsausgaben in voller Höhe anerkannt werden können. Zunächst ist die Veranlassung durchaus als betrieblich anzusehen und somit grundsätzlich ein Betriebsausgabenabzug nach § 4 Abs. 4 EStG gegeben. Allerdings kann zu einem Teil der hier getätigten Aufwendungen in den Zahlungen eine verdeckte Gewinnausschüttung an die Muttergesellschaft in den USA liegen, weil die Aufwendungen nicht ausschließlich der deutschen S-GmbH selbst zugute gekommen sind, sondern der Muttergesellschaft und Konzernschwestergesellschaft. § 8 Abs. 3 KStG sieht vor, dass im Fall einer verdeckten Gewinnausschüttung der insoweit entstandene Aufwand steuerlich nicht abzugsfähig ist. Hier kommt in Betracht, dass von den 50.000 € 25.000 € nicht anerkannt werden können und damit weder Körperschaftsteuer noch Gewerbesteuer mindern.

Umsatzsteuerlich dagegen spielt die ertragsteuerliche Beurteilung der Gewinnausschüttung keine Rolle. Dies bedeutet, dass hier eine umsatzsteuerpflichtige Leistung der S-GmbH gegenüber dem Museum erbracht wird, die dazu führt, dass die S-GmbH auf den Verkehrswert der erbrachten Leistung Umsatzsteuer von 16 % an das Finanzamt abführen muss. Der Verkehrswert der Leistung dürfte allerdings deutlich über den 50.000 € interner Kosten liegen.

Das Museum erbringt als Gegenleistung nur die Möglichkeit, den Kunden und Firmenvertretern der S-GmbH kostenlos den Zugang zu der Ausstellung zu gewähren. Außerdem lässt es das Museum zu, dass die S-GmbH mit der Veranstaltung wirbt. Es handelt sich damit ertragsteuerlich um Tätigkeiten des „normalen" Sponsorings, die nicht als Werbung zu qualifizieren sind. Umsatzsteuerlich stellt sich die Frage, ob eine Tätigkeit, nämlich Besuchern den Zutritt zu einem Museum zu gewähren, die bei der Erhebung eines Entgeltes voraussichtlich nach § 4 Nr. 20 lit. a) UStG umsatzsteuerfrei wäre und bei unentgeltlicher Erbringung gegenüber einem Sponsor umsatzsteuerpflichtig wird. Dies ist m.E. zu verneinen, ohne dass es dafür eine ausdrückliche Stellungnahme der Finanzverwaltung gibt.

Secondment, Know-How, Ressourcen

Fall 7

Eine in Deutschland namhafte Unternehmensberatungsgesellschaft, die Z-GmbH, hat sich bereit erklärt, den kaufmännischen Leiter einer Berliner Bühne ohne Entgelt bei dem Erschließen neuer privater Finanzierungsmöglichkeiten zu beraten. Wegen ausbleibender öffentlicher Mittel werden neue Wege gesucht, um potentielle Spender und Sponsoren für das Theater zu finden. Die Beratungsgesellschaft stellt einen Direktor und einen Senior Consultant eine Woche pro Monat beschränkt auf 6 Monate für diese Tätigkeit ab. Eine Gegenleistung gewährt das Theater nicht. Die internen direkten Kosten für den Direktor betragen 120 € pro Stunde, für den Senior Consultant 65 € pro Stunde. Die Z-GmbH verbucht die direkten Gesamtkosten in Höhe von insgesamt 44.400 € aufwandswirksam als Pro-Bono-Leistung im internen Zeiterfassungssystem als Promotion-Projekt. Weitere Konsequenzen werden im Rechnungswesen nicht gezogen. Der externe Stundensatz der beiden Berater hätte 300 € für den Direktor und 200 € für den Senior Consultant.

Beurteilung: Fraglich ist zunächst, ob in diesem Fall die Z-GmbH für die anteiligen Lohn- und Gehaltskosten einen Betriebsausgabenabzug hat, weil das Theater für die Tätigkeit keine Gegenleistung gewährt. Es stellt sich deshalb die Frage, ob hier eine betriebliche Veranlassung gegeben ist. Dies könnte dann angenommen werden, wenn gleichzeitig mit dem Projekt Vorteile für die Beratungsgesellschaft zu finden sind, wie z. B. das Schaffen von Kontakten für weitere Aufträge, die Berechtigung in Imagebroschüren mit dem Projekt zu werben, die Möglichkeit zu erhalten, das Geschäft zu verstehen und zukünftig Sponsoren zu beraten. Insofern kommt es hier darauf an, dass die Beratungsgesellschaft eine Dokumentation ihrer Motivation bei dem Projekt erstellt, um einen Betriebsausgabenabzug zu gewährleisten.

Umsatzsteuerlich ist im vorliegenden Fall für die Z-GmbH davon auszugehen, dass Bemessungsgrundlage der gemeine Wert der Leistung der beiden Berater ist. Dieser bestimmt sich im Zweifel nach dem externen Stundensatz, so dass insgesamt die umsatzsteuerliche Bemessungsgrundlage 120.000 € betragen würde. In diesem Fall wäre die Umsatzsteuer in Höhe von 19.200 € im Zweifel als Kostenfaktor anzusehen, da das Theater aller Voraussicht nach umsatzsteuerfreie Leistungen gemäß § 4 Nr. 20 lit. a) UStG erbringt und somit ein Vorsteuerabzug ausscheidet.

Das Theater andererseits hat ertragsteuerlich aus dieser Beratungsleistung keine Konsequenzen zu tragen, weil keine Gegenleistung erbracht wird. Umsatzsteuerlich dürfte davon auszugehen sein, dass das Theater keine unternehmerische Leistung gegenüber dem Berater erbringt. Es kann jedoch nicht ausgeschlossen werden, dass die Finanzverwaltung das von dem Museum gegebene Einverständnis, dass die Z-GmbH in ihrer Selbstdarstellung auf das Projekt verweisen darf, als umsatzsteuerbare Leistung qualifiziert.

Fall 8

Ein Zeitungs- und Zeitschriftenverlag vereinbart mit einem Museum eine Sonderaustellung in der Weise zu unterstützen, dass Mitarbeiter des Verlages an der Konzeption und Durchführung der Ausstellung mitwirken. Hierzu stellt das Management des Verlages Mitarbeiter für eine festgelegte Mindeststundenzahl frei. Als Gegenleistung weist das Museum auf Einlasskarten und im Ausstellungsführer auf die Unterstützung durch den Verlag hin.

Variante 1: Anders als im Ausgangsfall wird nicht auf den Verlag hingewiesen, sondern das Logo einer im oberen Marktsegment angesiedelten Wohnzeitschrift abgedruckt.

Variante 2: Neben der im Grundfall beschriebenen Nennung des Sponsors erhält der Verlag die Gelegenheit in einem Nachrichtenmagazin eine Reportage über die Planung und Ausführung der Ausstellung zu schreiben. Dabei wird auch auf das Engagement des Verlages hingewiesen.

Beurteilung: Auf Seiten des Verlages sind die Aufwendungen für die Mitarbeiter, die für das Projekt mit dem Museum freigestellt sind, als Betriebsausgaben nach § 4 Abs. 4 EStG abzugsfähig. Die Frage ist, ob eine umsatzsteuerpflichtige Leistung des Verlages an das Museum bewirkt wird.

Inhalt der Vereinbarung ist zunächst nicht, dass die Mitarbeiter des Verlages eine bestimmte Dienstleistung gegenüber dem Museum erbringen. Vielmehr handelt es sich um eine Art der Überlassung von Arbeitnehmern des Verlages an das Museum. Auch ein Arbeitnehmerverleih ist grundsätzlich umsatzsteuerpflichtig, so dass hier eine entsprechende Umsatzsteuer zu erheben wäre. Betragsmäßig dürfte die Bemessungsgrundlage (Personal(voll-)kosten als Selbstkosten + angemessene Marge) jedoch niedriger sein als der Verlag bestimmte Dienstleistungen gegenüber dem Museum erbringen würde.

Auf Seiten des Museums ist Umsatzsteuer für die erbrachten Leistungen im Rahmen der Sponsoringvereinbarung zu erheben. Die Maßnahmen stellen sich als „klassisches" Sponsoring im Sinne des BMF-Schreibens vom 18. Februar 1998 dar und sind daher kein steuerpflichtiger Ertrag beim Museum.

In der Variante 1 dagegen wird nicht auf den Sponsor hingewiesen, sondern auf seine Produkte. Das ist durch den Sponsoringerlass nicht mehr als Duldungsmaßnahme gedeckt, sondern qualifiziert sich als eine Werbung für Produkte und Dienstleistungen des Sponsors. Es wird damit ein wirtschaftlicher Geschäftsbetrieb begründet, der dazu führt, dass die Einnahmen steuerpflichtig sind. Bei der Bewertung der Einnahmen ist auf den sogenannten gemeinen Wert (Verkehrswert) abzustellen, der sich in diesem Fall weitgehend mit der umsatzsteuerlichen Bemessungsgrundlage für den Verlag decken dürfte. Hinsichtlich des Besteuerungsverfahrens kann das Museum die Vereinfachungsregelung des § 64 Abs. 6 AO anwenden, so dass nur 15 % des Verkehrswertes der erbrachten Leistung überhaupt steuerpflichtig sind und dann bei dem Museum im Ergebnis einer Steuerbelastung von ca. 40 % unterworfen werden.

In der Variante 2 stellt sich die Frage, ob der Verlag eine geringere Umsatzsteuer abführen kann, weil ein Teil der Aufwendungen auch dazu dient, neue redaktionelle Beiträge für das Nachrichtenmagazin zu erstellen. Wegen der einheitlichen vertraglichen Vereinbarung mit dem Museum muss hier versucht werden, im Wege einer Schätzung die Aufwendungen zu teilen und aus der Bemessungsgrundlage für Umsatzsteuerzwecke den Teil auszunehmen, der als für die Erstellung journalistischer Beiträge eingesetzt wurden. Es kann allerdings nicht als sicher gelten, dass die Finanzverwaltung einem solchen Verfahren zustimmt.

Die Genehmigung des Museums gegenüber dem Verlag über die Tätigkeit der überlassenen Mitarbeiter eine Reportage zu schreiben, dürfte eine Leistung sein, die sich im Rahmen der Duldung und damit des „klassischen" Sponsorings bewegt, so dass hierdurch keine ertragsteuerlichen Konsequenzen auf Seiten des Museums zu ziehen sind. Auch ist m.E. darin keine umsatzsteuerbare Leistung des Museums an den Verlag zu sehen.

Finanzgerichtliche Urteile

„Sparkassenfall“: BFH v. 9.8.1989, I R 4/84, BStBl II 1990, S. 237

„Architekten als Sammler“: FG Bremen v. 16.10.1987, I 123/83 K, EFG 1988, S. 107

„Motorrad-Rallye“: FG Hessen v. 23.11.1998, 4 K 1309/97, EFG 1999, S. 496

Verwaltungsanweisungen

BMF-Schreiben zur ertragsteuerlichen Behandlung des Sponsoring vom 18. Februar 1998, BStBl. I. 1998, Seite 212.

FinMin. Bayern, Erl. v. 11.Februar 2000, 33-S0183-12/14-59238, Deutsches Steuerrecht 2000, Seite 594 Zweifelsfragen bei der ertragsteuerlichen Behandlung des Sponsoring

OFD Karlsruhe v. 5. März 2001 (S7100/17), Deutsches Steuerrecht 2001, S. 853

Erbschaftsteuerrichtlinien H 14, Zuwendung von Sponsoren und Mäzenen.

Literatur

Boochs W (1998): Kultur- und Sportsponsoring. Neue Wirtschaftsbriefe 36, Fach 3, S. 10525

ders. (1999): Kunst und Steuern. Neue Wirtschaftsbriefe, Fach 2, 7281

Bretz A: Der Sponsoringvertrag im Kulturbereich. In: Handbuch Kultur & Recht, Loseblatt, L 7.2

Heuer P (1996): Kulturfinanzierung durch Sponsoring – steuerliche Konsequenzen bei Sponsor und Gesponsertem. Deutsches Steuerrecht, S. 1789

Kolvenbach D W (1998): Zivilrechtliche Ausgestaltung von Sponsorverträgen. Anwaltsblatt (Deutscher Anwaltverein), S. 289

Krome A (1999): Ertragssteuerliche Behandlung des Sponsoring – Hinweise für die Praxis. In: Der Betrieb 1999, S. 2030

Rödel T (1999): Probleme und Gestaltungsmöglichkeiten beim Sponsoring. In: Die Information über Steuern und Wirtschaft (INF) 23 und 24, S. 716 ff und 747 ff

Rundshagen H (2000): Steuerliche Folgen privater Zuwendungen an Kultureinrichtungen. In: Handbuch Kultur & Recht, Loseblatt, E 4.1

Abb. 14: Luftaufnahme E.ON AG und museum kunst palast, s. Kurzportrait S. 155

Das Kulturengagement der Beiersdorf AG

Mit ihrem Kultursponsoring und ihrer Kulturförderung möchte die Beiersdorf AG helfen, Berührungsängste und Vorbehalte gegenüber der Kultur abzubauen, neue Zielgruppen für die Kultur zu erschließen und gemeinsame Erlebniswerte für Mitarbeiter, deren Angehörige und die direkte betriebliche Nachbarschaft zu initiieren. Auf Seiten der Kulturschaffenden werden neue Wege geebnet, zusätzliche Einnahmequellen erschlossen und zusätzliche Auftritts- bzw. Darstellungsmöglichkeiten geschaffen.

Jede Kultursponsoring-Maßnahme erfüllt mindestens eines dieser Kriterien. Je konkreter die Ziele vorher gemeinsam fest gelegt wurden, desto eher wird sich Erfolg messen lassen. Dies zeigen die unterschiedlichen Maßnahmen rund um die Kultur, wie die seit 10 Jahren erfolgreiche Veranstaltungsreihe „Kultur im Betrieb", Ausstellungen, die Kooperation mit der „Stiftung Lesen" und die Partnerschaft mit dem „Filmfest Hamburg".

Beispiel „tesafilm-Festival"

1999 starteten das „Filmfest Hamburg" und die Beiersdorf AG eine einmalige Form der Zusammenarbeit. Beiersdorf nutzte das assoziative Potenzial eines seiner berühmten Markennamen - „tesafilm" - und der Titel eines eigenen Filmfestivals im Rahmen des Hamburger Filmfestes war gefunden. Herzstück des Engagements bilden Debütfilme zwölf internationaler Regisseure, deren Filme im Rahmen des Filmfestes erstmals vor Publikum gezeigt werden. Die Regisseure sind für eine Woche zu Gast in Hamburg. „tesa" bietet ihnen darüber hinaus verschiedene Dialogmöglichkeiten, u.a. einen Austausch mit dem Publikum im Anschluss an die Vorführung ihrer Filme.

Während der Filmfestwoche werden den Nachwuchsregisseuren hochkarätige Workshops mit Vertretern der internationalen Filmbranche angeboten. Ein Empfang durch die Kultursenatorin, Redaktionsbesuche und der Erfahrungsaustausch untereinander sowie die Vergabe der mit 15.000 € dotierten „Goldenen tesafilm Rolle" für den besten Nachwuchsfilm runden das Programm ab.

Kunstprojekte der JENOPTIK AG

Bereits kurz nach der Neugründung der Jenoptik in der Wendezeit begann auch das Kunstengagement der Jenoptik. Das Unternehmen bringt damit seine Verbundenheit mit der Region Jena und seinen Wunsch, „für Mitarbeiter und Öffentlichkeit eine in jeder Hinsicht inspirierende Atmosphäre zu schaffen" (Prof. Dr. h.c. Lothar Späth) zum Ausdruck. Die Förderung der Kunst basiert in der Jenoptik auf der Überzeugung, dass für eine Gesellschaft, die sich in rasender Geschwindigkeit fortentwickelt, die geistige Anregung und das kritische Vorausdenken der Kunst sowie die unmittelbare Nähe zur künstlerischen Kreation von großer Bedeutung sind. Den Kern des Kunstengagements bilden eigene Projekte sowie Initiativen, die gemeinsam mit anderen Partnern in Jena in Angriff genommen werden. Das zeitgenössische Kunstschaffen und die Kunst- und Kulturgeschichte der Region werden in diesen Projekten auf vielfältige Weise miteinander verknüpft.

Beispiel „Hudson River Valley Series" und „Imagination-Romantik" 2001

Seit dem amerikanischen Künstler Frank Stella (1996) die Ehrendoktorwürde der Friedrich-Schiller-Universität verliehen worden ist, steht die JENOPTIK AG in freundschaftlichem Kontakt mit ihm. Er wurde 1996 für ein großes Skulpturenprojekt in der Stadtmitte und in unmittelbarer Nähe zum Hauptsitz des Unternehmens gewonnen ("Hudson River Valley Series"). Eine Ausstellung mit ganz neuen Arbeiten Frank Stellas zum literarischen Oeuvre von Heinrich von Kleist organisierte die Jenoptik gemeinsam mit dem Kunsthistorischen Seminar der Friedrich-Schiller-Universität im Jahr 2001.

Ebenso wie Frank Stella mit seiner Heinrich von Kleist-Serie an die Romantik anknüpft, wurde auch in einem weiteren großen Projekt das Fortbestehen romantischer Elemente in der zeitgenössischen Kunst reflektiert. Für die Ausrichtung des Botho-Graef-Kunstpreises 2001 war die Jenoptik ein aktiver Partner der Stadt Jena. Vierzehn von einer Expertenkommission vorgeschlagene junge Künstler aus ganz Europa wurden in die Stadt eingeladen, um Werke zum Thema „Imagination - Romantik" zu schaffen. Ein Künstlerseminar gab ihnen hierfür visuelle und inhaltliche Anregung sowie die Möglichkeit der Begegnung und des Austauschs.

Das Kulturengagement von Dornbracht

Seit 1997 dokumentiert Dornbracht, international renommierter Hersteller von Design-Armaturen und -Accessoires, regelmäßig sein Selbstverständnis als Unternehmen mit kultureller Kompetenz. Dahinter steht die Überlegung, dass ein Unternehmen neben seinen Produkten aus einer übergeordneten mentalen Ebene besteht, über die es sich identifiziert. Das Kulturengagement bei Dornbracht gliedert sich in drei Bereiche:

Für *Statements* lädt Dornbracht regelmäßig Künstler, Fotografen, Designer, Musiker und Autoren ein, freie Interpretationen rund um das Thema „Wasser, Reinigung und Rituale" zu entwickeln. Die Arbeiten werden international in Ausstellungen gezeigt und in wechselnder medialer Form dokumentiert. Mit den *Dornbracht Installation Projects®* initiiert Dornbracht einmal jährlich ein Forum für die Auseinandersetzung mit zeitgemäßen künstlerischen Positionen im Bereich der Installation. Ab Herbst 2002 wird die Ausstellungsreihe als Kooperation mit dem Museum für moderne Kunst (MMK) in Frankfurt fortgesetzt. Darüber hinaus engagiert sich Dornbracht in *internationalen Sponsorprojekten.* Ausstellungen wie Fabrizio Plessi im Guggenheim Museum SoHo in New York, eine europaweite Retrospektive über Alessandro Mendini oder die Hauptsponsorenschaft des deutschen Pavillons auf der Biennale in Venedig 1999 mit Rosemarie Trockel und 2001 mit Gregor Schneider zählen dazu.

Beispiel „Statements"

Reflexion und Rückbesinnung - diese zwei Worte beschreiben vielleicht am besten den Ansatz der inzwischen sechsten Edition des Kunst- und Kulturprojekts „Statements". Nach dem 11. September 2001, der uns alle aus unseren Träumen gerissen und auf den Boden der Tatsachen zurückgeholt hat, begibt sich Dornbracht mit *Statements (six)* zu den Wurzeln.

Statements (six) zeigt in einem Ausstellungsraum in Soho, New York, exklusive Arbeiten der drei New Yorker Künstler Rita Ackermann, Mark Borthwick und Nicola Tyson zum Thema Reinigungsrituale und Badkultur. Mit ihren Fotografien, Zeichnungen und Collagen skizzieren die jungen Künstler Gedanken, halten Momente fest. Es ist eine eigenwillige, unkommerzielle Attitüde, die die drei verbindet und ihnen in der Kunstszene Respekt eingebracht hat. Für jeden der Künstler gibt es ein eigenes Kunstbuch, das sein Werk so stehen lässt, wie er oder sie es geschaffen hat. Ergänzt wird jedes der Bücher durch einen Text der New Yorker Autorin und Kunstkritikerin Bernadette van Huy, die mit den Künstlern eng vertraut ist.

DORN
BRACHT

Das Kulturengagement der Philip Morris GmbH

„It takes art to make a company great!", dieser von George Weissman, ehemals Chairman der Philip Morris Companies Inc., geprägte Grundsatz steht für das Selbstverständnis der Philip Morris Kunstförderung weltweit. Mit der Förderung von Kunst und Kultur sehen wir die Möglichkeit, zu einem partnerschaftlichen Miteinander in unserer Gesellschaft beizutragen. Ideenreichtum und Kreativität sind Motoren unserer Gesellschaft und somit auch der Philip Morris GmbH. Aus diesem Grund fördern wir vor allem innovative und experimentelle Kunstformen mit dem Ziel, Verständnis und Toleranz gegenüber dem Neuen und Unbequemen zu schaffen sowie neuartige Dialogforen zu initiieren.

Beispiel Stipendiatenprogramme

Durch verschiedene Stipendiatenprogramme wird vielversprechenden, aber noch unbekannten Künstlern der Schritt in die breite Öffentlichkeit ermöglicht. Unser Engagement stützt sich auf die Zusammenarbeit mit kompetenten Partnern und folgt einer klaren, langfristigen Strategie. Als Instrument der Öffentlichkeitsarbeit spiegelt unsere Förderung die Unternehmensphilosophie wider und konzentriert sich vor allem auf die Unternehmensstandorte München, Berlin und Dresden.

Die Philip Morris GmbH griff in Deutschland mit Ausstellungen, großen Kunstwettbewerben sowie mit mehr als 60 Stipendien in den vergangenen 25 Jahren Quer- und Neudenkern aus der ganzen Welt unter die Arme. Einige der Geförderten haben sich mittlerweile längst zu bekannten Künstlern entwickelt. Etwa der Bildhauer Stephan Balkenhol, Stipendiat des Jahres 1988, dessen Werke heute in den großen Museen zu sehen sind. 10 Jahre später hat die Philip Morris GmbH in Zusammenarbeit mit der traditionsreichen Hochschule für Bildende Künste in Dresden ein Stipendienprogramm ins Leben gerufen. Meisterschüler der Dresdner Hochschule erhalten die Möglichkeit, ein Semester an der Columbia University School of the Arts in New York zu verbringen, und zwar in der Doppelfunktion als Lernende und als Lehrende. Nach Rückkehr der Stipendiaten beinhaltet das Stipendium zudem eine Ausstellung im Oktogon der Kunsthochschule mit entsprechender Katalogproduktion. Die Auswahl der Stipendiaten trifft eine unabhängige Jury im Auftrag der Hochschule für Bildende Künste Dresden. Preisträgerin 2001 ist Jenny Rosemeyer, die ihren Aufenthalt an der Columbia University School of the Arts im Juni 2002 mit der Ausstellung „fennpfuhl launender sonne" in Dresden abschloss.

PM
PHILIP MORRIS
PHILIP MORRIS
GMBH

Abb. 15: Rhenus Kunstpreis, Preisverleihung 1999, Museum Abteiberg, Mönchengladbach, (v.l.n.r.) Markus Lüpertz, Jurymitglied und Direktor Kunstakademie Düsseldorf, Georg Baselitz, Preisträger, und Dr. Max Reiners, (Inhaber Rhenus Lub) (Foto und Copyright: „Klein John & Friends GmbH, Düsseldorf", s. Kurzportrait S. 156

Evaluierung von Kultursponsoring-Maßnahmen

Manfred Schwaiger

Unter dem Begriff der Evaluation versteht man die Festsetzung des Wertes einer Sache.[52] Evaluationskonzepte dienen in diesem Zusammenhang also der Bewertung von Kultursponsoringmaßnahmen im weitesten Sinne und müssen stets Wirkungskontrollen beinhalten. Kapitel 1 befasst sich mit der Frage, warum Evaluationen grundsätzlich notwendig sind. Kapitel 2 behandelt die Grundlagen, die erforderlich sind, um Evaluationskonzepte zu entwickeln, wie sie in Kapitel 3 beschrieben sind.

Warum Evaluation?

Evaluationen sollten - sofern sie aussagefähig sein wollen - auf Wirkungskontrollen basieren. Mit der Durchführung dieser Kontrollen werden allgemein zwei Ziele verfolgt: Zum einen sollen Abweichungen von angestrebten Zuständen dokumentiert werden, zum anderen will man Informationen gewinnen, die die Grundlage für künftige Entscheidungen verbessern.[53] Der Einfluss, der von der Kontrolle als einer der vier Managementfunktionen ausgeht, ist in Chart 1 dargestellt.

Kontrolle ist deshalb so wichtig, weil sie uns hilft, bei Sponsoring-Engagements die Konzeption, die Planung und damit auch die Realisation im Hinblick auf die Zielsetzung zu verbessern. Angesichts dieser Argumentationskette dürfte man eigentlich erwarten, dass die Evaluation von Sponsoringmaßnahmen gängige Praxis ist; die Realität sieht in den meisten Fällen jedoch anders aus: Während schon in Bezug auf die Werbekontrolle immer wieder beklagt wird, dass es kaum einen Unternehmensbereich gibt, in dem bei ähnlicher Investitionssumme eine derartige Ungewissheit über die Effizienz der eingesetzten Mittel besteht[54], muss leider konstatiert werden, dass die Werbekontrolle sowohl qualitativ als auch quantitativ die Sponsoringkontrolle, und hier im Besonderen die Kontrolle des Kultursponsorings, bei weitem übertrifft. Soweit die Theorie betroffen ist, wird das durch eine Vielzahl - teilweise sehr sophistischer - Methoden dokumentiert, mit denen die diversen Wirkungsdimensi-

---

[52] vgl. z.B. Bentele (1997), S. 17 oder Fuhrberg (1995), S. 53

[53] vgl. z.B. Küpper (2001), S. 170 f.

[54] vgl. z.B. Erichson und Maretzki (1993), S. 523

onen der Werbung überprüft werden können[55], denen ein krudes Evaluationsinstrumentarium im Bereich Sponsoring gegenübersteht, das kaum über atmosphärische Beurteilungen, Clippings und Inhaltsanalysen hinausreicht. Dass diese qualitativen und quantitativen Unterschiede auch in der Praxis existieren, zeigt ein Blick auf die einschlägigen veröffentlichten Studien[56] ebenso wie eine grobe Durchsicht der Fachzeitschriften.

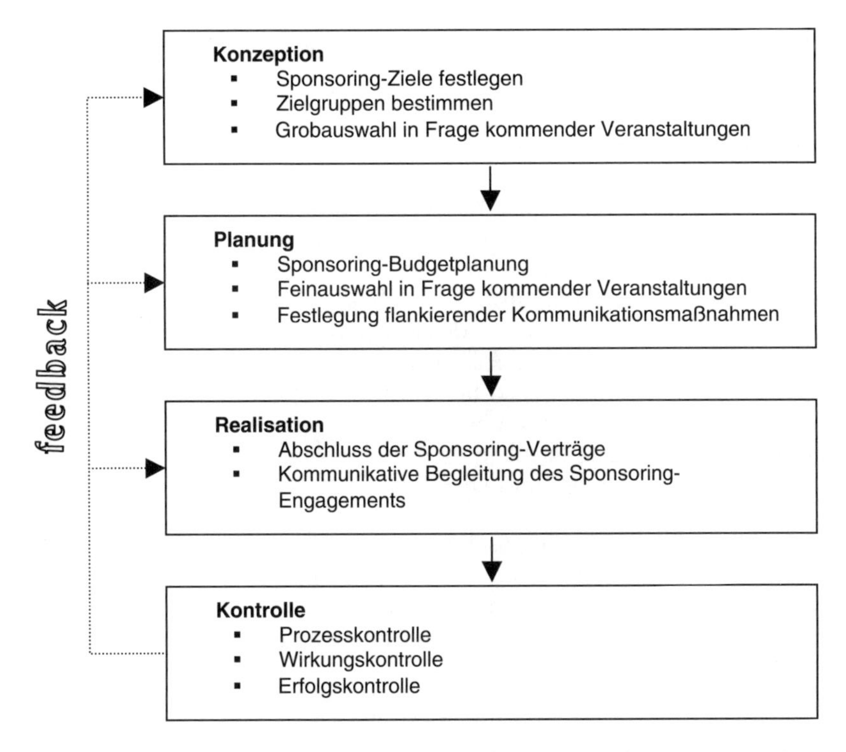

Chart 1: 4 Schritte des Kultursponsorings

Bei der Bewertung dieses Ungleichgewichts darf freilich nicht übersehen werden, dass die für Kultursponsoring verfügbaren Summen nur einen Bruchteil der Beträge ausmachen, die z.B. in die klassische Werbung fließen. Nur ist in diesem Zusammenhang nicht klar, was Ursache und was Wirkung ist. Solange nicht feststeht, ob es einen Gegenwert für die Sponsoringaufwendungen gibt, lassen sich Entscheidungsträger – mit Recht – nur in geringem Umfang auf

[55] vgl. Schwaiger (1997), S. 39 ff.

[56] Einen Überblick über veröffentlichte Studien zur Wirkungskontrolle von Kultursponsoringmaßnahmen gibt Schwaiger (2001), zum Vergleich mit der Werbekontrolle wird auf Rennhak (2001) verwiesen.

riskante (weil hinsichtlich ihrer Wirkung ungewisse) Alternativen zu Altbewährtem ein. Damit bleiben die Sponsorengelder gering, womit auch die zur Kontrolle aufzuwendenden Mittel entsprechend niedrig angesetzt werden müssen.

Folgt man aber der durch Unternehmensbefragungen[57] bestätigten Einschätzung, die dem Kultursponsoring eine weiter zunehmende Bedeutung bei steigender Professionalisierung dessen Managements attestieren, so wird auch der Bedarf an entsprechenden Instrumenten zur Wirkungskontrolle steigen.

Grundlagen der Evaluation

Die Frage nach dem Wert eines Kultursponsoring-Engagements lässt sich nur dann sinnvoll beantworten, wenn vor Durchführung der Maßnahme Ziele festgelegt und Verfahrenspläne entwickelt wurden. Die Kontrolle der Zielerreichung wird als Ergebniskontrolle bezeichnet, während im Rahmen der Verfahrenskontrolle das Management des Kultursponsorings einer Prüfung unterzogen wird. Im letztgenannten Fall müssen Fragen nach der Stimmigkeit von Konzeption und Planung ebenso beantwortet werden wie Fragen zur Professionalität der Umsetzung des Vorhabens. Da die Verfahrenskontrolle technisch und inhaltlich keine Probleme aufwirft, wollen wir uns in diesem Beitrag ausschließlich der Ergebniskontrolle zuwenden.

Um eine Bewertung in ökonomisch sinnvoller Weise durchführen zu können, benötigt man zunächst Zielvorgaben und die Information, bei welchen Zielgruppen diese Ziele anzustreben sind. Aus diesen Daten lassen sich Evaluationsprogramme entwickeln, deren Qualität anhand gängiger Gütekriterien beurteilt werden kann.

Kommunikationsziele

Da Kultursponsoring eines unter vielen Kommunikationsinstrumenten ist, die im Rahmen der Corporate Communication eingesetzt werden können, sind die Sponsoringziele aus den Kommunikationszielen abzuleiten. Das Finalziel kommunikativer Maßnahmen ist die Beeinflussung des Verhaltens der Rezipienten in einer gewünschten Form. Weil aber insbesondere die Verhaltenswirkung wegen der problematischen Zurechenbarkeit zu einzelnen Kommunikationsmaßnahmen äußerst schwierig zu messen ist,[58] konzentriert man sich auf die dem Verhalten vorgelagerten psychischen Prozesse.[59] Die Treiber des

[57] z.B. Spichiger-Carlsson (1997)

[58] vgl. im einzelnen Schwaiger (1997), S. 14 ff.

[59] z.B. Meffert (2000), S. 694

Verhaltens bestehen aus kognitiven und affektiven Komponenten[60], weshalb man im kognitiven Bereich die Informationswirkung der Kommunikation überprüft und im affektiven Bereich deren emotionale Wirkung. Die Möglichkeit Informationen zu transportieren, ist bei Sponsorships allerdings meist so gering, dass die Kontrolle affektiver Wirkungen deutlich dominiert.

Damit sich eine sogenannte Einstellungswirkung überhaupt entfalten kann, ist es notwendig, dass die Kommunikationsmaßnahme (in unserem Fall das Kultursponsoring) die Wahrnehmungsschwelle des Empfängers überwinden kann. Das bedeutet, zunächst ist die Durchsetzungsfähigkeit eines kommunikativen Engagements zu überprüfen, daran anschließend die Einstellungswirkung.

„Der Nutzen des kulturellen Engagements für mein Unternehmen ist allein nicht in Geld messbar, denn es verleiht dem Image und dem eigenen Selbstwertgefühl Kraft und Stärke."

Brigitte Feldtmann, Kultur-Merkur-Preisträgerin in Hamburg

Von besonderer Bedeutung ist in diesem Zusammenhang die Corporate Reputation, die durch Kommunikationsinstrumente maßgeblich gesteuert wird, denn Reputation entsteht nicht aus objektivem Wissen über ein Unternehmen oder eine Marke, sondern aus den subjektiven Wahrnehmungen der Zielpersonen. Dem Aufbau der Reputation in Form von Sympathie- und Kompetenzpotenzialen widmet sich implizit das dem strategischen Management vorgelagerte *normative Management*[61], das die St. Galler Managementschule seit Mitte der 90er Jahre mit immer noch zunehmender Resonanz propagiert. Reputation signalisiert der Öffentlichkeit, wie die Produkte, Arbeitsplätze, Strategien und Zukunftsaussichten eines Unternehmens im Vergleich zu relevanten Wettbewerbern einzuschätzen sind[62] und ist daher geeignet, Marktbarrieren (in Form von Eintrittsbarrieren gegenüber potenziellen Wettbewerbern und Wechselbarrieren gegenüber Kunden) aufzubauen. Die Reputation eines Unternehmens wird deshalb als immaterieller Wert, als „intangible asset" gesehen, der knapp, wertvoll und nachhaltig ist und vom Wettbewerber praktisch nicht imitiert werden kann. Im Vergleich zu Deutschland ist die Reputationsforschung in den Vereinigten Staaten relativ weit fortgeschritten. Eine solide Reputation wird dort seit langem als strategischer Wettbewerbsvorteil gesehen, der die Attraktivität eines Unternehmens bei Kunden, Mitarbeitern und Kooperationspartnern erhöht.[63]

---

[60] vgl. ausführlich Kroeber-Riel und Weinberg (1999), S. 167 ff.

[61] zum normativen Management siehe Bleicher (1994, 1999)

[62] Caves und Porter 1977; Wilson 1985

[63] vgl. Eidson und Master (2000)

Auch wenn empirische Untersuchungen zur Reputationswirkung des Kultursponsorings bis heute fehlen, so ist die Hypothese dennoch plausibel und intuitiv einleuchtend, dass gerade das gesellschaftliche Engagement eines Unternehmens, dokumentiert nicht zuletzt durch Kulturkommunikation, Sympathien erzeugt und damit die Reputation stärkt.

Kommunikationszielgruppen

Die Bedeutung einzelner Kommunikationszielgruppen kann nicht allgemeingültig angegeben werden; sie ist in der Regel von den strategischen Kommunikationszielen eines Unternehmens abhängig und sollte in der Sponsoringkonzeption festgelegt werden. In Frage kommen folgende Gruppen, in denen dann möglicherweise separat evaluiert werden muss, wenn Grund zu der Annahme besteht, dass sich diese Gruppen im Hinblick auf die Einstellungen zum Kultursponsoring als heterogen erweisen. Mögliche direkte und indirekte Zielgruppen des Sponsorings zeigt Tabelle 1 (ohne Anspruch auf Vollständigkeit):

Zielgruppe	Zielgruppe	Zielgruppe
„General Public" Kunden Meinungsführer Aktionäre/Eigentümer Kapitalgeber	Journalisten Mitarbeiter Angehörige der Mitarbeiter Betriebsräte/Gewerkschaften	Lieferanten/Händler Politiker Verbände Bürgerinitiativen

Chart 2: Beispiele für Kommunikations-Zielgruppen

Gütekriterien einer Evaluation

Zur Beurteilung der Qualität eines Evaluationskonzepts werden drei Gütekriterien[64] herangezogen:

- Validität
- Reliabilität
- Objektivität.

[64] vgl. z.B. Berekoven et al. (2000), S. 60 ff.

Eine Messung ist valide, wenn tatsächlich das gemessen wird, was gemessen werden soll. Dass genau dieses oft schwierig ist, zeigen z.B. die Auseinandersetzungen über die Messung der Intelligenz oder über den Wert von Assessment-Centers zur Personalauswahl.

Die Messung der Aufmerksamkeitswirkung eines Sponsorships ist z.B. valide, wenn der Sponsor von den Besuchern ungestützt (d.h. ohne Vorlage von Hilfsmitteln wie Listen oder Logos) erfragt wird. Dagegen ist eine gestützte Abfrage der Sponsoren nicht valide, weil damit in erster Linie die - in diesem Zusammenhang völlig uninteressante - Gedächtnisleistung der Besucher gemessen wird und nicht die Durchsetzungsfähigkeit des Sponsorships.[65]

Die Reliabilität oder Zuverlässigkeit bezeichnet die formale Genauigkeit der Merkmalserfassung und gibt das Ausmaß an, in dem ein Messwert frei von Zufallsfehlern ist. Mangelnde Reliabilität kann auf drei Ursachen zurückgeführt werden: erstens können exogene Variablen die Messergebnisse beeinflussen (fehlende Bedingungskonstanz, wenn z.B. einmal vor Beginn einer gesponserten Veranstaltung gemessen wird und ein anderes Mal nach der Veranstaltung), zweitens können einzelne Merkmale inkonsistent sein (z.B. missverständliche Fragen), und drittens kann bei Messinstrumenten die instrumentelle Konstanz fehlen (etwa wenn bei Versuchspersonen Lerneffekte auftreten, weil sie den Untersuchungszweck erkennen und dann sozial erwünschte Antworten geben).

Objektivität einer Messung ist gegeben, wenn die Messergebnisse vom Untersuchungsleiter unabhängig sind. Man unterscheidet hier zwischen:

- Durchführungsobjektivität, die um so höher ist, je weniger der Untersuchungsleiter die Probanden durch sein Erscheinungsbild und Handeln beeinflusst,
- Auswertungsobjektivität, die mit der Standardisierung der Auswertungsverfahren zunimmt,
- und Interpretationsobjektivität, die gegeben ist, wenn der Interpretationsspielraum des Untersuchenden hinreichend klein gehalten wird.

Auch wenn bei kleineren Untersuchungen keine formalen Tests auf Validität und Reliabilität zum Einsatz kommen: Eine kritische Hinterfragung der Qualität der gewählten Vorgehensweise ist in jedem Fall unerlässlich.

[65] vgl. hierzu ausführlich Schwaiger (1997), S. 43 ff.

Abb. 16: Übergabe der Fahrzeugflotte an den künstlerischen Leiter der Documenta11, Okwui Enwezor, im Mai 2002 im Volkswagenwerk Kassel (v.l.: Dr. Peter Hartz, Mitglied des Vorstands Volkswagen AG, und Okwui Enwezor), s. Kurzportrait S. 117

Evaluationskonzepte

Bei der Entwicklung eines Evaluationskonzeptes ist zu differenzieren zwischen Messreihen, die generell Aussagen darüber liefern sollen, ob Kultursponsoring-Maßnahmen einen Return on Investment erwarten lassen - und dabei vom einzelnen Sponsorship abstrahieren müssen, und Messungen der Effektivität einzelner Sponsorships. Wenden wir uns zunächst der Frage zu, was ein Unternehmen tun kann, um das eigene Sponsorship zu evaluieren.

Die Antwort auf diese Frage hängt in erster Linie von den angestrebten Zielen ab. Steht die Aufmerksamkeitserzielung im Vordergrund oder geht es eher um die Veränderung/Stärkung des Unternehmensimages? Sollen in erster Linie Top-Kunden gebunden werden oder will man die Reputation des Unternehmens in der breiten Masse stärken? In Abhängigkeit dieser Fragen müssen Messkonzepte entwickelt und umgesetzt werden. Wir konzentrieren uns im folgenden auf bestimmte, im Kultursponsoring relevante Kommunikationsziele und vernachlässigen die Zielgruppen, auf die wir in Abschnitt 3 detaillierter eingehen werden.

Von allgemeinen atmosphärischen Beurteilungen[66], bei denen neben eigenen Eindrücken und Erfahrungswerten Kommentare und Stellungnahmen einzelner Zielgruppenvertreter zur Beurteilung des Sponsorships erfasst werden, ist in diesem Zusammenhang abzuraten. Zwar sind solche Aktionen mit geringem finanziellen Aufwand durchführbar, Erklärungswert und Zuverlässigkeit sind aber als extrem gering einzuschätzen, da subjektive Einzelaussagen überbewertet und damit falsche Schlüsse auf die Gesamtheit gezogen werden. Diese Form der Evaluierung kann bestenfalls Ausgangspunkt für weitere Verfahren sein.

Die Messung der Aufmerksamkeitswirkung

Zur Messung der Aufmerksamkeitswirkung stehen für Sponsoring-Engagements nur die auf Befragungen aufbauenden Methoden der Recall- und Recognitiontests zur Verfügung, wobei streng genommen nur der ungestützte Recalltest die Aufmerksamkeitswirkung valide misst.[67]

Bei Anwendung des ungestützten Recalltests wird durch Befragung festgestellt, an welche Sponsoren sich die Probanden erinnern. Charakteristisch ist dabei im Gegensatz zu gestützten Recall- und Recognitiontests, dass auf Erinnerungshilfen (Abbildungen, Markenzeichen, Auswahllisten etc.) verzichtet wird, mithin also aktive Gedächtnisinhalte der Probanden abgerufen wer-

---

[66] Avenarius (1995), S. 126; Oeckl (1976), S. 231

[67] z.B. Bomnüter und Völcker (1993)

den.[68] Eine entsprechende Frage zu einer Veranstaltung müsste daher „Ist Ihnen aufgefallen, dass diese Veranstaltung gesponsert, d.h. finanziell unterstützt wird?" lauten, und im positiven Fall (Antwort „ja") wird der Befragte um ungestützte Nennung der Sponsoren gebeten, die ihm aufgefallen waren.

Normalerweise werden solche Tests zur Kontrolle der Aufmerksamkeitswirkung nur bei den Besuchern einer Veranstaltung durchgeführt, wenngleich bei überregional bedeutsamen Events auch eine Ausdehnung des Befragtenkreises auf Personen, die über Medienberichte vom Sponsorship erfahren haben könnten, vorstellbar wäre. Fragen wie „Ist Ihnen bekannt, dass XY die Salzburger Festspiele gesponsert hat?" sind dagegen völlig wertlos, weil der Befragte eine „Wissenskontrolle" empfindet und daher zu sozial erwünschtem Antwortverhalten (hier Vermeidung einer Offenbarung von Wissensdefiziten) neigt, zumal das tatsächliche „Wissen" ex post kaum nachprüfbar ist. Bei der oben empfohlenen Frage besteht hingegen kein Anreiz zu sozial erwünschtem Antwortverhalten, denn die Tatsache, dass dem Befragten der Sponsor nicht aufgefallen ist, kann auch auf dessen mangelhafte Präsentation zurückzuführen sein.

Die zweifelsohne interessante Frage, ab welchem Schwellenwert von einer guten Aufmerksamkeitswirkung gesprochen werden kann, lässt sich nicht allgemeingültig beantworten. Vielmehr sollten die evaluierenden Unternehmen eigene Benchmarks anlegen und so der beachtlichen Heterogenität möglicher Sponsorships Rechnung tragen. Ohnehin ist die Aufmerksamkeitswirkung nur aus zwei Gründen zu überprüfen:

- Erstens gibt sie Aufschluss über die Wirkung flankierender Maßnahmen (Präsentation des Sponsors im Rahmen der Veranstaltung, Medienberichte im Vorfeld, Plakate),
- zweitens ist sie Voraussetzung dafür, dass andere Wirkungen (z.B. Image- oder Reputationsveränderungen) überhaupt mit dem Sponsorship in Verbindung gebracht werden dürfen.

Die Messung der Einstellungswirkung

Der Einfluss der Einstellung auf das menschliche Verhalten (und umgekehrt) ist unstrittig. Schon aus diesem Grund ist die Kontrolle der Einstellungswirkung bei allen Kommunikationsmaßnahmen unabdingbar. Das Problem dabei ist nur, dass sich Einstellungen in langfristigen Prozessen bilden[69] und folglich nur langsam verändern. Darüber hinaus ist die Ursache einer Einstellungsän-

[68] Felser (1991), S. 21

[69] Kroeber-Riel und Weinberg (1999), S. 178

derung schwer identifizierbar, weil der Befragte in aller Regel den Prozess nicht verbal erklären kann - sofern er ihn überhaupt bewusst erlebt. Deswegen muss der im wesentlichen unproblematische Fall der Einstellungsmessung von der Messung der Einstellungsveränderung getrennt werden.

Zur *Einstellungsmessung* existieren zahlreiche Verfahren[70], aus denen wir eines als besonders zweckmäßig herausgreifen, nämlich das Polaritätenprofil. Hierbei werden relevante Eigenschaftspaare für eine Marke oder ein Unternehmen vorgegeben, und die Versuchsperson gibt jeweils an, wie stark sie diese Eigenschaften dem Untersuchungsobjekt zuschreibt. Möchte man eine Kennzahl errechnen, statt den Verlauf der „Imagekurve" zu analysieren, so kann man zusätzlich ein ggf. fiktives Idealobjekt bewerten lassen und die Distanz zwischen eigenem Unternehmen und dem Idealunternehmen (oder zwischen eigener Marke und Idealmarke) errechnen.

Ähnlich ist bei der Kontrolle der Reputationswirkung vorzugehen. Die Reputation eines Unternehmens besteht ebenfalls aus kognitiven (Kompetenz) und affektiven (Sympathie) Komponenten, ist aber im Vergleich zum Unternehmensimage dauerhafter und nachhaltiger und wird im Gegensatz zum Image nur mit denotativen Merkmalen erfasst. Da bei der Messung der Reputation die Dimensionen „Management", „Leadership", „Corporate Identity", „finanzielle Stärke", „Vision", „Customer Focus", „Ethical Behavior", „Vertrauenswürdigkeit" und „Verantwortung" erfasst werden, ist offensichtlich, dass nicht das Sponsoring allein als Determinante wirken kann. Die Analyse der Reputation ist eher geeignet, die Wirkung der gesamten integrierten Kommunikationsarbeit kontinuierlich zu überwachen und die Wirkungen im Wettbewerbsumfeld zu visualisieren, zumal die von den entsprechenden Marktforschungsinstituten (wie z.B. der GfK Nürnberg) angebotenen Tools Reputation im Wettbewerbsumfeld messen.

„»Der Mensch kann ohne Kultur nicht leben« - treffender als der Rhetoriker Walter Jens kann man den Stellenwert der Kultur in unserer Gesellschaft wohl nicht beschreiben. Kultur stellt nicht nur eine willkommene Bereicherung des oftmals eindimensionalen Alltags dar. Sie bringt außerdem Menschen zusammen und erleichtert die offene, unvoreingenommene Verständigung über Grenzen hinweg. Ihre Förderung liegt damit auch in der Verantwortung der Unternehmen. Wir sind sehr stolz darauf, dass wir mit unserer Technologie einen Beitrag dazu leisten, Kulturerbe zu rekonstruieren und in anderen Ländern zugänglich zu machen."

Erwin Staudt, Vorsitzender der Geschäftsführung IBM Deutschland

---

[70] vgl. z.B. Schwaiger (1997), S. 61 ff.

Bei der Kontrolle von *Einstellungsänderungen* (Image- und Reputationsgewinne) ist zu beachten, dass die Einstellung von vielen Faktoren beeinflusst wird, unter denen das Sponsorship nur eine mögliche Einflussgröße darstellt. Der theoretisch fundierte Weg wäre ein sogenannter 2-Gruppen Pre-Post-Test: Man wählt eine repräsentative Stichprobe (z.B. aus den Kunden eines Unternehmens aus) und teilt diese nach dem Zufallsprinzip (nicht willkürlich!) in eine Testgruppe und eine Kontrollgruppe auf. Zunächst findet eine Image- oder Reputationsmessung, die sogenannte Nullmessung statt, in der für beide Gruppen ein Profil oder eine Kennzahl ermittelt wird. Dann werden die Mitglieder der Testgruppe über einen längeren Zeitraum zu den gesponserten Veranstaltungen eingeladen, die der Kontrollgruppe dagegen nicht. Nach Ablauf bestimmter Fristen (mindestens ein Jahr Abstand wäre angemessen) werden identische Messungen (Folgemessungen) wiederum in beiden Gruppen durchgeführt. Aus der Differenz der Profile bzw. der Kennzahlen kann dann auf die Einstellungswirkung der Kultursponsoringaktivitäten im Zeitablauf geschlossen werden. Diese Versuchsanordnung ist aber erstens sehr aufwändig, führt zweitens zu einer häufig unerwünschten Ungleichbehandlung der Kunden und erfordert drittens lange Zeit, bis aussagefähige Messergebnisse vorgelegt werden können.

Die Alternative hierzu besteht in der Durchführung einer Querschnittsanalyse (Erhebung nur zu einem Zeitpunkt und in einer Gruppe) und der aufwändigen Anpassung eines Kausalmodells. Mit Hilfe einer Abfrage, die feststellt, wer von Sponsoringmaßnahmen Kenntnis hat, und einer Erfassung der Loyalität in geeigneter Weise kann der Einfluss, der vom Sponsoring auf die Kundenbindung ausgeht, quantifiziert werden.

Eine Abfrage von Einstellungen vor und unmittelbar nach einer Veranstaltung ist aber wenig sinnvoll, weil die Schwankungen - wegen der Persistenz der Einstellungen - überwiegend zufällig sein dürften. Als Ersatz bietet sich lediglich an, die unter den Besuchern einer gesponserten Kulturveranstaltung ermittelten Ergebnisse den korrespondierenden Werten aus einer für die Gesamtheit repräsentativen Stichprobe gegenüberzustellen. Aber selbst dann ist die Ursache-Wirkungs-Beziehung fraglich, denn es kann nicht ausgeschlossen werden, dass die Besucher der Veranstaltung schon vor dem Besuch eine bessere oder schlechtere Einstellung gegenüber dem Untersuchungsobjekt aufwiesen als die Probanden der repräsentativen Stichprobe.

Ist eine Effizienzkontrolle möglich?

Die Evaluation von Sponsoringmaßnahmen unterscheidet sich nicht grundsätzlich von der Evaluation von PR-Maßnahmen, schließlich verfolgen beide Kommunikationsinstrumente dieselben Ziele, wenn auch mit unterschiedlicher Prioritätensetzung. Möglicherweise lohnen daher der Blick über den Tellerrand hinaus und die Adaption einschlägiger PR-Evaluationsinstrumente. In den entsprechenden Praxisratgebern[71] wird immer wieder die sogenannte quantitative Erfassung empfohlen. Dabei stehen die Medien im Mittelpunkt der Analyse, die sich auf die Kollektion und Selektion von Clippings konzentriert. Durch Auszählung der Pressebeiträge und Erwähnungen in Medien werden mit Hilfe der leicht zu ermittelnden Reichweiten erreichte Hörer- und Seherzahlen, mitunter auch die realisierten Tausend-Kontakt-Preise (TKP) berechnet.[72] Damit wird man der Realität freilich nicht gerecht, denn die Kontaktqualität wird bei einer reinen (Erbsen-)Zählung potenziell erreichter Rezipienten vernachlässigt.

Gängige Praxis ist des weiteren die Berechnung eines Mediendurchdringungsindexes: PR-Praktiker sprechen von Wirkung, wenn dieser Index mindestens 30% erreicht, was bedeutet, dass ein Thema - hier ein kulturelles Sponsoringengagement - etwa von jedem dritten als relevant erachteten Medium innerhalb eines festgelegten Zeitraums publiziert wurde.[73] Das Sammeln und Auswerten von Clippings hat insofern seine Daseinsberechtigung, als es zeigt, ob ein Sponsorship interessant genug und seine kommunikative Begleitung professionell genug war, um von den Medien verwertet zu werden. Trotzdem handelt es sich im Grunde um eine reine „Abdruckkontrolle", die nichts über die Wirkung eines Kommunikationsinstrumentes aussagt. Verbreitung mag eine notwendige Voraussetzung dafür sein, eine hinreichende ist sie keinesfalls! Und an diesem Grundmangel ändert sich auch dann nichts, wenn die Clippings durch eine qualitative Bewertung, wie z.B. durch eine Medienresonanzanalyse[74], ergänzt werden. Im besten Fall errichtet man auf diese Weise ein Frühwarnsystem zur Aufdeckung kritischer (oder auch wohlwollender) Berichterstattung. Die bei weitem wichtigere Frage, wie diese Berichterstattung die Einstellungen bei den Rezipienten verändert hat, bleibt aber unbeantwortet.

Die AKS-Studie zur Wirkung des Kultursponsorings

Ziel eines seit 1999 laufenden Forschungsprojektes, das der Arbeitskreis Kultursponsoring im BDI initiiert hat und das vom Autor wissenschaftlich umgesetzt wird, ist es, durch Konzeption und Auswertung eigener Messreihen im Bereich Kultursponsoring Aussagen über die Wirksamkeit dieses Kommunikationsinstrumentes abzuleiten, um potenziellen Sponsoren Entscheidungshilfen anzubieten.

---

[71] z.B. Pflaum und Linxweiler (1998)

[72] vgl. Bläse (1982), S. 197; Haller (1986), S. 29; Rolke (1995), S. 178

[73] Bruhn (1997), S. 597

[74] vgl. z.B. Rominski (1995)

Generell wird die empirische Wirkungsmessung im Sponsoringbereich dadurch erschwert, dass bei allen Messungen die ceteris-paribus-Bedingung verletzt sein wird. Das bedeutet, die Zurechnung von bestimmten Wirkungen zu einer Sponsoringmaßnahme ist schwierig, weil andere Marketinginstrumente und nicht steuerbare Umweltreaktionen zu kontrollierende Zielgrößen wie Aufmerksamkeit, Image und Reputation ebenfalls beeinflussen. Zwar kann man versuchen, dieser nur schwer erzielbaren Isolation der Wirkungen von Kultursponsoringaktivitäten durch entsprechend ausgeklügelte Messkonzepte Rechnung zu tragen; dennoch müssen aus pragmatischen und forschungsökonomischen Gründen unter Beachtung des gegenwärtigen Standes der Forschung einige restriktive Annahmen getroffen werden, um mit ersten Messreihen quasi Ankerpunkte zu setzen.

Die im Rahmen des Projektes empirisch zu überprüfenden Hypothesen zur Wirkung des Kultursponsorings lassen sich nach Zielgruppen aufschlüsseln:

- Hypothese 1: Das Sponsoring von Kulturveranstaltungen hat positive Auswirkungen auf die Arbeitszufriedenheit und damit auch auf die Motivation der Mitarbeiter im sponsernden Unternehmen.
- Hypothese 2: Die Einladung von (Top-)Kunden zu gesponserten Kulturveranstaltungen hat positive Auswirkung auf die Kundenbindung dieser Zielgruppe.
- Hypothese 3: Die Übernahme von Sponsorships im Kulturbereich hat Auswirkungen auf die Reputation des sponsernden Unternehmens in der Gesamtbevölkerung bzw. in bestimmten Zielgruppen der Gesamtbevölkerung.

Die Aufgabe bei der Überprüfung dieser drei Hypothesen besteht darin, zunächst einmal einen „Existenznachweis" zu erbringen, d.h. zu ermitteln, ob Kultursponsoring überhaupt in der Lage sein kann, die genannten Wirkungen hervorzurufen. Erst wenn hierzu positive Testergebnisse vorliegen, kann der Frage nachgegangen werden, wie Sponsorships zu gestalten sind, um auf möglichst effizientem Weg das angestrebte Kommunikationsziel zu erreichen.

Im ersten Teilprojekt wurde überprüft, ob eine grundlegende Voraussetzung für die Entfaltung nachgelagerter Kommunikationswirkungen erfüllt ist, nämlich die der Aufmerksamkeitswirkung bzw. der Durchsetzungsfähigkeit von Kultursponsoringaktivitäten. Dazu wurden in 13 ausgewählten Veranstaltungen u.a. die oben beschriebenen ungestützten Recalltests durchgeführt, wobei dokumentiert werden konnte, dass es dem Kultursponsoring gelingt, hohe Aufmerksamkeitswerte bei den Rezipienten zu erzielen.[75] Ferner wurde fest-

---

[75] Details können dem ersten Zwischenbericht (Schwaiger 2001) entnommen werden. Download unter http://www.efoplan.bwl.uni-muenchen.de/content/forschung.asp#Kultursponsoring.

gestellt, dass die Akzeptanz des Kultursponsorings auf Seiten der Besucher enorm hoch ausgeprägt ist.

Das zweite Teilprojekt widmete sich der Mitarbeitermotivation. In drei Firmen wurden aus Validitätsgründen alle relevanten Merkmale[76] umfassende Mitarbeiterzufriedenheitsstudien durchgeführt. Der Grund für diese aufwändige Vorgehensweise liegt darin, dass eine Messung der Bedeutung des Kultursponsorings für die Mitarbeiterzufriedenheit - etwa durch direkte Befragung der Mitarbeiter - ein Ausmaß an Involvement bei den Befragten erzeugt hätte, das zur Abgabe sozial erwünschter Antworten verleitet hätte, so dass die Bedeutung des Kultursponsorings überschätzt worden wäre. In freien Befragungen zur Arbeitszufriedenheit dagegen stehen meist Aspekte wie Entwicklungsmöglichkeiten, Gehalt und Sozialleistungen, Arbeitsklima und Arbeitsplatzsicherheit im Vordergrund, so dass der Beitrag des Kultursponsorings bei explorativen Interviews unterschätzt worden wäre. Die Auswertungsergebnisse zeigten, dass mit Kultursponsoringaktivitäten ein besonders motivierter und damit förderungswürdiger Teil der Belegschaft erreicht und stärker an das Unternehmen gebunden wird.

Das bereits begonnene dritte Teilprojekt untersucht den Kundenbestand einer Bank, um Aussagen über die Kundenbindungswirkung abzuleiten, die auf Sponsoringmaßnahmen zurückführbar ist. Kundenbindung wird in dieser Studie durch die Konstrukte Vertrauen, Commitment und Zufriedenheit erklärt. Auch wenn die Auswertung des zugrundeliegenden Kausalmodells zum Zeitpunkt der Drucklegung dieses Bandes noch nicht erfolgt ist, so zeigen Varianzanalysen bereits, dass insbesondere Vertrauen und Commitment in der Kundengruppe, die Sponsoringaktivitäten wahrgenommen hat, signifikant stärker ausgeprägt sind als in der Vergleichsgruppe, die keine Kenntnis von Sponsoringaktivitäten erlangt hat.

In einer Langzeitstudie soll schließlich die Unternehmensreputation mehrerer Firmen auf ausgewählten Märkten gemessen und visualisiert werden, wobei hier sowohl Firmen ausgewählt werden, die Kultursponsoring als Instrument im Rahmen der Corporate Communications einsetzen, als auch Firmen, die auf dieses Instrument verzichten. Aus den Wanderungsbewegungen der Firmen kann auf die Reputationswirkung von Kulturkommunikationsaktivitäten in der breiten Öffentlichkeit geschlossen werden.

---

[76] Details können dem zweiten Zwischenbericht (Schwaiger 2002) entnommen werden, der ebenfalls unter der genannten Adresse zum Download bereit steht.

Literatur

Avenarius H (1995) Public Relations: Die Grundformen der gesellschaftlichen Kommunikation. Darmstadt

Bentele G (1997) Grundlagen der Evaluation - Einführung in die Thematik. In: Arbeitskreis Evaluation der GPRA (Hrsg.): Evaluation von Public Relations. Frankfurt am Main, S. 16-19

Berekoven L, Eckert W, Ellenrieder P (2000) Marktforschung: methodische Grundlagen und praktische Anwendungen. 8., überarb. Aufl., Wiesbaden

Bläse D (1982) Methodischer Rahmen für Planung, Durchführung und Kontrolle von Öffentlichkeitsarbeit. In: Haedrich G, Barthenheier G, Kleinert H (Hrsg.): Öffentlichkeitsarbeit: Dialog zwischen Institutionen und Gesellschaft. Berlin 1982, S. 187-199

Bleicher K (1999) Das Konzept Integriertes Management. 5., rev. u. erw. Aufl., Frankfurt, New York

Bleicher K (1994) Normatives Management: Politik, Verfassung und Philosophie des Unternehmens. Frankfurt, New York

Bomnüter V, Völcker T (1993) Praxis der Werbeerfolgskontrolle in Deutschland - Ergebnisse einer Unternehmens- und Agenturbefragung. In: Marktforschung und Management (1993), 2, S. 71-77

Bruhn M (1997) Kommunikationspolitik. München

Caves RE, Porter ME (1977) From Entry Barriers to Mobility Barriers. In: Quarterly Journal of Economics, 91, S. 421- 434

Eidson, C, Master M (2000) Top Ten ... Most Admired ... Most Respected: Who Makes the Call?. In: Across the Board, 37, March, S. 16–22

Erichson, B, Maretzki J (1993) Werberfolgskontrolle, in: Berndt R, Hermanns A (Hrsg.): Handbuch Marketing-Kommunikation, Strategien - Instrumente - Perspektiven. Wiesbaden, S. 521-560

Felser P (1991) Intensität der Werbeforschung großer Werbetreibender. Eine empirische Untersuchung. Freiburg/Schweiz

Fuhrberg R (1995) Teuer oder billig, Kopf oder Bauch - Versuch einer systematischen Darstellung von Evaluationsverfahren. In: Baerns B [Hrsg.]: PR-Erfolgskontrolle: Messen und Bewerten in der Öffentlichkeitsarbeit Verfahren, Strategien, Beispiele. Frankfurt am Main, S. 47-69

Haller K (1986) Erfolge unserer Arbeit. In: PR-Magazin (1986), 11, 17. Jg., S. 29-31

Kroeber-Riel W, Weinberg P (1999) Konsumentenverhalten. 7., verb. u. erg. Aufl., München 1999

Küpper HU (2001) Controlling: Konzeption, Aufgaben und Instrumente. 3., überarb. u. erw. Aufl., Stuttgart

Meffert H (2000) Marketing. Grundlagen marktorientierter Unternehmensführung, Konzepte - Instrumente - Praxisbeispiele. 9., überarb. u. erw. Aufl., Wiesbaden

Oeckl A (1976) PR-Praxis: Der Schlüssel zur Öffentlichkeitsarbeit. 1. Aufl., Düsseldorf

Pepels W (1996) Kommunikations-Management. 2., überarb. und erw. Aufl., Stuttgart

Pflaum D, Linxweiler R (1998) Public Relations der Unternehmung. Landsberg am Lech

Rennhak C (2001) Die Wirkung vergleichender Werbung. Wiesbaden

Rolke L (1995) Kennziffern für erfolgreiche Medienarbeit - Zum Messen und Bewerten von PR-Wirkungen, in: Baerns B [Hrsg.]: PR-Erfolgskontrolle: Messen und Bewerten in der Öffentlichkeitsarbeit Verfahren, Strategien, Beispiele. Frankfurt am Main, S.173-197

Rominski D (1995) Public Relations: Erfolgskontrolle. In: Absatzwirtschaft, Nr. 3/1995, S. 84-85

Schwaiger M (1997) Multivariate Werbewirkungskontrolle. Konzepte zur Auswertung von Werbetests. Wiesbaden

Schwaiger M (2001) Messung der Wirkung von Sponsoringaktivitäten im Kulturbereich – Zwischenbericht über ein Projekt im Auftrag des AKS / Arbeitskreis Kultursponsoring, Schriftenreihe zur Empirischen Forschung und Quantitativen Unternehmensplanung der Ludwig-Maximilians-Universität München, Heft 3/2001, München

Schwaiger M (2002) Die Wirkung des Kultursponsoring auf die Mitarbeitermotivation, 2. Zwischenbericht über ein Projekt im Auftrag des AKS / Arbeitskreis Kultursponsoring, Schriftenreihe zur Empirischen Forschung und Quantitativen Unternehmensplanung der Ludwig-Maximilians-Universität München, Heft 8/2002, München

Spichiger-Carlsson P (1997) Sponsoring am Zenit? Sponsoring-Trends aus der Schweiz. In: Planung & Analyse, Heft 3/97, S. 54 - 57

Wilson R (1985) Business Periodical Index, Wilson Company, New York

Abb. 17: Ausstellung Art & Economy in den Deichtorhallen Hamburg, gefördert durch NORDMETALL (Foto: Michael Zapf), s. Kurzportrait S. 142

Arts Sponsorship von Hugo Boss

Das HUGO BOSS Kulturprogramm hat sich der zeitgenössischen bildenden Kunst verschrieben. Zusammen mit starken Partnern, wie der Guggenheim Foundation, hat sich das Unternehmen im Laufe der Jahre eine Expertise auf diesem Gebiet aufbauen können. Zum Programm gehören Ausstellungen mit namhaften Künstlern, die weltweit organisiert und von Events begleitet werden. Diese sind stets auf das Unternehmen abgestimmt. Häufig werden, ergänzend zu den Ausstellungen, auch Installationen am P.O.S. realisiert. Das Highlight des Kulturprogramms ist der HUGO BOSS PRIZE, der alle zwei Jahre in einem festlichen und medienwirksamen Rahmen verliehen wird und mittlerweile zu den bedeutendsten Auszeichnungen im Bereich der zeitgenössischen Kunst zählt. Des weiteren werden die Salzburger und die Bregenzer Festspiele mit Kostümen aus dem Hause HUGO BOSS ausgestattet. Auch das interne Kulturprogramm ist fest etabliert. Spezielle Workshops, Lesungen, Führungen und Kunstfahrten sowie eine Art Library und der HUGO BOSS ArtPass stehen allen Mitarbeitern zur Verfügung.

Beispiel "Jeff Koons Collage"

Anlässlich der Eröffnung des HUGO BOSS Flagship Stores an der New Yorker 5th Avenue entwarf der ebenfalls in New York ansässige Künstler Jeff Koons eine riesige Collage, die im Shop installiert wurde. Diese war ein Blickfang und brachte auf eindrucksvolle und farbenprächtige Weise das kulturelle Engagement des Unternehmens zum Ausdruck. Der Künstler arbeitet schon seit einigen Jahren sehr eng mit HUGO BOSS zusammen und verzichtete auf ein Honorar für die Collage - vielmehr war es sein Wunsch, dass diese nach einem gewissen Zeitraum in zahlreiche Einzelteile zerschnitten und zugunsten eines wohltätigen Zwecks veräußert würde. Im Juni 2001 wurde die Collage daher in einem festlichen Rahmen vor über 600 geladenen Gästen von Jeff Koons „angeschnitten". Es entstanden 500 Teile, die zu einem beachtlichen Preis verkauft wurden. Der gesamte Erlös des Verkaufs ging an eine New Yorker Charity.

H U G O   B O S S

Bucerius Kunst Forum der ZEIT-Stiftung

Nach Gründung der ersten privaten Hochschule für Rechtswissenschaft Deutschlands, der Bucerius Law School, hat die ZEIT-Stiftung Ebelin und Gerd Bucerius auf dem Gebiet der Kunst- und Kulturförderung eine ähnlich weitreichende Initiative ergriffen. Mit dem Bucerius Kunst Forum möchte die Stiftung der Kulturstadt Hamburg neue Impulse und eine nachdrückliche Ausstrahlung geben. Das Bucerius Kunst Forum präsentiert im Herzen der Hansestadt in einem Gebäude unmittelbar neben dem Rathaus Ausstellungen von internationaler Bedeutung, die bisher in Hamburg nicht oder nicht ausreichend gezeigt werden konnten.

Ebenso wie vergleichbare Institutionen in Wien und München wird auch das neue Hamburger Forum jährlich drei bis vier Ausstellungen mit Kunstwerken hohen Ranges zu ausgewählten Themen der europäischen und außereuropäischen Kunst anbieten. Täglich geöffnet, ermöglicht es zahlreichen Gästen der Stadt, Bürgerinnen und Bürgern Hamburgs, die in der Innenstadt arbeiten oder das Zentrum Hamburgs besuchen, den Zugang zu Werken der Weltkulturen. Zugleich ist es ein Forum für den Austausch über Kunst - auch über die bildende Kunst hinaus - und für das Gespräch mit Künstlern, Kritikern, Wissenschaftlern und Interessierten.

Weitere Ziele

Während der Ausstellungen, aber auch in den Zeiträumen zwischen den Ausstellungen, steht das Bucerius Kunst Forum für kulturelle Veranstaltungen unterschiedlichster Art, etwa für Konzerte und Vorträge, aber auch für Kolloquien, Diskussionsabende, Künstlerbegegnungen und als Treffpunkt „junger Kreativer" zur Verfügung. Hamburg erhält durch dieses private Engagement einen weiteren kulturellen Anziehungspunkt. Die ZEIT-Stiftung Ebelin und Gerd Bucerius schafft zudem für ihre weit gespannten Aktivitäten ein öffentliches kommunikatives Zentrum an einer repräsentativen Stelle der Freien und Hansestadt Hamburg.

Das Kulturengagement der Volkswagen AG

Als Förderer von Großprojekten wie beispielsweise der documenta X (1997) in Kassel, der Ausstellungen „Die Blaue Vier“ 1998 in Düsseldorf und „Andy Warhol - a factory“ 1998 in Wolfsburg sowie der „Europäischen Kulturhauptstadt Weimar“ 1999 positionierte sich Volkswagen als Kulturförderer insbesondere im Bereich der Bildenden Kunst.

Neben der „Volkswagen Sound Foundation“ begann die Volkswagen AG im Jahre 2000 als zweitem Standbein der Kulturförderung mit der „Volkswagen art foundation“. Hier engagiert sich die Volkswagen AG gezielt für Nachwuchsprojekte, indem sie junge Institutionen und junge Künstlerinnen und Künstler unterstützt.

Ein Schwerpunkt der Förderung bildet in jüngerer Zeit die Ausschreibung von Fotografiepreisen, einerseits dem national ausgeschriebenen „Peter Keetman Preis“ für Industriefotografie sowie andererseits dem regionalen „Willi Luther-Preis“ für Pressefotografie. Darüber hinaus stellt die Volkswagen art foundation Kunstinstitutionen im Rahmen von Veranstaltungen Fahrzeuge zur Verfügung. Die Eröffnung des „museum kunst palast“ in Düsseldorf wurde beispielsweise durch einen 35 Fahrzeuge umfassenden Fahrservice begleitet.

Beispiel „Documenta11“

Die Volkswagen AG war einer der Hauptsponsoren der Documenta11 (2002). Das Engagement der Volkswagen AG für die Documenta11 war vielfältig. Einerseits wurden 18 Fahrzeuge zur Verfügung gestellt, die von Künstlern und Besuchern der Documenta11 und größtenteils schon im Vorfeld der Ausstellung von Documenta-Verantwortlichen genutzt wurden. Andererseits wurde die documenta GmbH darüber hinaus mit einem finanziellen Sponsoring unterstützt. Die Zusammenarbeit zwischen documenta und Volkswagen reduzierte sich jedoch nicht auf reine Finanz- und Sachleistungen. Volkswagen-Mitarbeiterinnen und Mitarbeiter verwirklichten während des Ausstellungszeitraums in Kooperation mit der documenta verschiedene Projekte. So unterstützen beispielsweise Auszubildende des Werks Kassel das Projekt von Meschac Gaba, einem Künstler aus dem Benin.

Kunst- und Kulturförderung der CENTRAL KRANKENVERSICHERUNG AG

Die CENTRAL KRANKENVERSICHERUNG AG unterstützt seit vielen Jahren eine Reihe kultureller und künstlerischer Projekte. Mit ihrem Kunst- und Kulturengagement sieht sich das Unternehmen nicht nur als einen klassischen Sponsor, sondern vielmehr als Förderer von Kunst und Kultur am Kulturstandort Köln.

Der CENTRAL-Kunstpreis ist ein bedeutender Aspekt des Kunstengagements des Unternehmens. Dieser mit 75.000 € budgetierte Preis wird seit 1996 alle zwei Jahre in Kooperation mit dem Kölnischen Kunstverein vergeben. Weiterhin fördert die CENTRAL das internationale Literaturfestival „lit.Cologne", das 2001 ins Leben gerufen wurde und einmal im Jahr in Köln eine Vielzahl von Lesungen an ungewöhnlichen Orten anbietet. Seit 1992 baut das Unternehmen im Haus zudem eine eigene Kunstsammlung auf. Die Auswahl der Werke konzentriert sich vor allem auf zeitgenössische Künstler aus dem deutschsprachigen Raum und enthält Arbeiten auf Leinwand, Papier, Holz sowie Photographien und Skulpturen.

Beispiel „CENTRAL-Kunstpreis"

Der CENTRAL-Kunstpreis beruht auf einem innovativen Kunstförderkonzept, das die CENTRAL zusammen mit dem Kölnischen Kunstverein entwickelt hat. Der Preis wird alle zwei Jahre von einer international besetzten Jury vergeben. Gefördert werden dabei Künstler, die bereits ihren Beitrag zur internationalen Kunstdiskussion leisten – ohne dadurch im internationalen Diskurs vollends etabliert zu sein. Im Unterschied zu den sonst üblichen Kunstförderpreisen sieht der CENTRAL-Kunstpreis von einer Altersbegrenzung ab. Mit dem Kunstpreis werden dem Künstler optimale Arbeitsbedingungen zugesagt, ein Wohnatelier für sechs Monate zur Verfügung gestellt, und die Ergebnisse seiner Arbeit werden im Rahmen einer umfangreichen Einzelausstellung im Kölnischen Kunstverein präsentiert.

Neben dem Anspruch, einen vielversprechenden Künstler mit diesem "artist-in-residence"-Konzept zu fördern, soll der Preis nicht zuletzt auch den Kunststandort Köln stärken. Dieses Förderpreis-Konzept hat durch die Ausstellungen der bisherigen Preisträger Rirkrit Tiravanija (1996), Douglas Gordon (1998) und Ernesto Neto (2000) mittlerweile international ein hohes Ansehen gewonnen. Der CENTRAL-Kunstpreisträger 2002 ist der Wiener Künstler Florian Pumhösl.

Ein Unternehmen der Generali Gruppe.

Siemens Arts Program

Kulturarbeit hat bei Siemens eine lange Tradition. Schon seit den Anfängen des Unternehmens spielt das Thema Kultur eine wichtige Rolle. Seit 1987 ist die Kunst- und Kulturförderung der Siemens AG über das Siemens Arts Program organisiert.

Aus dem Blickwinkel von Kunst und Kultur werden Entwicklungen der Gesellschaft untersucht, die nach einer öffentlichen Diskussion im Spannungsfeld zwischen Kultur, Wirtschaft und Wissenschaft verlangen. Ein Anliegen dabei ist immer, neue Ansätze und Themen der Kunst aufzuspüren und diese in die aktuelle Debatte einzubinden. Das Siemens Arts Program entwickelt vorrangig eigene Konzepte, die zusammen mit anderen Kulturinstitutionen geplant und durchgeführt werden. Die Themenauswahl fokussiert Experimente und Neuansätze im Bereich der zeitgenössischen Künste mit den Themenschwerpunkten Bildende Kunst, Musik, Tanz/Theater sowie Zeit- und Kulturgeschichte.

Neben der internationalen Kunstförderung hat sich das Siemens Arts Program zur Aufgabe gemacht, den Mitarbeitern des Hauses zeitgenössische Kunst und Kultur zu vermitteln. Mit themenübergreifenden kulturellen Veranstaltungsreihen und Projekten an verschiedenen Standorten des Unternehmens werden die Mitarbeiter aus allen Bereichen der Siemens AG zur aktiven Auseinandersetzung eingeladen.

Beispiel „Art & Economy"

Die Ausstellung „Art & Economy", die in Kooperation mit den Deichtorhallen Hamburg 2002 ebendort zu sehen war, stellte die aktuelle Wechselbeziehung zwischen Kunst und Wirtschaft zur Diskussion. Das Projekt war insofern ein Novum, als dass es das Thema nicht einseitig, sondern von verschiedenen, teilweise konträren Positionen her betrachtete. Die Ausstellung beleuchtete auf der einen Seite das steigende Interesse zeitgenössischer Künstler an ökonomischen Prozessen. Auf der anderen Seite widmete sie sich den Funktionsweisen und Argumenten, die sich in der Wirtschaft im Umgang mit der zeitgenössischen Kunst in den letzten drei Jahrzehnten entwickelt haben: 50 Werke von 36 internationalen Künstlern standen neben einer Präsentation über die Bedeutung und Rolle der Kunst in Unternehmen. Auftakt der Ausstellung war die Reihe „Wirtschaftsvisionen", in der Künstler mit einem Wirtschaftsunternehmen ihrer Wahl Kunstprojekte entwickelten.

Siemens artsprogram

Abb. 18: Matthias Schamp, der 7. Atelier-Stipendiat der Essener Sutter-Gruppe im Kunstkäfig. (Foto: Michel Koczy; Copyright: Sutter-Gruppe), s. Kurzportait S. 158

Partner und Partnerschaften

Kulturbetriebe als Partner – Was und wer steckt hinter den Kulturinstitutionen?

Alexander Bretz

Gleich, ob der Staat oder Private dahinterstecken, tauchen in Deutschland Kulturinstitutionen in dreizehn verschiedenen Rechtsformen auf. Der Unterschied (und manchmal Gegensatz) Verwaltung – Privatwirtschaft spielt dabei stets eine wichtige Rolle. Daran ändert auch der modische Begriff der „Public Private Partnership" nichts. Aber der Idealtypus des eigenverantwortlich handelnden Einzelunternehmers kommt in der Kultur noch sehr viel häufiger vor als in anderen Berufssparten.

Rechtsformen des öffentlichen Rechts

Die für einen Unternehmer sicherlich ernüchterndste Begegnung mit einer Kulturinstitution ereignet sich, wenn der Kulturbetrieb nicht privatwirtschaftlich, sondern als Teil der öffentlichen Verwaltung organisiert ist. Dafür gibt es sechs verschiedene Gestaltungsformen: Regiebetrieb, optimierter Regiebetrieb, Eigenbetrieb/eigenbetriebsähnliche Einrichtung, Zweckverband, Anstalt und Stiftung des öffentlichen Rechts.

Regiebetrieb

Von Regiebetrieb spricht man, wenn die öffentliche Verwaltung (meistens eine Stadt) Kultur als ureigenste Aufgabe sieht, d.h. ihr organisatorisch nicht die geringste Freiheit gibt. Die Kultureinrichtung ist dann unselbständige, eingegliederte Abteilung der allgemeinen Verwaltung des Trägers (eigenständiges Amt, Institut oder Abteilung des Kulturamts). Rechtsgrundlage für die Kultureinrichtung ist die Gemeinde- bzw. Kreisordnung. Folge: Eigentlicher Chef ist der „Hauptverwaltungsbeamte", also der oberste Dienstherr der Stadt, der Bürgermeister oder Stadtdirektor. Dieser delegiert die unmittelbaren Führungs- und Verwaltungsaufgaben an einen Amtsleiter, Beigeordneten, Dezernenten oder Rat, der in der Regel auch noch andere Aufgaben und Ressorts zu verwalten hat und ein Wahlbeamter ist. Deswegen gibt es meistens einen hauptamtlichen Beamten, der dauerhafter zuständig ist. Da bei großen Gemeinden auch dieser hauptamtliche Beamte immer noch einen großen Zuständigkeitsbereich hat, gibt es meist einen ebenfalls beamteten Verwaltungsleiter für die einzelne Kulturinstitution.

Will man also mit demjenigen verhandeln, der die größte Sachnähe hat, verhandelt man auf der dritten bis vierten Hierarchieebene. Spricht man mit dem Entscheider, hat der oft nicht allzu große Ahnung von der konkreten Sachlage und konsultiert deswegen sachnähere Beamte. Sind diese nicht vorher selbst angesprochen worden, kommt es hier oft zu Verstimmungen. Es ist also in jedem Fall anzuraten, zunächst den für die konkrete Kulturinstitution zuständigen Verwaltungsbeamten anzusprechen, auch wenn bereits Kontakte zu höheren Hierarchieebenen bestehen.

Die Eingliederung in die öffentliche Verwaltung bringt noch einen anderen Nachteil mit sich: Die Wirtschaftsführung läuft nach der Kameralistik, also als Einzelposten im Rahmen des Gesamthaushalts der Gemeinde. Das heißt: die Kulturinstitution muss jedes Jahr einen möglichst hohen Etat fordern, um nach den politisch gebotenen Reduzierungen über die Runden zu kommen. Vorgelegte Wirtschaftlichkeitsberechnungen funktionieren nach demselben Muster und sind deswegen noch weniger aussagekräftig als Jahresabschlüsse bei privaten Unternehmen. Und: ist im Verlauf des Haushaltsjahrs zuviel Geld im Etat, wird es für unsinnige Dinge ausgegeben. Ist zuwenig Geld im Etat (bei Kulturinstitutionen leider eher die Regel), kann bis ins nächste Haushaltsjahr nichts mehr gezahlt werden (Stichwort: „Haushaltssperre").

Und wenn es ums Sparen geht, ist man beim Personal noch an die Tarifverträge für den öffentlichen Dienst gebunden. Bei feststehenden laufenden Sachkosten wird dann oft bei der eigentlichen Kulturaufgabe gespart. Zum Beispiel ist dann kein Geld mehr für die Schauspieler des Stadttheaters da. Oder dem Stadtmuseum fehlen die Mittel für eine Ausstellung. Hält dieser Trend über längere Zeit an, verwaltet sich die Kulturinstitution nur noch selbst und verliert dauerhaft an Image.

Entscheidungstransparenz:	- -
Wirtschaftsführung:	Kameralistik
Planungssicherheit:	+
Flexibilität:	- -

Optimierter Regiebetrieb

Der optimierte Regiebetrieb ist streng genommen keine eigene Rechtsform, sondern nutzt nur die kommunalrechtlichen Gestaltungsmöglichkeiten. Die Kultureinrichtung ist dabei ebenfalls unselbständiger, eingegliederter (wenngleich u.U. organisatorisch abgetrennter) Teil der Verwaltung (Amt), hat aber eine eigene Wirtschaftsplanung. Es läuft also alles auf einen Regiebetrieb mit etwas größerer Freiheit hinaus, der meistens als eigenes Amt organisiert ist.

Im Unterschied zum Regiebetrieb gibt es hier einen sachnahen und auch entscheidungsbefugten Ansprechpartner, den Intendanten. Auch dieser ist aber letztlich nur Beamter und damit wiederum gewissen politischen bzw. Verwaltungszwängen unterworfen. Positiv beim optimierten Regiebetrieb ist aber immerhin, dass die Hauswirtschaft nicht nach kameralistischen Grundsätzen, sondern nach den Grundsätzen des betrieblichen Rechnungswesens erfolgt. Damit sind vorgelegte Zahlen meist realistischer. Ganz sicher vor politisch bedingter Frisur ist man allerdings auch hier nur dann, wenn der Jahresabschluss von einem Wirtschaftsprüfer auditiert worden ist. Auch hier gelten allerdings die Tarifverträge für den öffentlichen Dienst, weswegen oft an falscher Stelle gespart werden muss.

Vorteil ist aber die relative Planungssicherheit durch die im kommunalen Haushalt festgelegte Grundfinanzierung, die durch wirtschaftliche Eigenbetätigung verbessert werden kann. Besser gesagt: gelindert, denn natürlich hat ein Großteil der öffentlichen Kulturinstitutionen gar keine Chance, auch mit größter Wirtschaftlichkeit ohne öffentliche Grundfinanzierung auszukommen. Die städtische Oper könnte als privatwirtschaftliches Unternehmen niemals existieren, es handelt sich dabei um eine genuin öffentliche Infrastrukturaufgabe, die nach der Natur der Sache immer öffentlich finanziert werden muss.

Entscheidungstransparenz:	-
Wirtschaftsführung:	betriebliches Rechnungswesen
Planungssicherheit:	+
Flexibilität:	-

Eigenbetrieb bzw. eigenbetriebsähnliche Einrichtung

Beim Eigenbetrieb (auf Landesebene auch als Landesbetrieb bezeichnet; wenn mehrere Gemeinden Träger sind, auch als zusammen gesetzer Eigenbetrieb oder Querverbund bezeichnet) handelt es sich um ein wirtschaftlich eigenständiges Unternehmen, das als Sondervermögen der Kommunen bzw. des Landes ohne eigene Rechtsfähigkeit geführt wird. Rechtsgrundlage sind das Kommunalrecht sowie die Eigenbetriebsverordnungen oder -gesetze der Länder für wirtschaftliche Unternehmen der Kommunen. Da diese Betriebsform in einigen Bundesländern für Kulturbetriebe nicht zulässig ist, bzw. der konkrete Betrieb nicht als wirtschaftliches Unternehmen der Kommune gilt, wird dort auf die lediglich in juristischen Feinheiten abweichende sogenannte eigenbetriebsähnliche Einrichtung ausgewichen.

Obwohl auch Eigenbetriebe juristisch eigentlich in die Verwaltung eingegliedert sind, also wie beim Regiebetrieb der Hauptverwaltungsbeamte der Kommune der oberste Dienstherr ist, führt der Eigenbetrieb gewissermaßen

Abb. 19: Matthieau Laurette: Money-back Life!, 2001, Blick in die Deichtorhallen Hamburg, 2002, (Courtesy: Jousse Enterprise, Paris) Ausstellung Art & Economy, Siemens Arts Program (Foto: Jens Rathmann, Copyright: Deichtorhallen Hamburg/Jens Rathmann), s. Kurzportrait S. 119

ein Eigenleben: Die laufende Leitung in fachlicher und wirtschaftlicher Hinsicht erfolgt durch die sogenannte Betriebs-/Geschäfts-/Werksleitung; ein sog. Verwaltungsrat/Betriebs-/Werksausschuss oder eine Betriebskommission bildet ein vorbereitendes Gremium (gewissermaßen einen Ausschuss) für das Kommunal- bzw. Landesparlament, das auch hier letztlich entscheidet.

Einerseits liefert das betriebliche Rechnungswesen potenziell reellere Zahlen (vor allem bei Wirtschaftsprüfung), andererseits ist die Grundfinanzierung im kommunalen Haushalt festgelegt und abgesichert. Die Probleme des optimierten Regiebetriebs und des Regiebetriebs sind auch hier allerdings keineswegs ausgemerzt. Denn die größere Eigenständigkeit wird durch die öffentlich-rechtlich zwingende Existenz von Verwaltungsbeirat/Betriebs-/Werksausschuss/Betriebs-Kommission erkauft. Diese sind natürlich auch politisch besetzt, was die Transparenz und Sachnähe nicht gerade fördert.

Dazu kommt, dass wegen des verhältnismäßig großen Aufwandes für Organisation und Gremien des Eigenbetriebs die Tendenz besteht, möglichst viele Kulturinstitutionen unter einem Dach unterzubringen, Stadtwerke für Kultur gewissermaßen. So werden häufig alle Kultur- und am besten noch die Bildungseinrichtungen einer Kommune unter einem Eigenbetrieb ausgelagert. Die Folge: Hierarchisierung, lange Entscheidungswege, mangelnde Transparenz.

Entscheidungstransparenz:	- -
Wirtschaftsführung:	betriebliches Rechnungswesen
Planungssicherheit:	+
Flexibilität:	+ -

Zweckverband (interkommunale Zusammenarbeit)

Durch landesrechtliche Gesetze, z.B. die Kommunalverfassung, kann eine besondere Form der Zusammenarbeit mehrerer Gemeinden ermöglicht werden: Im sogenannten Zweckverband schließen sich mehrere Gemeinden oder Gemeindeverbände zur gemeinsamen Erfüllung einzelner oder mehrerer zusammenhängender Aufgaben der öffentlichen Verwaltung zu einem eigenen Rechtsträger (Körperschaft des öffentlichen Rechts) zusammen. Es handelt sich also dabei um eine eigene Rechtsperson des öffentlichen Rechts.

Rechtlich völlig unabhängig von den Trägergemeinden, muss der Zweckverband einen eigenen Verbandsvorstand und eine eigene Verbandsversammlung haben. Und da liegt auch gleich das erste Problem: Grundsätzlich wäre es zwar möglich, diese Verbandsversammlung in allgemeinen Wahlen zu bestimmen. Dies geschieht aber für spezielle Einrichtungen wie im Kulturbereich nie. Die Verbandsversammlung besteht also aus Vertretern, die von den Parlamenten der Trägergemeinden bestimmt werden. Damit findet keine echte demokratische Kontrolle statt, sondern es werden nur zusätzliche Pöstchen („Funktionen") geschaffen. Damit sind die Entscheidungswege natürlich unvorhersehbar oder zumindest stark von politischen Unwägbarkeiten beeinflusst.

Dazu kommt: Da es sich um eine öffentlich-rechtliche Körperschaft handelt, muss nach kameralistischen Grundsätzen gewirtschaftet werden. Also auch hier nicht gerade realistische Zahlen zur Wirtschaftlichkeit und „haushaltsrechtliche Sachzwänge", wenn der Etat nicht stimmt. Und natürlich gelten auch hier die Tarifverträge für den öffentlichen Dienst mit den genannten Folgen für Sparsamkeit an falscher Stelle.

Entscheidungstransparenz:	- -
Wirtschaftsführung:	Kameralistik
Planungssicherheit:	+
Flexibilität:	-

Anstalt

Eine weitere öffentlich-rechtliche juristische Person, die von außen ähnlich wie der Zweckverband erscheint, ist die Anstalt. Der Unterschied liegt zunächst darin, dass die Rechtspersönlichkeit nicht an ein bestimmtes geographisches Gebiet gekoppelt ist, sondern auf das Angebot einer bestimmten öffentlichen Dienstleistung. Das klingt kompliziert und geht deswegen auch nur mit einem eigenen Landesgesetz: Keine Anstalt ohne eigenes Gesetz. Praktisches Hauptbeispiel sind die Rundfunkanstalten, allerdings gibt es auch einige Landestheater in dieser Rechtsform. Die Anstalt wird geführt von einem Intendanten bzw. einem Vorstand. Als Kontrollgremium gibt es daneben den Verwaltungsrat.

Weiterer Unterschied zum Zweckverband ist, dass nicht mehrere Kommunen, sondern meist ein Bundesland letztendlich Träger der Anstalt ist. Von dort kommt auch das Geld, also aus dem öffentlichen Haushalt. Deswegen ist auch hier volle Abhängigkeit von den öffentlichen Haushaltsansätzen bei letztlich kameralistischer Wirtschaftsführung gegeben.

Alles andere ist wie bei dem Zweckverband: schwer durchschaubare Entscheidungsparameter mit politischem Einschlag, Geltung der Tarifverträge für den öffentlichen Dienst.

Entscheidungstransparenz:	- -
Wirtschaftsführung:	Kameralistik oder betriebliches Rechnungswesen
Planungssicherheit:	+
Flexibilität:	-

Stiftung öffentlichen Rechts

Die Stiftung als eigenständige Rechtsperson gibt es sowohl im öffentlichen als auch im privaten Recht. Die Stiftung öffentlichen Rechts ist Kulturinstitution als Teil der mittelbaren Staatsverwaltung in Form einer mit Rechtsfähigkeit ausgestatteten, nicht verbandsmäßig organisierten Einrichtung, die einen vom Stifter (= dem Staat oder einer seiner Untergliederungen) bestimmten Zweck mit Hilfe eines gewidmeten Vermögens dauernd fördern soll. Rechtsgrundlage ist dabei - ähnlich wie bei Körperschaft und Anstalt - ein eigener staatlicher Hoheitsakt (Gesetz oder Staatsvertrag).

Das gewidmete Vermögen besteht dabei bevorzugt aus alten, im Unterhalt äußerst teuren Kulturgütern, wie bei der größten Stiftung öffentlichen Rechts, der Stiftung Preußischer Kulturbesitz in Berlin. Diese ist als Stiftung durch Staatsvertrag zwischen Bund und Ländern entstanden. Das Sachvermögen ist beträchtlich, aber seine Pflege ohne Zuwendungen aus den Haushalten nicht zu finanzieren. Laufende größere Veranstaltungen wie Ausstellungen sind nur mit Hilfe finanzkräftiger Fördervereine zu bestreiten.

Zu Organisation und Sparverhalten gilt das zu Zweckverband und Anstalt bereits Gesagte: von den Trägern bestückte Entscheidungsgremien und Bindung an die Tarifverträge für den öffentlichen Dienst.

Entscheidungstransparenz:	- -
Wirtschaftsführung:	Kameralistik oder betriebliches Rechnungswesen
Planungssicherheit:	+
Flexibilität:	-

Formen des Privatrechts

Kulturinstitutionen kommen auch in Formen des Privatrechts vor, wie sie auch für Wirtschaftsunternehmen geläufig sind. Das trägt selbst dann zu Klarheit und Transparenz bei, wenn Anteilseigner die öffentliche Hand ist. Denn dann unterwirft der Staat sich gewissermaßen den einfacheren Mechanismen der Privatwirtschaft und muss sich in seinen Entscheidungen daran messen lassen. Allerdings spielen dann politische Motive auch in die Entscheidungsfindung des privatwirtschaftlich organisierten Kulturunternehmens hinein – oft mit katastrophalen Folgen.

Kulturinstitutionen gibt es in sieben privatrechtlichen Formen: Stiftung, Gesellschaft mit beschränkter Haftung (GmbH), Verein (e.V.), Genossenschaft (eG), Gesellschaft bürgerlichen Rechts (GbR), Partnerschaftsgesellschaft (PartG) und Einzelunternehmer.

Stiftung

Wie die Stiftung öffentlichen Rechts ist die privatrechtliche Stiftung eine mit Rechtsfähigkeit ausgestattete, nicht verbandsmäßig organisierte Einrichtung, die einen vom Stifter bestimmten Zweck mit Hilfe eines gewidmeten Vermögens dauernd fördern soll. Im Unterschied zum öffentlichen Recht ist Rechtsgrundlage jedoch ein einfaches Privatrechtsgeschäft (Gründungsgeschäft) mit einer darüber hinaus erforderlichen staatlichen Genehmigung. Die Leitung und Führung obliegt einem Stiftungsrat oder Kuratorium, die sich häufig zur Erledigung der administrativen Aufgaben eines Vorstands bedienen.

Privatrechtliche Stiftungen entstehen oft aus privaten Vermögensmassen, die dann Jahrhunderte überstehen können. Die älteste Stiftung Deutschlands, die Franckeschen Stiftungen in Halle, stammt aus dem 17. Jahrhundert und ist eine Kulturstiftung.

Problem bei der Gründung einer Stiftung ist aber, dass es auch bei Vorliegen aller Voraussetzungen (rechtmäßiges Gründungsgeschäft und ausreichende Vermögensausstattung) keinen Anspruch auf staatliche Zulassung gibt. Und nur diese eröffnet die steuerlichen Vorteile bei möglicher Gemeinnützigkeit. Die Entscheidung über die Zulassung geschieht auf von Bundesland zu Bundesland verschiedener Rechtsgrundlage und kann deswegen auch bei gleicher Sachlage jeweils rechtmäßig, aber unterschiedlich ausfallen.

Dieses Problem hat allerdings nicht der Staat selbst. So bedient er sich für Kulturaufgaben nicht mehr der Stiftung in öffentlich-rechtlicher Form, sondern in privatrechtlicher Form. Die Kulturstiftung der Länder und die Kulturstiftung des Bundes sind privatrechtliche Stiftungen. Auch die rechtliche Gestalt für die Public Private Partnership (dazu unten mehr) des Museums Kunst Palast in Düsseldorf ist eine privatrechtliche Stiftung. Das hängt zum einen mit dem auf diese Weise größeren Gestaltungsspielraum für die Exekutive zusammen. Dazu kommt aber noch, dass für sie als privatrechtliche Rechtsform die Tarifverträge für den öffentlichen Dienst nicht anwendbar sind. Der Staat weicht also aus dem von ihm selbst geschaffenen Regelungsdickicht in der öffentlichen Verwaltung gerne ins Privatrecht aus.

Tendenziell bringt eine Stiftung des Privatrechts genau wie die anderen privatrechtlichen Gestaltungsformen den Vorteil größerer Flexibilität, transparenterer Entscheidungen und eines betrieblichen Rechnungswesens mit sich. Dies gilt allerdings natürlich nur für die „echten" privaten Stiftungen, die ebenfalls flach organisiert sind. Man kann auch eine privatrechtliche Stiftung mit so vielen Gremien und Zuständigkeiten organisieren, dass Flexibilität und Transparenz völlig verloren gehen.

Entscheidungstransparenz:	je nach Ausgestaltung + bis -
Wirtschaftsführung:	betriebliches Rechnungswesen
Planungssicherheit:	+
Flexibilität:	je nach Ausgestaltung + bis -

Gesellschaft mit beschränkter Haftung (GmbH)

Auch im Kulturbereich findet sich relativ häufig die Rechtsform der GmbH. Diese ist in aller Regel nur mit dem Mindeststammkapital von 25.000 € ausgestattet, da im Kulturbereich größere stammkapitaltaugliche Beträge lieber als Stiftung angelegt werden. Aus demselben Grund wird man auch keine Aktiengesellschaft finden, da sich in Anbetracht der erhöhten administrativen Anforderungen (Gründungsaufwand, Jahresabschluss-, Prüfungs- und Publizitätspflichten) und des höheren Mindestgrundkapitals (50.000 €) der Vorteil, die Geschäftsführung als Vorstand bezeichnen zu können, in Grenzen hält.

Die GmbH dient also wie auch sonst in erster Linie zur Haftungsreduzierung für die Inhaber und/oder Geschäftsführer. Die Finanzausstattung und daher auch Planungssicherheit für ein konkretes Projekt sind mit zunehmendem Ausmaß eher negativ zu sehen.

Auch bei der GmbH kommt es wieder sehr auf die konkrete Ausgestaltung an, wie flexibel und transparent sie agiert. Auch sie wird gerne als privatrechtliche Verkleidung eines in Wirklichkeit 100prozentigen Staatsbetriebes genommen. Vorteil bei der GmbH: man bekommt diese Zusammenhänge recht gut über das Handelsregister heraus und kann sich so vorab informieren, was auf einen zukommt.

Entscheidungstransparenz:	je nach Ausgestaltung + bis –
Wirtschaftsführung:	betriebliches Rechnungswesen (Bilanz und GuV)
Planungssicherheit:	– bis – –
Flexibilität:	je nach Ausgestaltung + bis –

Verein (e.V.)

Wenn nicht genügend Geld für eine GmbH vorhanden ist, andererseits die persönliche Haftung aller Beteiligten ausgeschlossen werden soll, gibt es einen Verein. Problem für die Beteiligten ist allerdings, dass sie selbst keinen wirtschaftlichen Vorteil aus der Mitgliedschaft ziehen dürfen. Denn sonst handelt es sich um einen sogenannten wirtschaftlichen Verein, der staatlich nicht (mehr) zugelassen wird. Allerdings gibt es gerade im Kulturbereich das größte Beispiel für einen wirtschaftlichen Verein mit staatlicher Zulassung: die Gesellschaft zur Verwertung musikalischer Aufführungsrechte (GEMA), ein eingetragener Verein mit Sitz in München und Berlin.

Auch durch die Gründung einer 100prozentigen GmbH, deren einziger Gesellschafter der Verein ist, entkommt man diesem Dilemma nicht. Auf diese Weise lassen sich nur gewerbliche Teilbetätigungen ausgliedern, die sonst die Gemeinnützigkeit eines Vereins gefährden oder ausschließen würden.

Ob die Entscheidungsfindung in einem Verein transparent und flexibel ist, hängt im Verein wie in der GmbH von der konkreten Ausgestaltung ab. Diese unterliegt nicht so vielen Einschränkungen wie bei der GmbH oder AG, lässt sich aber im Vereinsregister einigermaßen gut feststellen. Nachteil gegenüber der GmbH: während dort der Mitgliederbestand und teilweise auch Jahresabschluss wenigstens einmal im Jahr dem Handelsregister mitgeteilt werden muss, gibt darüber das Vereinsregister keinerlei Aufschluss. Verborgene und eben auch politische Einflüsse sind also nicht definitiv zu ermitteln.

Entscheidungstransparenz:	eher –
Wirtschaftsführung:	betriebliches Rechnungswesen (Einnahmen-Überschuss-Rechnung)
Planungssicherheit:	– –
Flexibilität:	je nach Ausgestaltung + bis –

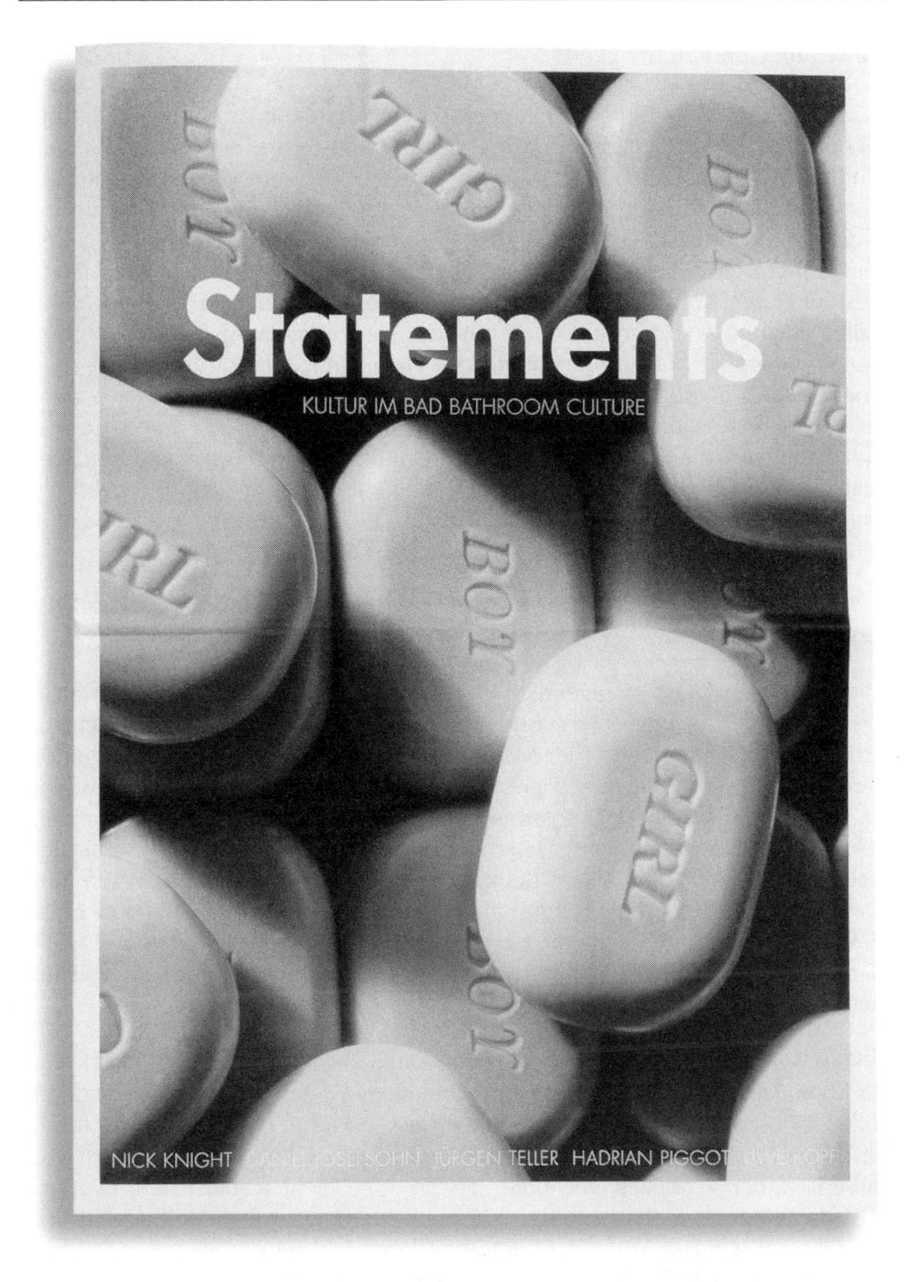

Abb. 20: Cover Statements 1, herausgegeben von Dornbracht (Foto und Copyright: Dornbracht), s. Kurzportrait S. 95

Einschub: Gemeinnützigkeit

Die bisher besprochenen privatrechtlichen Gestaltungsformen - Stiftung, Verein und GmbH - können auch gemeinnützig sein. Stiftung und Verein sind es im Kulturbereich in aller Regel, die GmbH kommt aber auch durchaus als „gGmbH" vor. Gemeinnützigkeit bedeutet dabei, dass die Zwecke der jeweiligen Institution als gemeinnützig im Sinne der Abgabenordnung gelten. Das bringt Befreiungen von der Erbschaft- und Schenkungsteuer, der Gewerbesteuer, der Körperschaftsteuer, der Vermögensteuer und in bestimmten Fällen auch von der Umsatzsteuer mit sich. Die Feststellung und Überprüfung der Gemeinnützigkeit erfolgt durch das Finanzamt auf Antrag und ist völlig unabhängig von sonst erforderlichen Zulassungen oder Anmeldungen. Fazit: Ist eine Kulturinstitution als gemeinnützig anerkannt, wird sie immerhin vom Finanzamt auf die Einhaltung ihrer gemeinnützig kulturellen Ziele hin überwacht. Spenden sind dann zwar abzugsfähig, aber schon Sponsoringverträge können sich problematisch gestalten, da entgeltliche Leistungen der gemeinnützigen Körperschaft nur eingeschränkt zulässig sind.

Genossenschaft (eG)

Die Genossenschaft ist eigentlich ein formalisierter Verein. Ähnlich wie bei der GmbH gibt es gesetzlich vorgeschriebene Organe, Vorstand, Aufsichtsrat und Generalversammlung (der Mitglieder, die Genossen heißen). Eine Genossenschaft ist recht schwer zu gründen, da Voraussetzung für die Gründung die Aufnahme in einen genossenschaftlichen Prüfverband ist, der auch die Jahresabschlüsse kontrolliert. Derartige Prüfverbände gibt es im wesentlichen aber nur in drei Bereichen: Bankwesen, Gebäude-/Wohnungswesen und Landwirtschaft. Einen kulturwirtschaftlichen Prüfverband gibt es noch nicht, so dass nur eine „umgewandelte" Genossenschaft (mit jetzt kulturellem Zweck) denkbar ist, oder eine Genossenschaft mit nicht satzungsgemäß abgesichertem, nur peripher kulturellem Zweck.

Also schon aus diesem Grund: Vorsicht! Dazu kommt noch, dass das Gesetz als Kapitalausstattung zwar die Einzahlung eines Genossenschaftsanteils durch jeden Genossen vorschreibt, aber nicht dessen Höhe. Die Kapitalausstattung ist daher eher dürftig. Ob und wie eine Genossenschaft entscheidet, ist von außen wieder - ähnlich wie beim Verein - schlecht festzustellen. Darüber gibt das Genossenschaftsregister wie auch über den Mitgliederbestand und die Jahresabschlüsse keine Auskunft; hier lässt sich nur die abstrakte Struktur und die personelle Besetzung des Vorstandes feststellen.

Entscheidungstransparenz:	eher -
Wirtschaftsführung:	betriebliches Rechnungswesen in besonderer Form
Planungssicherheit:	- -
Flexibilität:	eher -

Gesellschaft bürgerlichen Rechts (GbR)

Eine GbR entsteht, wenn sich zwei oder mehrere Personen zur Erreichung eines nichtgewerblichen Zwecks zusammentun. Genau besehen handelt es sich um einen Auffangtatbestand: Falls keine andere Gesellschaftsform feststellbar ist, handelt es sich bei einer Gesellschaft eben um eine GbR. Kunstschaffende, die zusammenarbeiten (Beispiel: mehrere Musiker treten zusammen auf) sind also sogleich eine GbR - oft ohne selbst davon zu wissen.

Von außen betrachtet ist zwar die persönliche Haftung jedes Gesellschafters positiv. Da sich die Beteiligten über diese Konsequenz eines unorganisierten Zusammenwirkens sonst häufig nicht im Klaren sind, führt das nicht zu einer nachhaltigen Verbesserung der Entscheidungsfreude und -transparenz, sondern oft zu einer völligen Lähmung.

Zudem genügt die GbR den steuerlichen Anforderungen durch Führung einer einfachen Einnahmen-Überschussrechnung. Verlässliche Zahlen darf man also - ähnlich wie beim Verein - nicht erwarten. Einziger Unterschied zum Verein ist damit die - oft nicht bewusste - unbeschränkbare persönliche Haftung der Gesellschafter.

Entscheidungstransparenz:	eher -
Wirtschaftsführung:	betriebliches Rechnungswesen (Einnahmen-Überschuss-Rechnung)
Planungssicherheit:	- -
Flexibilität:	eher -

Partnerschaftsgesellschaft (PartG)

Die Partnerschaftsgesellschaft ist die Offene Handelsgesellschaft der freien Berufe. Das heißt: mehrere Partner tun sich zur Erreichung eines freiberuflichen - und damit eben auch kulturellen - Zwecks zusammen. Dabei ist die Haftung in der Weise beschränkt, dass jeweils nur die unmittelbar an einem Geschäft beteiligten Partner auch persönlich haften. Die Partnerschaftsgesellschaft ist im Partnerschaftsregister einzutragen, wodurch sich die Gesellschafter und der Gesellschaftsvertrag gut herausfinden lassen. Allerdings muss auch die Partnerschaftsgesellschaft nur eine Einnahmen-Überschuss-Rechnung erstellen. Wer eine Partnerschaftsgesellschaft gründet, hat vielleicht noch nicht viel Geld als Kapitalausstattung, weiß aber genau, was er tut und will. Da die Partnerschaftsgesellschaft nur für relativ wenige Partner geeignet ist, ist sie auch meist entscheidungsfreudig.

Entscheidungstransparenz:	+ +
Wirtschaftsführung:	betriebliches Rechnungswesen (Einnahmen-Überschuss-Rechnung)
Planungssicherheit:	+
Flexibilität:	+ +

Einzelunternehmer

In der Kulturbranche arbeiten seit Jahrhunderten überwiegend Einzelunternehmer. Oft mit ganz geringer Eigenkapitalausstattung behaupten sich immer wieder einzelne Persönlichkeiten in einem Markt mit schärfstem Wettbewerb, der noch dazu oft Modeströmungen unterworfen ist. Praktische Erfahrungen zeigen: nirgendwo wird so schnell entschieden, so kostengünstig realisiert und dabei stets so kritisch geprüft wie in Einzelunternehmen der Kulturbranche. Niemand sonst schätzt unternehmerische Risiken so realistisch ein, niemand sonst geht so zielgerichtet mit einem Projekt um wie derjenige, dessen Existenz unmittelbar mit Erfolg oder Misserfolg verknüpft ist. Diese Konstellation hat man im Kulturbereich besonders oft bei einzelnen Künstlern und kleinen Projekten. Wenig Kostenrisiko, viel Erfolgspotenzial findet man am besten abseits der großen Kulturinstitutionen. Bei der Zusammenarbeit hat ein Wirtschaftsunternehmen also die Wahl entweder zwischen der Kreativität von Kultur und Kunst oder für das Unternehmen wirkungslosen Projekten mit größerer Absicherung.

Qualität und Investitionsnutzen sind am größten, wenn ein neues Projekt von einem eigenverantwortlichen Künstler realisiert wird und diesem nach der positiven Grundentscheidung die üblichen Freiheiten eines Geschäftspartners zugebilligt werden. Niemand hindert ein Wirtschaftsunternehmen daran, dieses Potenzial zu nutzen. Und sich dabei noch nebenbei einen Know-how-Transfer zu verschaffen: durch die Kunst als Unternehmensberaterin, durch den Künstler als Coach in Sachen Eigenverantwortung.

Entscheidungstransparenz:	+ +
Wirtschaftsführung:	betriebliches Rechnungswesen (Einnahmen-Überschuss-Rechnung)
Planungssicherheit:	+ (bei eigener Projektverantwortung)
Flexibilität:	+ +

Public Private Partnership (PPP)

In letzter Zeit wird in sogenannten Public Private Partnerships (PPP) eine Wunderwirkung für die gemeinsame Finanzierung von Kulturprojekten durch den Staat und Private gesehen. Genau genommen handelt es sich dabei zunächst um einen Köder, um Private zur Mitfinanzierung bisher staatlicher Infrastrukturaufgaben anzulocken. Eine neue Rechtsform ist das nicht. Und auch keine besonders neue Idee. Früher war man nur ehrlicher: Als im Jahr 1826 dem Gutsbesitzer Carl Heinrich Ferdinand von Houwald die alte Kirche von Straupitz bei Lübbenau im Spreewald zu klein für die 1.700 Bewohner aller seiner acht Dörfer erschien, wollte er den Berliner Stararchitekten Karl Friedrich Schinkel mit der Architektur beauftragen. Schinkel, Erbauer der Neuen Wache und des Schauspielhauses am Gendarmenmarkt, plante für Houwald schnell und sparsam, aber auf zwei 40 Meter hohe Türme bestand er. Dadurch klaffte eine Deckungslücke zwischen den geschätzten Gesamtkosten von 30.000 Talern und den vom preußischen Finanzministerium angesetzten 2.000 Talern. Die Lösung war eine überwiegend private Finanzierung der öffentlichen Aufgabe Kirchenbau: Houwald brachte selbst 20.000 Taler auf, die Leute vom Lande steuerten 8.000 Taler bei. Herausgekommen ist ein nach Sanierung für 2,8 Mio. € weithin strahlendes Musterbeispiel exzellenter Architektur bei öffentlich-privater Mischfinanzierung.

„Die Bedeutung von Kunst und Kultur als tragendem Element einer erfolgreichen Unternehmensführung ist heute nicht mehr selbstverständlich. Unsere Aufgabe wird es in Zukunft im Besonderen sein, mit den uns zur Verfügung stehenden Mitteln dafür Sorge zu tragen, dass über den Entwicklungen von Globalisierung, Shareholder-Value und Digitalisierung die kommende Generation von Managern weiterhin die Förderung von Kunst und Kultur als unverzichtbaren Bestandteil ihrer Führungsaufgaben sieht."

Dr. Jürgen Zech, Vorstandsvorsitzender des Kulturkreises der deutschen Wirtschaft im BDI e.V.

Beim PPP im Kulturbereich handelt es sich mangels direkter Einnahmen aus dem Kulturbetrieb in aller Regel um eine camouflierte Dauerspende. Denn es geht um eine langfristige, der Lebensdauer bzw. wirtschaftlichen Nutzbarkeit angepasste, vertragliche Bindung des öffentlichen Hoheitsträgers an einen privaten Unternehmer, den sog. Betreiber. Diese gestuften und teilprivatisierten Modelle sind ursprünglich im Bereich der öffentlichen Abwasser- und Infrastrukturwirtschaft entwickelt worden. Mit angelsächsischem Etikett sollen sie auch für den Kulturbereich taugen.

Gemeinsam ist diesen Modellen, dass die Art der Ausführung den Unternehmen überlassen wird, nicht aber die Verantwortung für das Erreichen des Endergebnisses, die beim Staat verbleibt. Der Staat beschränkt sich also darauf, durch den Erlass von Vorschriften und Gesetzen Wettbewerb zu gewährleisten und eine effektive Aufsicht (Qualitätssicherung) zu organisieren; in diesem Rahmen bleibt die Ausführung von Projekten dann dem Markt überlassen.

Alle Formen der PPP sind rechtsformneutral, d.h. sie werden in einer oder durch Kombination mehrerer der o.g. Rechtsformen verwirklicht. Bislang bedeutendstes Beispiel für eine PPP im Kulturbereich ist das Museum Kunst Palast in Düsseldorf. Dort haben die Stadt Düsseldorf und die E.ON AG gemeinsam eine privatrechtliche Stiftung gegründet, in deren Kuratorium die Stadt sich die Mehrheit der Sitze gesichert hat. Die Aufgabe des Museumsbetriebs wird also im Kooperationsmodell durch die Stiftung und ggf. unterbeauftragte Konzessionäre erfüllt; die Stadt behält aber dabei die letzte Dispositionsbefugnis. Durch die dauerhafte Stiftung des Kapitals handelt es sich um ein sehr langfristiges Engagement für das als Hauptstifter fungierende Wirtschaftsunternehmen.

Literatur

Almstedt und Schröder: Rechtsformen öffentlicher Theater. In: Unverzagt und Röckrath (Hrsg.), Handbuch Kultur & Recht. Stuttgart, Berlin 1998 ff.

Bodanowitz: Organisationsformen für die kommunale Abwasserbeseitigung. Köln 1993

Hennerkes und Schiffer: Stiftungsrecht. Frankfurt a.M. 2. Aufl. 2001

Jacobs (Hrsg.): Unternehmensbesteuerung und Rechtsform. München 3. Aufl. 2002

Kirchgäßner, Knemeyer und Schulz: Das Kommunalunternehmen. Köln 1997

Klein A:, Grundlagen des öffentlichen Haushaltsrechts. In: Unverzagt/Röckrath (Hrsg.), Handbuch Kultur & Recht. Stuttgart, Berlin 1998 ff

Kübler: Gesellschaftsrecht. Heidelberg 5. Aufl.1999

Löer: Körperschafts- und anstaltsinterne Rechts- und Zweckmäßigkeitskontrolle. München 1999

Lutter und Hommelhoff: GmbH-Gesetz. Köln 15. Aufl. 2000

Riegger und Weipert (Hrsg.): Münchener Handbuch des Gesellschaftsrechts. München: 1991 ff

Scheytt, Recht finden - Recht setzen. Rechtsfragen kommunaler Kultureinrichtungen. In: Unverzagt/Röckrath (Hrsg.), Handbuch Kultur & Recht. Stuttgart, Berlin 1998 ff

Scheytt und Koska, Rechtsformen kommunaler Kultureinrichtungen. In: Unverzagt und Röckrath (Hrsg.), Handbuch Kultur & Recht. Stuttgart, Berlin 1998 ff

Stehle und Stehle: Die rechtlichen und steuerlichen Wesensmerkmale der verschiedenen Gesellschaftsformen. Stuttgart 18. Aufl. 2001

Sudhoff: Personengesellschaften. München 7. Aufl. 1999

Abb. 21: Marc Wetzler, Felix Raffel und Oskar Jezior improvisieren über ein aus den Reihen des Publikum gegebenes Thema im Rahmen des von der Stiftung „100 Jahre Yamaha" e.V. veranstalteten Konzertes junger Komponisten „Wir schreiben und spielen eine Melodie" im Schloss Glücksburg, Mai 2001 (Foto und Copyright: Petra Christiansen), s. Kurzportrait S. 143

Das Sponsoring der GASAG

Es gibt nicht viele Unternehmen in Berlin, die so eng mit der Stadt und ihren Bewohnern verbunden sind wie die GASAG Berliner Gaswerke Aktiengesellschaft. Aus - mindestens - zwei Gründen: Zum einen sorgt die GASAG seit über 150 Jahren für eine jederzeit sichere und zuverlässige Erdgasversorgung mit attraktiven Energiedienstleistungen. Und zum anderen übernimmt die GASAG gesellschaftliche Verantwortung durch die Förderung von Kunst, Kultur und Sport in der Hauptstadt.

Als modernes und innovatives Energiedienstleistungsunternehmen versteht die GASAG Sport- und Kultursponsoring als eine gezielte, zeitgemäße Strategie der unternehmerischen Kommunikation. Gerade mit dem Kultursponsoring ist die GASAG in der Lage, kleinere, aber für das Unternehmen attraktive, Zielgruppen anzusprechen. So eröffnen sich viele Möglichkeiten, auf breiter Ebene aktiv mit GASAG-Kunden ins Gespräch zu kommen - und zu bleiben. Seit 1997 ist das Kultursponsoring ein wichtiger Teil der Unternehmenskultur der GASAG.

Beispiel „Neuköllner Opernpreis"

Hauptbestandteil der Unterstützung der jungen innovativen und erfolgreichen Neuköllner Oper ist die Stiftung des Neuköllner Opernpreises für begabte Nachwuchskünstler, der 2002 zum vierten Mal im Rahmen einer festlichen Gala verliehen wurde. Die Neuköllner Oper ist mit ihren acht bis zehn Neuinszenierungen aus einem breiten Spektrum vom Kindertheater bis zum Musical eines der kreativsten Musiktheater Berlins. Mit einer durchschnittlichen Zuschauerauslastung von über 80 Prozent liegt sie in der Spitzengruppe der Berliner Theater. Die Neuköllner Oper wird aufgrund ihrer hervorragenden künstlerischen Leistungen und des vielfältigen Repertoires vom Berliner Senat auch finanziell unterstützt. Sie erhielt 1998 den BZ-Kulturpreis wie auch den Kritikerpreis der Berliner Zeitung. Die GASAG profitiert vom positiven Image der Neuköllner Oper und von dem vielfältigen Repertoire des Musiktheaters, das für alle Zielgruppen der GASAG gleichermaßen von Interesse ist. Der von der GASAG gestiftete Neuköllner Opernpreis erfreut sich einer großen Reputation in Kultur- und Medienkreisen. Da Preisstiftungen für junge Künstler noch immer rar sind, ist das Interesse der Berliner Medien am Neuköllner Opernpreis entsprechend hoch.

KulturKommunikation der BMW Group

Seit nahezu drei Jahrzehnten engagiert sich die BMW Group in verschiedenen Bereichen der Kultur, intern wie extern, national wie international. Als Corporate Citizen und damit Teil der Gesellschaft geht es der BMW Group darum, gesellschaftliche Verantwortung authentisch und glaubwürdig mitzutragen. Die KulturKommunikation der BMW Group hat die Aufgabe, das Selbstverständnis des Unternehmens über das Medium Kultur lokal und global zu vermitteln. Hierbei zielt die KulturKommunikation auf dauerhafte, exklusive Partnerschaften sowie auf nachhaltige, qualitativ und inhaltlich hochwertige Projekte. KulturKommunikation als Teil der Unternehmenskommunikation definiert sich über den Dialog. Zielsetzung des Dialogs ist wechselseitiges Verstehen und Verständnis füreinander. Die so definierte KulturKommunikation ist faktisch Kultur*Engagement*, das jedoch nicht identisch ist mit selbstlosem Mäzenatentum und auch nicht mit rein vertriebsunterstützendem Sponsoring.

Im Kulturengagement der BMW Group spielen Verantwortung und Innovation eine zentrale Rolle, da sie für das Unternehmen wesentlich sind. Die kulturellen Aktivitäten sind darüber hinaus zu charakterisieren mit Begriffen wie: Qualität, Individualität, Mobilität und Internationalität sowie Jugend, Freiheit und Zukunft. Musik hat in der KulturKommunikation des Unternehmens einen herausragenden Platz. Sie trägt bei zur emotionalisierten Belebung der Bilder oder Images, welche die Öffentlichkeit mit dem Unternehmen und seinen Marken assoziiert. Musik bewegt und trägt z.B. im Auto auch ganz unmittelbar zur *Freude am Fahren* bei. Die Bildende und auch die Darstellende Kunst dienen als Medien, jene Bilder in anderen (Kunst-)Kontexten neu zu sehen und zu reflektieren.

Beispiel „Oper für alle“ und „young.euro.classic“

In Kooperation mit der Bayerischen Staatsoper ermöglicht die BMW Group gemeinsam mit der BMW Niederlassung in München „Oper für alle“: Während der exklusiven Opernfestspiele schafft BMW Zugang zur Oper. Eine Aufführung mit prominenten Interpreten wie Placido Domingo oder Zubin Metha wird live über eine Videoleinwand auf dem Platz vor der Staatsoper ausgestrahlt. Das Publikum hat freien Eintritt. In Berlin ist die BMW Group „Erster Partner“ von „young.euro.classic“, dem Europäischen Musik Sommer Berlin, bei dem Jugendorchester aus den verschiedensten Nationen symphonische Musik vornehmlich des 20. Jahrhunderts darbieten.

Kulturförderung von NORDMETALL

„Art & Economy" - dieses Thema steht bei der Diskussion über Kultursponsoring oft im Vordergrund und war zugleich das Einstiegsprojekt für die Kulturförderung von NORDMETALL. Im Arbeitgeberverband NORDMETALL haben sich rund 300 Metall- und Elektrobetriebe aus Hamburg, Schleswig-Holstein und Mecklenburg-Vorpommern zusammengeschlossen. NORDMETALL engagiert sich im Kultursponsoring, um damit das zukunftsorientierte, gesellschaftspolitische, wichtige und notwendige Engagement der Metall- und Elektro-Industrie in diesem Bereich zu fördern und die Region zu stärken.

Die Förderung des kulturellen Lebens im norddeutschen Raum soll zu einem verstärkten Dialog zwischen den Unternehmen und der Öffentlichkeit beitragen. Wir wollen den Arbeitnehmern unseren Mitgliedsunternehmen und der interessierten Öffentlichkeit Kunst und Kultur, die von öffentlichen Haushalten nicht mehr allein getragen werden können, ermöglichen.

Beispiel „Art & Economy"

NORDMETALL möchte den Mitgliedsunternehmen Wege zu einem erfolgreichen Kultursponsoring aufzeigen. Dies konnten wir durch die Förderung der Ausstellung „Art & Economy" in den Deichtorhallen Hamburg (2002) besonders gut verwirklichen. Die Ausstellung war ein Kooperationsprojekt zwischen dem Siemens Arts Program und den Deichtorhallen Hamburg und beschäftigte sich mit der Frage, wie sich Kunst und Wirtschaft einander begegnen. Die verschiedenen Aspekte der künstlerischen Auseinandersetzung mit Wirtschaftsthemen zeigten neue Sichtweisen und sind ein Indikator für gesellschaftliche Strömungen, die zu Impulsen und damit zur Wirtschaftsförderung beitragen können. Präsentiert wurde unter anderem eine Auswahl unterschiedlicher Unternehmenskonzepte zum Umgang mit Kunst. Mit zahlreichen Veranstaltungen wurde das Interesse an dem zukunftsweisenden Thema bei unseren Mitgliedsunternehmen verstärkt.

In der letzten Ausstellungswoche fand die Mitgliederversammlung von NORDMETALL direkt in den Deichtorhallen statt, in deren Rahmen eine Podiumsdiskussion zum Thema Kultursponsoring veranstaltet wurde. Namhafte Vertreter aus Kultur und Wirtschaft gaben Anregungen und beantworteten Fragen zur erfolgreichen eigenen Kulturförderung. Das große Medieninteresse an der Ausstellung verdeutlichte die Bedeutung der Wechselbeziehungen zwischen Kunst und Wirtschaft. Der Einstieg in die Kulturförderung durch NORDMETALL war für alle Beteiligten ein Gewinn.

Stiftung „100 Jahre Yamaha“ e.V.

Die Stiftung „100 Jahre YAMAHA“ e.V. ist ein im Jahre 1987 gegründeter gemeinnütziger Verein zur Popularisierung der Musik in Bildung, Kunst, Kultur und Wissenschaft.

Seit vielen Jahren engagiert sich die Stiftung „100 Jahre Yamaha“ e.V. auch im Bereich der musikalischen Bildung. Speziell für den Musikunterricht an allgemeinbildenden Schulen wurden umfangreiche musikpädagogische Fortbildungsangebote und Unterrichtskonzepte entwickelt. Damit wird ein wesentlicher Beitrag zur Qualitäts- und Programmentwicklung im deutschen Schulwesen geleistet.

Einer der Schwerpunkte ist die Förderung besonders begabter Kinder und Jugendlicher - speziell auf dem Gebiet der Komposition - in Form von Stipendien für Kompositionsunterricht.

Beispiel „Wir schreiben und spielen eine Melodie!“

„Wir schreiben und spielen eine Melodie!“ ist ein Kompositionswettbewerb für Kinder bis zu 15 Jahren, der jährlich von der Stiftung „100 Jahre YAMAHA“ e.V. ausgeschrieben wird. Dieser seit 1990 durchgeführte Wettbewerb soll einen Beitrag dazu leisten, musikalische Begabungen zu fördern und weiterzuentwickeln.

Die Stiftung „100 Jahre YAMAHA“ e.V. veranstaltet diesen Kompositionswettbewerb mit dem Ziel, die musikalische Ausdrucks- und Gestaltungsfähigkeit von Kindern zu fördern und ein Podium zu schaffen, auf dem sie ihre eigenen musikalischen Ideen vortragen können. Mehr als 1.000 Kinder haben sich seit Beginn dieses Wettbewerbs mit ihren kleinen und großen Kompositionen beworben; 50 Stipendiaten sind bisher durch die Stiftung gefördert worden.

Public Private Partnership – zwischen Patenschaft und Partnerschaft

Friedrich Loock

Ziehen sich die öffentlichen Haushalte aufgrund der eklatanten Finanznot aus öffentlichen Aufgaben zurück? Nicht wenige Beobachter befürchten dies. Dieser Erwartung quasi zum Trotz wird vor allem von der Politik ein Kooperationsmodell gepriesen: „Public Private Partnership". Ihre Kernbotschaft ist vergleichsweise einfach: Public Private Partnership (fortan: (das) PPP), also die von öffentlichen und privaten Partnern gemeinschaftlich vorgenommene Umsetzung eines Vorhabens, werde Projekte (wieder) möglich machen, die unter bisherigen Bedingungen nicht realisierbar wären. Dies geschehe – natürlich – zum Vorteil für die beteiligten Partner und für die Gesellschaft. Das erscheint uns als eine wahrhaft ermutigende Aussicht in einer Zeit eher schlechter Nachrichten für öffentlich subventionierte Einrichtungen und Projekte.

Eignet sich PPP denn auch für den Bereich „Kultur"? Zahlreiche Forschungsteams prüften das öffentlich-private Partnerschaftsmodell auf Tauglichkeit und Sinnhaftigkeit für den Kultursektor. Sie stellten fest, dass PPP auch hier durchaus vielfältige und vielversprechende Perspektiven für eine erfolgreiche und fruchtbare Zusammenarbeit zwischen den öffentlichen und privaten Partnern bietet. Bereits heute gibt es zahlreiche Beispiele, die aufgrund ihres Erfolges und ihrer Pilotwirkung möglichst viele Nachahmer finden mögen. Allerdings liegen die Interessen privater und öffentlicher Einrichtungen nicht selten weit auseinander, so dass diese nur mit einer sehr großen Kompromissbereitschaft aller Beteiligten zur Deckung zu bringen sind.

Wenn wir uns die immer zahlreicher werdenden Projekte, die mit PPP umschrieben werden, genauer anschauen, dann stellen wir fest, dass nur wenige davon diese Bezeichnung tatsächlich verdienen. Nicht selten dient PPP als Gattungsname für alle möglichen Formen eines öffentlich-privaten Zusammenwirkens. Was aber trägt zu Recht die Bezeichnung „Public Private Partnership" und was nicht?

Public Private Partnership und die Kulturpolitik

Seit Jahrzehnten beobachten wir, dass Partnerschaften zwischen Bürgern und Staat, die kontinuierlich erfolgen und alle Lebensbereiche umfassen, in anderen Ländern gang und gäbe sind. Bei uns erscheint uns dies heute noch eher ungewöhnlich. Folglich werden – wiederum in anderen Ländern längst selbstverständliche - bürgerschaftliche Engagements bei uns öffentlich als bemerkenswerte Taten gefeiert. Auch wenn wir es uns heute kaum vorstellen können, doch vor gar nicht langer Zeit war auch bei uns das enge und partnerschaftliche Zusammenwirken von Bürgern und Staat durchaus populär. So oblag beispielsweise der kulturelle Wiederaufbau nach dem 2. Weltkrieg in erster Linie Privatinitiativen. Erst als die Alliierten ein tragfähiges Verwaltungssystem aufgebaut hatten, wurden viele Kultureinrichtungen (wieder) verstaatlicht bzw. in die Verfügbarkeit von Staat und Kommunen übergeben.

Der Kulturkreis der deutschen Wirtschaft im BDI entsprang nicht zuletzt dem Gedanken an eine privat zu unterstützende Wahrnehmung öffentlicher Aufgaben. In diesem Sinne gründeten vor über 50 Jahren 28 Unternehmerpersönlichkeiten jene Vereinigung und engagierten sich als Förderer, Wegbereiter und Wegbegleiter der Kultur - insbesondere des künstlerischen Nachwuchses.

> „Kultur und Wirtschaft stehen in ständiger Wechselbeziehung zueinander - mehr noch, sie sind aufeinander angewiesen. Daraus folgt: Die Wirtschaft muss daran interessiert sein, dass der Kulturboden, auf dem sie arbeitet, fruchtbar bleibt. Kultur ist kein austauschbares, ersetzbares oder kurzfristig verzichtbares Konsumgut. Kultur ist eine andauernde Investitionspflicht."
>
> Dr. Bernhard Freiherr von Loeffelholz, Präsident des Sächsischen Kultursenats, Vorstandsmitglied des Kulturkreises der deutschen Wirtschaft im BDI e.V.

In den Zeiten des Wirtschaftswachstums und der wirtschaftlichen Saturierung schien in unserem Land die Bereitschaft zur Privatinitiative fast im gleichen Maße abzunehmen, wie Bund, Länder und Gemeinden ihr Aufgaben- und Förderspektrum erweiterten. Insbesondere im Kulturbereich haben die öffentlichen Finanzierungsdimensionen historische Höchststände erreicht. Im geographischen Vergleich ist kaum ein anderes Land zu finden, das auch nur annähernd diese Vielfalt und diesen Umfang öffentlicher Kulturförderung aufweist.

Das erreichte Maß an öffentlicher Kulturförderung ist Segen und Fluch zugleich. So ist es ein Segen, dass wir beispielsweise in ländlichen Gebieten ein Kulturangebot vorfinden, das in anderen Industriestaaten selbst größeren Städten alle Ehre machen würde. Der Fluch einer dichten Kulturversorgung wird allerdings mehr und mehr die Problematik ihrer Finanzierbarkeit. Diese Schattenseite war lange Zeit nicht spürbar bzw. sie wurde ignoriert. Doch nun holt sie uns in Riesenschritten ein, so dass alle Betroffenen händeringend nach Lösungen suchen, die den Aufprall der kulturellen Ambitionen auf den Boden der fiskalischen Realitäten abfedern helfen sollen.

In ihrer Not beschreiten die Gebietskörperschaften nunmehr alle denkbaren Informations- und Kommunikationswege, um die Bürger und die Unternehmen an alte Tugenden zu erinnern und ihnen ein bürgerschaftliches Engagement möglichst schmackhaft zu machen.

Eine definitorische Annäherung

In dieser Situation muss den Verantwortlichen bei Staat und Kommunen das Konstrukt „PPP" geradezu wie ein Himmelsgeschenk erscheinen. Denn mit ihm erhalten sie ein Instrument an die Hand, das einerseits ihren Wunsch nach stärkerem Privat-Engagement unterstützt, und das andererseits den privaten Partnern die Sorge nimmt, dass diese fortan die alleinige Verantwortung für Aufgaben tragen müssen, die bislang der öffentlichen Hand angehörten.

Die Gebietskörperschaften erhoffen sich von dem Zusammenwirken mit privaten Unternehmen eine Entlastung der eigenen Finanzen bei gleichzeitiger Erfüllung öffentlicher Aufgaben. Auch Unternehmen zeigen prinzipiell Interesse an PPP. Ihnen erscheint zum einen die Kooperation mit der öffentlichen Hand durch eine projektbezogene Bindung attraktiv und zukunftsträchtig. Zum anderen kann ihnen PPP den Zugang zu Märkten gewähren, die ihnen vorher verschlossen waren.

Auch wenn es bereits zuvor an zahlreichen anderen Orten gelegentlich Formen eines öffentlich-privaten Zusammenwirkens gegeben haben mag, seinen Ursprung hatte ein systematisches PPP in den 70-er Jahren in den USA. In den 80-er Jahren wurde PPP dann mehr und mehr in Großbritannien, den Niederlanden, Schweden, Spanien, Frankreich und später dann in Deutschland eingesetzt. In der ersten Zeit war ein öffentlich-privates Zusammenwirken im Sinne eines PPP vor allem auf Aufgaben in der Infrastruktur und in der Abfallwirtschaft begrenzt. Da man dort zu durchaus vielversprechenden Ergebnissen und Erkenntnissen gelangte, weitete man den PPP-Aktionsradius Stück für Stück auf andere Bereiche aus. So war es nur eine Frage der Zeit, wann jene Ausweitung auch den Bereich „Kultur" erreicht. Dies scheint nun der Fall zu sein.

Die – in der Literatur zum Teil sehr unterschiedlichen – definitorischen Ansätze lassen sich in einer Formulierung zusammenfassen: „PPP ist eine freiwillige, projektbezogene Zusammenarbeit zwischen Akteuren aus dem öffentlichen und privaten Sektor. PPP erfüllt gemeinwohlorientierte Aufgaben, wobei öffentliche und privatwirtschaftliche Interessen zum beiderseitigen Nutzen zur Deckung gebracht werden. Die Projektverantwortung wird, unter Berücksichtigung der jeweils unterschiedlichen Rahmenbedingungen, von den Partnern gemeinschaftlich getragen".[77] Zur Erläuterung: Eine *Freiwilligkeit* des Zusammenwirkens sollte in organisatorischer, vertraglicher und inhaltlicher Hinsicht gegeben sein; eine *projektbezogene Zusammenarbeit* liegt vor, wenn das Zusammenwirken zeitlich und inhaltlich begrenzt ist; *gemeinwohlorientierte Aufgaben* stehen im öffentlichen Interesse und dienen der Allgemeinheit; *gemeinschaftlich* tragen der private und der öffentliche Partner die Verantwortung für

[77] Clemens-Ziegler / Loock (1998), S.10

das Gelingen des Vorhabens - was allerdings nicht ausschließt, dass manche Teilaufgaben nur von einem der beiden Partner übernommen werden.

Modelle einer öffentlich-privaten Partnerschaft

Typisch für ein PPP ist es, dass private und öffentliche Partner gemeinsam entscheiden, welche Ziele sie mit dem Projekt erreichen bzw. welche konkreten Vorhaben sie umsetzen wollen. Es gibt dabei keine Vorgabe über die Anzahl der öffentlichen und privaten Beteiligten, sondern nur darüber, dass sie annähernd gleichberechtigt eingebunden werden.

Im Zusammenhang mit PPP werden vor allem drei Modelle diskutiert: (1) das Kooperationsmodell, (2) das Betreibermodell, (3) das Konzessionsmodell.

Beim *Kooperationsmodell* gründen die öffentlichen und privaten Akteure gemeinsam ein wirtschaftlich und rechtlich selbstständiges Gebilde, das häufig als „Besitzgesellschaft" bzw. „Betriebsgesellschaft" geführt wird. Mehrere Studien zum PPP zeigen unabhängig voneinander und übereinstimmend auf, dass die dafür am häufigsten gewählte Rechtsform die „GmbH" ist, gefolgt von der „Stiftung", dem „e.V.", der „Gesellschaft des Bürgerlichen Rechts" und der „GmbH & Co. KG".[78]

Mit mindestens 51% hält dabei in der Regel die öffentliche Hand die Mehrheit der Gesellschaftsanteile. Wenn wir uns die Gesellschaftsziele bzw. die daraus abzuleitenden Aufgaben von PPP-Gesellschaften genauer anschauen, dann erhalten wir dafür eine Erklärung: es handelt sich häufig um Aufgaben öffentlicher Instanzen, die ein Privater ohne die Zustimmung der entsprechenden Gebietskörperschaften nicht verfolgen kann bzw. darf. Zudem möchte die öffentliche Hand auch in einer Kooperationsgesellschaft mit einem privaten Unternehmen ihre Interessen weiterhin durchsetzen können.

Das *Betreibermodell* gilt - eher irrtümlich - als Ausgangsmodell eines PPP. Hier erhält die private Seite von der öffentlichen Hand den Projektzuschlag für Planung, Bau, Finanzierung und/oder Betrieb einer vereinbarten Leistung. Die öffentliche Hand beschränkt sich in der Regel auf die planerische Vorarbeit sowie auf die Entrichtung der vereinbarten Entgelte und die Prüfung der Projektabläufe. Das Zusammenwirken des privaten Betreibers mit der öffentlichen Hand ist dabei in Form einer „Betreibergesellschaft" über einen schuldrechtlichen Vertrag geregelt.

---

[78] Studien-Beispiele: PPP in der Entsorgungswirtschaft, Niermann (1995), Lokale Kooperationen in Nordrhein-Westfalen - PPP auf kommunaler Ebene, Kruzewicz (1996), PPP in den internationalen Modernisierungsstrategien des Staates" (Naschold, (1997), Public Private Partnership - eine Konzeption zur Schaffung neuer Märkte? Clemens-Ziegler / Loock (1998)

Da es an einer gemeinschaftlich getragenen Gesamtverantwortung fehlt, handelt es sich beim Betreibermodell im engeren Verständnis nicht um ein PPP, sondern eher um eine Mischform von Outsourcing und Auftragsvergabe.

Das *Konzessionsmodell* folgt häufig einem Betreibermodell. Hier können auf der Basis einer kurz- bis mittelfristigen Konzession einzelne Dienstleistungen von dem privaten Unternehmenspartner erbracht werden. Auch hier fehlt eine gemeinsame Projektverantwortung bzw. eine gemeinschaftliche Zusammenarbeit, so dass dieses Modell ebenfalls nicht als PPP im engeren Sinne angesehen werden kann.

PPP und Nicht-PPP

Angesichts zahlreicher Missverständnisse, die das Kürzel „PPP“ begleiten, liegt es nahe, zu notieren, was Public Private Partnership *nicht* ist:

- PPP ist *kein* Synonym für Privatisierungs-Maßnahmen öffentlicher Aufgaben bzw. öffentlicher Einrichtungen.
- PPP ist *kein* Name für die private Finanzierung öffentlicher Aufgaben.
- PPP steht *nicht* für „private Drittmittel“ - also Zuwendungen (in der Regel Finanzmittel) von Privatpersonen oder privaten Wirtschaftsunternehmen.
- PPP ist *nicht* gleich zu setzen mit „Sponsoring“ - also eines Zusammenwirkens zweier Partner zum Zwecke eines wechselseitigen Transfers von Leistung und Gegenleistung.
- PPP steht *nicht* für ein „Fundraising“ - also dem Einwerben von Zuschüssen Dritter, häufig in Spendenform.

  Allerdings kann ein weiter entwickeltes Fundraising-Modell durchaus mit PPP in Verbindung gebracht werden: das Modell der „matching funds“. Hier wird ein gemeinsames Vorhaben durch eine in gegenseitiger Abhängigkeit stehende Mischfinanzierung ermöglicht. Ein Beispiel: Ein Unternehmen stellt einen Betrag von X Euro bereit, verbunden mit der Auflage, dass der verantwortliche öffentliche Träger einen Finanzbetrag von Y Euro (z.B. in gleicher Höhe) hinzu gibt.

Vor dem „Hintergrund eines gewandelten Staatsverständnisses, das Steuerungsaufgaben und Leistungsfunktionen betont, während konkrete Leistungserbringungen und Daseinsvorsorge wieder verstärkt zur Privatsache erklärt bzw. den Mechanismen der Marktwirtschaft überantwortet werden sollen“[79],

---

[79] Sievers (1998) S. 27

überprüfen private und öffentliche Interessenten nun verstärkt Ansätze für ein PPP auch im Kulturbereich. Mittlerweile finden sich dort bundesweit mehrere Beispiele für ein erfolgreiches Zusammenwirken von öffentlichen und privaten Trägern:

- Literaturhaus in München: Trägerin dieser Einrichtung ist eine gemeinsame Stiftung der Stadt München und eines Initiativkreises Münchner Unternehmen bzw. Unternehmer.
- „museum kunst palast" in Düsseldorf: Die Stiftung, getragen von der Stadt Düsseldorf und der E.ON AG, widmet sich zum einen der Umgestaltung des Geländes am Ehrenhof in Düsseldorf sowie zum anderen der Neuorganisation der Museumslandschaft in der Landeshauptstadt.
- Stadtbibliothek Gütersloh: Gesellschafterinnen der als „Modell-Bibliothek" mehrfach ausgezeichneten GmbH sind zu 51% die Stadt Gütersloh und zu 49% die Bertelsmann Stiftung. Die Baukosten teilten sich die Gesellschafterinnen, die laufenden Betriebskosten übernimmt die Stadt. Projektvorschläge, die den Förderkriterien der Bertelsmann Stiftung entsprechen, werden von der Stiftung umgesetzt. Aufgrund der Stimmrechtsverteilung ist die Gesellschafterversammlung an Weisungen des Stadtrats gebunden.
- Philharmonisches Staatsorchester Bremen: In Zusammenarbeit mit der seit 175 Jahren bestehenden Philharmonischen Gesellschaft Bremen, einer privaten Vereinigung Bremer Bürgerinnen und Bürger, gründete der Bremer Senat die Bremer Philharmoniker GmbH. Dies ist die erste Überführung eines Staatsorchesters in der Bundesrepublik Deutschland in eine GmbH mit privatem Mehrheitsgesellschafter. Die Freie Hansestadt Bremen hält zunächst 49% mit der Option, 23% der Gesellschafter-Anteile für eine Beteiligung eines Zusammenschlusses der Orchestermusiker abgeben zu können.

Es sollte jedoch nicht unerwähnt bleiben, dass die Öffentlichkeit einige PPP mit Skepsis begleitet. In manchen Fällen tut sie dies zu Recht, in anderen Fällen sind Zweifel an einer korrekten Handhabung unbegründet. Ein Beispiel für ein sehr öffentlichkeits-wirksames PPP, bei dem die Presse lautstark erhebliche Zweifel an einem korrekten Verlauf verlauten ließ, ist das Berliner Projekt „Restaurierung Brandenburger Tor".

Sollten PPP berechtigt Anlass geben zu Zweifel an der Korrektheit ihrer Durchführung, dann dürfte dies insbesondere im Kulturbereich von verheerender Wirkung sein. Denn dann werden sich wieder diejenigen zu kritischen Stellungnahmen berufen fühlen, die ohnehin jederzeit, sei es beispielsweise durch Sponsoring, eine unzulässige Einflussnahme der Wirtschaft auf die Arbeit der Kultur befürchten.

Abb. 22: „Gossip", Andreas Oldörp, März–Mai 2001, Installation Klangkunstforum Potsdamer Platz, Berlin, ein Sponsoring-Projekt der HVB Immobilien AG (Foto: Norbert Kesten, shamrockphoto; Copyright: HVB Immobilien AG), s. Kurzportrait S. 173

Dieser immer wieder von jenen Skeptikern eingeschobene Warnhinweis weist zwar eine gewisse Realitätsferne aus, da er in den meisten Fällen jeder Grundlage entbehrt - Unternehmen haben in der Regel gar kein Interesse daran, auf künstlerische Inhalte einzuwirken. Doch zweifelhafte PPP-Projekte sind "Wasser auf die Mühlen" für kulturelle - Gralshütern ähnliche - Interessensgruppen, die jede Gelegenheit nutzen, ihre eigene Beratungsresistenz und geringe Flexibilität zu kaschieren. Der Anteil derer, die sich wünschen, dass es mit den öffentlichen Zuwendungen so bleibt, wie sie es in den vergangenen Jahren vorteilhaft genießen durften, ist in der Kultur keineswegs gering.

Administrative und steuerliche Aspekte

PPP ist ein durchaus transparentes System. Auch für unbeteiligte Dritte ist jederzeit erkennbar, wer an der Umsetzung eines Vorhabens unmittelbar beteiligt ist. Selbstverständlich bleiben ihnen geheime Informationen, beispielsweise über die Höhe der Beteiligungen, verborgen.

PPP sind in der Regel auf längere Frist angelegt. Das hat für die Beteiligten Vor- und Nachteile. So gewährt dies dem Projekt einerseits eine Planungssicherheit, andererseits verpflichten sich die Partner langzeitlich. Wiederum läßt sich auch hier „aus der Not eine Tugend" machen: Jene langzeitliche Verpflichtung ist dann durchaus von Vorteil, falls sich beispielsweise der erwartete Erfolg des gemeinsamen Vorhabens nicht sofort einstellen sollte. Eine längere Einbindung impliziert weitere Chancen zur erfolgreichen Zielerreichung.

Nicht selten geht die Initiative für ein PPP von den öffentlichen Trägern aus. Dies ist durchaus verständlich. Denn die aus ihrer Sicht nahe liegenden Vorteile sind vor allem (1) die Gewinnung privaten Kapitals, (2) die Erhöhung der Umsetzungswahrscheinlichkeit öffentlicher Aufgaben und damit (3) der (Rück-)Gewinnung öffentlichen Vertrauens sowie (4) die Einbindung Privater in gesellschaftsbezogene Vorhaben. Doch auch für die Gebietskörperschaften sind Nachteile eines PPP nicht auszuschließen: (1) ist die Sorge nicht prinzipiell unbegründet, dass durch Einbindung von unternehmerischen Partnern die künstlerischen und gesellschaftlichen Ziele von ökonomischen Handlungsgrundlagen be- oder gar verdrängt werden, (2) sind erfahrungsgemäß häufig zusätzliche - also über das eigentliche PPP-Vorhaben hinaus reichende - Anreize zur Gewinnung von unternehmerischen Partnern erforderlich.

Selbst PPP-bereite Unternehmen begegnen dem Werben der öffentlichen Hand wohlwollend und zugleich abwartend. Dies tun sie in der Regel, um zunächst einmal Klarheit über Umfang und Tiefe des Vorhabens zu gewinnen und öffentlichen Zweifeln vorbeugen zu können. Häufig warten sie daher die regulären Ausschreibungen ab, bevor sie sich mit den Gebietskörperschaften als potentielle PPP-Partner in entsprechende Verhandlungen begeben. Gegenstand jener Verhandlungen sind dann vor allem die Klärung von Aufgaben- und Kostenaufteilung sowie die Zuordnung von Verantwortlichkeiten und Kompetenzen.

Insgesamt aber stehen immer mehr Unternehmen einem PPP prinzipiell offen gegenüber. Dies tun sie selbstverständlich in Gedanken an Vorteile, die sich für sie aus einem PPP ergeben können. Zu nennen sind hier vor allem (1) die Möglichkeit eines raschen Informationsaustauschs zwischen Behörde und Unternehmen sowie (2) der Abbau von Handlungsengpässen oder gar Handlungsbarrieren - mit durchaus hilfreichen Auswirkungen auch auf andere Tätigkeitsfelder des involvierten Partner-Unternehmens.

„Gerade dass Künstler sich gerne verweigerten und schroff auf Distanz gingen, imponierte manchem Unternehmer und diente als Beleg für die Unkorrumpiertheit der Kunst."

Wolfgang Ullrich, in: „Mäzene, Stifter und Sponsoren", Ostfildern-Ruit 2001

Falls Unternehmen einem Kultur-PPP skeptisch gegenüber stehen, dann kann dies beispielsweise (1) inhaltlich begründet sein - das Kulturvorhaben passt möglicherweise nicht zum unternehmerischen Tätigkeitsfeld - oder (2) steuerliche Gründe haben - denn öffentlich-private Partnerschaften sind nicht automatisch steuerunschädliche Zweckbetriebe. Die privaten Unternehmen haben bei Fortführung der Geschäftsbeziehung ohne entsprechende Korrektur nach den einschlägigen handelsrechtlichen Bedingungen mit steuerlichen Forderungen zu rechnen. Wird ein PPP in Form einer Personen- oder Kapitalgesellschaft im Sinne des Kooperationsmodells fixiert, dann unterliegt diese Geschäftsbeziehung trotz einer Aufgabe, die von öffentlichem Interesse ist, grundsätzlich privatrechtlichen Bestimmungen und somit allen entsprechenden steuerrechtlichen Vorgaben. Eine Befreiung davon muss explizit beantragt und gemäß den Vorgaben der Abgabenordnung entsprechend begründet werden. Zwar kann man davon ausgehen, dass der öffentliche Projekt-Partner ein entsprechendes Ansinnen des Unternehmens zur Sicherung des PPP unterstützen wird. Doch ist dies Bemühen keinesfalls mit einer automatischen Erteilung der Sondergenehmigungen gleichzusetzen, da in das Genehmigungsverfahren andere Behörden eingebunden sind.

Zusammenfassung und Ausblick

Eignet sich PPP für den Bereich „Kultur"? Die Antwort ist „ja" - auch wenn diese Einschätzung nur mit dem Hinweis gilt, dass dies nicht für alle Projekte und Partner zutrifft. Nicht alle passen in das PPP-immanente Spannungsfeld zwischen öffentlich-rechtlicher Daseinsvorsorge und erwerbswirtschaftlich geprägtem Unternehmertum.

Die öffentliche Hand hat im Vergleich zu privaten Unternehmen ein weitaus größeres Impuls-Interesse an einem Kultur-PPP. Denn es ermöglicht ihr, der öffentlichen Einschätzung, sie entziehe sich ihrer Verantwortung und überlasse die Kultur dem freien Spiel der Markt-Kräfte, durch jene Partnerschafts-Form aktiv zu begegnen. Wie es ihr gelingt, in einer öffentlich-privaten Partnerschaft ihre Gestaltungsrechte gegenüber Kulturschaffenden nicht aus der Hand zu geben, veranschaulichen das Gütersloher und das Düsseldorfer Beispiel. Bislang überlassen sie den privaten Unternehmen in öffentlich-privaten Projekten häufig nur die Ausführung. Die Verantwortung für das Endergebnis trägt weiterhin sie, sie gewährleistet auch die Qualitätssicherung.

Im Hinblick auf eine erfolgreiche Gewinnung von privaten Partnern sollte die öffentliche Hand für eben diese das Umfeld solcher Partnerschaften bestmöglich gestalten und die genannten Partnerschaftselemente im Sinne der Unternehmen verbessern. Dazu zählen neben den gestalterischen vor allem steuerliche und kommunikative Aspekte. Insbesondere im sensiblen Aktionsfeld „Kultur" erleben wir nahezu täglich, dass die Öffentlichkeit - und hier keineswegs nur die Fachwelt - leidenschaftlich darüber diskutiert, ob und wie Unternehmen in die Ermöglichung von Kultur eingebunden werden können bzw. dürfen. Hier erfordert es seitens der öffentlichen Hand einer weitaus aktiveren Kommunikations- und Aufklärungsarbeit, als wir sie bisher erlebten.

Unabhängig davon sollten sich private Partner bewusst machen, dass insbesondere das Wirken innerhalb einer öffentlich-privaten Kultur-Gemeinschaft von der Öffentlichkeit sehr aufmerksam und kritisch begleitet wird. Öffentliche Aufmerksamkeit ist dann von Vorteil, wenn sich das PPP-Engagement wunschgemäß entwickelt. Es kann jedoch von Nachteil sein, wenn sich in jenem öffentlich-privaten Zusammenwirken die unterschiedlichen Interessen nicht zur Deckung bringen lassen.

Der Weg hin zu einer echten und weitgehend gleichberechtigten öffentlich-privaten Partnerschaft ist im Kulturbereich also noch weit - er ist jedoch reich an Perspektiven und damit lohnenswert.

Literatur

Baron, C (1999) Public Private Partnership. Konzepte für den IT-Markt . Wiesbaden

Bennett, R J, Krebs, G (1993) Local economic development: public private partnership initiatives in Britain and Germany. London

Bongenaar, A (2001) Corporate governance and public private partnership: the case of Japan. Utrecht

Budäus, D (1997) Public Private Partnership. Hamburg

Clemens-Ziegler B / Loock, F (1998) Public Private Partnership. Eine Konzeption für die Schaffung neuer Märkte? In: fhtw-transfer Nr. 28-98, Berlin

Duda, A (2002) Begründung und Effektivität von Kulturstiftungen in Form einer Public Private Partnership . Münster

Heinze, T (1999) Kulturfinanzierung: Sponsoring - Fundraising - Public-Private-Partnership. Münster

Hoffmann, H (2001) Kultur und Wirtschaft. Knappe Kassen - neue Allianzen. Köln

Rawert, P (2002) Trägerschaften von Kultureinrichtungen im Rechtsformvergleich. In : Bundesverband Deutscher Stiftungen / Kulturkreis der deutschen Wirtschaft (Hrsg.) : Stiftungen als Träger von Kultureinrichtungen, S. 48–65

Sievers, N (Hrsg.) (1998) Neue Wege der Kulturpartnerschaft. Bonn

Das Kulturengagement der E.ON AG

Als größter Energiedienstleister Europas ist E.ON aktiver Förderer im Bereich der Kultur. Das Selbstverständnis als Corporate Citizen lässt E.ON hierbei vor allem am Standort Düsseldorf aktiv werden. Denn die unmittelbare Nachbarschaft von Wirtschafts- und Kulturleben ermöglicht intensiven Austausch und direkte Teilhabe, fördert Kommunikation, Kreativität und Flexibilität - wichtige Erfolgsfaktoren im internationalen Wettbewerb.

Die Schwerpunkte des Kulturengagements von E.ON sind Bildende Kunst und Klassische Musik. Das Hauptprojekt im Bereich der Bildenden Kunst ist das museum kunst palast. Weiter ist E.ON schon seit Jahren Partner des Whitney Museums in New York und besitzt eine eigene Kunstsammlung mit Werken international renommierter Künstler, die zum Teil der Öffentlichkeit zugänglich ist. Im Bereich der Klassischen Musik fördert E.ON u.a. die Robert-Schumann-Musikhochschule in Düsseldorf, das Münchener Prinzregenten Theater, die Münchener und Berliner Philharmoniker und das alljährliche Klavier Festival Ruhr.

Beispiel „stiftung museum kunst palast"

Die Public Private Partnership zwischen E.ON und der Stadt Düsseldorf ist eine in Deutschland bislang selten realisierte Form der Kunst- und Kulturförderung. Das neue museum kunst palast, Dreh- und Angelpunkt des Engagements, ist eine umfassende und auf viele Jahre angelegte Kooperation von Kultur und Wirtschaft. Sie basiert auf einem umfassenden, langfristig tragfähigen Kooperations- und Finanzierungsmodell. Mit E.ON hat die Landeshauptstadt Düsseldorf einen Partner gefunden, der sich schon frühzeitig für den Wiederaufbau des alten Kunstpalastes begeistert und engagiert hat. Mehr noch, er hat wesentlich dazu beigetragen, ein zukunftsweisendes Gesamtkonzept zu entwickeln.

Über einen Zeitraum von 10 Jahren unterstützt E.ON die Stiftung: in den ersten drei Jahren mit jeweils 2,5 Mio. €, in den folgenden sieben Jahren mit 1 Mio. € p.a. Darüber hinaus ermöglicht E.ON mit 1,5 Mio. € in den ersten drei Jahren ausgewählte Sonderausstellungen des Museums. Es wurde Wert darauf gelegt, dass dieser erhebliche Zufluss an finanziellen Mitteln nicht zu einem Rückzug der Stadt aus der Verantwortung führt. Sichtbares Zeichen der Partnerschaft ist der gemeinsame Gebäudekomplex von E.ON Hauptverwaltung und museum kunst palast, entworfen von Oswald Mathias Ungers.

Das Kunstengagement der Rhenus Lub

„Mit der Verleihung des Rhenus Kunstpreises und dem Dialog in der Öffentlichkeit möchte ich viele Menschen zur Auseinandersetzung mit wegweisenden Künstlern und ihren Werken anregen", erklärt Dr. Max Reiners, Inhaber von Rhenus Lub, Mönchengladbach, sein Engagement für die Kunst. Bildende Kunst ist ein Schwerpunkt der Rhenus Unternehmenskultur. Dahinter steht die feste Überzeugung, dass Unternehmen Herausforderungen suchen müssen, die das Denken erweitern und den Blick von innen nach außen lenken. Das setzt Kreativität und Flexibilität voraus. Impulse hierfür bieten Kunst und Kultur in verschwenderischer Vielfalt.

Die Förderung der europäischen Kunst ist Ziel des Engagements. Der Preis soll dazu beitragen, ihr Selbstbewusstsein zu stärken. „Seit alters her ist Kulturförderung nicht allein Aufgabe des Staates. Auch die Wirtschaft muss Verantwortung übernehmen", betont Dr. Max Reiners. Mit seinem Engagement verbindet Rhenus Lub den Wunsch, dass dies möglichst viele, auch mittelständische Unternehmen als Signal sehen.

Beispiel „Rhenus Kunstpreis"

Rhenus Lub ist Stifter des „Rhenus Kunstpreis". Dies ist ein Preis für bildende Kunst und wird alle zwei Jahre verliehen. Er ist mit 50.000 € dotiert und wird von einer international besetzten Jury vergeben. Mit dem Preis wird das Gesamtwerk einer international bedeutenden Künstlerpersönlichkeit ausgezeichnet. Der Namensgebung des Preises folgend, sollte der Preisträger in einem der rheinanliegenden Staaten Schweiz, Liechtenstein, Österreich, Frankreich, Deutschland oder Niederlande tätig sein. Darüber hinaus ist die Vergabe nicht an weitere Bedingungen geknüpft. Die Preisträger waren 1999 Georg Baslitz und 2001 Sigmar Polke.

Abb. 23: „Die Neuen Medien - der Raum und die Grenzen", Studierende im Braunkohletagebau in der Niederlausitz (Förderprojekt 1998/99 des Gremiums Architektur), Kulturkreis der deutschen Wirtschaft im BDI e.V. (Foto: Walter Hinghaus), s. Kurzportrait S. 18

Der Kunstkäfig
Atelierstipendium der Sutter-Gruppe

Die Essener Sutter-Gruppe, die seit Jahrzehnten in den verschiedenen Märkten der Kommunikation tätig ist, will mit ihrem *Kunstkäfig*-Stipendium die Begegnung zwischen Kunst und Arbeitswelt fördern.

Beispiel: Der Kunstkäfig

Kunstkäfig - so heißt das ca. 200 m^2 große Atelier inmitten der Produktionshallen der Sutter-Gruppe. Seit 1990 vergibt das Essener Unternehmen dieses Stipendium, das Künstlern die Gelegenheit bietet, für 18 Monate den *Kunstkäfig* als Atelier zu nutzen.

Neben der kostenlosen Überlassung des Ateliers stellt die Sutter-Gruppe für den Künstler Öffentlichkeit her: Pressearbeit, zwei Ausstellungen, Broschüren, Internetauftritt und ein aufwendig gestalteter Katalog zum Ende des Stipendiums. Das *Kunstkäfig*-Stipendium ist ein Förderstipendium für bildende Künstler in den ersten Jahren ihrer professionellen Tätigkeit. Die Bewerber sollten ihren Wohnsitz in NRW haben.

Kunstkäfig®

Über die Vergabe des Stipendiums entscheidet eine Fachjury, zu der Fachleute aus Museen und Universitäten, Künstler sowie Kunstjournalisten gehören. Im November des Jahres 2002 wird die Jury erneut entschieden haben, wer nach Thomas Rother, Jürgen Paas, Werner Haypeter, Gerda Schlembach, Dirk Hupe, Robert Scheipner und Matthias Schamp das Atelierstipendium als achter Stipendiat erhalten wird.

Die Zusammenarbeit mit den Medien

Rudolf Stilcken

Eine wesentliche Unterscheidung vorweg: In diesem Beitrag wird nicht die Rede sein von dem Unternehmer, der sein privates Geld für kulturelle Herzensangelegenheiten einsetzt, ohne damit wirtschaftliche Zwecke zu verfolgen. Dieser kann sich zu Recht als Mäzen bezeichnen und die Darstellung seines Engagements in den Medien dem Zufall, seiner Kontaktfreudigkeit oder/und der Öffentlichkeitsarbeit des geförderten Künstlers bzw. der unterstützten kulturellen Institution überlassen. Behandelt werden sollen kulturelle Unternehmensengagements und deren Nutzung für Unternehmenskommunikation. Dabei muss die Wertschöpfung für das Unternehmen bzw. dessen Marke(n) in einem ausgewogenen Verhältnis zu dem kulturellen Anliegen stehen.

Medienpräsenz ist eine wichtige Funktion des Kultursponsorings

Also hat die Medienpräsenz für die Beurteilung des Kultursponsorings aus Unternehmenssicht entsprechende Bedeutung. Effektivität ist gefragt, auch weil die Aufwendungen Betriebsausgaben oder ergebnismindernde Spenden bzw. Stiftungen sind, die von Gesellschaftern, Aktionären, Kunden oder Mitarbeitern jederzeit hinterfragt werden können.

Anders als bei Maßnahmen des klassischen Marketing ist es aber für Kultursponsoring nicht einfach, die mediale Wirkung im Vorweg zu planen und gar objektiv zu bewerten. Die progressive Kunst-Ausstellung „Shopping" in der Frankfurter Schirn im Herbst 2002 z.B. hat dem Handelssponsor Kaiser's-Tengelmann und beteiligten Markensponsoren zweifellos unerwartet hohe Aufmerksamkeit in Medien mit hoher nationaler Reichweite („Spiegel", WamS, usw.) beschert. Über die Wirkung auf die Unternehmensimages, gar in den Mittelschicht-Zielgruppen der beteiligten Konsumgüterunternehmen, kann man trotzdem trefflich streiten.

Auch wenn der „Spiegel" im Falle „Shopping" brav den Sponsorenvermerk aus der Ausstellung abdruckte: „Für Kaiser's-Tengelmann als anspruchsvollen Qualitätsanbieter ist es eine spannende Herausforderung, aktiv an einem künstlerischen Prozess teilzuhaben", gilt weiterhin allgemein, dass die Medien, also die Journalisten, mit der Erwähnung von Sponsorennamen meist große Probleme haben. Das gilt übrigens nicht nur für Sponsorships großer Unternehmen, sondern auch für die große Zahl der nicht minder wichtigen

Kultur-Kooperationen auf lokaler bzw. regionaler Ebene oder in für kleinere Interessentengruppen bestimmten Nischen. Deren Bedeutung sollte man ohnehin zum Komplex „Kultursponsoring" in den Medien immer im Blick haben.

In dem zu behandelnden kreativ-handwerklichen Prozess der Medienarbeit für Sponsoring ist es wichtig, schon bei der Auswahl eines Sponsoringprojekts zu bedenken, dass ein thematischer Bezug zum und vom Unternehmen zum Leserinteresse, also Publikumsinteresse, hergestellt werden kann. Ein außergewöhnliches Beispiel dafür ist die Verwendung von Tesafilm für das Bühnenbild der Hamburger Inszenierung vom „Sommernachtstraum" im Schauspielhaus im März 2002, die auch international weitreichende großformatige Abhandlungen in den Feuilletons ausgelöst hat, wobei „tesafilm" in den Überschriften explizit genannt wurde. Die Firma Beiersdorf, der Hersteller von „tesafilm", hatte das Projekt weder gesponsert noch war es vorher um Unterstützung gefragt worden, freute sich aber über den geschenkten Werbeauftritt. Was beweist, dass mit Originalität viel zu erreichen ist, wenn die Journalisten Leserinteresse dafür annehmen.

„Jede Gesellschaft hat und gestaltet Kultur. Jedes Unternehmen, das in der Gesellschaft Verantwortung trägt, trägt diese also auch für die Kultur. Für Dienstleistungsunternehmen wie Banken trifft dies in besonderem Maße zu. Zumal »Art & Economy« auch ein Dienst auf Gegenseitigkeit ist: Unternehmen können viel von der Kunst lernen. Kunst und Kultur bieten ein wichtiges Potential an Kreativität, Zukunftsorientierung und Offenheit. Eigenschaften, die im immer härter werdenden Wettbewerb eine hohe Bedeutung haben. So geben wir uns mit unserer Kulturförderung ein Stück von dem zurück, was wir selbst von der Gesellschaft erhalten haben."

Dr. Albrecht Schmidt, Sprecher des Vorstandes Bayer. Hypo- und Vereinsbank AG, Vorsitzender des Gremiums Musik des Kulturkreises der deutschen Wirtschaft im BDI e.V.

Nur Kontinuität erzielt nachhaltige Wirkung

Abgesehen von einem solchen Kuriosum gilt für die Zusammenarbeit mit den Medien zu kulturellen Themen allgemein die Regel, dass nur Kontinuität nachhaltige Wirkung verspricht. Besonders für das Kultursponsoring hat zudem die Volksweisheit Gültigkeit, dass es wirkungsvoller ist, gelobt zu werden, als Eigenlob zu kommunizieren. Der Sponsor gewinnt mehr an Qualität der Medienwirkung, wenn nicht er, sondern das kulturelle Anliegen im Mittelpunkt steht und damit auch im Mittelpunkt des Interesses des Zeitungslesers, des TV-Sehers, usw. Abschreckende Beispiele sind Auflagen wie die, dass das Logo des Sponsors in der Bildberichterstattung aufscheinen müsse und im laufenden Text der Firmenname in Versalien oder gar als Firmenschriftzug. Solche Forderungen stärken weder das Vertrauensverhältnis zwischen den Gesponserten und den Sponsoren noch zwischen den Sponsoren und Medienvertretern. Auch die Empfänger der Botschaften spüren die Absicht und reagieren entsprechend verstimmt. Letztere trotz der durch die Schwaiger-Studie (S. 109) nachgewiesenen sensibel-positiven Einstellung von Besuchern kultureller Veranstaltungen gegenüber Sponsorships.

Nachahmenswert sind Beispiele wie die Siemens-Stiftungen, die teilweise schon seit Generationen existieren und von den Medien ohne Scheu mit dem Eigennamen in den großen Tages- und Wochenzeitungs-Feuilletons behandelt werden, anregend wie kritisch, in jedem Fall aber mit positiven Hinweisen auf die Qualität des Engagements. Übrigens ein weiterer Beweis dafür, dass Familien- und Ortsnamen stärker sind als Kürzel und Kunstnamen.

Allerdings sollte man die Wirkung von Medienpräsenz insgesamt nicht zu hoch einschätzen; der Primäreffekt des Sponsorings ist nach wie vor das unmittelbare Erleben eines kulturellen Ereignisses. Darauf geht Manfred Schwaiger zur Evaluierung von Kultursponsoringmaßnahmen ab S. 105 ausführlich ein.

Nur scheinbar ist es ein Widerspruch dazu, wenn im Folgenden auch die Möglichkeiten angesprochen werden, für die Medienarbeit zum Kultursponsoring Mittel der Wirtschaftswerbung einzusetzen (Anzeigen, TV-/Radiospots, usw.). Damit lassen sich in manchen Fällen drei Fliegen mit einer Klappe schlagen: Bekanntmachen der kulturellen Inhalte, Steigern der Besucherzahlen, positive Wirkung für den quantitativen und qualitativen Bekanntheitsgrad des Sponsors. Die Ruhrgas AG hat dieses Instrumentarium für die von ihr gesponserten Ausstellungen im Essener Folkwangmuseum so effektiv genutzt, dass durch die erhöhten Besucherzahlen und damit verbundenes Mehreinnahmen essentielle Teile der eingesetzten Sponsorengelder kompensiert werden konnten.

Werbewirkung sollte stets auch das entscheidende Kriterium sein für Anzeigen, örtliche Plakatierungen mit Namen und Logo des/der Sponsoringunternehmen usw. Es wäre falsch, Werbemaßnahmen nur als „Unterstützung", indem der Name angeführt wird, zu disponieren. Das gilt besonders für die vielen kleinen Sponsorships im lokalen Umfeld. Es sei denn, der Sponsor will in lobenswerter Weise ein kulturelles Vorhaben fördern, ohne die Medienwirkung zu kalkulieren. Davon gibt es viele, die der Hilfe bedürfen. Diese sind aber nicht Gegenstand der Betrachtung in diesem Kapitel.

Medienarbeit muss sorgfältig geplant werden

Will man aber Medienpräsenz, sollte man beim Aufstellen eines Wirtschaftsplans die Medienarbeit vorsorglich nicht zu knapp zu bemessen. Wer glaubt, dass Medienpräsenz zum Kultursponsoring die sozusagen kostenlose Beigabe ist, wird Enttäuschungen erfahren. Personal- und Sachaufwendungen sind notwendig.

Abb. 24: Projekt „Hirsche gegen Wölfe" von Corinna Korth, derzeitige Stipendiatin der Jürgen Ponto-Stiftung (Copyright: Corinna Korth), s. Kurzportrait S. 52

Vor allem anderen ist im Interesse angestrebter Medienwirkung zu evaluieren, ob und wie weitgehend sich das angebotene bzw. angedachte Kulturprojekt in Übereinstimmung befindet mit den langfristigen, strategischen Identitäts- bzw. Markenzielen und der (hoffentlich vorhandenen) langfristigen Sponsoringkonzeption des Unternehmens. Auch die Wirkung nach innen - auf die Mitarbeiter - ist ein wichtiger Faktor. Nur so lässt sich durch Medienarbeit die schon angesprochene nachhaltige Medienwirkung und Glaubwürdigkeit erreichen.

Mindestens ebenso wichtig ist es, vorab mit dem Kultur-Sponsorship-Empfänger sachlich, personell und finanziell Art, Umfang und Verantwortungen für die Medienarbeit zu verabreden. Das von dem bekannten Frankfurter Bankier Fürstenberg überkommene Wort, nach dem Sponsoren dumm genug sind, Geld zu geben und frech genug, auch dafür noch etwas zu verlangen, schwebt immer noch über manchen Verhandlungen dieser Art. Praxis muss partnerschaftliches Auftreten und Handeln sein, bei Respektierung der gegenseitigen Kompetenzen und deren Darstellung vor allem gegenüber den Medien. Dies entspricht auch den Grundsätzen des Arbeitskreises Kultursponsoring im Bundesverband der Deutschen Industrie AKS, wonach grundsätzlich auszuschließen ist, dass Sponsoren und natürlich auch Spender Einfluss auf kulturelle Inhalte und Ziele nehmen. Das fördert auch die unbefangene mediale Nutzung des Werkes, des Ereignisses, der Veranstaltung ihrer Wahl.

Nach diesen Vorbemerkungen soll der Versuch unternommen werden, die im Prozess wesentlichen Stationen der Medienarbeit zur Kulturförderung darzustellen von der Vorbereitung zur Entscheidung für ein Projekt bis zur Evaluierung der Ergebnisse.

Diese Darstellung des Prozesses ist als Anregung zu verstehen, nicht als ein Drehbuch.

„Kunst ist nicht zweckgerichtet und von unmittelbarem Nutzen. Gerade weil Kunst in gewisser Hinsicht - für das reine Überleben - entbehrlich ist, wird sie sich niemals ganz vereinnahmen lassen. Sie reibt sich an der Wirklichkeit und sprüht dabei Funken - mit oft zündender Wirkung. Die Anregungen und Fragen, die wir alle, und ganz besonders wir Vertreter aus der Wirtschaft, die für die Gestaltung unserer Wirklichkeit eine besondere Verantwortung tragen, ihr verdanken, sind unentbehrlich. Als »notwendiger Luxus« bedarf sie daher der Investition und Förderung - und zwar von verschiedenen Seiten: von der öffentlichen Hand wie vom einzelnen Bürger, von privaten Unternehmen wie von Stiftungen."

Dr. Joachim v. Harbou, Vorsitzender des Aufsichtsrates Deutsche Hypothekenbank Frankfurt-Hamburg AG, Vorstandsmitglied des Kulturkreises der deutschen Wirtschaft im BDI

Sponsor und Kulturprojekt müssen inhaltlich zusammenpassen

Es gibt viele Angebote für Kulturförderung, viel viel mehr, als ein einzelnes Unternehmen wahrnehmen kann. Fast alle versprechen höchstes Interesse der Medien. Außer der schon angesprochenen Übereinstimmung des Kultur- bzw. Kunstprojektes mit dem Unternehmens- und/oder Markenidentitätsziel ist von entscheidender Bedeutung, ob und wie weit sich die Entscheider im Unternehmen mit dem Projekt identifizieren können. Persönliche Glaubwürdigkeit durch Mitwirkung stärkt die Medienwirkung nach außen in jedem Fall und vielfach auch nach innen. Innenwirkung kann in manchen Fällen auch zur Medienwirkung außen werden. Das Art Sponsorship-Projekt der Hugo Boss AG (S. 115) ist dafür ein beredtes Beispiel.

Darstellung des Unternehmens-Engagements

Für die Außenwirkung, besonders gegenüber den Medien, ist selbstverständlich das Ansehen des geförderten Künstlers, der zu fördernden Kulturinstitution und der sie repräsentierenden Persönlichkeit von Bedeutung. Nicht immer ist dafür das Establishment gefragt oder gar name dropping angesagt. Will ein Unternehmen sich als innovativ-progressiv positionieren, ist sogar zu bevorzugen, dementsprechende Projekte, Institutionen bzw. Künstler auszuwählen. Auch wenn es dafür erhöhten Erklärungsbedarf gibt. Dieser kann häufig mit zusätzlicher öffentlicher Wirkung durch Außenstehende, Experten mit entsprechender Autorität behandelt werden.

Wichtig für die Außenwirkung, und hier besonders gegenüber den kritischen Medien, ist die Darstellung des Unternehmens-Engagements. Die einfache Nennung der Firma oder Marke als (Haupt)-Sponsor bringt kaum Nennung in den Medien, es sei denn, die Begründung trifft das Interesse der Journalisten für ihr Publikum. Das kann zum Beispiel der Fall sein, wenn darzulegen ist, dass das Vorhaben nicht zustande gekommen wäre, wenn der Sponsor nicht zur Verfügung gestanden hätte. Mehr noch überzeugen Darlegungen zu Corporate Citizenship, Public Private Partnership oder ähnliche Ansätze des Gemeinwohls. Naheliegend für die Finanzierung ist die Bezeichnung Kulturstiftung wegen des höheren Goodwills von Stiftungen zu verwenden. Das ist aber nur glaubwürdig, wenn dahinter wirklich nicht nur einfache Zuwendungen, sondern tatsächlich eine Stiftung steht, möglichst eine solche mit Kapitaldeckung.

Klare Aufgabenverteilung zwischen Sponsor und Kulturprojekt

Nach so evaluierter Entscheidung für ein Projekt und der festgelegten sachlichen Verantwortungen für die Medienarbeit als Teil der Öffentlichkeitsarbeit empfiehlt sich zumindest ein Duett von persönlich harmonisierenden oder sich zumindest respektierenden Persönlichkeiten der beiden Beteiligten zu etablieren. Mit klarem Rollenanspruch: der oder die eine erläutert und vertritt das Projekt, der oder die andere begründet und vertritt das Engagement des Sponsors. Schon an dieser Stelle wird deutlich, dass es für einen Sponsor für die Medienarbeit bevorzugenswert sein kann, Einzel- oder zumindest Hauptsponsor zu sein. Bei einer Mehrzahl von Sponsoren bedarf es für die Medienpräsenz einer Komposition von Begründungen, ggf. in einer Hierarchie von Haupt- und Co-Sponsoren, immer im Blick, dass nur das Publikumsinteresse für die Medien zählen kann, denn deren Abnehmer sind die Leser, Seher, usw. Anregendes darüber ist zu lesen in den Kurzportraits des Siemens Arts Program und der Kulturförderung von Nordmetall (S. 119 und S. 142).

Ankündigung eins kulturellen Kooperationsvorhabens

Mit der Auswahl eines möglichst medienoffenen Partnerschaft, publikumsinteressante Inhalte vorausgesetzt, ist eine wesentliche Voraussetzung für die Ankündigung eines kulturellen Kooperationsvorhabens geschaffen. In manchen Fällen mag es für das Allgemeininteresse und damit für die Medien angezeigt sein, ein öffentliches Patronat, eine Schirmherrschaft, zu gewinnen. Die führende Rolle sollte aber in jedem Fall von der Ankündigung über die Einladung zu einer Pressekonferenz bis zu deren Ablauf bei dem Kulturprojekt liegen.

Verabredete Ausnahmen können häufig sehr wirksame Vorab-Exklusiv-Kooperationen mit einzelnen Medien sein, z.B. für solche mit langen Vorlaufzeiten, z. B. monatlich erscheinende Magazine, TV-Programme usw., denen der bzw. die Sponsoren in anderen Zusammenhängen bewährte Kontakte haben. Auch zu weiteren Ausnahmen, zu Wirtschafts-, Fachmedien kann es sinnvoll sein, dem Sponsor vorweg eine kontaktpflegende Rolle zu geben.

„Mit jeder Handlung nehmen wir - gewollt oder ungewollt – Einfluss auf kommende Generationen. In der Kunst geht Handeln per se über seine Zeit hinaus - wird zeitlos. Damit ist sie Vorbild für ein Wirtschaften, das auf Nachhaltigkeit setzt und der Zukunft eine Chance gibt."

Dr. Michael Otto, Vorstandsvorsitzender der Otto Versand GmbH & Co, Vorstandsmitglied des Kulturkreises

Schaffung eines Logos

Je nach Art und Umfang des Kulturförderungsprojektes kann es sinnvoll sein, ein Erscheinungsbild zu schaffen, ein Logo mit einem Claim, in dem das Zusammenspiel von Kulturprojekt und Sponsor partnerschaftlich zum Ausdruck kommt. Dies dürfte schon in der Phase der Ankündigung Aufmerksamkeit bei den Medienempfängern erzeugen und dazu anregen, es für ankündigende

Veröffentlichungen zu verwenden, allerdings auf ein solches Signal nicht aufgesetzt wirken und es deshalb eher angezeigt für längerfristige Projekte, Festspiele oder ähnliche Events.

Pressekonferenz

Mit einer wohl vorbereiteten Ankündigungs-Pressekonferenz kann ein Kultur-Sponsorship-Projekt viel gewinnen, bei einem Fehlschlag im Verhältnis zu den eingeladenen bzw. anwesenden Medienvertretern, aber alle Beteiligten auch für die Zukunft verlieren.

Schon die Einladung, ausgehend entweder von dem Träger des Kulturprojektes, oder partnerschaftlich, keinesfalls aber nur von dem Sponsor, muss inhaltlich neugierig machen. Das Programm darf keineswegs überfrachtet wirken und sollte den Empfängern den Eindruck vermitteln, dass sie ihrer Profession gemäß Neues erfahren und dies von Referenten, denen sie zutrauen, zitierfähigen Stoff zu präsentieren. Eine komplette Dokumentation in Wort und Bild in einer Pressemappe ist selbstverständlich, die Verfügbarkeit des Materials im Internet wird heute erwartet.

Auch bei der Auswahl des Ortes für eine Pressekonferenz kann die Attraktion eines neuen Ortes (z.B. ein Atelier, ein Bühnenraum, eine Freilichtbühne) nicht schaden, allerdings sollten Ort und Zeit für eine solche Veranstaltung in jedem Fall so gewählt werden, dass der Respekt vor der Zeitnot und Spesenknappheit der Eingeladenen ebenso erkennbar wird wie die Rücksichtnahme auf Redaktionsschluss- und Erscheinungstermine. Besonders wichtig ist, insbesondere für kritische Journalisten, die Möglichkeit individueller Interviews, evtl. auch mit den Gesponserten und den Sponsoren getrennt. Dafür kann ein allseits akzeptierter „Sprachführer" durchaus nützlich sein. Für die Bild- bzw. TV-Berichterstattung macht es viel Sinn, themenbezogene „Kulissen", evt. auch mit dem Sponsoring-Logo zwanglos anzubieten. Die in der Vergangenheit geübte Praxis formaler Pressekonferenzen hat sich

„Die Förderung von Vereinen, kulturellen und sozialen Einrichtungen hat bei Bayer eine bereits 100-jährige Tradition. Unser Unternehmen ist Teil der Gesellschaft; daraus erwächst für uns die Verpflichtung, über den eigentlichen Unternehmenszweck hinaus gute Beziehungen zu unserem Umfeld zu pflegen. Dabei spielt unser kulturelles Engagement eine wesentliche Rolle. Wir fördern nicht nur die Kunst, sondern suchen über die Kunst das Gespräch und die Diskussion mit der Gesellschaft. Letztendlich trägt die Kultur-Förderung bei Bayer auch dazu bei, die Motivation der Mitarbeiterinnen und Mitarbeiter und ihre Identifikation mit dem Unternehmen zu erhöhen."

Werner Wenning, Vorstandsvorsitzender der Bayer AG, Vorstandsmitglied des Kulturkreises der deutschen Wirtschaft im BDI e.V.

mehr oder weniger überlebt. Journalisten bevorzugen das mehr informelle Pressegespräch. Darin geübte PR-Profis wissen dies entsprechend einzuleiten, mit Überleitung auf den Sprecher für das Kulturprojekt und folgender Darstellung des Sponsoring-Unternehmens in schon ausgeführter Gewichtung. Dementsprechend hat auch die Bewirtung nicht die Funktion einer „Abfütterung", sondern ist die Szene für das Klima schaffende bzw. Klima pflegende Gespräch der Veranstalter und Gäste miteinander. Entsprechend sollte Rahmen und Angebot sein, wohl bedenkend, mit welcher Art von kalten Buffets Journalisten meist bedient werden. Eine themenbezogene Bewirtung könnte da schon einen Aha-Effekt auslösen.

Wer aber sollte zu einer Ankündigungs-Pressekonferenz und evtl. folgenden Konferenzen dieser Art eingeladen werden? Auch dafür gibt es keine Rezeptur. Ausgangspunkt für die Planung ist der Charakter des Projektes und das Interesse des Sponsors. Daraus ergibt sich schon, dass die Konzentration auf Feuilletons in Tageszeitungen, Wochenzeitungen, Magazine, TV-Stationen usw. zu eng ist, zumal inzwischen in fast allen Medien gesellschaftlich und kulturell relevante Themen in den Bereichen Politik, Gesellschaft, Wirtschaft, und last but not least Lokales informativ und anregend behandelt werden. Übrigens ist auch die Aussendung einer Einladung schon ein PR-Anstoß, auch wenn der Empfänger nicht an der Konferenz teilnimmt. Gestritten wird zur Zeit darüber, ob eine Einladung besser per Brief, Fax oder e-Mail versandt werden sollte. Die Erfahrung zeigt, dass zumindest die Kombination von Brief und Fax bzw. E-Mail und Brief die wirksamste Form ist. Dass für die Konferenz selbst technisches Equipment, Möglichkeiten für Fotos und Film angeboten werden sollten, ist inzwischen selbstverständlich.

Nutzung individueller Pressekontakte

Natürlich sind Pressekonferenzen Herzstück der Pressearbeit auch für Kultursponsoring. Mindestens gleiche Bedeutung können aber individuelle Kontakte zu den Medien haben. Im persönlichen Gespräch lassen sich kreativ Themenansätze für die Behandlung eines Kulturprojektes entwickeln, die auf das einzelne Medium direkt zugeschnitten sind, vor allem, wenn daran auch die Kulturschaffenden mit beteiligt sind mit Anregungen und Exklusivmaterial.

In der Regel entstehen aus solchen Kooperationen in Umfang, Breite und Tiefe der Betrachtung Ergebnisse, die auch auf andere Medien abstrahlen. Zudem ist es einfacher, im direkten Gespräch die partnerschaftliche Rolle des Sponsors zu erläutern und erlebbar zu machen.

Auch Medien stehen im Wettbewerb zueinander, deshalb ist es wichtig, vor individuellen Kontakten jeweils die aus dem Titel der Leserschaft und dem Erscheinungstermin abzuleitenden Themenschwerpunkte so festzulegen, dass individuelle Kooperationen Exklusivcharakter haben.

Präsentation des Kulturprojektes

Der Höhepunkt fast jeden Kultursponsoringprojektes ist die Veröffentlichung, sei es in Form einer Enthüllung, Eröffnung, Premiere o.ä. Medienvertreter erwarten dazu einen Vorlauf in Form von Vor-Präsentationen oder Einzelführungen, in jedem Fall so, dass die Behandlung des Projektes unter Berücksichtigung der Redaktionsschlusstermine und sonstiger technischer Gegebenheiten noch möglich ist. Auf die Einhaltung von Sperrvermerken für die Zeit vor dem Ereignis kann man sich allgemein verlassen. Wichtig ist, auch bei dieser Gelegenheit die Verfügbarkeit von Informationsmaterial, technischen Vorkehrungen und die Möglichkeit individueller Interviews bei partnerschaftlichem Auftreten von Gesponsertem und Sponsor.

Die Medienvertreter suchen verständlicherweise das Gespräch zum aktuellen Anlass, auch untereinander, sind aber noch mehr daran interessiert, Publikumsstimmung und -resonanz aufzufangen. Es macht deshalb wenig Sinn, die Berichterstatter als Spezies in einem getrennten Teil der Veranstaltung zu platzieren. Erwartet wird die Möglichkeit des direkten Kontaktes mit den Veranstaltern, selbstverständlich auch VIPs und dem Publikum ganz allgemein.

Trotz der menschlich verständlichen Erschöpfung nach einem Event welcher Art auch immer ist die Nacharbeit eine für den Erfolg wichtige Aufgabe. Dazu sollte Aufgabenverteilung zwischen dem Sponsor und dem Gesponserten erfolgen mit Verteilung auf einzelne Gesprächsführer. Das gilt sowohl für die Ansprache und den Informationsversand an nicht bei dem Anlass vertretenen Medien wie auch für das Angebot, zum weiteren Austausch kooperativ zur Verfügung zu stehen. Nur so kann aus einem Eintagsereignis kontinuierlicher Erfolg entstehen.

Die Evaluierung

Was aber ist Erfolg? Gesponserter und Sponsor haben sich für ein Kulturprojekt verbunden. Für den einen zählt das Künstlerische, der kulturwirtschaftliche Erfolg, für den anderen der Beitrag zur Unternehmens-Markenidentität. Beides kann, muss aber nicht im Gleichklang sein.

Für die Evaluierung des Sponsoringerfolgs ist der Vorher-Nachher-Vergleich sicher ein probates Mittel. Dieser setzt voraus, dass das Sponsoringprojekt mit klarem Briefing und eindeutigen Wirkungserwartungen auf den Weg gebracht wurde. Zumindest sollte man danach Veränderungen im quantitativen und qualitativen Bekanntheitsgrad des Sponsoringunternehmens feststellen können. Die Erfahrung zeigt, dass dabei die Abgrenzung von anderen Aktivitäten und Imagefaktoren nicht immer ganz einfach ist. Zur Vorsicht ist zu raten. Zur Evaluierung der Medienpräsenz zum Kultursponsoring ist das einfache Zählen von Auflagen, gar erweitert um das Ausmessen um Printflächen und TV- bzw. Radiozeiten ein vielfach irreführendes Mittel. Für die Beurteilung von Medienwirkung sind Kontent-Analysen nach klaren Vorgaben, wie sie die Medienwissenschaft zur Verfügung stellt, in Kombination mit Teilnehmerbefragungen vor Ort zuverlässige Instrumente der Evaluierung. Bei geeigneten Anlässen lässt sich dies auch mit einer unternehmensinternen Befragung kombinieren. Zur mittel- und längerfristigen Verbesserung von Sponsoringwirkungen sind manöverkritische Workshops, auch im Zusammenwirken mit dem Sponsoringpartner, sachlich moderiert, sicher ein Mittel auch der Vertrauensbildung und Steigerung der Effektivität.

Zusammenarbeit mit Beratern und Agenturen

„Kunst und Kultur sind zwar nicht das Brot, sondern der Wein des Lebens. Ohne Brot, das in der Wirtschaft verdient wird, wäre der Wein aber nicht bekömmlich.

Dr. Gert Haller, Vorstandsvorsitzender Wüstenrot & Württembergische AG, Vorsitzender des Gremiums Architektur des Kulturkreises der deutschen Wirtschaft im BDI e.V.

Zweifel sind nicht angebracht. Kultursponsoring wird zunehmend professionell gehandhabt. Sponsoren haben an den Unternehmen orientierte Ziele oder, wo sie Sponsorship als dringend benötigte Unterstützung betreiben, definierte Ziele aus Corporate Citizenship. Für Kultursponsoring gibt es vielfach Budgets, und je nach Unternehmensgröße auch fachlich kompetente Verantwortliche aus dem Umfeld von Unternehmenskommunikation und Öffentlichkeitsarbeit. Das auch, wenn häufig noch die Firmenbosse das letzte Wort haben und meinen, den „absoluten Geschmack" zu besitzen.

Einzelne Künstler haben Manager, die für sie auch das Sponsoring-Geschäft betreiben, größere kulturelle Institutionen haben eigene Referate für die Handhabung von Sponsorships.

Einzelne Hochschule bieten insbesondere im Zusammenhang mit Kulturmanagement Theorie und Praxis des Kultursponsorings an. Obwohl das Volumen des Kultursponsorings in Deutschland und auch international im Vergleich zu dem konkurrierenden Sportsponsoring und dem kommerziellen Kommunikationsaufwand im Ganzen noch relativ gering ist, entwickeln sich auch immer mehr darauf spezialisierte Dienstleister.

Über die Zusammenarbeit mit Agenturen finden Sie in diesem Buch detaillierte Ausführungen in dem Beitrag von Annette Brackert. Ein Aspekt wäre in diesem Zusammenhang aber noch zu erwähnen: Berater bzw. Agenturen können mit ihrer Außensicht viel dazu beitragen, die Effektivität von Kultursponsoring im Sinne der Unternehmens-Markenführung der Sponsoren und der

Imagepflege der Gesponserten mit allgemeinem Rat und detaillierten Empfehlungen zu begleiten. Dies auch, wenn es darum geht, ziel- und zielgruppengerecht nicht nur Kultursponsoring, sondern, auch damit kombiniert, Sportsponsoring und die zunehmend wichtige Gattung Sozialsponsoring zu betreiben.

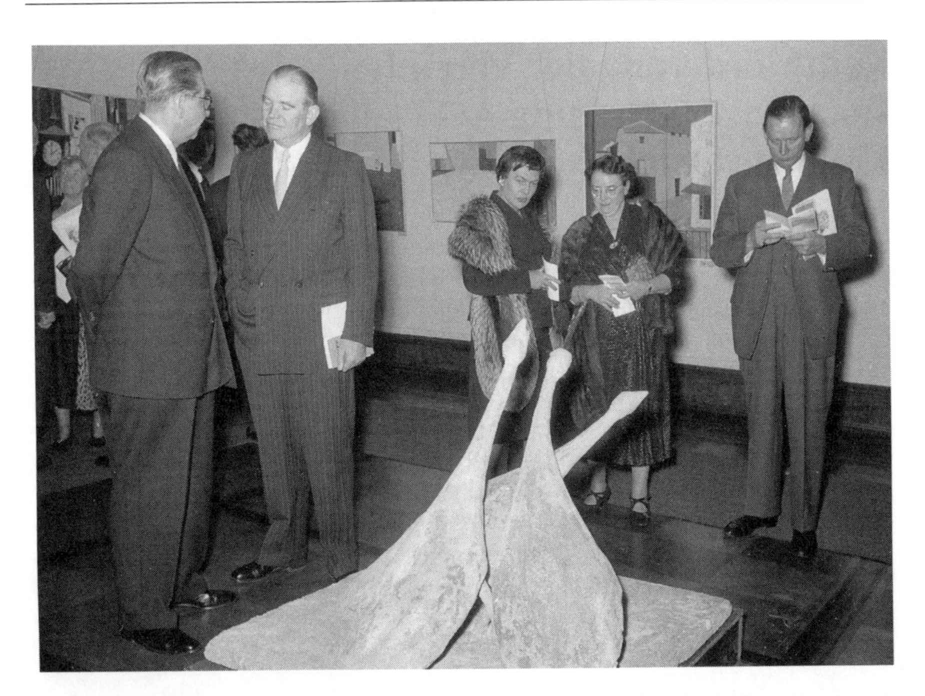

Abb. 25: Ausstellungseröffnung der „ars viva", Aachen 1955 (Förderprojekt des Gremiums Bildende Kunst). Im Vordergrund: Gotthelf Schlotter „Gänsegruppe", im Hintergrund: Gemälde von Eberhard Schlotter, Kulturkreis der deutschen Wirtschaft im BDI e.V. (Foto: Archiv Kulturkreis), s. Kurzportrait S. 18

Kulturförderung der Vereinten Krankenversicherung AG / Allianz Private Krankenversicherung AG

Seit mehr als 10 Jahren initiiert die Vereinte Krankenversicherung AG im Rahmen ihrer Kulturförderung Musikprojekte für Kinder. Dazu werden regelmäßig Kompositionsaufträge vergeben, Konzerte veranstaltet und CD-Produktionen gefördert. Mit der Konzepterstellung und Realisation ist die Kulturkontor GmbH München beauftragt.

Zielsetzung ist die Heranführung von Kindern an anspruchvolle zeitgenössische Musikformen und die Förderung junger Komponisten und Musiker. Die Zielgruppe entspricht einem wichtigen Kundenpotential der Vereinten. Die Durchführungsorte der etwa 10 Veranstaltungen pro Jahr decken sich mit der regionalen Gliederung des Unternehmens. Wichtiger Bestandteil des Konzepts ist eine intensive Pressearbeit in Kooperation mit den örtlichen Veranstaltungspartnern (Theater, Stadthalle etc.). Deren Auswertung ist die Grundlage der Erfolgskontrolle für die Unternehmensleitung.

Beispiel „Pinocchios Abenteuer"

Ein ungewöhnliches und neues Kinderprojekt wurde 2002 in einer Reihe deutscher Theater (u.a. in München, Bielefeld, Kassel, Hannover, Augsburg, Köln und Düsseldorf) vorgestellt: Thomas Holtzmann, seit vielen Jahren Ensemblemitglied der Münchner Kammerspiele und des Bayerischen Staatsschauspiels, erzählt eine Neufassung von Pinocchios Abenteuer.

Michael Wachsmann, langjähriger künstlerischer Direktor der Münchner Kammerspiele, übersetzte den Klassiker von Carlo Collodi neu und an Michael Riessler, einen der kreativsten und vielseitigsten Komponisten der jüngeren Generation, erging ein Kompositionsauftrag der Vereinten Krankenversicherung AG.

Kultursponsoring der HVB Immobilien AG

Die HVB Immobilien AG ist die Immobiliengesellschaft der HVB Group mit Sitz in München. Im Rahmen der Stadtentwicklung von Berlin zeichnet sie neben den Park Kolonnaden am Potsdamer Platz für eine Reihe weiterer unterschiedlicher Immobilienprojekte verantwortlich.

Wer baut, beeinflusst und definiert das Umfeld, auch ganze Stadtteile, für lange Dauer neu. Daraus resultiert Verantwortung für die Zukunft, auch kulturelle Verantwortung. Die HVB Immobilien ist sich dessen bewusst und sieht Kultur und Kunst als Teil ihrer Entwicklungsaktivitäten. Kunst wird als Bestandteil der Gebäude und als Beitrag zur Schaffung von Identität und Individualität gefördert. Die Einbindung von Kultur und Kunst trägt zur Positionierung und Imagebildung eines Gebäudes bei. Kunst am Bau wird so neu definiert, ist mehr als bloßes plakatives Platzieren eines Kunstwerks am oder im Gebäude und hat eine maßgebliche Bedeutung erlangt.

Beispiel „Klangkunstforum Potsdamer Platz, Berlin"

Klangkunst ist eine ideale Form der Kunst am Bau. Eine Baustelle verändert sich täglich und wirkt im Außen- und Innenraum durch ihre Geräuschkulisse. Hierfür geschaffene Werke der Klangkunst ergeben zusammen mit der Architektur der Baustelle eine völlig neue gesamthafte Wahrnehmung. Der gesamte Bauprozess der Park Kolonnaden wurde mit temporären Installationen aus dem Bereich der Klangkunst begleitet.

Die Baustelle wurde Teil eines Kunstwerks. Die noch relativ junge Klangkunst überschreitet Grenzen der bildenden Kunst und verbindet Elemente zeitgenössischen Komponierens mit Motiven des Minimalismus und anderen Strömungen. Sie ist daher ein idealer Partner der Architektur, denn beide wirken unmittelbar multisensorisch.

Mehrere Künstler - Christina Kubisch, Bernhard Leitner, Ulrich Eller, Hans Peter Kuhn, Andreas Oldörp sowie Sam Auinger und Bruce Odland - haben mit sechs Installationen von April 1999 bis Juli 2001 die Baustelle zeitweise begleitet. Von der im Rohbau befindlichen Tiefgarage bis zum nahezu fertigen Büro fand sich stets ein geeigneter Raum, der zum Kunstwerk mutierte.

Das Kulturengagement der BASF AG

In dreifacher Weise fördert die BASF Aktiengesellschaft Kultur und Kunst: mit eigenen Programmen, mit Kooperationen und in Form der finanziellen Unterstützung externer Projekte.

Beispiele

Das BASF-Konzertprogramm präsentiert einem breiten Publikum (60.000 Besucher pro Jahr) Künstler und Ensembles der internationalen Spitzenklasse. Es umfasst vor allem Klassik und Förderprojekte für junge Künstler, daneben auch gehobene Unterhaltung sowie Rock, Pop, Comedy.

Einzelne Projekte werden mit Kooperationspartnern - wie etwa der Stadt Ludwigshafen, dem SWR, der Stiftung „Villa Musica" - in Ludwigshafen durchgeführt. Dazu gehören große Ausstellungen wie die Miró-Retrospektive in 2000/01 im Wilhelm-Hack-Museum.

Einen Schwerpunkt der finanziellen Unterstützung von Kulturprojekten seitens BASF bildet der Erhalt des Weltkulturerbes. So engagierte sich das Unternehmen für die Rettung der Bach-Autographen und unterstützte die Restaurierung des Speyerer Domes sowie die Wiederherstellung der sogenannten Meisterhäuser in Dessau, die Bauhausvertretern wie Wassily Kandinsky und Paul Klee als Wohn- und Arbeitsstätte dienten.

Das Kulturengagement der DaimlerChrysler AG

Für die DaimlerChrysler AG zieht sich ein wichtiger Leitgedanke wie ein roter Faden durch all ihre Aktivitäten: „We care!" DaimlerChrysler ist der Ansicht, dass ein Unternehmen zunehmend beachten muss, in welchem Themenkontext es in der öffentlichen Debatte auftaucht. Deshalb stehen neben wichtigen Kommunikationsfeldern wie „Erhaltung der Mobilität" und „Führerschaft bei Technologie und Innovation" vor allem die Vermittlung von Werten wie staatsbürgerlich korrektes Verhalten (Good Corporate Citizenship) und Bereitschaft zum Kulturaustausch (Intercultural Exchange) an oberster Stelle.

Beispiel „DaimlerChrysler Award"

Der im Jahr 1999 ins Leben gerufene und 2000 erstmals vergebene DaimlerChrysler Award nimmt in diesem Kontext eine bedeutende Rolle im Themenfeld des "Intercultural Exchange" ein. Zielsetzung und Intention dieses Projektes ist, die Kultur eines Landes als Spiegel seiner gesellschaftlichen und politischen Entwicklung und Reife zu würdigen und zu fördern. Hinter der Initiative des DaimlerChrysler Award steht die Idee, talentierte Nachwuchskünstler aus allen Sparten der Kunst und Kultur eines Landes zu unterstützen, deren Anerkennung auf nationaler und internationaler Ebene zu steigern und zum interkulturellen Dialog anzuregen. Von 2000 bis 2002 stand das Land Südafrika im Fokus der Förderinitiative: Nach dem Ende der Apartheid sah DaimlerChrysler, als ein bedeutender Arbeitgeber in der Republik Südafrika, es als seine Verpflichtung an, die Kunst- und Kulturszene in ihrem Neuanfang, der auf tiefen Wurzeln fußt, zu unterstützen. Das Unternehmen möchte seinen Beitrag dazu leisten, das Ansehen der südafrikanischen Kultur im eigenen Land und vor allem im Ausland zu heben.

Neben dem Preisgeld wird dem Künstler in einem zweiten Schritt die Präsentation seines Werkes in einem größeren Rahmen ermöglicht. Je nach Kunst- und Kultursparte kann der Künstler anlässlich der Preisverleihung eine Ausstellung realisieren oder ein Konzert ausrichten – und zwar sowohl in Deutschland, als auch in seinem Heimatland sowie erste Publikationen an die Öffentlichkeit herantragen, wie zum Beispiel eine CD-Produktion, bzw. einen Ausstellungskatalog. Des weiteren gehört zur Ausstattung des Preises die Finanzierung eines Workshops bzw. einer Masterclass oder eines Gaststudienaufenthaltes. Preisträger waren bislang der bildende Künstler Kay Hassan, der Musiker Themba Mkhize und im Bereich Skulptur Jane Alexander.

DaimlerChrysler Award

Kultursponsoring des Gerling-Konzerns

Unser Sponsoring soll gemeinnütziges Engagement mit Kommunikationszielen und Imagepflege von Gerling verbinden. Flankierend zur klassischen Werbung und anderen PR-Maßnahmen setzen wir Sponsoring als Marketing-Instrument ein, um die Marke Gerling zu positionieren und positiv zu kommunizieren. Deshalb muss jedes Engagement zu Identität und Stil unseres Hauses passen und einen klaren Imagegewinn versprechen. Nach diesen Kriterien wählen wir Projekte aus, die wir unterstützen.

Unser Sponsoring-Konzept beruht auf vier Elementen, die sich ergänzen und in ihrer Imagewirkung wechselseitig unterstützen: Gerling engagiert sich umweltpolitisch, fördert Existenzgründer und ist einer der fünf Hauptsponsoren im bundesweiten Wettbewerb „startsocial".

Kunst und Kultur gehören als viertes Element traditionell zu den von Gerling gesponserten Bereichen, da sie integraler Bestandteil unserer Unternehmenskultur sind. Wir konzentrieren unser kulturelles Engagement im Sinne eines guten Corporate Citizenship auf den Kölner Raum - den Hauptsitz unseres Konzerns. Bislang haben wir ausnahmslos bereits existierende Projekte unterstützt und sind selbst nicht als Initiator aufgetreten.

Beispiel „Ausstellung Norman Foster"

Im Oktober 2001 präsentierte das Kölner Museum für Angewandte Kunst mit „Norman Foster: Architecture is about people" die erste umfassende Werkschau des Pritzker-Preisträgers in Deutschland, die wir als Hauptsponsor unterstützt haben. Dieses Projekt stellte für Gerling eine ideale Symbiose aus Kunst und Architektur dar. Wir haben diese Ausstellung auch vor dem Hintergrund gefördert, dass Lord Foster unser neues Gerling Ring-Karree im Kölner Friesenviertel entworfen hat. Das im Sommer vergangenen Jahres fertiggestellte Gebäude ist gewissermaßen als realisiertes Exponat in die Werkschau integriert worden: Neben dem ausgestellten Modell im Museum konnten sich die Besucher vor Ort mit einer Führung durch das Gebäude ein Urteil über die im Einklang mit Lebensqualität und Ökologie stehende Architektur bilden.

Das Kultursponsoring der NORD/LB Norddeutsche Landesbank

Als Bank mit internationaler Ausrichtung sieht die NORD/LB ihre Aufgaben auch in einer Vielzahl von Sponsoringaktivitäten, Spenden und Patenschaften für Kunst, Kultur und Wissenschaft. Es gehört zur Tradition und Geschäftspolitik der NORD/LB, sich über die Finanzdienstleistungen hinaus für diese Bereiche zu engagieren.

Kunst des Möglichen

Die NORD/LB sponsert, plant und betreut zahlreiche Kunstausstellungen in ihren Niederlassungen und in Zusammenarbeit mit Galerien und Museen. Sie fördert Ausstellungen mit jungen Künstlern durch Katalogfinanzierungen, Ankäufe oder in den bankeigenen NORD/LB Galerien. Die Norddeutsche Landesbank initiiert Kunst-Ausschreibungen, deren Ergebnisse in Wanderausstellungen sowie in den jährlichen Kunstkalender einfließen. Zudem gehört es zur Unternehmenskultur der Bank, die Geschäftsräume und Mitarbeiterbüros mit Kunstwerken auszustatten. Die eigene Kunstsammlung der NORD/LB umfasst mehr als 2.000 Werke.

Kultur der Vielfalt

Als Kultur-Sponsor begleitet die NORD/LB Theater und Opernhäuser sowie klassische Musikfestivals in den Ländern Niedersachsen, Sachsen-Anhalt und Mecklenburg-Vorpommern, in denen sie als Landesbank und Sparkassenzentralinstitut tätig ist. Die NORD/LB ist u.a. Hauptsponsor des Braunschweig Classix Festival (früher: Kammermusikpodium) und der Festspiele Mecklenburg-Vorpommern sowie Partner des Kurt-Weill-Fests in Dessau. Zur Weltausstellung in Hannover vergab die NORD/LB einen Kompositionsauftrag für eine EXPO-Oper.

Darüber hinaus vergibt die NORD/LB einen internationalen Kunstpreis, der einer der höchstdotierten seiner Art ist und sich seit 1983 auch über die Landesgrenzen hinweg zu einer anerkannten und beachteten Größe entwickelt hat. Die Besonderheit liegt darin, dass er neben dem Preisgeld eine repräsentative Ausstellung in einem der norddeutschen Museen sowie einen hochwertigen Katalog umfasst.

NORD/LB

Abb. 26: Tollwood-Festival im Olmpiapark München. Impression vom Winterfestival 2001, gefördert von der Stadtsparkasse München (Foto: Markus Dlouhy), s. Kurzportrait S. 48

Die Zusammenarbeit mit Agenturen

Annette Brackert

Ein Engagement eines Unternehmens im Kulturbereich hängt nicht nur von der grundsätzlichen Bereitschaft ab, sondern oft auch von den faktischen Möglichkeiten innerhalb eines Unternehmens für ein solches Engagement. Nicht jedes Unternehmen, das beabsichtigt, sich kulturell zu engagieren, sieht sich in der Lage, die einzelnen Aufgaben eines Sponsoring-Managements durch eigene Kraft zu leisten. In einem solchen Fall bietet es sich an, Agenturen oder Beratungseinrichtungen hinzuzuziehen. Aber auch größere Unternehmen mit bereits eigenen Kulturabteilungen sehen sich aufgrund der zunehmenden Professionalisierung im Sponsoringbereich und damit einer wachsenden Komplexität der Maßnahmen sowie der ständig steigenden Kundenbedürfnisse immer häufiger veranlasst, mit Agenturen zusammenzuarbeiten.[80]

Im Sportsponsoringbereich ist die Zusammenarbeit mit Agenturen nach wie vor weiter verbreitet als im Kulturbereich. Hier wird die Vermarktung von Sportlern, Veranstaltungen usw. in zunehmenden Maße Sponsoring-Agenturen übertragen. Dabei handelt es sich um eine doppelte Vermarktung: Zum einen geht es um die Vergabe von Rechten – häufig Hauptaufgabe von Agenturen – zum anderen um die Vermarktung der Sportler durch die Unternehmen.[81]

Mittlerweile haben aber viele Sportsponsoring-Agenturen zusätzlich zu ihrem vorrangigen Tätigkeitsfeld auch das Kultursponsoring in ihr Leistungsspektrum aufgenommen. Die Kulturetats der Unternehmen sind aber zumeist deutlich niedriger als die Sportetats. Insofern gilt das Hauptaugenmerk dieser Agenturen nach wie vor dem Sportbereich. Der notwendigen Sensibilität im Kulturbereich werden sie durch eine häufig uneingeschränkte Übertragung der im Sportbereich gängigen Vorgehensweisen oft nur eingeschränkt gerecht. So geht eine Vermischung von Kultur- und Sportsponsoring in der Regel zu Lasten des Kultursponsorings. Der Individualcharakter der künstlerischen Projekte erfordert von den Agenturen im Gegensatz zum Sportbereich jedoch eine ungleich intensivere Auseinandersetzung. Aus diesem Grunde haben sich einige Agenturen auf bestimmte Gebiete spezialisiert. Oft ist aber aus kaufmännischer Sicht eine solche Spezialisierung nicht tragbar![82]

---

[80] Bortuluzzi-Dubach E, Frey H (1997), S.143

[81] Loock F (1995), S. 168

[82] Bruhn M (1998)

Entscheidungskriterien

Im Folgenden soll kurz erläutert werden, welche Art von Agenturen es gibt und worauf man bei der Zusammenarbeit mit Agenturen achten sollte. Innerhalb des Arbeitskreises Kultursponsoring (AKS), einer Initiative des Kulturkreises der deutschen Wirtschaft, wurde im Jahr 2002 eine interne Befragung zum Thema Agenturen durchgeführt. Diese Ergebnisse fließen in die nachfolgenden Ausführungen ein – zum Teil in Form von Unternehmenszitaten, die als Praktikertipps zum Umgang mit Agenturen verstanden werden sollten.

Die Entscheidung, eine Agentur einzubinden, kann Vor- und Nachteile haben. Bei größeren Unternehmen ist zu überlegen, ob die Sponsoringmanagement-Aufgaben nicht von der PR-, Öffentlichkeits- oder Marketingabteilung mit übernommen werden könnten. Bei kleineren Unternehmen stellt sich dagegen häufig die Frage, ob der aufzuwendende Sponsoringetat überhaupt in einem vertretbaren Verhältnis zu möglichen Agenturkosten steht. Darüber hinaus mag die direkte Auseinandersetzung des Unternehmens und aller Unternehmensbeteiligten mit der Kulturinstitution bzw. dem Kulturprojekt langfristig zu einer stärkeren Bindung der Partner führen als dies bei Hinzuziehung einer Agentur der Fall wäre. Das Argument des direkten Kontaktes zu den Künstlern oder Kulturschaffenden ist ein entscheidender Faktor für viele Unternehmen, auf ein Outsourcing zu verzichten.

Vorteile	Nachteile
Gewinn von Know-how und Zeit durch Einbindung externer Erfahrung	Kontrollverlust
Unternehmen profitiert vom Netzwerk/Kontakten der Agentur	Nur indirekte Kommunikation mit den Künstlern und Kultureinrichtungen
Evtl. ein besseres Verständnis für die Kulturinstitution	Teile des Kultursponsoringbudgets fließen nicht mehr direkt in die Kultur
Durch die Hinzunahme einer Agentur ist eine objektivere Betrachtung des Projektes möglich	Informationen und Know-how gehen dem Unternehmen durch das Outsourcing häufig verloren
Briefing einer Agentur ist eine gute Selbst-Überprüfung	Abhängigkeit von Agentur
Arbeitserleichterung	Es besteht immer ein Risiko, an eine unseriöse Agentur zu geraten

Quelle: Befragung des AKS 2002

Chart 1. Allgemeine Vor- und Nachteile einer Zusammenarbeit mit Agenturen nach Einschätzung der AKS-Mitglieder

Agenturen führen in der Rolle eines Vermittlers Unternehmen und Künstler zwecks eines gemeinsamen Projektes zusammen. Die Praxis zeigt immer wieder, dass Partnerschaften häufig bereits in ihren Ansätzen am Mangel einer gemeinsamen Sprache der beiden Partner scheitern. Noch allzu oft ist ein Verständnis für die spezifischen Zielvorstellen des anderen nicht in ausreichendem Maße vorhanden. Einerseits kommt der Empfänger der Sponsoringgelder der Erwartung des Gebers, durch die Sponsoringpartnerschaft eine Gegenleistung zu erhalten, die direkt oder indirekt der Verwirklichung seiner Unternehmenszwecke dient, nicht ausreichend entgegen. Andererseits nimmt ein Sponsor nicht immer hinreichend Rücksicht auf die besondere Sensibilität der Kulturinstitution. Hier können Agenturen mit fachlicher Kompetenz und diplomatischen Geschick vermittelnd eingreifen.

Eine Agentur sollte zwischen den Partnern Verständnis und gegenseitige Wertschätzung aufbauen. Nur dann können die beiden Seiten neben aller notwendigen Professionalität auch partnerschaftlich und vorbehaltlos aufeinander zugehen. Erfolgreich kann eine solche Partnerschaft immer nur dann sein, wenn beide Seiten die Bedürfnisse und Grenzen des jeweils anderen in ihr eigenes Handeln mit einbeziehen.

„Das Zusammenwirken von Kultur und Wirtschaft ist für beide Seiten unverzichtbar. Abgesehen davon, dass Produkte nicht ohne künstlerische Gestaltung und Formgebung denkbar sind, ist heute ökonomisches Handeln, das zukunftsorientiert und nachhaltig wirken soll, nicht ohne den kritischen und kreativen Widerpart der Künstler denkbar. Künstler wiederum brauchen das ökonomische Rüstzeug, um sich mit ihren Werken zu behaupten und gesellschaftlich durchzusetzen."

Dr. Ludolf v. Wartenberg, Hauptgeschäftsführer des Bundesverbandes der deutschen Industrie, Vorstandsmitglied des Kulturkreises der deutschen Wirtschaft im BDI e.V.

Diese gegenseitige Wertschätzung, die immer Ziel der vermittelnden Tätigkeit zwischen Unternehmen und Kultur sein sollte, hängt von unterschiedlichen Faktoren ab: Zum einen spielt die Struktur der Agentur eine erhebliche Rolle, zum anderen kommt es auf die kaufmännischen und fachlichen Kenntnisse der tätigen Mitarbeiter an. „Die Agentur muss in der Lage sein, aufgrund ihrer Struktur, Leistungsfähigkeit und Bandbreite ein solch komplexes und vielschichtiges Thema wie Kultursponsoring erfolgreich zu bewältigen" (Dr. Max Reiners, Rhenus Lub GmbH). Die Angleichung der zum Teil sehr unterschiedlichen Interessen ist nur dann möglich, wenn die Agentur beiden Partnern in gleichem Maße – also sowohl dem Unternehmen als auch der Kulturinstitution bzw. dem Künstler – Anregungen bei der Kultursponsoring-Planung und ihrer Umsetzung geben kann.[83]

[83] Loock F (1995), S.170

In der Praxis lässt sich erkennen, dass sich Agenturen in ihrer Beratungsleistung entweder auf den Unternehmensbereich oder den Kulturbereich spezialisiert haben. Der mit Abstand größere Teil der Agenturen widmet sich der Beratung von Unternehmen. Für diese Art der Agentur spräche die Tatsache, dass hier der vom Unternehmen gewünschte Kommunikationseffekt der Sponsoringmaßnahme aufgrund des Marketing- und PR-spezifischen Knowhows der Agentur möglicherweise schneller eintritt. Allerdings könnte es sein, dass ausschließlich der Erfolg für das sponsernde Unternehmen betrachtet wird und das Interesse der Kulturinstitution möglicher Weise etwas zu kurz kommen könnte.

Auf der anderen Seite gibt es jene Agenturen, die sich eher auf die Beratung von Kultureinrichtungen spezialisiert haben. Ihre Beratungsleistung liegt dann vornehmlich in der Suche nach geeigneten Sponsoren. Die fundierten Kenntnisse des Kulturbereichs lassen die Zusammenarbeit mit dieser Art der Agentur für bestimmte Projekte auch für Unternehmen sinnvoll erscheinen.

Nach einhelliger Auffassung und Einschätzung der Wirtschaftspresse und forschungsnaher Wirtschaftsinstitute ist die Agenturlandschaft ausgesprochen unübersichtlich und unterliegt großen Schwankungen. Eine Vielzahl von Neugründungen und im Zuge einer schlechten Auftragslage oder möglicherweise eines Mangels an Professionalität eine hohe Zahl von Konkursen machen es schwer, den Markt zu überblicken. Ein ausführliches Monitoring, das heißt eine intensive Beobachtung des relevanten Agenturmarktes, sollte daher die Suche nach einer Agentur einleiten.

Darüber hinaus muss sich das Unternehmen zunächst einmal darüber klar werden, welche Aufgaben von der Agentur übernommen werden sollten. Die Agenturlandschaft ist auf diese Anforderungen an die Agentur hin zu durchleuchten. „Wichtig ist eine Recherche vorab, welche Referenzen die Agenturen vorweisen können. Wie erfahren, bekannt bzw. akzeptiert ist die Agentur im Kunstmarkt?“ (Holger Struck, Aloys F. Dornbracht GmbH).

Leistungen von Agenturen

Die Leistungen der Agenturen beschränken sich nicht allein auf die Zusammenführung der beiden Parteien, sondern können sich auch auf die Beratung bei Planung, Durchführung und Kontrolle eines Kultursponsorings erstrecken. Aus Sicht des Unternehmens beginnt die Tätigkeit mit der Suche nach einem geeigneten Künstler oder einem geeigneten Kulturprojekt. Folgende fachliche Aufgaben können von Agenturen übernommen werden, sofern dies vom Auftraggeber gewünscht wird:

- Erstellung einer Sponsoringstrategie,
- Erstellung eines Sponsoringkonzeptes,
- Beobachtung der Sponsoringstrategien der Konkurrenz,
- Auswahl und Ansprache der Partner,
- Kalkulation und Budgetierung des Sponsoringprojektes,
- Verhandlungen mit den Partnern,
- Vorbereitung / Aushandlung der Verträge,
- Vorbereitung und Durchführung der Kulturveranstaltung,
- Pressearbeit,
- Dokumentation des Sponsoringprojektes,
- Kontrolle der Sponsoringmaßnahme,
- Pflege des Sponsorenverhältnisses.

Agenturen können einen Full- oder einen Teil-Service leisten, wobei sie verständlicher Weise zumeist einen Full-Service anzustreben versuchen. Das Unternehmen sollte aber nur diejenige Leistung in Anspruch nehmen, die es selbst nicht leisten kann. Wenn ein Unternehmen also beispielsweise bereits weiß, welches kulturelle Projekt es mit seinen Sponsoringgeldern unterstützen möchte, muss es eine Agentur nur noch mit der Vermittlungsfunktion und möglicherweise mit der Durchführungsfunktion beauftragen.

Dagegen kommt die Full-Service Agentur für jene Unternehmen in Frage, die bisher nur eine vage Absicht haben, sich im Bereich des Kultursponsorings zu engagieren, ohne bereits eine konkrete Sponsoringstrategie vorweisen zu können. In diesem Falle kann es die Aufgabe einer Agentur sein, ein solches Konzept zu entwickeln und mögliche Partner im Kulturbereich zu identifizieren. „Man sollte gut überlegen, ob man die Leistung nicht selbst, d.h. inhouse erbringen kann. Häufig lohnt es sich eher für kleinere Unternehmen, Agenturen zu beauftragen, da größere die Möglichkeit haben, eine eigene Kulturabteilung aufzubauen, die das Thema optimal betreuen und persönliche Kontakte zu den Künstlern pflegen kann“ (Hjördis Jahnecke, Hugo Boss AG).

Kosten

Die Diskussion um Vor- und Nachteile einer Agentur dreht sich zunächst immer um das Kostenargument. Zu bedenken ist jedoch, dass es zunächst einmal unwichtig ist, ob dem Unternehmen die Kosten intern oder extern entstehen: Ein detailliert geplantes Kulturengagement bindet in jedem Fall kostenverursachende Kapazitäten.[84] Hat man sich jedoch für eine Zusammenarbeit mit einer Agentur entschieden, ist neben den fachlichen und kommunikativen Kompetenzen einer Agentur der jeweilige Preis für ihren Service ein wichtiges Entscheidungskriterium. „Die Agentur muss die Kosten so transparent wie möglich gestalten."(Silvia Finke, Debitel AG) Dieser Preis sollte unbedingt vorher vereinbart werden. Dabei kann die Bezahlung in Form einer einmaligen Honorierung, einer Provision oder in einer Kombination von beidem erfolgen.

Die Honorierung kann in einem Pauschalhonorar oder in Tagessätzen bezahlt werden. Bei ihrer Bemessung kommt es auf die Leistung der Agentur und deren Ansehen an. Das Risiko, dass die Erbringung der Leistung nicht in dem vereinbarten Zeitrahmen erfolgt, sollte voll von der Agentur getragen werden.

Provisionen werden als ein Prozentsatz der Sponsoring-Summe festgelegt. Somit steigt mit der Höhe der Sponsoringausgabe auch die Höhe der Provision für die Agentur. Nicht von ungefähr haben Agenturen an einer höheren Sponsoringsumme ein besonderes Interesse. Hohe Agenturkosten reduzieren aber ihrerseits die Gelder, die direkt in das Kulturprojekt fließen. Hierin liegt ein häufiger Grund für Unternehmen, auf die Zusammenarbeit mit Agenturen zu verzichten.

Merkmale der Agentur

Agenturstruktur

Zunächst gilt es, die Agenturen auf strukturelle bzw. quantitative Merkmale hin zu untersuchen. Diese können u.a. die Entwicklung und Zusammensetzung des Umsatzes sowie die Entwicklung des Mitarbeiter-Stabes und die Anzahl und Struktur des aktuellen Etats sein.[85] Aber auch qualitative Merkmale sind entscheidend für die Beurteilung einer Agentur: Wie eigenständig ist die Agentur, wie originell sind ihre Konzepte? Welche in- und ausländischen Erfahrungen im relevanten Bereich kann sie vorweisen? Stellt sie sich als gesprächsbereit und -fähig heraus und wie groß ist ihr Renommé? Gerade vor dem Hintergrund des engen und hartumkämpften Agentur-Marktes neigen manche Agenturen dazu, Kompetenz in allen möglichen Bereichen vorzugeben, nur um den Auftrag tatsächlich zu erhalten.

[84] Loock F (1995), S.171

[85] Loock F (2002), S. 173

Abb. 27: Ausstellungseröffnung der „ars viva“, Köln 1961 (Förderprojekt des Gremiums Bildende Kunst), Kulturkreis der deutschen Wirtschaft im BDI e.V. (Foto: Willy Pragher), s. Kurzportrait S. 18

Mitarbeiter

Im Einzelfall gibt die Mitarbeiterstruktur Aufschluss über die Professionalität der Agentur. Nicht selten arbeiten Agenturen mit bezahlten Praktikanten, die sie nach außen als kompetente Mitarbeiter verkaufen. Gerade aber die Kreativität und das Organisations- und Vermittlungsgeschick der Mitarbeiter sind Grundvoraussetzung für eine gute Agenturleistung. Eine Einsicht in die Lebensläufe der Mitarbeiter ist von daher hilfreich. Auch sollte man erfragen, von wem und mit welcher Motivation die Agentur gegründet wurde.

Größe der Agentur

Auch die Größe einer Agentur ist ein entscheidender Faktor für die Zusammenarbeit. Kleine Gesellschaften überzeugen oft durch ihre inhaltliche und organisatorische Flexibilität. Ferner kann sich in der Zusammenarbeit mit ihnen im Verlauf der Beratung ein hohes Maß an Loyalität aufbauen. Statements großer Gesellschaften hingegen werden möglicherweise eher gehört, da sie sich politisch leichter verkaufen lassen.[86] „Charakter und Größenordnung der bislang von der betreffenden Agentur betreuten Sponsoringprojekte muss zum Auftraggeber passen. Sind diese zu klein, übernimmt sich die Agentur evtl., sind diese zu groß, ist man als Kunde möglicher weise nicht wichtig genug" (Dr. Lutz Tantow, Nord LB).

Präsentation des erarbeiteten Agentur-Konzeptes

Die endgültige Entscheidung für oder gegen eine bestimmte Agentur sollte nach einer Präsentation des Konzeptes erfolgen. Dies kann auf zwei unterschiedliche Arten erfolgen. Entweder man lädt mehrere Agenturen zu einer Wettbewerbspräsentation, einem sogenannten „Pitch", ein oder man entscheidet auf Grundlage einer Vorstellungspräsentation nur einer einzigen Agentur.

Wettbewerbspräsentation – Pitch

Bei einem „Pitch" erhalten mehrere ausgewählte Agenturen das gleiche Informationsmaterial. Sie entwickeln einen Vorschlag, den sie im Wettbewerb mit anderen Agenturen dem auftraggebenden Unternehmen präsentieren. Je mehr Agenturen den Auftrag zur Erstellung eines Vorschlages erhalten, um so höher sind die Kosten. Darüber hinaus muss jede Agentur einzeln gebrieft

[86] Johnson G M (2000)

werden und benötigt jeweils Zeit, ihren Vorschlag zu präsentieren. Der erhebliche Kosten- und Zeitaufwand bei einem Pitch kann jedoch erfahrungsgemäß durch ein höherwertiges Beratungsergebnis gerechtfertigt werden.[87]

Vorstellungspräsentation

Bei einer Vorstellungspräsentation stellt nur eine Agentur ihr Konzept vor, das in enger Absprache mit dem Unternehmen erstellt wird. Für diese Art der Präsentation sprechen zweifellos die geringeren Kosten. Auch kann man diese Vorgehensweise mit einer verminderten Informationsstreuung begründen. Allerdings erfordert diese Art der Auswahl eine sehr genaue Marktanalyse im Vorfeld. Sollte sich die Agentur darüber hinaus trotz der vorherigen, engen Einbindung in der Abschlusspräsentation als Flop erweisen, stellt die erneute Suche einen erheblichen Zeitfaktor dar.

Auswahl-Checkliste

Die Auswahl-Checkliste führt einige Kriterien an, die für die Auswahl der Agentur wichtig sind:

- Wie ist das Renommé der Agentur?
- Wie groß ist das Kontaktnetz (Verbände, Medien, Unternehmen, Kulturinstitutionen, relevante Persönlichkeiten) der Agentur?
- Welche nationalen und internationalen Erfahrungen / Kontakte kann die Agentur im relevanten Bereich vorweisen?
- Welcher Spezialisierungsgrad liegt bei der Agentur vor?
- Wie sieht die aktuelle Auslastung der Agentur aus?
- Welche anderen Kunden betreut die Agentur?
- Hat die Agentur die relevanten Medienkontakte?
- Ist das Preisniveau der Agenturleistung mit Ihren Budgetvorstellungen zu vereinbaren?
- Wie sieht die Mitarbeiterstruktur aus?
- Kann die Agentur Referenzen nennen?

[87] Johnson G M (2000)

- Ist die Agentur mit modernen Kommunikationsmitteln ausgestattet?
- Ist die Vertraulichkeit der Informationen gesichert?

Schriftlicher Vertrag

Um spätere Konflikte so gering wie möglich zu halten und Unstimmigkeiten zwischen dem Unternehmen und der Agentur zu vermeiden, sollte eine klare Aufgabenbeschreibung vorgenommen und ein Vertrag entwickelt werden. Folgende Punkte sollten in einem solchen Vertrag geregelt werden:

- Nennung der Vertragspartner,
- zeitlicher Rahmen der Zusammenarbeit,
- Zeitpunkt des Vertragsbeginns,
- Kündigungsmöglichkeiten,
- Umfang des Engagement,
- Konkurrenzausschluss,
- Zahlungsmodalitäten,
- Leistungsumfang,
- Vertragsbeendigung,
- die jeweiligen Ansprechpartner,
- Vertretung des Projektes nach außen.

Hat man sich für eine Agentur entschieden, sollte man ihr innerhalb der vertraglichen Vereinbarungen auch freie Hand geben: Ein wichtiger Faktor ist die „Selbständigkeit der Agentur - der Sponsor darf nicht permanent reinreden. Er muss auch loslassen können“ (Hugo Gensler, HVB Immobilien Management GmbH).

Briefing der Agentur

Um erfolgreich arbeiten zu können, ist die Agentur auf breite Unterstützung beider Geschäftspartner angewiesen. Diese Unterstützung besteht zunächst in der Lieferung von Informationen. Ein gutes „Briefing“ ist in jedem Fall erforderlich. Ohne eine detaillierte Darstellung der eigenen Erwartungen und die Formulierung konkreter Zielsetzungen fehlt ein Maßstab für die Qualitätsbemessung der erbrachten Leistung. Darüber hinaus gilt es, „sehr genau den dafür zuständigen Projektleiter bzw. die zuständige Projektleiterin hinsichtlich des Auftritts nach außen hin zu prüfen. Vorher sollte man exakt festlegen, wer nach außen auftritt - die Agentur oder das Unternehmen." (Christiane Krebs-Hartmann, Volkswagen AG)

Diese Bereitschaft, Informationen in ausreichendem Maße zu liefern, ist möglicherweise bei den beiden Partnern nicht gleichermaßen vorhanden. Da notwendiger Weise auch Informationen übermittelt werden, die nicht für die Öffentlichkeit bestimmt sind - wie z.B. Budgetgröße, zeitliche Rahmenplanung, Anzahl der Engagements, Umsatz oder Mitarbeiterzahl - muss zu jedem Zeitpunkt für Unternehmen und Kulturinstitution sichergestellt sein, dass die bereitgestellten Daten vertraulich behandelt werden. Die Trennung von allgemein verfügbaren und allein intern verwendbaren Angaben ist von größter Bedeutung. Für den erfolgreichen Verlauf der Agenturenarbeit ist es generell erforderlich, nach dem erfolgten Erst-Briefing auch weiterhin sowohl eine Kostenkontrolle als auch zeitnahe Feedback-Gespräche durchzuführen.

Zusammenfassung

Jedes Unternehmen muss für sich selbst entscheiden, ob eine Zusammenarbeit mit einer Agentur sinnvoll ist oder nicht. In doppeltem Sinne kann externer Rat hilfreich sein, a) um bestehende Wissens- und Erfahrungsdefizite in möglichst kurzer Zeit zu beheben, b) mit externer Kompetenz ein kulturelles Engagement zu realisieren, dass intern aus eigener Kraft nicht geleistet werden könnte.

Für den Fall, dass man die Entscheidung für eine Zusammenarbeit mit einer Agentur erst nach einer „Arbeitsprobe" endgültig entscheiden möchte, bietet es sich möglicherweise an mit einem kleineren Projekt zu beginnen. Die daraus resultierenden Erfahrungen können dann eine gute Grundlage für eine endgültige Entscheidung sein.

Literatur

Bruhn M (1998) Sponsoring - Systematische Planung und integrativer Einsatz, Wiesbaden

Bortuluzzi Dubach E, Frey H (1997) Sponsoring - Der Leitfaden für die Praxis, Wien

Johnson G M (2000) Alleingänge und Kooperationen - Bausteine einer Beratung. In: KMM, Zeitschrift für Kultur- und Medienmanagement, Ausgabe 2/2000

Loock F (1995) Kunstsponsoring, Wiesbaden

Fragebogenaktion (2002) zu der Zusammenarbeit von Unternehmen mit Agenturen im Kultursponsoringbereich. AKS / Arbeitskreis Kultursponsoring, Berlin

Anhang

Anhang

Glossar

Anstalt, öffentlich-rechtliche

Die öffentlich-rechtliche Anstalt ist eine öffentlich-rechtliche juristische Person. Die Rechtspersönlichkeit ist nicht an ein bestimmtes geographisches Gebiet gekoppelt, sondern an das Angebot einer bestimmten öffentlichen Dienstleistung, z.B. Rundfunkanstalten - auch wählten einige Landestheater diese Rechtsform. Jede öffentlich-rechtliche Anstalt benötigt ein eigenes Landesgesetz. Die öffentlich-rechtliche Anstalt wird geführt von einem Intendanten bzw. einem Vorstand; als Kontrollgremium fungiert der Verwaltungsrat.

Aufwandsspenden

Aufwandsspenden sind Überlassungen von Sach- und Dienstleistungen, über die ein Vertrag mit einem vereinbarten Aufwandsersatzanspruch geschlossen wird. Dem Begünstigten muss es also freistehen, ob er den Aufwendungsersatz vereinnahmt oder ob er ihn der Körperschaft als Spende zur Verfügung stellt. Wesentlicher Anhaltspunkt für die Ernsthaftigkeit von Aufwendungsersatzansprüchen ist die wirtschaftliche Leistungsfähigkeit der Körperschaft. Diese muss ungeachtet eines späteren Verzichts in der Lage sein, den geschuldeten Aufwendungsersatz zu leisten.

Benchmarking

Benchmarking ist der kontinuierliche Prozess, eigene Produkte, Dienstleistungen und Praktiken mit den stärksten Mitbewerbern zu messen, die als Markt- oder Wahrnehmungsführer angesehen werden. Wettbewerbsvorteile lassen sich ebenfalls erzielen, wenn man interne Betriebsbereiche miteinander vergleicht.

Bonusprogramme

Zahlreiche Dienstleistungsunternehmen bieten ihren Kunden als Gratifikation für nachgefragte Leistungen ein Bonusprogramm an. Die Programme sind in der Detailgestaltung unterschiedlich, ihnen gemeinsam aber ist das Prinzip der früheren „Rabattmarken". Zu diesen Programmen gehören unter anderem „miles & more" (Lufthansa), „Payback" (diverse Dienstleister) oder Programme von Kreditkarten-Unternehmen wie beispielsweise der American Express Company. Viele Anbieter von Bonusprogrammen weisen ausdrücklich darauf hin, dass die Gratifikation - statt für eine persönliche Verwendung - an gemeinnützige Einrichtungen weitergeleitet werden können. Dadurch erhalten jene gemeinnützige Einrichtungen die im Bonusprogramm angebotenen Dienstleistungen und Sachgüter. Dieser Transfer findet in der Regel ohne Spendenbescheinigung statt.

Bürgerschaftliches Engagement

Ein Unternehmen sieht sich als Teil der Gesellschaft und übernimmt entsprechende gesellschaftliche Pflichten, gleich denen eines Bürgers. Die positiven Effekte solchen unternehmerischen Engagements sind vielfältig und wirken betriebsintern wie betriebsextern. Unternehmerisches bürgerschaftliches Engagement kann ein wichtiger Standortfaktor in einer Region sein.

Bürgerstiftung

Von den in der Regel durch Einzelpersonen geschaffenen Stiftungen unterscheidet der auf der in Amerika entstandenen Idee der Community Foundations, also Gemeinschaftsstiftungen vieler Bürger, die sich zur gemeinnützigen Arbeit in einer Stadt oder einer Region zusammentun. In Deutschland sind seit 1996 bereits über 30 Bürgerstiftungen neuer Prägung entstanden. Etwa 70 weitere sind in der Gründungsphase, sodass die Zahl der Bürgerstiftungen und die der Initiativen zur Errichtung von Bürgerstiftungen bundesweit bereits auf über 100 gestiegen ist.

Community Engagement

Eine Gemeinschaft wirkt über Bereichsgrenzen hinweg bürgerschaftlich zusammen und bildet damit die Grundlage für soziales Lernen. Entstehende Netzwerke lassen sich als soziales Kapital einer Gesellschaft begreifen, sobald sie ein koordiniertes Vorgehen zur Lösung gemeinsamer Probleme und die (Um-) Gestaltung von gesellschaftlichen Institutionen ermöglichen.

Corporate Citizen

Unternehmen bejahen die eigene bürgerschaftliche Mitverantwortung im Gemeinwesen sowie die Existenz anderer Bürger als (mögliche) Kooperationspartner. Die Selbstbestimmung eines Unternehmens zum Corporate Citizen ist nicht nur eine semantische, sondern auch eine inhaltliche Festlegung. Wer als Corporate Citizen handelt, für den mag zugleich moralische Überzeugung und wirtschaftliches Eigeninteresse eine Rolle spielen.

Corporate Citizenship

Corporate Citizenship ist die Umsetzung des Leitbilds eines Unternehmens als mitverantwortlicher Bürger. Es stellt mit seinen verschiedenen Spielarten und Modifikationsformen eine Entwicklungsperspektive für gesellschaftsbezogenes unternehmerisches Handeln im 21. Jahrhundert dar.

Corporate Identity

Unter Corporate Identity (CI) wird mehrheitlich ein integrierter strategischer Entscheidungsrahmen verstanden, mit dem Ziel, von innen heraus eine Selbstdarstellung einer Organisation nach außen zu steuern. Die CI ist Ausdruck der Unternehmensphilosophie bzw. des Unternehmensleitbildes.

Corporate Volunteering

Corporate Volunteering ist ein unternehmerisches Bürgerengagement in Form von betrieblichen Freiwilligenprogrammen. Diese dienen dem Training der sozialen Kompetenz von Mitarbeitern und der Horizonterweiterung insbesondere des Führungsnachwuchses.

Doppik

Doppik ist eine weit verbreitete Kurzform für „doppelte Buchführung", dem heute verwendeten System der Buchführung kaufmännischer Unternehmungen unter folgenden Grundsätzen: 1) Jede durch einen Geschäftsvorfall ausgelöste und auf Grund eines Beleges vorgenommene Buchung berührt zwei Konten, die im sogenannten Buchungssatz benannt werden. 2) Die Ermittlung des Periodenerfolges erfolgt zweimal: (a) durch die Bilanz und (b) durch die Gewinn- und Verlustrechnung.

Drittmittel

Drittmittel sind in der Regel von Dritten gewährte finanzielle Mittel, also von Personen und Einrichtungen, die mit der Zuwendereinrichtung nicht in einem gesellschafts- und auftragsbezogenen Verhältnis zueinander stehen.

Eigenbetriebe

Eigenbetriebe bzw. eigenbetriebsähnliche Einrichtungen sind wirtschaftlich eigenständige Unternehmen, die als Sondervermögen der Kommunen bzw. des Landes ohne eigene Rechtsfähigkeit geführt werden. Rechtsgrundlage sind das Kommunalrecht sowie die Eigenbetriebsverordnungen oder -gesetze der Länder für wirtschaftliche Unternehmen der Kommunen. Eigenbetriebe werden auf Landesebene auch als „Landesbetrieb" bezeichnet; falls mehrere Gemeinden Träger sind, auch als „zusammengesetzter Eigenbetrieb" oder „Querverbund".

Evaluation/Evaluierung

Als Evaluation bezeichnet man die Festsetzung des Wertes einer Sache über Wirkungskontrollen. Mit der Durchführung dieser Kontrollen werden allgemein zwei Ziele verfolgt: Zum einen sollen Abweichungen von angestrebten Zuständen dokumentiert werden, zum anderen will man Informationen gewinnen, die die Grundlage für künftige Entscheidungen verbessern. Evaluationskonzepte dienen beispielsweise auch der Bewertung von Sponsoringmaßnahmen.

Fundraising

Fundraising beschreibt das Beschaffen von Finanz- und Sachmitteln für verschiedene, in der Regel gemeinnützige Zwecke.

Kameralistik

Kameralistik ist der Terminus für den Rechnungsstil der öffentlichen Verwaltung (Gebietskörperschaften) sowie der mit ihr verbundenen Betriebe. Die kameralistische Buchführung, also die Wirtschaftsführung entsprechend ausgerichteter öffentlicher Einrichtungen, weist Einzelposten im Rahmen des Gesamthaushalts der Gebietskörperschaft aus.

Kapitalgesellschaft, gemeinnützige

Eine gemeinnützige Kapitalgesellschaft ist eine zivilrechtliche Rechtsform, die gemäß den Vorgaben der Abgabenordnung (§ 51 Abs. 2 AO) begünstigt ist. Weit verbreitetes Beispiel einer gemeinnützige Kapitalgesellschaft ist die gemeinnützige GmbH (gGmbH).

Kulturmanagement

Kulturmanagement ermöglicht Kultur, indem es die für eine kulturelle Entfaltung erforderlichen Freiräume schafft und sichert. Kulturmanager können auch Künstler sein, jedoch sind sie dies niemals zeitgleich. Kulturmanager wirken eher „hinter der Bühne", Künstler eher „auf der Bühne". Beispiele für eine typische Tätigkeit als Kulturmanager sind das Management von Orchestern oder von Festivals sowie die kaufmännische und/oder verwaltungsbezogene Leitung eines Theaters oder eines Opernhauses.

Matching Funds

Matching Funds sind eine Kombination aus Eigen- und Fremdfinanzierung, deren Mischung in gegenseitiger Abhängigkeit zueinander steht. So werden beispielsweise Fremdmittel (z.B. öffentliche Mittel) erst dann gewährt, wenn der Begünstigte Eigenmittel in vereinbarter Höhe (z.B. gleich viel private Mittel) nachweisen kann.

Mäzen

Sprachgebräuchlich bezeichnet man Freunde und Gönner von Kunst und Künstlern als Mäzene, soweit sie ihre Förderung nicht von einer expliziten Gegenleistung abhängig machen → *Mäzenatentum*.

Mäzenatentum

Als Mäzenatentum wird ein nicht auf Gegenleistung ausgerichtetes Handeln zugunsten gesellschaftlicher Belange im Sinne eines Mäzens bezeichnet. Das handlungsweisende Bewusstsein kann gesellschaftlich verankert sein (kollektives Mäzenatentum) oder ganz individuell ausgestaltet sein (autonomes Mäzenatentum). Der Begriff Mäzenatentum findet in erster Linie im Zusammenhang mit der Förderung von Kunst und Kultur Verwendung; dies ist möglicherweise auf das Förderspektrum des Namensgebers Maecenas zurückführbar. Prinzipiell aber ist Mäzenatentum in allen gesellschaftlichen Bereichen denkbar.

Monitoring

Als Monitoring bezeichnet man die laufende Überwachung, Interpretation und Auswertung von Umfeld-Reaktionen und Umfeld-Veränderungen, die Rückschlüsse auf künftige Entwicklungen erlauben. Das Monitoring ermöglicht beispielsweise das frühzeitige Erkennen von Trendveränderungen.

NGO – Non Governmental Organisation (Nicht-Regierungsorganisationen)

Eine einheitliche Begriffsdefinition ist schwierig, da Nicht-Regierungsorganisationen heterogene Gruppierungen sind. Nach gängigem Verständnis handelt es sich um freiwillige Zusammenschlüsse einzelner Bürger mit gleichen oder ähnlichen Interessen auf lokaler, regionaler, nationaler oder internationaler Ebene. NGOs im engeren Sinne sind in ihrer Zielsetzung in aller Regel philanthropisch und nicht gewinnorientiert. In Deutschland zählen Greenpeace und Amnesty International zu den bekanntesten NGOs. Zwei große NGOs in der Entwicklungshilfe sind Misereor und der Hermann-Gmeiner-Fonds.

Outsourcing

Der Begriff Outsourcing setzt sich zusammen aus „outside", „resource" und „using". Das kann übersetzt werden mit „Ressourcen in die Verantwortung Dritter übergeben". Die Optimierung erfolgt anstelle der bisherigen Erledigung im eigenen Betrieb durch die Nutzung externer Dienstleistungen oder Produktionen. Dies geschieht um Unternehmensstrukturen wirtschaftlich zu optimieren.

Pitch

Die endgültige Entscheidung für oder gegen eine bestimmte Agentur sollte nach einer Präsentation des Konzeptes erfolgen. Dies kann in Form einer Wettbewerbspräsentation erfolgen, dem sogenannten „Pitch".

Public Private Partnership

Als PPP bezeichnet man eine von öffentlichen und privaten Partnern gemeinschaftlich vorgenommene Umsetzung eines Vorhabens.

Regiebetriebe

Regiebetriebe sind Teil der öffentlichen Verwaltung und besitzen keine eigene Rechtspersönlichkeit. Die betreffenden Einrichtungen sind unselbständige, eingegliederte Abteilungen der allgemeinen Verwaltung des Trägers (eigenständiges Amt, Institut oder Abteilung des Kulturamts). Rechtsgrundlage ist die Gemeinde- bzw. Kreisordnung. Die öffentliche Verwaltung sieht beispielsweise Kultur als eine ureigene Aufgabe an, folglich sind Kultureinrichtungen häufig noch Teil der kommunalen Verwaltung.

Sachspenden

Als Sachspende kommen Wirtschaftsgüter aller Art in Betracht. Die Sachspende ist grundsätzlich mit dem gemeinen Wert (i.d.R. Marktwert) des gespendeten Gegenstandes zu bewerten. Ist der Gegenstand vor der Spende aus einem Betrieb entnommen worden, kann höchstens der Wert angesetzt werden, der vorher auch bei der Entnahme zu Grunde gelegt worden ist, jedoch zuzüglich der bei der Entnahme angefallenen Umsatzsteuer. Entnahmewert kann dabei auch der Buchwert sein (Buchwertprivileg). Die Spenden müssen für die ideellen Aufgaben der Körperschaft oder für einen Zweckbetrieb bestimmt sein. Spenden für einen steuerpflichtigen wirtschaftlichen Geschäftsbetrieb (z.B. Fest- oder Verkaufsveranstaltungen) sind nicht begünstigt.

Sachsponsoring

Sponsoren können als Leistung neben Finanzmitteln auch Sachmittel der gesponserten Einrichtung zur Nutzung überlassen. Sachsponsoring ist möglichst zum Verkehrswert anzusetzen.

Sammelstiftung

Stiftung, in die das Vermögen verschiedener anderer (handlungsunfähig gewordener) Stiftungen eingegliedert wurde.

Social Responsibility

In der Literatur wird SR oft mit „Corporate Social Responsibility" (CSR) bezeichnet. Es bezeichnet die gesellschaftliche Dimension des nachhaltigen Wirtschaftens und die Bereitschaft, in gesellschaftlichem Rahmen Verantwortung zu übernehmen. Je nach Unternehmensgröße, Internationalisierungsgrad und Produktpalette kann lokale, regionale oder globale Verantwortung gemeint sein.

Soft skills

Als soft skills werden Fähigkeiten wie beispielsweise soziale Kompetenz, Kommunikationsfähigkeit, Durchsetzungsfähigkeit etc. bezeichnet (im Gegensatz zu „hard skills", wie beispielsweise Fachkenntnisse).

Spende

Eine Spende ist eine freiwillige Leistung, die ohne Gegenleistung, aber i.d.R. mit einer gewissen Zweckbestimmung gegeben wird. Steuerlich gesehen sind Spenden grundsätzlich nicht abzugsfähige Kosten der Lebensführung. Ausnahmen bilden dabei aber Spenden und Mitgliedsbeiträge zur Förderung mildtätiger, kirchlicher, religiöser, kultureller, wissenschaftlicher, staatspolitischer und als besonders förderungswürdig anerkannter gemeinnütziger Zwecke.

Sponsoring

Sponsoring ist eine gezielte und geplante Bereitstellung von Finanz-, Sachmitteln und Dienstleistungen durch Unternehmen zum Zwecke der Unterstützung von Organisationen, Einrichtungen, Veranstaltungen, Medienbeiträgen und Ereignissen sowie Einzelpersonen und Gruppen im Austausch gegen die Partizipation an Image und Goodwill der gesponserten Einrichtungen, Organisationen und Personen. Sponsoring hat sich in einer Zeit der zunehmenden Skepsis der Konsumenten gegenüber den traditionellen Formen von Werbung und Marketing als Kommunikationsinstrument bewährt, wo Zielgruppen mit den Mitteln einer klassischen Kommunikation nur schwer zu erreichen sind. Die häufigsten Formen von Sponsoring sind: Kultur-S., Wissenschafts-S., Öko-S., Sozio-S., Sport-S.

Stiftung öffentlichen Rechts, Stiftung privaten Rechts

Eine Stiftung öffentlichen Rechts ist eine eigenständige Rechtsperson und Teil der mittelbaren Staatsverwaltung in Form einer mit Rechtsfähigkeit ausgestatteten, nicht verbandsmäßig organisierten Einrichtung. Diese soll einen vom Stifter (z.B. dem Staat oder einer seiner Untergliederungen) bestimmten Zweck mit Hilfe eines gewidmeten Vermögens dauernd fördern. Rechtsgrundlage ist dabei ein eigener staatlicher Hoheitsakt (Gesetz oder Staatsvertrag). Eine Stiftung privaten Rechts ist eine eigenständige Rechtsperson im privaten Recht.

Stiftung, selbstständige und nicht-selbstständige (Treuhänder-Stiftung)

Eine unselbstständige Stiftung ist keine eigene Rechtspersönlichkeit und benötigt zur Außenwirkung einen Treuhänder. Der Treuhänder sollte ein dem Stiftungszweck entsprechendes Know-how besitzen; mit ihm wird ein Treuhändervertrag geschlossen. Eine staatliche Aufsicht der Stiftungsarbeit besteht nicht. Ein eigenständiges Profil wie bei einer rechtsfähigen Stiftung, die als eigene Rechtspersönlichkeit agiert, lässt sich nicht aufbauen.

Stiftungsaufsicht

Die staatliche Stiftungsaufsicht ist Garant dafür, dass der bei Errichtung einer selbstständigen Stiftung in ihren Statuten manifestierte Wille der Stifterinnen und Stifter auf Dauer beachtet und das Stiftungsvermögen im Prinzip ungeschmälert erhalten wird. Die Stiftung hat keine Mitglieder wie ein Verein, die den Vereinsvorstand in Mitgliederversammlungen kontrollieren können, und bedarf einer externen Kontrolle ihrer Organe. In jedem deutschen Bundesland wachen die jeweiligen Bezirksregierungen, in deren Gebiet sich der Sitz der selbstständigen Stiftung befindet, als Stiftungsaufsichtsbehörde darüber, dass der Stiftung das ihr zustehende Vermögen zufließt und das Stiftungsvermögen sowie seine Erträge in Übereinstimmung mit dem Stiftungsgesetz und dem Willen der Stifterinnen und Stifter verwaltet bzw. verwendet werden. Die Stiftungsaufsichtsbehörde kann sich jederzeit über alle Angelegenheiten der Stiftung unterrichten und einen Bericht anfordern. Nötigenfalls kann sie geeignete Anordnungen treffen und deren Durchführung, sofern anders nicht sicherzustellen, einem von ihr zu bestellenden Sachwalter übertragen. Bestimmte Rechtsgeschäfte wie Vermögensumschichtungen oder Grundstücksveräußerungen bedürfen ihrer Genehmigung. Oberste Richtschnur für die Stiftungsaufsicht ist der Stifterwille. Die Bezirksregierung führt ein Stiftungsverzeichnis bezüglich der selbstständigen Stiftungen ihres Bezirks. Bei berechtigtem Interesse ist aus dem Stiftungsverzeichnis Auskunft über Name, Sitz, Zweck und vertretungsberechtigte Organe der Stiftung zu erteilen.

Stiftungsregister

Stiftungsregister werden bei den nach Landesrecht zuständigen Stiftungsbehörden geführt. Stiftungen erwerben die Rechtsfähigkeit durch die Eintragung in das Stiftungsregister.

SWOT-Analyse

Das Kürzel SWOT steht für „**S**trength“, „**W**eaknesses“, „**O**pportunities“ und „**T**hreats“. Es ist ein Verfahren zur Analyse von Stärken, Schwächen, Chancen und Risiken des eigenen Betriebes bzw. Projektes. Untersucht wird bei einer Stärken-Schwächen-Analyse die Position des eigenen Tätigkeitsbereichs im

Vergleich zu den Wettbewerbern. In der Praxis werden dabei häufig auch die Methoden des → *Benchmarking* eingesetzt.

Tausender-Kontakt-Preis (TKP)

Der TKP dient der Vergleichbarkeit ganz unterschiedlicher Instrumente, die einen Zielgruppen-Kontakt beabsichtigen. Durch Gegenüberstellung von Reichweite und dafür eingesetzten Mitteln errechnet sich der realisierte TKP.

Unternehmensträgerstiftung

Unter einer Unternehmensträgerstiftung versteht man eine Stiftung, bei der die Hauptgesellschafter bzw. der Hauptaktionär ein Unternehmen ist (z.B. die Robert-Bosch-Stiftung).

Unique selling proposition (USP)

Als USP wird das Herausstellen einer einzigartigen Eigenschaft bei der Positionierung eines Produkts bzw. eines Unternehmens bezeichnet. USP sollen durch Herausstellen der einzigartigen Vorteile die Zielgruppen stärker von den eigenen Leistungen als von den Konkurrenzleistungen überzeugen.

Verein, gemeinnütziger und wirtschaftlicher

Die grundlegenden Regelungen ergeben sich aus dem BGB. Die Beteiligten dürfen bei einem gemeinnützigen Verein keinen wirtschaftlichen Vorteil aus der Mitgliedschaft ziehen. Dies ist nur bei einem wirtschaftlichen Verein erlaubt. Dieser wiederum muss dafür nicht (mehr) staatlich zugelassen werden.

Win-Win-Situation

Eine Win-Win-Situation ergibt sich aus dem symbiotischen Zusammenwirken von unterschiedlichen Partnern, deren gemeinsame Tätigkeit allen Mitwirkenden Vorteile bringt.

Zustiftung

Als Zustiftung bezeichnet man den Aufbau des bereits bestehenden Stiftungsvermögens durch nachträgliche Vermögenszuwendungen.

Zuwendungen, steuerbegünstigte

→ *Spende*

Preise für unternehmerische Kulturförderung (Beispiele)

KulturMerkur Hamburg

Seit 1999 vergeben die Handelskammer Hamburg und die Hamburgische Kulturstiftung den „KulturMerkur" als Auszeichnung für herausragende Beispiele einer unternehmerischen Kulturförderung. Im jährlichen Rhythmus werden jeweils ein großes und ein kleines Hamburger Unternehmen ausgezeichnet. Durch die Preisverleihung sollen auch die Chancen für Identität und Image der Unternehmen, für ihre Innovationskraft und Mitarbeitermotivation herausgestellt werden. Auch soll betont werden, dass Unternehmen mit ihrem Kulturengagement ihrer gesellschaftlichen Verantwortung gerecht werden können. Ein gewollter Nebeneffekt der Preisverleihung: Die Kulturinstitutionen lernen, professioneller auf die Wirtschaft zuzugehen. Der KulturMerkur ist ein ideeller Preis und wird in Form des Merkurstabs vergeben.
(www.hamburg.handelskammer.de)

kultur plus – Das Remscheider Modell

„kultur plus – Das Remscheider Modell" ist eine bundesweite Initiative der Akademie Remscheid zur Förderung von Sponsoring-Partnerschaften zwischen Institutionen kultureller Bildung und Wirtschaftsunternehmen. Angeregt werden sollen mittel- bis langfristige Kooperationen, die beiden Seiten einen erkennbaren Nutzen bringen und mehr bewirken als Spenden oder das Sponsoring von einmaligen Events. „kultur plus" versteht sich als effizientes Instrument von Öffentlichkeitsarbeit und zielt auf ein partnerschaftliches Verhältnis; Institutionen kultureller Bildung treten nicht als Bittsteller auf, sondern als Anbieter sozial verantwortlicher und kulturell wertvoller Dienstleistungen. Die Gothaer Versicherungen fördern die Initiative „kultur plus" und stiften den „kultur plus – Gothaer Förderpreis für kulturelle Bildung". Der Preis wurde 1999 erstmals vergeben. (www.kulturplus.de)

Initiative Freiheit und Verantwortung

Um das Verantwortungsbewusstsein der Unternehmen zu fördern und öffentlich zu dokumentieren, startete die deutsche Wirtschaft unter der Schirmherrschaft des Bundespräsidenten die „Initiative Freiheit und Verantwortung". Sie wird getragen vom Bundesverband der Deutschen Industrie, der Bundesvereinigung der Deutschen Arbeitgeberverbände, dem Deutschen Industrie- und

Handelskammertag, dem Zentralverband des Deutschen Handwerks und der WirtschaftsWoche. Die Initiative vergibt einmal im Jahr den Preis „Freiheit und Verantwortung". Damit soll ein herausragendes, nachahmenswertes und nachhaltig wirkendes gesellschaftliches Engagement von Unternehmen in ganz unterschiedlichen Feldern gewürdigt werden. Beispiele dafür sind Bildung und Weiterbildung, Kultur, Jugendarbeit, die Vereinbarkeit von Familie und Beruf, die Integration von Minderheiten oder die intelligente Verknüpfung von Ökologie und Ökonomie. Mit ihrer Initiative möchte die Wirtschaft einen Beitrag zu einem vernünftigen Verhältnis zwischen Bürgern und Unternehmen leisten. (www.wiwo.de/www/fuv/hintergrund.htm)

CEREC-European Sponsorship Award

Im Jahr 1996 vergab CEREC (European Committee for Business, Arts and Culture) zum ersten Mal zusammen mit der Financial Times den „European Sponsorship Award". Der Preis, der jährlich vergeben wird, zeichnet Unternehmen in Europa aus, die beispielhaft Kulturprojekte von internationaler Bedeutung fördern. Bewerben kann man sich über die jeweiligen nationalen Mitgliedsinstitutionen von CEREC - in Deutschland über den Arbeitskreis Kultursponsoring/AKS (www.aks-online.org). Jede dieser nationalen Institutionen kann maximal drei Kandidaten aus ihrem Land für den Preis vorschlagen. Die Jury setzt sich aus Persönlichkeiten der Wirtschaft und der Kultur zusammen. (www.cerec.org)

Montblanc de la Culture

Die Montblanc International GmbH vergibt alljährlich einen Förderpreis für Förderer durch die Stiftung „Fondation d'Entreprise Montblanc de la Culture". Dieser internationale Förderpreis für Kulturförderer wurde 1992 ins Leben gerufen und wird inzwischen in zehn Ländern verliehen. Jedes Jahr werden mit Hilfe einer international und hochbesetzten Jury Persönlichkeiten ausgezeichnet, um sie auf diese Weise einmal ins Rampenlicht zu stellen und ihnen zu danken für ihr Engagement für Kunst und Kultur. Das Preisgeld beträgt insgesamt $150.000. Der Montblanc de la Culture ehrt private Mäzene und wirbt auf diesem Wege um viele Nachahmer zur Förderung der Kultur. (www.montblanc.com)

Adressen

Herausgeber

Dr. Susanne Litzel
Geschäftsführerin
Kulturkreis der deutschen
Wirtschaft im BDI e.V.
Breite Straße 29
10178 Berlin
Fon: (030) 20281406
Fax: (030) 20292406
s.litzel@bdi-online.de
www.kulturkreis.org

Prof. Dr. Friedrich Loock
Direktor
Institut für Kultur- und
Medienmanagement Hamburg
Harvestehuder Weg 12
20148 Hamburg
Fon: (040) 428 48-2001
Fax: (040) 428 48-2649
loock@kulturmanagement-hamburg.de
www.kulturmanagement-hamburg.de

Annette Brackert
Referentin
Arbeitskreis Kultursponsoring,
eine Initiative des Kulturkreises der
deutschen Wirtschaft im BDI e.V.
Breite Straße 29
10178 Berlin
Fon: (030) 20281435
Fax: (030) 20282435
a.brackert@bdi-online.de
www.aks-online.org

Autorinnen und Autoren

Gesa Birnkraut
Prof. Dr. Friedrich Loock
Institut für Kultur- und
Medienmanagement, Hamburg
Hochschule für Musik und Theater
Harvestehuder Weg 12
20148 Hamburg
Fon: (040) 428 48-2528
Fax: (040) 428 48-2649
info@kulturmanagement-hamburg.de

Annette Brackert
Arbeitskreis Kultursponsoring,
eine Initiative des Kulturkreises der
deutschen Wirtschaft im BDI e.V.
Breite Straße 29
10178 Berlin
Fon: (030) 20281435
Fax: (030) 20282435
a.brackert@bdi-online.de
www.aks-online.org

RA Alexander Bretz
Haus der Presse
Markgrafenstraße 15
10969 Berlin
Fon: (030) 23622570
Fax: (030) 23622571
info@kulturanwalt.de
www.kulturanwalt.de

Prof. Dr. André Habisch
Managing Director
Center for Corporate Citizenship e.V.
c/o Katholische Universität Eichstätt
Ostenstr. 26 - 28
85072 Eichstätt
Fon: (08421) 931-417
Fax: (08421) 931-426
kontakt@corporatecitizen.de
www.corporatecitizen.de

Rudolf Herfurth
Partner und Leiter
KPMG Beiten Burkhardt GmbH
Rechtsanwaltsgesellschaft
Steuerberatungsgesellschaft
Marie-Curie-Str. 30
60439 Frankfurt am Main
Fon: (069) 9587-4420
Fax: (069) 9587-4421
rherfurth@kpmg.com
www.kpmg-bb.com

Helmut Rundshagen
Partner
ERNST & YOUNG AG
Wirtschaftsprüfungsgesellschaft
Niederlassung Hamburg
Düsternstr. 1
20355 Hamburg
Fon: (040) 3765-2565
Fax: (040) 3765-23-2565
helmut.rundshagen@de.ey.com
www.ey.com

Prof. Dr. Manfred Schwaiger
Ludwig-Maximilians-Universität München
Institut für Unternehmensentwicklung und Organisation
Kaulbachstr. 45/I
80539 München
Fon: (089) 2180-5640
Fax: (089) 2180-5651
efoplan@bwl.uni-muenchen.de
www.efoplan.bwl.uni-muenchen.de

Rudolf Stilcken
Büro für Kommunikation GmbH
Alsterchaussee 25
20149 Hamburg
Fon: (040) 414107-0
Fax: (040) 4104348
info@rs-bfk.de

Unternehmen (Kurzportraits)

Allianz Kulturstiftung
Dr. Ludger Hünnekens
Geschäftsführendes Mitglied des Stiftungsrates
Maria-Theresia-Str. 4a
81675 München
www.allianz-kulturstiftung.de

Aloys F. Dornbracht GmbH & Co. KG
Holger Struck
Leiter PR und Kulturkommunikation
Postfach 14 54
58584 Iserlohn
www.statements.de

BASF Aktiengesellschaft
Dr. Klaus Philipp Seif
Leiter Kultur, Sport, Sozialberatung
Abteilung GPS/F - Z 22
67056 Ludwigshafen
www.basf.de

Beiersdorf AG
Prof. Manuela Rousseau
Leiterin PR-Programme
Unnastr. 48
20245 Hamburg
www.beiersdorf.com

Bertelsmann Stiftung
Dr. Hendrik Müller-Reineke
Referent für Public Relations
Carl-Bertelsmann-Str. 256
33311 Gütersloh
www.bertelsmann-stiftung.de

BMW Group
Christiane Zentgraf
Leiterin KulturKommunikation
Abteilung Presse und Öffentlichkeitsarbeit
80788 München
www.bmwgroup.com

Bucerius Kunst Forum gGmbH
Dr. Philipp Adlung
Geschäftsführer
Rathausmarkt 2
20095 Hamburg
www.buceriuskunstforum.de

CENTRAL KRANKENVERSICHERUNG AG
Dr. Michael Gante
Pressesprecher u. Leiter Unternehmenskommunikation/Marketing
Hansaring 40 - 50
50670 Köln
www.central.de

DaimlerChrysler AG

Dr. Astrid Sebb
Dr. Uli Kostenbader
Abteilung Corporate Sponsoring,
HPC 1026
70546 Stuttgart
www.daimlerchrysler.de

Kultur-Stiftung der Deutschen Bank

Dr. Walter Homolka
Michael Münch
60262 Frankfurt am Main
www.kultur-stiftung.org

E.ON AG

Dorothee Gräfin von Posadowsky
Managerin Kulturkommunikation
E.ON-Platz 1
40479 Düsseldorf
www.eon.com

Galerie der Jenoptik AG

Anna-Maria Ehrmann-Schindlbeck
Ernst-Abbe-Hochhaus
Carl-Zeiss-Str. 1
07743 Jena
www.jenoptik.de

GASAG

Birgit Jammes
Berliner Gaswerke AG
Unternehmenskommunikation
Reichpietschufer 60
10785 Berlin
www.gasag.de

Gerling Versicherungs-Beteiligungs-AG

Reimar Unterlöhner
Generalbevollmächtigter
Unternehmenskommunikation
Friesenstraße 72–74
50597 Köln
www.gerling.com

HUGO BOSS AG

Dr. Hjördis Jahnecke
Corporate Communication and
Arts Sponsorship
Dieselstr. 12
72555 Metzingen
www.hugoboss.com

HVB Immobilien AG

Hugo Gensler
Vorstand
Am Eisbach 3
80538 München
www.hvbimmobilien-ag.de

Jürgen Ponto-Stiftung zur Förderung junger Künstler

Karin Heyl
Leiterin des Bereichs Kunst und
Wissenschaft der Dresdner Bank AG
Dresdner Bank AG
Jürgen-Ponto-Platz 1
60301 Frankfurt
www.juergen-ponto-stiftung.de

Vereinte Krankenversicherung AG/ Allianz Private Krankenversicherung AG

c/o Kulturkontor GmbH
Josef Dachsel
Postfach 19 05 23
80605 München

Kulturstiftung der Stadtsparkasse München

Antje Driebold
Unternehmenskommunikation
Leiterin Öffentlichkeitsarbeit
Sparkassenstr. 2
80331 München
www.sskm.de/stiftungen

NORD/LB Norddeutsche Landesbank Girozentrale

Dr. Lutz Tantow
NORD/LB-Zentrum
Sponsoring - Kunstprojekte
Friedrich-Wilhelm-Platz
38100 Braunschweig
www.nordlb.de

NORDMETALL

Dr. Marc Gottschald
Verband der Metall- und
Elektro-Industrie e.V.
Marketing und Öffentlichkeitsarbeit
Kapstadtring 10
22297 Hamburg
www.nordmetall.de

Philip Morris GmbH

Elfriede Buben
Leiterin Kunstförderung
Abteilung Corporate Affairs
Fallstr. 40
81369 München
www.philipmorris.com

Rhenus Lub GmbH & Co. KG

Erkelenzer Str. 36
41179 Mönchengladbach
www.rhenuskunstpreis.de

Siemens Arts Program

Michael Roßnagl
Leiter des Siemens Arts Program
Siemens AG
Wittelsbacherplatz 2
80333 München
www.siemensartsprogram.com

Stiftung „Brandenburger Tor" der Bankgesellschaft Berlin

Prof. Monika Grütters
Vorstand
Max-Liebermann-Haus
Pariser Platz 7
10117 Berlin
www.stiftung.brandenburgertor.de

Stiftung „100 Jahre Yamaha" e.V.

Prof. Asmus Hintz
Yamaha Europa GmbH
Siemensstrasse 22-34
25462 Rellingen
www.yamaha.de

A. Sutter GmbH

Martin Sutter
Unternehmenskommunikation
Bottroper Str. 20
45141 Essen
www.kunstkaefig.de

Volkswagen Kommunikation

Christiane Krebs-Hartmann
Leiterin Team Kulturkommunikation
Briefffach 1975/0
38436 Wolfsburg
www.volkswagen.de

Weitere wichtige Einrichtungen

ARA - Arbeitsring Ausland für kulturelle Aufgaben e.V.

Dr. Susanne Litzel
Geschäftsführerin
Haus der Deutschen Wirtschaft
11053 Berlin
Fon: (030) 20281418
Fax: (030) 20282418
a.mueller@bdi-online.de
www.kulturkreis.org

Kulturkreis der deutschen Wirtschaft im BDI e.V.

Dr. Susanne Litzel
Geschäftsführerin
Haus der Deutschen Wirtschaft
11053 Berlin
Fon: (030) 20281406
Fax: (030) 20282406
kulturkreis@bdi-online.de
www.kulturkreis.org

Arbeitskreis Kultursponsoring / AKS

Dr. Susanne Litzel
Geschäftsführerin
Haus der Deutschen Wirtschaft
11053 Berlin
Fon: (030) 20281435
Fax: (030) 20282435
aks@bdi-online.de
www.aks-online.org

CEREC (European Committee for Business, Arts and Culture)

Colin Tweedy
Director General Arts and Business
60 Gainsford Street/Butlers Wharf
Nutmeg House
London SE1 2NY
Großbritannien
Fon: 0044/207 378 8143
Fax: 0044/207 407 7527
www.cerec.org
head.office@AandB.org.uk

Stifterverband der Deutschen Wissenschaft

Prof. Dr. jur. Manfred Erhardt
Generalsekretär und
Leiter der Hauptverwaltung
Postfach 16 44 60
45224 Essen
Fon: (0201) 8401-0
Fax: (0201) 8401-301
www.stifterverband.org

Bundesverband der Deutschen Stiftungen

Dr. Christoph Mecking
Geschäftsführer
Alfred-Krupp-Haus
Binger Str. 40
14197 Berlin
Fon: (030) 897947-0
bundesverband@stiftungen.org
www.stiftungen.org

„Freiheit und Verantwortung“ c/o Wirtschaftswoche

Veranstaltungsforum der
Verlagsgruppe Georg von Holtzbrinck
Corporate Citizenship
Wallstraße 23/24
10179 Berlin
Fon: (030) 27 87 18 15
www.wiwo.de/www/fuv/index.htm

Behördenadressen

Genehmigungs- und Aufsichtsbehörden der Länder

(Stand: August 2002)

Baden-Württemberg

Oberste Stiftungsbehörde

Innenministerium Baden-Württemberg

Referat 21
Dorotheenstr. 6
70173 Stuttgart
Postadresse:
Postfach 10 24 43
70020 Stuttgart
Fon: (0711) 231-4
Fax: (0711) 231-5000
poststelle@im.bwl.de
www.im.baden-wuerttemberg.de

Regierungspräsidium Freiburg

Referat 16
Kaiser-Joseph-Straße 167
79098 Freiburg i. Br.
Fon: (0761) 208-(0)1057
Fax: (0761) 208-1080
poststelle@rpf.bwl.de
www.rp.baden-wuerttemberg.de/freiburg/index.htm

Regierungspräsidium Karlsruhe

Referat 16
Schloßplatz 1-3
76131 Karlsruhe
Fon: (0721) 926-2138
Fax: (0721) 926-6211
Postadresse:
76247 Karlsruhe
thorsten.maiwald@rpk.bwl.de
rita.schoch@rpk.bwl.de
rosemarie.ott@rpk.bwl.de
www.rp.baden-wuerttemberg.de/karlsruhe/broschueren/br_uebersicht.htm

Regierungspräsidium Stuttgart

Ruppmannstraße 21
70565 Stuttgart
Postadresse:
Postfach 80 07 09
70507 Stuttgart
Fon: (0711) 904-2489
Fax: (0711) 904-2583
poststelle@rps.bwl.de
www.rp.baden-wuerttemberg.de

Regierungspräsidium Tübingen

Referat 15 Recht, Planfeststellung
Konrad-Adenauer-Straße 20
72072 Tübingen
Fon: (07071) 757-3138
Fax: (07071) 757-9-3138
rainer.hummel@rpt.bwl.de
karin.hain@rpt.bwl.de

Bayern

Oberste Aufsichtsbehörden

Bayerisches Staatsministerium des Innern

Sachgebiet IA 6, 80524 München
Odeonsplatz 3
80539 München
Fon: (089) 2192-2582
Fax: (089) 2192-12266
poststelle@stmi.bayern.de

Bayerisches Staatsministerium für Wissenschaft, Forschung und Kunst

Ref. A 4
Bayerisches Staatsministerium für Unterricht und Kultus
Referat II/5: u.a. Stiftungen
Salvatorstraße 2
80333 München
Fon: (089) 2186-2240
Fax: (089) 2186-2820
www.stmukwk.bayern.de
index1.html
Bayerisches Staatsministerium für Unterricht, Kultus
Salvatorstraße 2
80333 München
Fon: (089) 2186-0

Genehmigungs- und Aufsichtsbehörden

Regierung von Mittelfranken

Abteilung Allgemeine Verwaltung
SG Allgemeine Rechtsangelegenheiten, Gesundheitsrecht, Kulturpflege, Stiftungen
Promenade 27
91522 Ansbach
Fon: (0981) 53-618
poststelle@reg-mfr.bayern.de

Regierung von Schwaben

Fronhof 10
86152 Augsburg
Fon: (0821) 327-2546
Fax: (0821) 327-2286
poststelle@reg-schw.bayern.de
www.regierung.schwaben.
bayern.de

Regierung von Oberfranken

Ludwigstraße 20
95444 Bayreuth
Postadresse:
95420 Bayreuth
Fon: (0921) 604-1239
Fax: (0921) 604-1662
poststelle@reg-ofr.bayern.de

Regierung von Niederbayern

Regierungsplatz 540
84028 Landshut
Postadresse:
84023 Landshut
Fon: (0871) 808-1230
Fax.: (0871) 808-1317
poststelle@reg-nb.bayern.de

Regierung von Oberbayern

Maximilianstraße 39
80538 München
Postadresse:
80534 München
Fon: (089) 2176-2707
Fax: (089) 2172-2852
poststelle@reg-ob.bayern.de
www.regierung.oberbayern.
bayern.de

Regierung der Oberpfalz

Emmeramsplatz 8
93047 Regensburg
Postadresse:
93039 Regensburg
Fon: (0941) 5680-590
Fax: (0941) 5680-599
poststelle@reg-opf.bayern.de
www.regierung.oberpfalz.
bayern.de

Regierung von Unterfranken

Referat SG 240
Peterplatz 9
97070 Würzburg
Postadresse:
97064 Würzburg
Fon: (0931) 380-1861
Fax: (0931) 380-2222
helmut.hodek@reg-ufr.bayern.de

Berlin

Senatsverwaltung für Justiz

Referat II B
Salzburger Straße 21-25
10825 Berlin
Fon: (030) 7876-3382
Fax: (030) 9013-2008
Ingeborg.Meiner@senjust.
verwalt-berlin.de

Brandenburg

Ministerium des Innern des Landes Brandenburg

Henning-v.-Tresckow-Straße 9-13
14411 Potsdam
Fon: (0331) 866-2379
Ministerium der Finanzen
Steinstr. 104-106
14480 Potsdam
Fon: (0331) 866-6352

Bremen

Senator für Inneres, Kultur und Sport

Referat 22
Contrescarpe 22
28203 Bremen
Postadresse:
Postfach 10 15 05
28015 Bremen
Fon: (0421) 361-9047
Fax: (0421) 496-9047
Mvroom@inneres.bremen.de
www.bremen.de/info/innensen/
Stiftungen/Index.htm

Hamburg

Senat der Freien und Hansestadt Hamburg

Senatskanzlei – Stiftungen
Poststraße 11
20354 Hamburg
Postadresse:
Postfach 10 55 20
20038 Hamburg
Fon: (040) 428 31-2121
Fax: (040) 428 31-2468
marion.renders@sk.hamburg.de

Hessen

Oberste Aufsichtsbehörde

Hessisches Ministerium des Innern und für Sport

Friedrich-Ebert-Allee 12
65185 Wiesbaden
Postadresse:
Postfach 31 67
65021 Wiesbaden
Fon: (0611) 353-1210
Fax: (0611) 93 209-1210
poststelle@hmdi.hessen.de
p.schmitges@hmdi.hessen.de

Genehmigungsbehörden

Regierungspräsidium Darmstadt

Dezernat III 21
Wilhelminenstraße 1-3
64278 Darmstadt
Fon. (06151) 12-5401
Fax (06151) 12-5926

Regierungspräsidium Gießen

Landgraf-Philipp-Platz 3-7
35390 Gießen
Postadresse:
Postfach 10 08 51
35338 Gießen
Fon: (0641) 303-2113
Fax: (0641) 303-2145

Regierungspräsidium Kassel

Dezernat 21
Steinweg 6
34117 Kassel
Fon: (0561) 106-2126
Fax: (0561) 106-1637
sonja.pfeiffer@rpks.hessen.de

Stadt Frankfurt am Main

Magistrat Rechts- und Versicherungsamt
– Stiftungsabteilung –
Sandgasse 6
60311 Frankfurt/Main
Fon: (069) 212-33842
Fax: (069) 212-37895
Marita.Davies@stadt-frankfurt.de
Peter.Peiker@stadt-frankfurt.de

Mecklenburg-Vorpommern

Innenministerium Mecklenburg-Vorpommern

Referat II 220 Stiftungs- und Vereinsrecht
Stiftungsbehörde
Arsenal am Pfaffenteich
Karl-Marx-Straße 1
19048 Schwerin
Postadresse:
Postfach 190 48
19055 Schwerin
poststelle@im.mv-regierung.de
Fon: (0385) 588-2220
Fax: (0385) 588-2978
II220@im.mv-regierung.de
E-Mail: II220-1@im.mv-regierung.de

Niedersachsen

Oberste Aufsichtsbehörden

Niedersächsisches Innenministerium

Referat 44
Clemensstraße 17
30169 Hannover
Postadresse:
30002 Hannover
Fon: (0511) 120-4774
Fax: (0511) 120-99 4774
Joachim.Puppel@mi.Niedersachsen.de

Niedersächsisches Ministerium für Wissenschaft und Kultur

Referat 31
Leibnizufer 9
30169 Hannover
Fon: (0511) 120-2495
Fax: (0511) 120-99 2495
friedo.sanders@mwk.niedersachsen.de

Genehmigungs- und Aufsichtsbehörden

Bezirksregierung Braunschweig

Dezernat 301
Bohlweg 38
38100 Braunschweig
Fon: (0531) 484-3694
Fax: (0531) 484-3398
Andrea.Poller@br- bs.niedersachsen.de
www.bezirksregierung-braunschweig.de/index3.htm

Bezirksregierung Hannover

Dezernat 301
Am Waterlooplatz 11
30169 Hannover

Fon: (0511) 106-7286
Fax: (0511) 106-2629
Maiko.Kubiak@BR-H.
niedersachsen.de

Bezirksregierung Lüneburg

Auf der Hude 2
21339 Lüneburg
Fon: (04131) 15-2380
Fax: (04131) 15-2729
sigrun.kraim@br-lg.
niedersachsen.de

Bezirksregierung Weser-Ems

Dezernat 301/305
Theodor-Tantzen-Platz 8
26122 Oldenburg
Fon: (0441) 799-2681
Fax: (0441) 799-62681
Rolf.Meine@br-we.
niedersachsen.de

Nordrhein-Westfalen

Oberste Aufsichtsbehörde

Innenministerium des Landes Nordrhein-Westfalen

Referat I A 6
Haroldstr. 5
40213 Düsseldorf
Post: 40190 Düsseldorf
Fon: (0211) 871-2643
Fax: (0211) 871-3355
poststelle@im.nrw.de
stiftungen@im.nrw.de

Genehmigungs- und Aufsichtsbehörden

Bezirksregierung Arnsberg

Dezernat 15 – Stiftungsaufsicht
Seibertzstraße 1
59821 Arnsberg
Postadresse:
Postfach
59817 Arnsberg
Fon: (02931) 82-2698
Fax: (02931) 82-4950
poststelle@bezreg-arnsberg.nrw.de
www.bezreg-arnsberg.nrw.de

Bezirksregierung Detmold

Dezernat 15
Leopoldstraße 15
32754 Detmold
Postadresse:
Postfach 2453
32756 Detmold
Fon: (05231) 71-1506
Fax.: (05231) 71-1295
poststelle@bezreg-detmold.nrw.de

Bezirksregierung Düsseldorf

Dezernat 15 – Justiziariat/Stiftungen
Cecilienallee 2
40408 Düsseldorf
Postadresse:
Postfach 30 08 65
40408 Düsseldorf
Fon: (0211) 475-2286
Fax.: (0211) 475-1998
Gudrun.Hohl@bezreg-
duesseldorf.nrw.de

Bezirksregierung Köln

Dezernat 15
Zeughausstraße 2-10
50667 Köln
Postadresse:
Postfach 10 15 48
50667 Köln
Fon: (0221) 147-3284
Fax: (0221) 147-3185
wolfram.kuerten@bezreg-
koeln.nrw.de
www.bezreg-koeln.nrw.de

Bezirksregierung Münster

Dezernat 15 – Stiftungsangelegenheiten
Domplatz 1-3
48143 Münster
Postadresse:
Postfach 59 07
48128 Münster
Fon: (0251) 411-1149
Fax: (0251) 411-1616
poststelle@bezreg-
muenster.nrw.de
www.bezreg-muenster.nrw.de

Rheinland-Pfalz

Oberste Aufsichtsbehörde

Ministerium des Innern und für Sport

Schillerplatz 3-5
55116 Mainz
Fon: (06131) 16-33 68
Fax: (06131) 16-33 69

Landesweit zuständige Aufsichts- und Dienstleistungsdirektion (ADD) in Trier

Willy-Brandt-Platz 3
54203 Trier
Fon: (0651) 9494-884
Fax: (0651) 9494-827
Achim.Wagner@add.rep.de

Saarland

Ministerium für Inneres und Sport

Abteilung B/Referat B3 – Stiftungsbehörde
Mainzer Straße 136
66121 Saarbrücken
Fon: (0681) 962-1631
Fax: (0681) 962-1606
m.blass@innen.saarland.de

Sachsen

Oberste Aufsichtsbehörde

Sächsisches Staatsministerium des Innern

Dienstgebäude:
Wilhelm-Buck-Str. 2
01097 Dresden
Postadresse:
Postfach
01097 Dresden
Fon: (0351) 564-3216
Fax: (0351) 564-3219

Genehmigungs- und Aufsichtsbehörden

Regierungspräsidium Leipzig

Braustraße 2
04107 Leipzig
Fon: (0341) 977-1420
Fax: (0341) 977-1499
sabine.fendel@rpl.sachsen.de

Regierungspräsidium Chemnitz

Altchemnitzer Straße 41
09120 Chemnitz
Postadresse:
09105 Chemnitz
Fon: (0371) 532-1141
Fax: (0371) 532-1929

Regierungspräsidium Dresden

August-Bebel-Straße 19
01219 Dresden
Fon: (0351) 825-2115
Fax: (0351) 825-9218

Sachsen-Anhalt

Oberste Aufsichtsbehörde

Ministerium des Inneren

Referat 41
Halberstädter Str. 2
Am „Platz des 17. Juni"
39112 Magdeburg
Postadresse:
Postfach 35 60
39010 Magdeburg
Tel. (0391) 567-(01)5402
poststelle@min.mi.lsa-net.de

Genehmigungs- und Aufsichtsbehörden

Regierungspräsidium Dessau

Dezernat 21
Kühnauer Str. 161
06844 Dessau
Postadresse:
Postfach 12 05
06839 Dessau
Fon: (0340) 6506-349
Fax: (0340) 6506-327
RPD.IUK@t-online.de
poststelle@rpd.mi.lsa-net.de

Regierungspräsidium Halle

Willy-Lohmann-Straße 7
06114 Halle (Saale)
Postadresse:
Postfach 20 02 56
06003 Halle (Saale)
Fon: (0345) 514-2188
Fax: (0345) 514-2118
Nicole.Damm@rph.mi.lsa-gw.
lsa-net.de

Regierungspräsidium Magdeburg

Dezernat 21
Olvenstedter Straße 1-2
39108 Magdeburg
Postadresse:
Postfach 19 60
39009 Magdeburg
Fon: (0391) 567-02
Fax: (0391) 567-2686
poststelle@rpm.mi.lsa-gw.lsa-net.de

Schleswig-Holstein

Innenministerium von Schleswig-Holstein

Düsternbrooker Weg 92
24105 Kiel
Fon: (0431) 988-3091
Fax: (0431) 988-3058
poststelle@im.landsh.de

Thüringen

Genehmigungsbehörde

Thüringer Innenministerium

Steigerstraße 24
Referat 20b
99096 Erfurt
Postadresse:
Postfach 90 01 31
99104 Erfurt
Fon: (0361) 3793-419
Fax: (0361) 3793-432
HSchlip@tim.thueringen.de

Aufsichtsbehörde

Landesverwaltungsamt

Referat 200
Weimarplatz 4
99423 Weimar
Postadresse:
Postfach 2249
99403 Weimar
Fon: (03643) 58-7286
Fon: (0361) 3773-7286

Musterverträge und Mustersatzungen

Mustervertrag „Kultursponsoring"

Arbeitskreis Kultursponsoring/AKS
im Kulturkreis der deutschen Wirtschaft im BDI e.V.

Die Situation:

Sponsor ist eine in Köln ansässige Aktiengesellschaft, die Büromöbel im obersten Preissegment herstellt und vertreibt. Der Mustervertrag geht von folgender Konstellation aus: Der Sponsor ist ein Industrieunternehmen, bei dem die Sponsorleistungen (Sach- und Geldleistungen) als Betriebsausgaben abzugsfähig sind. Empfänger der Sponsorleistungen ist eine als gemeinnützig anerkannte Körperschaft (z.B. ein gemeinnütziger Verein, eine gemeinnützige GmbH oder eine gemeinnützige Stiftung) oder eine Institution des öffentlichen Rechts (kommunale Museen, Landesmuseen etc.), bei der die Entgegennahme von Sponsorgeldern nicht zu einem steuerpflichtigen wirtschaftlichen Geschäftsbetrieb führen soll.

Der Sponsor begreift die Unterstützung von Kunst und Kultur als Teil seiner Unternehmensphilosophie, da der Umgang gerade auch mit zeitgenössischer Kunst dazu geeignet ist, kreative Potentiale zu wecken. Mit dieser Intention wendet sich der Sponsor auch an seine Zielkunden bei der Herstellung und dem Vertrieb von Büromöbeln.

Die vertragschließenden Parteien sind sich darüber einig, dass die positiven Imageelemente des Museums für zeitgenössische Kunst Grundlage des Engagements für den Sponsor sind. Aufgrund dieser gemeinsamen Interessenlage wird der Sponsor ein Sponsorship für das MZK entsprechend den nachfolgenden Vereinbarungen für die Ausstellung der Künstlerin NN, XY ist nicht YX!, übernehmen.

Die hier begründete Partnerschaft zwischen Sponsor und MZK begründet wechselseitige Leistungspflichten im Sinne eines „Geschäftes auf Gegenseitigkeit". Jede Vertragspartei wird die Interessen der anderen so weit wie möglich wahren. Die Vertragsparteien werden insbesondere alles unterlassen, was dem Ruf des anderen schadet oder schaden könnte.

Zwischen

1. dem Museum für zeitgenössische Kunst, *(Anschrift),* vertreten durch seinen Direktor, Herrn N.N.[1]

- nachfolgend **„MZK“** genannt -

und

2. der N.N. AG, *(Anschrift),* vertreten durch ihre Vorstandsmitglieder, Herrn/Frau N.N. und N.N.

- nachfolgend **„Sponsor“** genannt -

wird nachfolgender

Sponsoringvertrag

geschlossen:

Präambel

1. Das Museum für zeitgenössische Kunst in Berlin hat es sich zur Aufgabe gemacht, zeitgenössische Kunst durch Ausstellungen einer breiten Öffentlichkeit zu vermitteln. Das MZK beabsichtigt, vom .... *(Datum)* bis .... *(Datum)* eine Ausstellung mit Werken der *Künstlerin Viola Bach, Das Ende des 20. Jahrhunderts!*[2] in seinen Räumen am Schloßplatz 4 zu zeigen. Die Ausstellung soll von einem Katalog begleitet werden.

2. Der Sponsor ist eine in Köln ansässige Aktiengesellschaft, die Büromöbel im obersten Preissegment herstellt und vertreibt.

3. Der Sponsor begreift die Unterstützung von Kunst und Kultur als Teil seiner Unternehmensphilosophie, da der Umgang gerade auch mit zeitgenössi-

---

[1] Der Mustervertrag geht von folgender Konstellation aus: Der Sponsor ist ein Industrieunternehmen, bei dem die Sponsorleistungen (Sach- oder Geldleistungen) als Betriebsausgaben abzugsfähig sind. Empfänger der Sponsorleistung ist eine als gemeinnützig anerkannte Körperschaft (z.B. ein gemeinnütziger Verein, eine gemeinnützige GmbH oder eine gemeinnützige Stiftung) oder eine Institution des öffentlichen Rechts (kommunale Museen, Landesmuseen etc.), bei der die Entgegennahme von Sponsorgeldern nicht zu einem steuerpflichtigen wirtschaftlichen Geschäftsbetrieb führen soll.

[2] Die in dem Mustervertrag verwandten Namen sind Phantasienamen, die allein aus Gründen der besseren Anschaulichkeit gewählt wurden.

scher Kunst dazu geeignet ist, kreative Potentiale zu wecken. Mit dieser Intention wendet sich der Sponsor auch an seine Zielkunden bei der Herstellung und dem Vertrieb von Büromöbeln sowie die eigenen Mitarbeiter.[3]

4. Aufgrund ihrer gemeinsamen Interessenlage wird der Sponsor ein Sponsorship für das MZK entsprechend den nachfolgenden Vereinbarungen für die Ausstellung der Künstlerin *Viola Bach, Das Ende des 20. Jahrhunderts*! übernehmen.

5. Die hier begründete Partnerschaft zwischen Sponsor und MZK begründet wechselseitige Leistungspflichten im Sinne eines „Geschäftes auf Gegenseitigkeit".

I. Leistungen und Verpflichtungen des MZK

§ 1 – Exklusivität

1. Das MZK räumt dem Sponsor eine exklusive Sponsorstellung ein[4]. Neben dem Sponsor wird kein anderes Unternehmen von dem MZK beworben, das die Produktkategorie des Sponsors anbietet oder produziert.
2. Dem MZK ist es jedoch gestattet, Sponsorverträge auch mit anderen Unternehmen abzuschließen, sofern es sich nicht um Konkurrenten des Sponsors handelt.
3. Das MZK teilt dem Sponsor auf Nachfrage andere für das Projekt bereits akquirierte und künftig noch zu akquirierende Sponsoren mit. Der Sponsor wird mögliche Einwände gegen einen anderen Sponsor unverzüglich an das MZK mitteilen; das MZK wird sachlich begründete Einwände dabei angemessen berücksichtigen[5].

---

[3] Im Rahmen dieser Regelung in der Präambel sollte die Unternehmensphilosophie des Sponsors und seine Motivation zum Sponsoring niedergelegt werden. Neben den im Mustervertrag aufgelisteten Argumenten könnte ein weiteres Argument für das Sponsoring sein, einzuwirken auf das Umfeld (gute Nachbarschaft), hierzu kann aber auch gehören das Ansehen des Unternehmens zu steigern bzw. beizutragen zum Bekanntheitsgrad des Unternehmens oder eines neuen Produktes.

[4] Der Sponsorvertrag unterstellt ein Sponsorkonzept des Veranstalters, das zwischen Haupt- und Ko-Sponsoren unterscheidet. Eine solche Unterscheidung empfiehlt sich für den Veranstalter mit zuvor festgelegten Leistungspaketen und einer entsprechend definierten Gegenleistung des Sponsors. Hauptsponsoren zahlen X DM, Ko-Sponsoren Y DM.

[5] denkbar ist auch eine noch konkretere Gestaltung, etwa eine Genehmigungsfiktion („Erhebt der Sponsor gegen einen anderen ihm mitgeteilten Sponsor nicht binnen 7 Tagen Einwände, gilt seine Zustimmung als gegeben.")

§ 2 – Werberechte

1. Das MZK wird vom .... (*Datum*) bis .... (*Datum*) in seinen Räumen eine Ausstellung mit Werken der Künstlerin *Viola Bach, Das Ende des 20. Jahrhunderts*! zeigen. Hierzu erscheint ein Ausstellungskatalog, die Ausstellung wird ferner durch Einladungskarten, Plakate, Anzeigen etc. beworben. Im Hinblick auf diese Tätigkeit räumt das MZK dem Sponsor nachfolgende Werberechte[6] ein:

   1.1 Veranstaltungsbezogene Werberechte

   1.1.1 Das MZK verpflichtet sich darüber hinaus, auf die Unterstützung des Sponsors in angemessener Weise hinzuweisen durch entsprechende Hinweise auf Eintrittskarten, Einladungskarten, Ausstellungsplakaten, Postern, Leaflets, Website etc. Die Art der Identifikation wird zwischen dem MZK und dem Sponsor nach Fertigstellung der Entwürfe festgelegt.

   1.1.2 Der Sponsor wird im Ausstellungskatalog des MZK für das Ausstellungsprojekt *Viola Bach, Das Ende des 20. Jahrhunderts!* als Sponsor mit seinem Logo genannt. Der Text (z.B. „Mit freundlicher Unterstützung ...") und die Position der Benennung im Ausstellungskatalog sind zwischen den Vertragsparteien abzustimmen. Die Mindestauflage des Ausstellungskatalogs beträgt ...... Exemplare. Die Druckunterlagen werden dem Sponsor kostenlos angeliefert.

   1.1.3 Der Sponsor erhält ein Sonderzutrittsrecht zu der Ausstellung des MZK mit der *Künstlerin Viola Bach, Das Ende des 20. Jahrhunderts*! Nach Abstimmung mit dem MZK ist der Sponsor berechtigt, unternehmensrelevante Personen auch außerhalb der normalen Öffnungszeiten in die Ausstellungsräume zu Vorträgen und/oder Führungen einzuladen. Das MZK wird dafür Sorge tragen, dass in diesem Fall eine geeig-

---

[6] Nachfolgend werden die Werberechte des Veranstalters umfassend aufgelistet. Der Vertrag unterstellt, dass der Sponsor Hauptsponsor ist. Bei einer vertraglichen Vereinbarung mit einem Ko-Sponsor wären die Werberechte entsprechend zu reduzieren. In steuerlicher Hinsicht sind auf der Basis des ergänzenden Sponsorerlasses vom 9. Februar 1998 die vereinnahmten Sponsorgelder beim Veranstalter nicht steuerpflichtige Einnahmen, sofern der Veranstalter an der Werbeleistung nicht mitwirkt. Im Sponsorerlass vom 9. Februar 1998 heißt es dazu: „Ein wirtschaftlicher Geschäftsbetrieb liegt auch dann nicht vor, wenn der Empfänger der Leistung z.B. auf Plakaten, Veranstaltungshinweisen, in Ausstellungskatalogen oder in anderer Weise auf die Unterstützung durch den Sponsor lediglich hinweist. Dieser Hinweis kann unter Verwendung des Namens, Emblems oder Logos des Sponsors, jedoch ohne besondere Hervorhebung, erfolgen."

nete Führung organisiert wird. Im Rahmen der Führung wird das MZK auf das Sponsorengagement des Sponsors und die Bedeutung der Zuwendung für das MZK hinweisen.

1.1.4 Der Sponsor erhält für die Ausstellung mit der Künstlerin *Viola Bach, Das Ende des 20. Jahrhunderts!* vom MZK .... Freikarten, darüber hinaus Eintrittskarten zu einem ermäßigten Preis von .... Euro.

1.1.5 Der Sponsor erhält .... Exemplare des Plakats sowie eine angemessene Anzahl von Einladungen für die Eröffnung und .... Freiexemplare des Katalogs zur Ausstellung mit der Künstlerin *Viola Bach, Das Ende des 20. Jahrhunderts".*

1.1.6 Das MZK wird bei der Eröffnung der Ausstellung den Sponsor mit einer Dankadresse würdigen. Dem Sponsor ist Gelegenheit zu einem Grußwort einzuräumen.

1.1.7 Der Sponsor ist berechtigt, die Ausstellung *Viola Bach, Das Ende des 20. Jahrhunderts!* und darauf bezogene Veranstaltungen zu filmen und in der firmeneigenen Kommunikation einzusetzen. Die darüber hinausgehende Verwertung dieser Dokumente durch den Sponsor ist nicht Gegenstand dieser Vereinbarung.

1.2 Titel[7]

1.2.1 Der Sponsor erhält das Recht, den Titel „Förderer des MZK" oder eine ähnliche Formulierung in Werbe- und PR-Maßnahmen einzusetzen. Dies gilt bis zum Ende der Ausstellung *Viola Bach, Das Ende des 20. Jahrhunderts!*

1.2.2 Der Sponsor erhält ferner das Recht, das offizielle Logo des MZK entsprechend der Anlage zu diesem Vertrag kostenfrei zu nutzen. Dies gilt bis zum Ende der Ausstellung *Viola Bach, Das Ende des 20. Jahrhunderts!*

---

[7] Titelbezogene Werberechte sind aus steuerlicher Sicht für den Veranstalter besonders unproblematisch, weil die bloße Überlassung von Titelrechten in keinerlei Hinsicht eine Mitwirkung des Veranstalters begründet. Die Überlassung seines Logos, mit dem der Sponsor berechtigt ist, sich als Partner oder Förderer des Veranstalters darzustellen, wird jedoch selten beim reinen ausstellungs- und veranstaltungsbezogenen Sponsorvertrag vereinbart. Üblicherweise ist die Überlassung von Titel und Logo durch den Veranstalter dann Vertragsgegenstand, wenn eine dauerhafte Sponsorbeziehung begründet wird, die über eine einzelne Veranstaltung hinausgreift. Das titelbezogene Werberecht wurde daher in diesem Mustervertrag nur der Vollständigkeit halber aufgeführt.

1.3 Pressearbeit

1.3.1 Das MZK trägt dafür Sorge, dass der Sponsor bei Pressekonferenzen und Presseerklärungen genannt wird. Das Pressepodium wird vom MZK so ausgestattet, dass in angemessener Weise auf die Unterstützung des Sponsors hingewiesen wird.

1.3.2 Repräsentanten des Sponsors erhalten die Möglichkeit zu Statements bei Presseveranstaltungen des MZK in Vorbereitung und während der Ausstellung *Viola Bach, Das Ende des 20. Jahrhunderts!*

1.3.3 Der Sponsor erhält ferner das Recht, nach vorheriger Abstimmung mit dem MZK Informationsmaterial über seine Produkte an Pressevertreter zu verteilen.

1.3.4 Der Sponsor wird schließlich in allen Presseveröffentlichungen des MZK im Zusammenhang mit der Ausstellung *Viola Bach, Das Ende des 20. Jahrhunderts!* namentlich benannt und in angemessener Weise gewürdigt.

1.4 Dank

1.4.1 Soweit neben dem Sponsor weiteren Geldgebern (öffentlichen Institutionen, Spendern etc.) zu danken ist, wird dieser Dank nach der Nennung des Sponsors erfolgen.

§ 3 – Rechnungslegung

Das MZK verpflichtet sich, binnen sechs Monaten nach Ende der Ausstellung dem Sponsor einen Nachweis über die Verwendung seiner Geldmittel vorzulegen, in dem die tatsächlichen Mitteleinnahmen und -ausgaben den Ansätzen des Etats gegenüber zu stellen sind. Der Sponsor hat das Recht, den vorgelegten Nachweis auf seine Kosten selbst oder durch zur Berufsverschwiegenheit verpflichtete Dritte (Buch- oder Wirtschaftsprüfer) mittels Einsichtnahme in die Bücher des MZK zu überprüfen.

II. Leistungen und Verpflichtungen des Sponsors

§ 4 – Leistungen des Sponsors

1. Geldleistungen

Der Sponsor verpflichtet sich zur Zahlung eines Betrages in Höhe von .... Euro zuzüglich der jeweils gesetzlichen Umsatzsteuer[8] als Entgelt für die gewährten Werbeleistungen an das MZK. Dieser Betrag ist fällig in drei Raten, nämlich am ...., am .... und am ...., und auf das Konto-Nr. .... zu überweisen. Dem Sponsor ist bekannt, dass das MZK auf den pünktlichen Zahlungseingang angewiesen ist, und er erklärt sich daher mit einem Verzugseintritt einverstanden, wenn die Zahlungen nicht pünktlich bis zu den vorgenannten Daten eingegangen sind.

2. Sachleistungen[9]

Der Sponsor wird zur Unterstützung der Ausstellung folgende Sachleistungen erbringen:

– Überlassung und Installation des Leuchtensystems „XY" des Sponsors, bestehend aus Leuchtschienen und Scheinwerfern in der für die Ausleuchtung der Ausstellung erforderlichen Qualität und Anzahl,

---

[8] Auch eine gemeinnützige steuerbegünstigte Körperschaft ist nicht von der Umsatzsteuer befreit. Anders als bei der Körperschaft- und Gewerbesteuer oder der Entgegennahme von Zuwendungen im Erbschaftsteuerrecht gibt es bei der Umsatzsteuer für steuerbegünstigte Körperschafen keine generelle Befreiung, so dass die Umsatzsteuerpflicht immer gesondert zu prüfen ist. Einnahmen im ideellen Bereich unterliegen mangels Leistungsaustausches nicht der Umsatzsteuer, Mitgliederbeiträge, echte Zuschüsse und Spenden sind daher keine steuerbaren Umsätze, da hier kein Leistungsaustausch vorliegt, sondern sie zur Förderung der satzungsgemäßen Zwecke geleistet werden. Der Umsatzsteuerpflicht unterliegen jedoch Umsätze im Rahmen der Vermögensverwaltung und Umsätze im Rahmen eines wirtschaftlichen Geschäftsbetriebes. Der hier vorgelegte Mustervertrag Veranstaltungssponsoring geht davon aus, dass die vereinnahmten Sponsorgelder körperschaftsteuerfrei vom MZK vereinnahmt werden können im Rahmen der Vermögensverwaltung, ähnlich wie Mieteinnahmen oder Pachteinnahmen z.B. bei der Verpachtung von Werberechten. Diese körperschaftsteuerfrei vereinnahmten Zahlungen unterliegen aber auch bei einer steuerbegünstigten Körperschaft grundsätzlich der Umsatzsteuer. Zu prüfen für das MZK wäre jedoch, ob die Kleinunternehmervergünstigung des § 19 UStG greift.

[9] Im Falle der Gewährung von Sachleistungen durch den Sponsor ist möglicherweise eine Regelung zur Absicherung des Obhutsrisikos zu finden. Dies erfolgt in geeigneter Weise durch Abschluss von vertraglich vereinbarten Versicherungen. Dabei sollte geregelt werden, welcher Vertragspartner für den Abschluss der entsprechenden Versicherung zuständig ist und wie und bis wann gegenüber dem anderen Vertragspartner der Nachweis über den Abschluss erfolgt.

- Abstellung von Frau XY als Gesamtkoordinatorin für die Marketingmaßnahmen des MZK - Frau XY steht dem MZK dabei in der Zeit vom ...... bis ...... mit ihrer gesamten Arbeitsleistung zur Verfügung -,
- z.B. verbilligter Transport,
- Übernahme der Katalogproduktion oder einzelner Werbemaßnahmen,
- Zurverfügungstellen von Hotelkontingenten oder Fahrdiensten,
- Überlassung einer Beschallungsanlage zur Eröffnungsveranstaltung etc.

§ 5 – Freiheit und Identität der künstlerischen Aussage[10]

1. Das MZK ist in der künstlerischen und organisatorischen Gestaltung des Projekts frei und unterliegt in diesem Zusammenhang keinem Weisungsrecht seitens des Sponsors.
2. Bei allen Werbemaßnahmen wird der Sponsor berücksichtigen, dass durch seine werbliche Tätigkeit die Identität der künstlerischen Aussage der Künstlerin *Viola Bach* nicht beeinträchtigt oder gar verfälscht wird. Werbliche Maßnahmen in Verbindung oder im Zusammenhang mit ausgestellten Kunstgegenständen oder im Ausstellungsraum werden, wenn überhaupt, zurückhaltend platziert.
3. Das MZK wird Hinweise auf den Sponsor, wie in § 2 vereinbart, ohne besondere Hervorhebung platzieren.[11]

III. Regelungen der Zusammenarbeit

§ 6 – Regelung der Zusammenarbeit

1. Jede Vertragspartei wird die Interessen der anderen so weit wie möglich wahren. Die Vertragsparteien werden insbesondere alles unterlassen, was dem Ruf des anderen schadet oder schaden könnte.
2. Sponsor und MZK werden sich wechselseitig über alle geplanten Werbeaktivitäten unterrichten und dies im Grundsatz abstimmen.

---

[10] Nach den vom Arbeitskreis Kultursponsoring verabschiedeten Richtlinien für das Kultursponsoring gilt gem. Ziffer 6: Der AKS respektiert die Freiheit der Kunst und die Autonomie von Kulturschaffenden und Kulturinstitutionen.

[11] Mit dieser Regelung wird im Mustervertrag der Wortlaut des ergänzenden Sponsorerlasses vom 9. Februar 1998 wiedergegeben.

3. Nach Durchführung der Ausstellung wird das MZK dem Sponsor einen Pressespiegel zur Verfügung stellen.
4. Die Vertragsparteien verabreden darüber hinaus gemeinsame Werbeaktivitäten für die Ausstellung mit Werken der Künstlerin Viola Bach, Das Ende des 20. Jahrhunderts! zu prüfen, wie z.B. gemeinsame Einladungsschreiben etc.
5. Ansprechpartner für das MZK ist Herr/Frau N.N., Ansprechpartner beim Sponsor ist Herr/Frau N.N.
6. Die Parteien vereinbaren über den Inhalt dieses Vertrages Stillschweigen gegenüber Dritten, soweit nicht die Vertragsdurchführung eine Offenbarung an Dritte erfordert oder gesetzliche Offenbarungspflichten bestehen.

§ 7 – Haftungsbegrenzung

1. Das MZK haftet über die Erbringung der von ihm nach diesem Vertrag geschuldeten Leistungen hinaus nicht für die Erreichung der vom Sponsor verfolgten weiterreichenden kommunikativen oder sonstigen Ziele, es sei denn, dass er deren Erreichung durch die Verletzung wesentlicher vertraglicher Pflichten schuldhaft erschwert oder vereitelt hat.
2. Das MZK haftet nicht für geringfügige Mängel oder Fehler bei der von ihm geschuldeten Angabe oder Beteiligung des Sponsors, soweit diese den Gesamtauftritt des Sponsors nicht wesentlich beeinträchtigen und soweit diese Mängel und Fehler nicht vorsätzlich oder grob fahrlässig vom MZK verschuldet sind. Als nicht wesentlich beeinträchtigend gelten insbesondere Fehler oder Abweichungen in der Druckqualität einzelner Anzeigen oder Veröffentlichungen sowie Änderungen von Veranstaltungsterminen oder Öffnungszeiten.
3. Das Interesse des Sponsors an der Erfüllung und Durchführung dieses Vertrages ist auf .... Euro begrenzt.

§ 8 – Vertragsstrafe, Rückgewähr, Aufrechnung, Abtretung

1. Jede der Vertragsparteien verpflichtet sich, für jeden Einzelfall der schuldhaften Nichterfüllung – auch durch Erfüllungsgehilfen – der ihr nach diesem Vertrag obliegenden Verpflichtungen, eine Vertragsstrafe in Höhe von jeweils .... Euro an den Vertragspartner zu zahlen. Die Geltendmachung eines weitergehenden Schadens bleibt hiervon unberührt.
2. Im Falle des Vertragsablaufs, der vorzeitigen Vertragsbeendigung oder der Nichtleistung besteht keine Verpflichtung zur Rückgewähr der von

der anderen Vertragspartei empfangenen Leistung(en). Dies gilt nicht, soweit eine Vertragspartei die Beendigung oder Nichtleistung alleine zu vertreten hat; sie ist dann zur Rückgewähr der von der anderen Vertragspartei empfangenen Leistung oder zum Ersatz des marktüblichen Wertes der Leistung verpflichtet.

3. Die Aufrechnung mit Forderungen jedweder Art ist nur zulässig, wenn diese unbestritten oder rechtskräftig festgestellt sind.

4. Ansprüche einer Partei aus diesem Vertrag sind nur mit vorheriger schriftlicher Einwilligung des Schuldners der Leistung abtretbar.

§ 9 – Vertragsdauer[12]

1. Dieser Vertrag wird für die Dauer der Ausstellung geschlossen. Die Vertragsparteien vereinbaren indes eine Verlängerung des Vertrages um weitere ...... (Zeit), wenn er nicht zuvor mit einer Frist von ...... Monaten gekündigt wurde.

2. Unberührt von der Laufzeit bleibt die Kündigung aus wichtigem Grund. Ein wichtiger Grund liegt vor bei Nichteinhaltung einer der wesentlichen Vertragsvereinbarungen nach erfolgloser vorheriger Abmahnung mit angemessener Fristsetzung bzw. dann, wenn einer Vertragspartei das Festhalten am Vertrag unzumutbar ist.

§ 10 – Schriftform

1. Änderungen und Ergänzungen des Vertrages bedürfen der Schriftform. Dies gilt insbesondere auch für eine Aufhebung des Schriftformerfordernisses selbst.

2. Auf die Einrede der mündlichen Vertragsabänderungen wird ausdrücklich verzichtet.

3. Mündliche Nebenabreden sind nicht getroffen.

---

[12] Der vorgelegte Mustervertrag zum Veranstaltungssponsoring bezieht sich auf eine konkrete Ausstellung, deren Laufzeit zeitlich begrenzt ist. Regelungen zur Vertragsdauer sind daher nur dann in einem Sponsorvertrag erforderlich, wenn ein dauerndes Sponsorship begründet werden soll. Neben der Laufzeit des Vertrages ist dann auf eine möglichst genaue Festlegung der gegenseitigen Leistungen während des Laufs der Zusammenarbeit zu achten.

§ 11 – Form von Erklärungen, Erklärungsempfänger

Erklärungen jeder Art nach diesem Vertrag bedürfen der Textform. Ist eine Erklärung gegenüber dem Sponsor oder dem MZK abzugeben, so ist ausreichend für den Zugang, wenn die Erklärung an folgende Adressen gerichtet ist:

Sponsor N.N., zu Händen Herrn/Frau N.N., Straße, Stadt, Telefax

MZK, zu Händen Herrn/Frau N.N., Straße, Stadt, Telefax.

§ 12 – Gerichtsstand und Erfüllungsort

Erfüllungsort für die Leistungen beider Vertragspartner ist ....

....	....
MZK	Sponsor

Mustervertrag „rechtsfähige Stiftung" I

Mit freundlicher Genehmigung durch den
Bundesverband Deutscher Stiftungen

Mustervertrag zur Errichtung einer rechtsfähigen Stiftung zu Lebzeiten des Stifters (Stiftungsgeschäft)

In Kursivschrift: Ergänzungen und Kommentare zu den Passagen des Vertrages

Errichtung der NN-Stiftung in ABC-Stadt

I. Hiermit errichte ich/errichten wir *Vorname, Name, Anschrift* auf der Grundlage des Stiftungsgesetzes des Landes .... vom ...... (GVBl. S. ...) als rechtsfähige Stiftung des Bürgerlichen Rechts die *NN-Stiftung*.

II. Die Stiftung soll ihren Sitz in *ABC-Stadt* haben und Rechtsfähigkeit erlangen.

III. Zweck der Stiftung ist die Förderung von .... (z.B. Wissenschaft und Forschung, Kunst und Kultur etc.) auf dem Gebiet ....

Es besteht weiterhin die Möglichkeit vorzusehen, dass auf schriftlichen Antrag des Stifters oder auf schriftlichen Antrag eines nächsten Angehörigen bis zu einem Drittel des Einkommens der Stiftung dazu verwandt werden kann, dem Antragsteller in angemessener Weise Unterhalt zu gewähren.

IV. Die Stiftung wird nach Maßgabe der gesetzlichen Bestimmungen mit folgendem Vermögen ausgestattet:

1. ....,

2. ....,

3. ....

Hier ist eine genaue Auflistung von Barvermögen, Wertpapiervermögen, Immobilienvermögen und Sachvermögen einzufügen.

V. Die Stiftung soll durch einen aus ...... Personen bestehenden Vorstand und ein aus ...... Personen bestehendes Kuratorium verwaltet werden.

Für den Stifter besteht die Möglichkeit, selbst als Vorsitzender des ersten Vorstandes zu wirken. So kann formuliert werden: „Vorsitzende/r des ersten Vorstandes werde ich selbst sein".

Zu weiteren Mitgliedern des Vorstandes bestelle ich/bestellen wir:

1. *Vorname, Name, Anschrift*
2. *Vorname, Name, Anschrift*
3. *Vorname, Name, Anschrift*

...

VI. Die weiteren Einzelheiten über die Organisation der Stiftung und die Verwirklichung des Zwecks sind in der Stiftungssatzung geregelt, die Bestandteil dieses Stiftungsgeschäfts ist.

....

Ort, Datum Unterschrift des/der Stifter/s

Mustervertrag „rechtsfähige Stiftung" II

Mit freundlicher Genehmigung durch den
Bundesverband Deutscher Stiftungen

Mustervertrag zur Errichtung einer rechtsfähigen Stiftung von Todes wegen (Stiftungsgeschäft)

In Kursivschrift: Ergänzungen und Kommentare zu den Passagen des Vertrages

Eine Stiftung kann durch Testament oder Erbvertrag errichtet und dabei zum Erben oder Vermächtnisnehmer werden. Bei privatschriftlicher Errichtung ist eine handschriftliche Abfassung mit Angabe von Datum und Ort sowie Unterschrift (Vor- und Zuname sowie bei Ehefrauen auch der Geburtsname) erforderlich. Die Fassung des Testamentes könnte dann folgende Form haben:

Testament

I. Zu meiner Alleinerbin bestimme ich, *Vorname, Name, Anschrift,* die hiermit errichtete *NN-Stiftung.*

II. Die Stiftung soll als rechtsfähige Stiftung des bürgerlichen Rechts auf der Grundlage des Stiftungsgesetzes des Landes .... vom .... (GVBl. S. ......) genehmigt werden, damit Rechtsfähigkeit erlangen und ihren Sitz in *ABC-Stadt* haben.

III. Zweck der Stiftung ist die Förderung von .... (z.B. Wissenschaft und Forschung, Kunst und Kultur etc.) auf dem Gebiet ....

Weiterhin kann angefügt werden:

Aus dem Einkommen der Stiftung soll ein Teil im Rahmen des steuerrechtlich Zulässigen zur regelmäßigen Pflege des Familiengrabes des Stifters und seiner nächsten Angehörigen auf dem ..... Friedhof *(Name, Ortsangabe)* ..... verwendet werden.

IV. Die Stiftung soll durch einen aus .... Personen bestehenden Vorstand und ein aus ..... Personen bestehendes Kuratorium verwaltet werden. Zu Mitgliedern des ersten Vorstandes bestelle ich:

1. *Vorname, Name, Anschrift*

2. *Vorname, Name, Anschrift*

3. *Vorname, Name, Anschrift*

...

Steht eine dieser Personen nicht zur Verfügung, so sollen die verbleibenden Vorstandsmitglieder gemeinsam und im Benehmen mit dem Testamentsvollstrecker eine andere geeignete Persönlichkeit benennen.

V. Die weiteren Einzelheiten über die Organisation der Stiftung und die Verwirklichung des Zwecks sind in der Stiftungssatzung geregelt, die Bestandteil dieses Stiftungsgeschäfts ist.

VI. Angefügt *werden können Vermächtnisse, die nicht Bestandteil des Grundstockvermögens der Stiftung werden sollen. Folgende Formulierung bietet sich an:*

Zu Lasten meines Erbes setze ich folgende Vermächtnisse aus: ....

VII. Ich ordne Testamentsvollstreckung an. Zum Testamentsvollstrecker bestelle ich: *Vorname, Name, Anschrift* bzw. .... *(Ersatzregelungen, Benennungsrecht des Nachlassgerichts).*

VIII. Der Testamentsvollstrecker soll im Benehmen mit den von mir bestellten Vorstandsmitgliedern das Verfahren zur Genehmigung der Stiftung betreiben und zur konstituierenden Sitzung des Stiftungsvorstands einladen. Er ist befugt, nach meinem Tode die beigefügte Satzung zu ändern, soweit dies erforderlich ist, um meinem Willen im Genehmigungsverfahren Geltung zu verschaffen.

....

Ort, Datum   Unterschrift des/der Stifter/s

Mustersatzung „rechtsfähige Stiftung"

Mit freundlicher Genehmigung durch den
Bundesverband Deutscher Stiftungen

Satzung einer rechtsfähigen Stiftung

In Kursivschrift: Ergänzungen und Kommentare zu den Passagen der Satzung

Präambel

In einer kurzen Präambel können die Stifter den Anlass und Motive für die Errichtung der Stiftung beschreiben. Diese Formulierungen können für die spätere Auslegung des Stifterwillens eine wertvolle Hilfe darstellen.

§ 1 – Name, Rechtsform, Sitz und Geschäftsjahr

1. Die Stiftung führt den Namen *NN-Stiftung.*
2. Sie ist eine rechtsfähige (zusätzlich in Bayern und Rheinland-Pfalz: öffentliche) Stiftung des bürgerlichen Rechts.
3. Sie hat ihren Sitz in *ABC-Stadt.*
4. Geschäftsjahr der Stiftung ist das Kalenderjahr.

§ 2 – Stiftungszweck

1. Zweck der Stiftung ist die Förderung von Kunst und Kultur, Wissenschaft und Forschung etc. auf dem Gebiete ....
2. Der Stiftungszweck wird insbesondere verwirklicht durch ....

   Hier sollte eine Konkretisierung des Zwecks vorgenommen werden, für die beispielsweise folgende Formulierungen in Frage kommen:

   - *Trägerschaft der ..... (Einrichtung) in ...,*
   - *Zuwendungen an die .... (Einrichtung) in ...,*
   - *Förderung von Vorhaben, die geeignet sind ...,*
   - *Förderung von Maßnahmen, die ... zum Ziel haben,*

- *Durchführung von wissenschaftlichen Veranstaltungen und Forschungsvorhaben,*
- *Vergabe von Forschungsaufträgen,*
- *Gewährung von Stipendien.*

§ 3 - Gemeinnützigkeit

1. Die Stiftung verfolgt ausschließlich und unmittelbar gemeinnützige/mildtätige/kirchliche Zwecke im Sinne des Abschnitts „Steuerbegünstigte Zwecke" der Abgabenordnung.
2. Die Stiftung ist selbstlos tätig. Sie verfolgt nicht in erster Linie eigenwirtschaftliche Zwecke. Die Mittel der Stiftung dürfen nur für die satzungsmäßigen Zwecke verwendet werden.
3. Keine Person darf durch Ausgaben, die dem Zweck der Stiftung fremd sind, oder durch unverhältnismäßig hohe Vergütungen begünstigt werden.
4. Die Stiftung erfüllt ihre Aufgaben selbst oder durch eine Hilfsperson im Sinne des § 57 Abs. 1 S. 2 AO, sofern sie nicht im Wege der Mittelbeschaffung gemäß § 58 Nr. 1 AO tätig wird. Die Stiftung kann zur Verwirklichung des Stiftungszwecks Zweckbetriebe unterhalten.

§ 4 - Stiftungsvermögen

1. Das Stiftungsvermögen ergibt sich aus dem Stiftungsgeschäft *und/oder: Die Stiftung ist Testamentserbe.*
2. Das Stiftungsvermögen ist nach Abzug von Vermächtnissen und Erfüllung von Auflagen in seinem Bestand dauernd und ungeschmälert zu erhalten und möglichst ertragreich anzulegen. Es kann zur Werterhaltung bzw. zur Stärkung seiner Ertragskraft umgeschichtet werden.
3. Dem Stiftungsvermögen wachsen alle Zuwendungen zu, die dazu bestimmt sind (Zustiftungen).

§ 5 - Verwendung der Vermögenserträge und Zuwendungen

1. Die Stiftung erfüllt ihre Aufgaben aus den Erträgen des Stiftungsvermögens und aus Zuwendungen, soweit diese nicht ausdrücklich zur Stärkung des Stiftungsvermögens bestimmt sind.
2. Die Stiftung kann ihre Mittel ganz oder teilweise einer Rücklage zuführen, soweit dies erforderlich ist, um ihre steuerbegünstigten Zwecke nachhaltig erfüllen zu können und soweit für die Verwendung der Rücklage konkrete Ziel- und Zeitvorstellungen bestehen.

3. Im Rahmen des steuerrechtlich Zulässigen können zur Werterhaltung Teile der jährlichen Erträge einer freien Rücklage oder dem Stiftungsvermögen zugeführt werden.

4. Ein Rechtsanspruch Dritter auf Gewährung der jederzeit widerruflichen Förderleistungen aus der Stiftung besteht auf Grund dieser Satzung nicht.

§ 6 – Organe der Stiftung

1. Organe der Stiftung sind der Vorstand und das Kuratorium.

2. Die Mitglieder der Stiftungsorgane sind ehrenamtlich tätig. Sie haben Anspruch auf Ersatz der ihnen entstandenen Auslagen und Aufwendungen. Für den Zeitaufwand und Arbeitseinsatz der Mitglieder des Vorstandes kann das Kuratorium eine in ihrer Höhe angemessene Pauschale beschließen.

§ 7 – Vorstand

1. Der Vorstand besteht aus .... Mitgliedern. *Hier kann auch eine Minimal- bzw. Maximalanforderung formuliert werden.*

2. Der Stifter gehört dem Vorstand auf Lebenszeit an. Zu seinen Lebzeiten ist der Stifter Vorsitzender des Vorstandes und bestellt auch den stellvertretenden Vorsitzenden und die anderen Vorstandsmitglieder. Der Stifter ist berechtigt, das Amt jederzeit niederzulegen.

3. Scheidet der Stifter oder ein anderes Vorstandsmitglied aus dem Vorstand aus, so bestellt das Kuratorium auf Vorschlag der verbleibenden Vorstandsmitglieder ein neues Vorstandsmitglied. Eine Wiederbestellung ist zulässig. Die Amtszeit der Vorstandsmitglieder beträgt vier Jahre. Der Vorstand wählt nach Ausscheiden des Stifters und der Ergänzung des Vorstandes aus seiner Mitte einen Vorsitzenden und einen stellvertretenden Vorsitzenden.

4. Dem Vorstand sollen Personen angehören, die besondere Fachkompetenz und Erfahrung im Hinblick auf die Aufgabenerfüllung der Stiftung aufweisen. Ein Mitglied soll in Finanz- und Wirtschaftsfragen sachverständig sein. Mitglieder des Kuratoriums dürfen nicht zugleich dem Vorstand angehören.

5. Das Amt eines Vorstandsmitgliedes endet nach Ablauf der Amtszeit oder bei Vollendung des ..... Lebensjahres. Das Vorstandsmitglied bleibt in diesen Fällen solange im Amt, bis ein Nachfolger bestellt ist. Das Amt endet weiter durch Tod und durch Niederlegung, die jederzeit zulässig ist. Vom Stifter bestellte Vorstandsmitglieder können von diesem, andere Vorstandsmitglieder können vom Kuratorium jederzeit aus wichtigem Grunde abberufen werden. Ihnen ist zuvor Gelegenheit zur Stellungnahme zu geben.

§ 8 – Aufgaben des Vorstandes

1. Der Vorstand entscheidet in allen grundsätzlichen Angelegenheiten nach Maßgabe der Satzung in eigener Verantwortung und führt die laufenden Geschäfte der Stiftung. Er hat die Stellung eines gesetzlichen Vertreters und vertritt die Stiftung gerichtlich und außergerichtlich. Die Mitglieder des Stiftungsvorstandes sind einzelvertretungsberechtigt. Im Innenverhältnis vertritt der Vorsitzende des Stiftungsvorstandes die Stiftung allein, für den Fall der Verhinderung der stellvertretende Vorsitzende.

2. Der Vorstand hat im Rahmen des Stiftungsgesetzes und dieser Stiftungssatzung den Willen des Stifters so wirksam wie möglich zu erfüllen. Seine Aufgaben sind insbesondere:

   - die Verwaltung des Stiftungsvermögens,
   - die Verwendung der Stiftungsmittel,
   - die Aufstellung eines Haushaltsplanes, der Jahresrechnung und des Tätigkeitsberichts.

3. Zur Vorbereitung seiner Beschlüsse, der Erledigung seiner Aufgaben und insbesondere der Wahrnehmung der laufenden Geschäfte kann der Vorstand einen Geschäftsführer bestellen und Sachverständige hinzuziehen.

§ 9 – Beschlussfassung des Vorstandes

1. Beschlüsse des Vorstandes werden in der Regel auf Sitzungen gefasst. Der Vorstand wird vom Vorsitzenden oder seinem Stellvertreter nach Bedarf, mindestens aber einmal jährlich unter Angabe der Tagesordnung und Einhaltung einer Frist von zwei Wochen zu einer Sitzung einberufen. Sitzungen sind ferner einzuberufen, wenn .... Mitglieder des Vorstandes dies verlangen.

2. Ein Vorstandsmitglied kann sich in der Sitzung durch ein anderes Vorstandsmitglied vertreten lassen. Kein Vorstandsmitglied kann mehr als ein anderes Vorstandsmitglied vertreten.

3. Der Vorstand ist beschlussfähig, wenn nach ordnungsgemäßer Ladung mindestens .... Mitglieder, unter ihnen der Vorsitzende oder sein Stellvertreter, anwesend oder vertreten sind. Ladungsfehler gelten als geheilt, wenn alle Mitglieder anwesend sind und niemand widerspricht.

4. Der Vorstand trifft seine Entscheidungen mit einfacher Mehrheit der abgegebenen Stimmen, sofern die Satzung nichts Abweichendes bestimmt. Bei Stimmengleichheit gibt die Stimme des Vorsitzenden, ersatzweise seines Stellvertreters den Ausschlag.

5. Wenn kein Mitglied des Vorstandes widerspricht, können Beschlüsse im schriftlichen oder fernmündlichen Umlaufverfahren gefasst werden.

6. Über die Sitzungen sind Niederschriften zu fertigen und vom Sitzungsleiter und dem Protokollanten zu unterzeichnen. Sie sind allen Mitgliedern des Vorstandes und dem Vorsitzenden des Kuratoriums zur Kenntnis zu bringen.

7. Weitere Regelungen über den Geschäftsgang des Vorstandes und diejenigen Rechtsgeschäfte, zu deren Durchführung der Vorstand der Zustimmung des Kuratoriums bedarf, kann eine vom Kuratorium zu erlassende Geschäftsordnung enthalten.

§ 10 – Kuratorium

1. Das Kuratorium besteht aus ...... Mitgliedern. Die Mitglieder des ersten Kuratoriums werden vom Stifter berufen. *Auch hier ist eine Minimal- und Maximalanforderung denkbar.*

2. Scheidet ein Kuratoriumsmitglied aus, so wählt das Kuratorium auf Vorschlag des Vorstandes einen Nachfolger. Eine Wiederwahl ist zulässig. Die Amtszeit der Kuratoriumsmitglieder beträgt vier Jahre. Das Kuratorium wählt aus seiner Mitte einen Vorsitzenden und einen stellvertretenden Vorsitzenden.

3. Dem Kuratorium sollen Personen angehören, die besondere Fachkompetenz und Erfahrung im Hinblick auf die Aufgabenerfüllung der Stiftung haben. Ein Mitglied soll in Finanz- und Wirtschaftsfragen sachverständig sein.

4. Das Amt eines Kuratoriumsmitglieds endet nach Ablauf der Amtszeit oder bei Vollendung des .... Lebensjahres. Das Kuratoriumsmitglied bleibt in diesen Fällen solange im Amt, bis ein Nachfolger bestellt ist. Das Amt endet weiter durch Tod und durch Niederlegung, die jederzeit zulässig ist. Ein Kuratoriumsmitglied kann vom Kuratorium in einer gemeinsamen Sitzung mit dem Vorstand jederzeit aus wichtigem Grunde abberufen werden. Der Beschluss bedarf der Mehrheit der Mitglieder von Vorstand und Kuratorium. Das betroffene Mitglied ist bei dieser Abstimmung von der Stimmabgabe ausgeschlossen. Ihm ist zuvor Gelegenheit zur Stellungnahme zu geben.

§ 11 – Aufgaben und Beschlussfassung des Kuratoriums

1. Das Kuratorium berät, unterstützt und überwacht den Vorstand im Rahmen des Stiftungsgesetzes und dieser Stiftungssatzung, um den Willen des Stifters so wirksam wie möglich zu erfüllen. Seine Aufgaben sind insbesondere:

   - Empfehlungen für die Verwaltung des Stiftungsvermögens,
   - Empfehlungen für die Verwendung der Stiftungsmittel,

- Genehmigung des Haushaltsplanes, der Jahresrechnung und des Tätigkeitsberichtes,
- Entlastung des Vorstandes,
- Bestellung von Mitgliedern des Vorstandes.

2. Zur Vorbereitung seiner Beschlüsse kann das Kuratorium Sachverständige hinzuziehen.
3. Das Kuratorium soll mindestens einmal im Jahr zu einer ordentlichen Sitzung zusammenkommen. Eine außerordentliche Sitzung ist einzuberufen, wenn mindestens ..... Mitglieder oder der Vorstand dies verlangen. Die Mitglieder des Vorstandes, der Geschäftsführer und Sachverständige können an den Sitzungen des Kuratoriums beratend teilnehmen.
4. Für die Beschlussfassung des Kuratoriums bzw. von Vorstand und Kuratorium gemeinsam gilt § 9 entsprechend. Das Kuratorium kann sich eine Geschäftsordnung geben.

§ 12 – Satzungsänderung

1. Die Organe der Stiftung können Änderungen der Satzung beschließen, wenn sie den Stiftungszweck nicht berühren und die ursprüngliche Gestaltung der Stiftung nicht wesentlich verändern oder die Erfüllung des Stiftungszwecks erleichtern.
2. Beschlüsse über Änderungen der Satzung können nur auf gemeinsamen Sitzungen von Vorstand und Kuratorium gefasst werden. Der Änderungsbeschluss bedarf einer Mehrheit von zwei Dritteln der Mitglieder des Vorstandes und des Kuratoriums.
3. Beschlüsse über Änderungen der Satzung bedürfen der Genehmigung der Stiftungsaufsichtsbehörde. Sie sind mit einer Stellungnahme der zuständigen Finanzbehörde anzuzeigen.

§ 13 – Zweckerweiterung, Zweckänderung, Zusammenlegung, Auflösung

1. Die Organe der Stiftung können der Stiftung einen weiteren Zweck geben, der dem ursprünglichen Zweck verwandt ist und dessen dauernde und nachhaltige Verwirklichung ohne Gefährdung des ursprünglichen Zwecks gewährleistet erscheint, wenn das Vermögen oder der Ertrag der Stiftung nur teilweise für die Verwirklichung des Stiftungszwecks benötigt wird.
2. Die Organe der Stiftung können die Änderung des Stiftungszwecks, die Zusammenlegung mit einer anderen Stiftung oder die Auflösung der Stiftung beschließen, wenn der Stiftungszweck unmöglich wird oder sich die Verhältnisse derart ändern, dass die dauernde und nachhaltige Erfüllung

des Stiftungszwecks nicht mehr sinnvoll erscheint (möglich ist). Die Beschlüsse dürfen die Steuerbegünstigung der Stiftung nicht beeinträchtigen.

3. Beschlüsse über Zweckerweiterung, Zweckänderung, Zusammenlegung oder Auflösung können nur auf gemeinsamen Sitzungen von Vorstand und Kuratorium gefasst werden. Der Änderungsbeschluss bedarf einer Mehrheit von drei Vierteln (der Einstimmigkeit) der Mitglieder des Vorstandes und des Kuratoriums.
4. Beschlüsse über Zweckerweiterung, Zweckänderung, Zusammenlegung oder Auflösung werden erst nach Genehmigung der Stiftungsaufsichtsbehörde wirksam. Sie sind mit einer Stellungnahme der zuständigen Finanzbehörde anzuzeigen.

§ 14 – Vermögensanfall

Im Falle der Auflösung oder Aufhebung der Stiftung oder beim Wegfall der steuerbegünstigten Zwecke fällt das Vermögen an die steuerbegünstigte Körperschaft oder Körperschaft des öffentlichen Rechts mit der Auflage, es unmittelbar und ausschließlich für selbstlos gemeinnützige und/oder mildtätige/kirchliche Zwecke zu verwenden, die dem Stiftungszweck möglichst nahe kommen.

§ 15 – Stiftungsaufsicht

1. Die Stiftung unterliegt der staatlichen Aufsicht nach Maßgabe des jeweils im Lande .... geltenden Stiftungsrechts.
2. Stiftungsaufsichtsbehörde ist .... in ....
3. Die Stiftungsaufsichtsbehörde ist auf Wunsch jederzeit über die Angelegenheiten der Stiftung zu unterrichten. Mitteilungen über Änderungen in der Zusammensetzung der Stiftungsorgane sowie Haushaltsplan, Jahresrechnung und Tätigkeitsbericht sind unaufgefordert vorzulegen.

§ 16 – Inkrafttreten

Diese Stiftungssatzung tritt mit dem Tage der Genehmigung der Stiftungssatzung in Kraft.

Mustervertrag „nicht-rechtsfähige Stiftung“ (Treuhänder-Stiftung)

Mit freundlicher Genehmigung durch den
Bundesverband Deutscher Stiftungen

Mustervertrag zur Errichtung einer nicht-rechtsfähigen (unselbstständigen) Stiftung (Stiftungsgeschäft)

In Kursivschrift: Ergänzungen und Kommentare zu den Passagen des Vertrages

NN-Stiftung

Es handelt sich dabei um einen Treuhandvertrag zwischen dem Stifter und dem Stiftungsverwalter als Treuhänder. Es mag sich empfehlen, im Vertrag die Pflicht vorzusehen, auf Wunsch des Stifters oder bei Erreichen eines bestimmten Stiftungsvermögens die Umwandlung in eine rechtsfähige Stiftung vorzusehen.

Hiermit errichte ich/errichten wir *Vorname, Name, Anschrift* als unselbständige Stiftung die *NN-Stiftung*. Zweck der Stiftung ist die Förderung von .... (z.B. Wissenschaft und Forschung, Kunst und Kultur etc.) auf dem Gebiet ....

Es besteht weiterhin die Möglichkeit vorzusehen, dass auf schriftlichen Antrag des Stifters oder auf schriftlichen Antrag eines nächsten Angehörigen bis zu einem Drittel des Einkommens der Stiftung dazu verwandt werden kann, dem Antragsteller in angemessener Weise Unterhalt zu gewähren.

Als Stiftungsvermögen übereigne ich deshalb dem *Name und Anschrift des Rechtsträgers* folgende Vermögensgegenstände: 1. ...., 2. .... (*hier ist eine genaue Auflistung von Bar-, Wertpapier-, Immobilien- und Sachvermögen einzufügen)* mit der Auflage, dieses Vermögen der Stiftung zu erhalten und die Erträge zur Erfüllung des Stiftungszwecks zu verwenden.

Die Verwaltung der Stiftung richtet sich nach der beigefügten Satzung.

....

Ort, Datum Unterschrift des/der Stifter/s

....

Ort, Datum Unterschrift des künftigen Rechtsträgers

Mustersatzung „nicht-rechtsfähige Stiftung" (Treuhänder-Stiftung)

Mit freundlicher Genehmigung durch den
Bundesverband Deutscher Stiftungen

Satzung einer nicht-rechtsfähigen (unselbstständigen) Stiftung

In Kursivschrift: Ergänzungen und Kommentare zu den Passagen der Satzung

Die folgende Satzungsgestaltung sieht eine Stiftung mit eigenem Entscheidungsgremium und damit eigener Steuersubjektivität vor. Eine Stiftung ohne eigenes Organ mag sich empfehlen, wenn der Stifter keine eigene Mitentscheidung wünscht, die Stiftung von Todes wegen errichtet wird, nur ein relativ geringes Vermögen aufweist oder die Ausrichtung der Förderentscheidungen in der Satzung klar vorgezeichnet ist.

§ 1 – Name, Rechtsform

1. Die Stiftung führt den Namen *NN-Stiftung.*
2. Sie ist eine nichtrechtsfähige Stiftung in der Verwaltung des *Name des Rechtsträgers* und wird von diesem folglich im Rechts- und Geschäftsverkehr vertreten.

§ 2 – Stiftungszweck

1. Zweck der Stiftung ist die Förderung von Kunst und Kultur, Wissenschaft und Forschung etc. auf dem Gebiete ....
2. Der Stiftungszweck wird insbesondere verwirklicht durch ....

   Hier sollte eine Konkretisierung des Zwecks vorgenommen werden, für die beispielsweise folgende Formulierungen in Frage kommen:

   - *Trägerschaft der ..... (Einrichtung) in ...,*
   - *Zuwendungen an die .... (Einrichtung) in ...,*
   - *Förderung von Vorhaben, die geeignet sind ...,*
   - *Förderung von Maßnahmen, die ... zum Ziel haben,*
   - *Durchführung von wissenschaftlichen Veranstaltungen und Forschungsvorhaben,*

- *Vergabe von Forschungsaufträgen,*
- *Gewährung von Stipendien,*
- *Beschaffung von Mitteln gemäß § 58 Nr. 1 der Abgabenordnung (AO) zur Förderung von Wissenschaft und Forschung, Kunst und Kultur ... für die Verwirklichung der steuerbegünstigten Zwecke einer anderen Körperschaft oder für die Verwirklichung steuerbegünstigter Zwecke durch eine Körperschaft des öffentlichen Rechts.*

§ 3 – Gemeinnützigkeit

1. Die Stiftung verfolgt ausschließlich und unmittelbar gemeinnützige Zwecke im Sinne des Abschnitts „Steuerbegünstigte Zwecke" der Abgabenordnung.
2. Die Stiftung ist selbstlos tätig. Sie verfolgt nicht in erster Linie eigenwirtschaftliche Zwecke. Die Mittel der Stiftung dürfen nur für die satzungsmäßigen Zwecke verwendet werden.
3. Keine Person darf durch Ausgaben, die dem Zweck der Stiftung fremd sind, oder durch unverhältnismäßig hohe Vergütungen begünstigt werden.
4. Die Stiftung erfüllt ihre Aufgaben selbst oder durch eine Hilfsperson im Sinne des § 57 Abs. 1 S. 2 AO, sofern sie nicht im Wege der Mittelbeschaffung gemäß § 58 Nr. 1 AO tätig wird. Die Stiftung kann zur Verwirklichung des Stiftungszwecks Zweckbetriebe unterhalten.

§ 4 – Stiftungsvermögen

1. Das Stiftungsvermögen ergibt sich aus dem Stiftungsgeschäft. Die Stiftung ist ferner Testamentserbe.
2. Das Stiftungsvermögen ist nach Abzug von Vermächtnissen und Erfüllung von Auflagen in seinem Bestand dauernd und ungeschmälert zu erhalten und möglichst ertragreich anzulegen.
3. Dem Stiftungsvermögen wachsen alle Zuwendungen zu, die dazu bestimmt sind (Zustiftungen).

§ 5 – Verwendung der Vermögenserträge und Zuwendungen

1. Die Stiftung erfüllt ihre Aufgaben aus den Erträgen des Stiftungsvermögens und aus Zuwendungen, soweit diese nicht ausdrücklich zur Stärkung des Stiftungsvermögens bestimmt sind.
2. Die Stiftung kann ihre Mittel ganz oder teilweise einer Rücklage zuführen, soweit dies erforderlich ist, um ihre steuerbegünstigten Zwecke nachhaltig erfüllen zu können, und soweit für die Verwendung der Rücklage konkrete Ziel- und Zeitvorstellungen bestehen.

3. Zur Werterhaltung können im Rahmen des steuerrechtlich Zulässigen Teile der jährlichen Erträge einer freien Rücklage oder dem Stiftungsvermögen zugeführt werden.

4. Ein Rechtsanspruch Dritter auf Gewährung der jederzeit widerruflichen Förderleistungen aus der Stiftung besteht aufgrund dieser Satzung nicht.

§ 6 – Stiftungsorgan

1. Organ der Stiftung ist das Kuratorium.

2. Die Mitglieder des Kuratoriums sind ehrenamtlich tätig. Sie haben Anspruch auf Ersatz der ihnen entstandenen Auslagen und Aufwendungen. Für den Zeitaufwand und Arbeitseinsatz der Mitglieder des Kuratoriums kann eine in ihrer Höhe angemessene Entschädigung (Pauschale) vorgesehen werden.

§ 7 – Kuratorium

1. Das Kuratorium besteht aus ...... Mitgliedern. *Hier ist die Formulierung einer Minimal- und Maximalgröße möglich.*

2. Geborene Mitglieder sind der Stifter oder eine von ihm benannte Person sowie der Vertreter des *Treuhänders.* Vorsitzender des Kuratoriums ist zu seinen Lebzeiten der Stifter, dann die ihm nachfolgende Person. Der Stifter ist berechtigt, das Amt jederzeit niederzulegen.

3. Die geborenen Mitglieder können ...... weitere Mitglieder bestellen (kooptierte Mitglieder). Die Amtszeit der Kuratoriumsmitglieder beträgt vier Jahre. Eine Wiederbestellung ist zulässig. Beim Ausscheiden eines kooptierten Kuratoriumsmitglieds wird der Nachfolger von den verbleibenden (geborenen) Mitgliedern benannt.

4. Dem Kuratorium sollen Personen angehören, die besondere Fachkompetenz und Erfahrung im Hinblick auf die Aufgabenerfüllung der Stiftung aufweisen. Ein Mitglied soll in Finanz- und Wirtschaftsfragen sachverständig sein.

§ 8 – Aufgaben des Kuratoriums

1. Das Kuratorium beschließt über die Verwendung der Stiftungsmittel. Gegen diese Entscheidung steht dem *Treuhänder* ein Vetorecht zu, wenn sie gegen die Satzung oder rechtliche oder steuerliche Bestimmungen verstößt.

2. Beschlüsse des Kuratoriums werden in der Regel auf Sitzungen gefasst. Das Kuratorium wird vom *Rechtsträger* nach Bedarf, mindestens aber einmal jährlich unter Angabe der Tagesordnung und Einhaltung einer Frist von zwei Wochen zu einer Sitzung einberufen. Sitzungen sind ferner einzuberufen, wenn .... Mitglieder des Kuratoriums dies verlangen.

3. Das Kuratorium ist beschlussfähig, wenn nach ordnungsgemäßer Ladung mindestens .... Mitglieder, unter ihnen der Vorsitzende oder sein Stellvertreter, anwesend sind. Ladungsfehler gelten als geheilt, wenn alle Mitglieder anwesend sind und niemand widerspricht.

4. Das Kuratorium trifft seine Entscheidungen mit einfacher Mehrheit der abgegebenen Stimmen, sofern die Satzung nichts Abweichendes bestimmt. Bei Stimmengleichheit gibt die Stimme des Vorsitzenden, ersatzweise seines Stellvertreters den Ausschlag.

5. Über die Sitzungen sind Niederschriften zu fertigen und vom Sitzungsleiter und dem Protokollanten zu unterzeichnen. Sie sind allen Mitgliedern des Kuratoriums zur Kenntnis zu bringen.

6. Wenn kein Mitglied des Kuratoriums widerspricht, können Beschlüsse im schriftlichen oder fernmündlichen Umlaufverfahren gefasst werden. Im schriftlichen Verfahren gilt eine Äußerungsfrist von .... Wochen seit Absendung der Aufforderung zur Abstimmung.

7. Beschlüsse, die eine Änderung des Stiftungszwecks oder die Auflösung der Stiftung betreffen, können nur auf Sitzungen gefasst werden.

8. Beschlüsse über Satzungsänderungen bedürfen der Zustimmung von .... *(Name des Rechtsträgers).*

§ 9 – Treuhandverwaltung

1. .... *(Name des Rechtsträgers)* verwaltet das Stiftungsvermögen getrennt von seinem Vermögen. Er vergibt die Stiftungsmittel und wickelt die Fördermaßnahmen ab.

2. .... *(Name des Rechtsträgers)* legt dem Kuratorium auf den 31.12. eines jeden Jahres einen Bericht vor, der auf der Grundlage eines testierten Vermögensnachweises die Vermögensanlage sowie die Mittelverwendung erläutert. Im Rahmen seiner öffentlichen Berichterstattung sorgt er auch für eine angemessene Publizität der Stiftungsaktivitäten.

3. .... *(Name des Rechtsträgers)* belastet die Stiftung für seine Verwaltungsleistungen mit pauschalierten Kosten. Vereinbarte Zusatzleistungen und Reiseaufwendungen werden gesondert abgerechnet.

§ 10 – Anpassung der Stiftung an veränderte Verhältnisse und Auflösung

1. Ändern sich die Verhältnisse derart, dass die dauernde und nachhaltige Erfüllung des Stiftungszwecks von .... *(Name des Rechtsträgers)* und Kuratorium nicht mehr für sinnvoll gehalten wird, so können beide gemeinsam einen neuen Stiftungszweck beschließen.
2. Der Beschluss bedarf der Zustimmung aller (einer Mehrheit von ...... der) Mitglieder des Kuratoriums. Der neue Stiftungszweck hat gemeinnützig zu sein und auf dem Gebiet der .... zu liegen.
3. .... *(Name des Rechtsträgers)* und Kuratorium können gemeinsam die Auflösung der Stiftung beschließen, wenn die Umstände es nicht mehr zulassen, den Stiftungszweck dauerhaft und nachhaltig zu erfüllen. Der *Name des Rechtsträgers* kann allein die Auflösung der Stiftung beschließen, wenn in der Endausstattung ein Mindestvermögen von .... € (in Worten: .... €) nicht erreicht wird.

§ 11 – Vermögensanfall

Im Falle der Auflösung der Stiftung fällt das Vermögen an *eine steuerbegünstigte Körperschaft oder Körperschaft des öffentlichen Rechts* mit der Auflage, es unmittelbar und ausschließlich für selbstlos gemeinnützige Zwecke zu verwenden, die dem Stiftungszweck möglichst nahe kommen.

§ 12 – Stellung des Finanzamtes

Beschlüsse über Satzungsänderungen und der Beschluss über die Auflösung der Stiftung sind dem zuständigen Finanzamt anzuzeigen. Für Satzungsänderungen, die den Zweck der Stiftung betreffen, ist die Unbedenklichkeitserklärung des Finanzamtes einzuholen.

Verordnungen und Gesetze

Gemeinsame Richtlinien der Landesmedienanstalten für die Werbung, zur Durchführung der Trennung von Werbung und Programm und für das Sponsoring im Hörfunk in der Neufassung vom 10.02.2000

Aufgrund des § 46 i.V.m. §§ 7, 8, 44, 45 und 45 a, b des Rundfunkstaatsvertrages (Artikel 1 des Staatsvertrages über den Rundfunk im vereinten Deutschland vom 31. August 1991, zuletzt geändert durch den vierten Rundfunkänderungsstaatsvertrag) haben die Landesmedienanstalten

- Landesanstalt für Kommunikation Baden Württemberg (LfK),
- Bayerische Landeszentrale für neue Medien (BLM),
- Medienanstalt Berlin-Brandenburg (MABB),
- Bremische Landesmedienanstalt,
- Hamburgische Anstalt für neue Medien (HAM),
- Hessische Landesanstalt für privaten Rundfunk (LPR) Hessen,
- Landesrundfunkzentrale Mecklenburg-Vorpommern (LRZ),
- Niedersächsische Landesmedienanstalt für privaten Rundfunk (NLM),
- Landesanstalt für Rundfunk Nordrhein-Westfalen (LfR),
- Landeszentrale für private Rundfunkveranstalter Rheinland-Pfalz (LPR),
- Landesmedienanstalt Saarland (LMS),
- Sächsische Landesanstalt für privaten Rundfunk und neue Medien (SLM),
- Landesrundfunkausschuss für Sachsen-Anhalt (LRA),
- Unabhängige Landesanstalt für Rundfunkwesen Schleswig-Holstein (ULR)
- Thüringer Landesmedienanstalt (TLM)

die folgenden gemeinsamen Richtlinien für die Werbung, zur Durchführung der Trennung von Werbung und Programm und für das Sponsoring beschlossen:

Die nachfolgenden Richtlinien, die nach § 46 RStV zur Durchführung der §§ 7, 8, 44, 45 und 45 a, b zu erlassen sind, dienen der Konkretisierung der rundfunkstaatsvertraglichen Anforderungen an die Werbe- und Sponsormöglichkeiten der privaten Rundfunkveranstalter zur Finanzierung ihrer Programme. Sie setzen die mit dem 4. Rundfunkänderungsstaatsvertrag neugefassten Werberegelungen des europäischen Rechts um. Das europäische Recht verpflichtet die Veranstalter zur Mitwirkung bei der Einhaltung allgemeiner Rechtsgrundsätze der Werbung innerhalb des Rundfunkrechts. Werbung darf nicht irreführen, den Interessen der Verbraucher nicht schaden und nicht Verhaltensweisen fördern, die die Gesundheit oder Sicherheit der Verbraucher sowie den Schutz der Umwelt gefährden. Diese Zielsetzungen sind in die Richtlinien aufgenommen worden.

Angesichts der vielfältigen und im ständigem Wandel begriffenen Programm- und Werbestrukturen bedürfen die Richtlinien auch zukünftig einer Überprüfung und Fortschreibung durch die Landesmedienanstalten.

1. Begriff der Werbung

§ 2 Abs. 2 Nr. 5 RStV

Im Sinne dieses Staatsvertrages ist Werbung jede Äußerung bei der Ausübung eines Handels, Gewerbes, Handwerks oder freien Berufs, die im Rundfunk von einem öffentlich-rechtlichen oder privaten Veranstalter entweder gegen Entgelt oder eine ähnliche Gegenleistung oder als Eigenwerbung gesendet wird mit dem Ziel, den Absatz von Waren oder die Erbringung von Dienstleistungen, einschließlich unbeweglicher Sachen, Rechte und Verpflichtungen, gegen Entgelt zu fördern. § 7 Abs. 8 bleibt unberührt.

Nicht als Werbung gelten insbesondere Hinweise auf das eigene Programm (z.B. Programmhinweise und -trailer, Eigenpromotion im Sinne der Nr. 13 Abs. 2 dieser Richtlinie) und Hinweise auf Begleitmaterialien zu Sendungen (im Sinne der Nr. 13 Abs. 4 dieser Richtlinie und § 45 Abs. 3 RStV).

2. Organisatorische Maßnahmen

Der Rundfunkveranstalter hat organisatorische Maßnahmen zur Einhaltung der gesetzlichen Bestimmungen zur Werbung und der Werberichtlinien zu treffen und diese der zuständigen Landesmedienanstalt zu benennen.

3. Inhalte von Werbung und Teleshopping

§ 7 Abs. 1 Satz 1 RStV

Werbung und Teleshopping dürfen nicht irreführen, den Interessen der Verbraucher nicht schaden und nicht Verhaltensweisen fördern, die die Gesundheit oder Sicherheit der Verbraucher sowie den Schutz der Umwelt gefährden.

1. Spezialgesetzliche Regelungen zu Werbung und Teleshopping, zum Verbraucherschutz, zum Schutz der Umwelt sowie zum Wettbewerbsrecht finden Anwendung. Insbesondere sind die in ihnen enthaltenen

Werbeverbote oder inhaltlichen Einschränkungen der Werbung zu beachten. Darüber hinaus finden die einschlägigen Verhaltensregeln des Deutschen Werberates in der Fassung von 1998 über die Werbung für alkoholische Getränke Anwendung (Anlage).

2. Zu beachten sind insbesondere die Jugendschutzgesetze, die Vorschriften über das Verbot der Tabakwerbung im Lebensmittel- und Bedarfsgegenständegesetz sowie die Werbebeschränkungen für Medikamente und Heilmittel im Heilmittelwerbegesetz.

4. Kinder/Jugendliche und Werbung/Teleshopping

§ 7 Abs. 1 Satz 2 RStV

Werbung und Teleshopping, die sich auch an Kinder oder Jugendliche richten oder bei der Kinder oder Jugendliche eingesetzt werden, darf nicht ihren Interessen schaden oder ihre Unerfahrenheit ausnutzen. Teleshopping darf darüber hinaus Minderjährige nicht dazu anhalten, Kauf- oder Miet- bzw. Pachtverträge für Waren oder Dienstleistungen zu schließen.

1. Werbung, die sich auch an Kinder und Jugendliche richtet, ist insbesondere unzulässig, wenn

   a) sie Kinder oder Jugendliche unmittelbar oder mittelbar auffordert, ihre Eltern oder Dritte zum Kauf der beworbenen Ware oder Dienstleistungen zu veranlassen;

   b) sie das besondere Vertrauen ausnutzt, das Kinder oder Jugendliche, Eltern, Lehrern und anderen Vertrauenspersonen gegenüber haben;

   c) sie Kinder oder Jugendliche ohne berechtigten Grund in gefährlichen Situationen zeigt;

   d) sie strafbare Handlungen oder sonstiges Fehlverhalten, durch das Personen gefährdet sind oder ihnen geschadet werden kann, als nachahmenswert oder billigenswert darstellt;

   e) sie aleatorische Werbemittel (z.B. Gratisverlosungen, Preisausschreiben und -rätsel u.ä.) in einer Art und Weise einsetzt, die geeignet ist, die Umworbenen irrezuführen, durch übermäßige Vorteile anzulocken, deren Spielleidenschaft auszunutzen oder anreißerisch zu belästigen;

   f) sie Kinder oder Jugendliche als Sexualobjekte darstellt.

2. Werbung, die sich auch an Jugendliche richtet, ist insbesondere unzulässig, wenn sie direkte Kaufaufforderungen an Jugendliche richtet, die deren Unerfahrenheit und Leichtgläubigkeit ausnutzen.

3. Werbung, die sich auch an Kinder richtet, ist insbesondere unzulässig, wenn

   a) sie direkte Kaufaufforderungen enthält. Ihnen sind solche Kaufaufforderungen gleichzustellen, die lediglich eine Umschreibung direkter Kaufaufforderungen enthalten;

   b) sie einen Vortrag über besondere Vorteile oder Eigenarten des Produktes enthält, die nicht den natürlichen Lebensäußerungen der Kinder entsprechen;

   c) für Produkte, die selbst Gegenstand von Kindersendungen sind, vor oder nach einer Sendung in einem Werbeblock Werbung geschaltet wird (vgl. § 7 Abs. 3 RStV);

   d) sie prägende Elemente enthält, die auch Bestandteil der Kindersendung vor oder nach dem Werbeblock sind.

4. Für Werbung, bei der Kinder oder Jugendliche eingesetzt werden, gelten die oben genannten Bestimmungen entsprechend.

5. Teleshopping muss die in Abs. 1 bis 4 genannten Anforderungen erfüllen und darf darüber hinaus Kinder und Jugendliche nicht dazu anhalten, Kauf- oder Miet- bzw. Pachtverträge für Waren oder Dienstleistungen zu schließen.

5. Verbot der Programmbeeinflussung

§ 7 Abs. 2 RStV

Werbung oder Werbetreibende dürfen das übrige Programm inhaltlich und redaktionell nicht beeinflussen. Satz 1 gilt für Teleshopping-Spots, Teleshopping-Fenster und deren Anbieter entsprechend.

Zur Sicherung der Unabhängigkeit der Programmgestaltung darf der Rundfunkveranstalter Werbetreibenden keinen Einfluss auf die Programmgestaltung einräumen. Dies bedeutet insbesondere, dass Einzelheiten des Programms nicht den Vorgaben der Werbetreibenden angepasst werden dürfen. Unzulässig ist auch eine Einflussnahme der Werbetreibenden auf die Platzierung von Sendungen im Umfeld der Werbung.

6. Trennung und Kennzeichnung der Werbung/Teleshopping

§ 7 Abs. 3 RStV

Werbung und Teleshopping muss als solche klar erkennbar sein. Sie müssen im Hörfunk durch akustische Mittel eindeutig von anderen Programmteilen getrennt sein. In der Werbung und im Teleshopping dürfen keine unterschwelligen Techniken eingesetzt werden.

1. Der Beginn der Hörfunkwerbung erfordert eine eindeutige Trennung von anderen Programmteilen durch akustische Mittel (z.B. Werbejingle, Ansage). Eine Kennzeichnung der Hörfunkwerbung am Ende oder zwischen einzelnen Werbespots ist nicht erforderlich. Die Kennzeichnung des Endes der Hörfunkwerbung ist allerdings notwendig, wenn sie anderenfalls vom nachfolgenden Programm nicht eindeutig abgesetzt ist.
2. Das akustische Mittel muss aufgrund der Art seiner Gestaltung und der Dauer seiner Ausstrahlung eine deutliche Trennung von Programm und Werbung gewährleisten. Das akustische Mittel muss sich von der Senderkennung und von den üblicherweise verwendeten Programmankündigungen ausreichend unterscheiden.

7. Dauerwerbesendungen

§ 7 Abs. 5 RStV

Dauerwerbesendungen sind zulässig, wenn der Werbecharakter erkennbar im Vordergrund steht und die Werbung einen wesentlichen Bestandteil der Sendung darstellt. Sie müssen zu Beginn als Dauerwerbesendung angekündigt und während ihres gesamten Verlaufs als solche gekennzeichnet werden.

1. Dauerwerbesendungen sind Sendungen, in denen Werbung redaktionell gestaltet ist, der Werbecharakter erkennbar im Vordergrund steht und die Werbung einen wesentlichen Bestandteil der Sendung darstellt.
2. Im Hörfunk ist zu Beginn der Sendung darauf hinzuweisen, dass es sich um eine Dauerwerbesendung handelt. Während des Verlaufs der Sendung soll auf den Werbecharakter hingewiesen werden.
3. Dauerwerbesendungen für Kinder sind unzulässig.

8. Schleichwerbung

§ 2 Abs. 2 Nr. 6 RStV

Schleichwerbung ist die Erwähnung oder Darstellung von Waren, Dienstleistungen, Namen, Marken oder Tätigkeiten eines Herstellers von Waren oder eines Erbringers von Dienstleistungen in Programmen, wenn sie vom Veranstalter absichtlich zu Werbezwecken vorgesehen ist und die Allgemeinheit hinsichtlich des eigentlichen Zwecks dieser Erwähnung oder Darstellung irreführen kann. Eine Erwähnung oder Darstellung gilt insbesondere dann als zu Werbezwecken beabsichtigt, wenn sie gegen Entgelt oder eine ähnliche Gegenleistung erfolgt.

§ 7 Abs. 6 Satz 1 RStV

Schleichwerbung und entsprechende Praktiken sind unzulässig.

1. Das Darstellen von gewerblichen Waren oder deren Herstellern, von Dienstleistungen oder deren Anbietern außerhalb von Werbesendungen ist keine Schleichwerbung, wenn es aus überwiegend programmlich-dramaturgischen Gründen sowie zur Wahrnehmung von Informationspflichten erfolgt. Dies gilt sowohl für Eigen- und auch Co-, Auftrags- und Kaufproduktionen. Ob die Erwähnung oder Darstellung von Waren, Dienstleistungen, Namen, Marken oder Tätigkeiten eines Herstellers von Waren oder eines Erbringers von Dienstleistungen im Programm vom Veranstalter absichtlich zu Werbezwecken vorgesehen ist und die Allgemeinheit hinsichtlich des eigentlichen Zwecks dieser Erwähnung oder Darstellung irreführen kann, ist im Einzelfall an Hand von Indizien (z.B. Intensität der Darstellung, Alleinstellungsindiz) festzustellen. Eine Erwähnung oder Darstellung gilt insbesondere dann als zu Werbezwecken beabsichtigt, wenn sie gegen Entgelt oder eine ähnliche Gegenleistung erfolgt.
2. Auch bei zulässiger Darstellung von Produkten und Dienstleistungen ist nach Möglichkeit durch die redaktionelle Gestaltung die Förderung werblicher Interessen zu vermeiden.

9. Soziale Appelle

§ 7 Abs. 8 RStV

Werbung politischer, weltanschaulicher oder religiöser Art ist unzulässig. Satz 1 gilt für Teleshopping entsprechend. Unentgeltliche Beiträge im Dienst der Öffentlichkeit einschließlich von Spendenaufrufen zu Wohlfahrtszwecken gelten nicht als Werbung im Sinne von Satz 1. § 42 bleibt unberührt.

Bei Sozialen Appellen (Social Advertising) im Sinne von § 7 Absatz 8 Satz 3 handelt es sich um vom Veranstalter unentgeltlich ausgestrahlte Beiträge, die einen direkten oder indirekten Aufruf zu verantwortlichem, sozial erwünschtem Verhalten enthalten oder über die Folgen individuellen Verhaltens aufklären (z.B. Aufrufe, die die Gesundheit, die Sicherheit der Verbraucher oder den Schutz der Umwelt fördern sowie Aufrufe für wohltätige Zwecke).

10. Sponsorsendungen

§ 2 Abs. 2 Nr. 7 RStV

Im Sinne dieses Staatsvertrages ist Sponsoring jeder Beitrag einer natürlichen oder juristischen Person oder einer Personenvereinigung, die an Rundfunktätigkeiten oder an der Produktion audiovisueller Werke nicht beteiligt ist, zur direkten oder indirekten Finanzierung einer Sendung, um den Namen, die Marke, das Erscheinungsbild der Person oder Personenvereinigung, ihre Tätigkeit oder ihre Leistungen zu fördern.

§ 8 Abs. 1 bis 6 RStV

1. Bei Sendungen, die ganz oder teilweise gesponsert werden, muss zu Beginn oder am Ende auf die Finanzierung durch den Sponsor in vertretbarer Kürze deutlich hingewiesen werden; der Hinweis ist in diesem Rahmen auch durch Bewegtbild möglich. Neben oder anstelle des Namens des Sponsors kann auch dessen Firmenemblem oder eine Marke eingeblendet werden.
2. Inhalt und Programmplatz einer gesponserten Sendung dürfen vom Sponsor nicht in der Weise beeinflusst werden, dass die Verantwortung und die redaktionelle Unabhängigkeit des Rundfunkveranstalters beeinträchtigt werden.
3. Gesponserte Sendungen dürfen nicht zum Verkauf, zum Kauf oder zur Miete oder Pacht von Erzeugnissen oder Dienstleistungen des Sponsors oder eines Dritten, vor allem durch entsprechende besondere Hinweise, anregen.
4. Sendungen dürfen nicht von Unternehmen gesponsert werden, deren Haupttätigkeit die Herstellung von Zigaretten und anderen Tabakerzeugnissen ist.
5. Beim Sponsoring von Sendungen durch Unternehmen, deren Tätigkeit die Herstellung oder der Verkauf von Arzneimitteln und medizinischen Behandlungen umfasst, darf für den Namen oder das Image des Unternehmens gesponsert werden, nicht jedoch für bestimmte Arzneimittel oder medizinische Behandlungen, die nur auf ärztliche Verordnung erhältlich sind.
6. Nachrichtensendungen und Sendungen zum politischen Zeitgeschehen dürfen nicht gesponsert werden.
7. Sponsoring stellt gemäß § 2 Abs. 2 Nr. 7 eine eigenständige Finanzierungsform neben den Werbeeinnahmen dar. Es unterliegt nicht den Werberegelungen der §§ 7 und 45 Abs. 1 und 2.
8. Absatz 1 gilt auch für Kurzsendungen wie z.B. Wetterberichte. Das Sponsern von Werbung, wie z.B. Spotwerbung, Dauerwerbesendungen oder Teleshopping-Fenstern, ist unzulässig.
9. Neben oder anstelle der Nennung des Sponsors ist auch die Nennung eines Produktnamens zulässig. Neben der Nennung des Sponsors oder seines Produktes ist ein erläuternder Zusatz zu Name, Marke oder Produkt zulässig.

10. Der Hinweis auf den Sponsor darf nur den Zeitraum beanspruchen, der erforderlich ist, den Hinweis auf die Fremdfinanzierung durch den Sponsor deutlich wahrzunehmen. Der Sponsorhinweis muss einen eindeutigen Bezug zur gesponserten Sendung herstellen.

11. Der Sponsorhinweis muss mindestens am Anfang oder am Ende der Sendung erfolgen. Ein Hinweis auf den Sponsor innerhalb einer Sendung vor und nach jeder Werbeschaltung ist zulässig. In Hinweisen auf gesponserte Sendungen dürfen der oder die Sponsoren der gesponserten Sendung erwähnt werden. Programmhinweise dürfen nicht gesponsert werden.

12. Eine gesponserte Sendung regt in der Regel zum Verkauf, zum Kauf oder zur Miete oder Pacht von Erzeugnissen oder Dienstleistungen des Sponsors oder eines Dritten an, wenn in der Sendung Erzeugnisse oder Dienstleistungen vorgestellt, allgemein empfohlen oder sonst als vorzugswürdig herausgestellt werden, die der Sponsor der Sendung oder ein Dritter anbietet.

13. Politische, weltanschauliche oder religiöse Vereinigungen dürfen Sendungen nicht sponsern. Wer nach dem Staatsvertrag oder anderen gesetzlichen Bestimmungen nicht werben darf oder dessen überwiegend geschäftlicher Schwerpunkt auf von der Werbung ausgenommenen Produkten oder Dienstleistungen liegt, darf Sendungen nicht sponsern.

14. Das Einsetzen von Namen von Unternehmen, Produkten oder Marken als Sendungstitel (Titelsponsoring) ist zulässig, wenn:

    a) die allgemeinen Anforderungen nach § 2 Abs. 2 Nr. 7 und § 8 Abs. 2 bis 6 RStV erfüllt sind;

    b) bei der Erwähnung des Firmen-, Produktnamens oder einer Marke im Titel der Sendung keine werblichen Effekte in den Vordergrund rücken.

11. Werbeschaltungen

§ 44 Abs. 1 bis 6 RStV

Übertragungen von Gottesdiensten sowie Sendungen für Kinder dürfen nicht durch Werbung unterbrochen werden. Sendungen für Kinder sind solche, die sich nach Inhalt, Form oder Sendezeit überwiegend an unter 14jährige wenden. Einzelne Sendungen, die durch verbindende Elemente so gestaltet sind, dass sie wie eine einheitliche Kindersendung erscheinen, gelten ebenfalls als Kindersendung.

12. Dauer der Werbung

§ 45 Abs. 1 bis 3 RStV

1. Der Anteil an Sendezeit für Teleshopping-Spots, Werbespots und andere Formen der Werbung darf mit Ausnahme von Telshopping-Fenstern im Sinne des § 45 a 20 vom Hundert der täglichen Sendezeit nicht überschreiten. Die Sendezeit für Werbespots darf 15 vom Hundert der täglichen Sendezeit nicht überschreiten.
2. Der Anteil an Sendezeit für Werbespots und Teleshopping-Spots innerhalb einer Stunde, gerechnet ab einer vollen Stunde, darf 20 vom Hundert nicht überschreiten.
3. Die Dauer der Werbung bestimmt sich nach der tatsächlichen Sendezeit, unabhängig davon, welche Sendezeiten in Programmvorschauen ausgewiesen sind. Zur täglichen Hörfunksendezeit neben dem Programmangebot zählen auch Programmhinweise.

13. Eigenpromotion/Fremdpromotion, Hinweise auf Begleitmaterial

§ 45 Abs. 3 RStV

Hinweise des Rundfunkveranstalters auf eigene Programme und auf Begleitmaterialien, die direkt von diesen Programmen abgeleitet sind, sowie unentgeltliche Beiträge im Dienst der Öffentlichkeit einschließlich von Spendenaufrufen zu Wohlfahrtszwecken gelten nicht als Werbung im Sinne der Absätze 1 und 2.

1. Eigenpromotion sind Hinweise auf die für einen Rundfunkveranstalter zugelassenen Programme. Sie gelten nicht als Werbung i. S. von § 2 Abs. 2 Nr. 5 RStV.
2. Die Sender- bzw. Eigenpromotion unterliegt nicht den Werbevorschriften. Sie dienen der Hörerbindung. Sie können sich auf das Gesamtprogramm und einzelne Sendungen sowie auf die in ihnen handelnden Personen oder auf Veranstaltungen sowie sonstige Ereignisse außerhalb der Programme des Veranstalters beziehen.
3. Fremdpromotion ist der werbliche Hinweis auf einen anderen Rundfunkveranstalter als Unternehmen oder dessen Sendungen und Dienstleistungen.
4. Hinweise auf Bezugsmöglichkeiten von Wiedergaben von Fernsehsendungen des Veranstalters auf Audio- und Videokassetten, Schallplatten und ähnliche Bild- und Tonträger unterliegen nicht den Werbevorschriften.
5. Hinweise auf Bücher, Schallplatten, Videos und andere Publikationen, wie z. B. Spiele, sowie deren Bezugsquellen unterliegen nicht den Werbevorschriften, wenn durch sie der Inhalt der Sendung erläutert, vertieft oder nachbearbeitet wird.

6. Die Hinweise dürfen nur im Zusammenhang mit der Sendung oder mit Programmankündigungen von einzelnen Sendungen bzw. Sendereihen am jeweiligen Sendetag erscheinen.
7. Andere Hinweise, die nicht den Voraussetzungen der Absätze 2, 4, 5 und 6 entsprechen, sind als Werbung zu behandeln.
8. Nr. 1 der Richtlinien findet Anwendung.

14. Teleshopping

§ 2 Abs. 2 Nr. 8 RStV

Im Sinne dieses Staatsvertrages ist Teleshopping die Sendung direkter Angebote an die Öffentlichkeit für den Absatz von Waren oder die Erbringung von Dienstleistungen, einschließlich unbeweglicher Sachen, Rechte und Verpflichtungen, gegen Entgelt.

§ 45 a RStV

1. Teleshopping-Fenster, die von einem Programm gesendet werden, das nicht ausschließlich für Teleshopping bestimmt ist, müssen eine Mindestdauer von 15 Minuten ohne Unterbrechung haben.
2. Es sind höchstens acht solcher Fenster täglich zulässig. Ihre Gesamtsendedauer darf drei Stunden pro Tag nicht überschreiten. Die Fenster müssen optisch und akustisch klar als Teleshopping-Fenster gekennzeichnet sein.
3. Bei Teleshopping-Fenstern im Hörfunk ist zu Beginn der Sendung darauf hinzuweisen, dass es sich um eine Werbesendung handelt. Während des Verlaufs der Sendung ist auf den Charakter der Sendung als Dauerwerbesendung/Werbesendung hinzuweisen.
4. Beim Teleshopping müssen die mit der Bestellung anfallenden Kosten deutlich dargestellt werden.
5. Teleshopping muss die in Nr. 4 Abs. 1 bis 4 genannten Anforderungen erfüllen und darf darüber hinaus Kinder und Jugendliche nicht dazu anhalten, Kauf- oder Miet- bzw. Pachtverträge für Waren oder Dienstleistungen zu schließen.
6. Teleshopping-Sendungen mit einer Länge von weniger als 15 Minuten sind zulässig. Ihre Dauer ist entsprechend § 45 Abs. 1 RStV zu berücksichtigen. Nr. 8 Abs. 2 bis 4 gelten entsprechend.

15. Eigenwerbekanäle

§ 45 b RStV

Für Eigenwerbekanäle gelten die §§ 7,8,44 und 45 a entsprechend. Bei diesen Kanälen sind andere Formen der Werbung im Rahmen der Beschränkungen nach § 45 Abs. 1 und 2 zulässig.

1. Eigenwerbekanäle sind eigenständig lizenzierte Angebote, deren Inhalte der Eigendarstellung eines Unternehmens in der Öffentlichkeit dienen. Sie dienen nicht der unmittelbaren Förderung des Absatzes von Waren oder Dienstleistungen. § 7 Abs. 1 und Abs. 8 RStV bleiben unberührt.
2. Durch die Präsentation und Programmkennung ist zu gewährleisten, dass Eigenwerbekanäle als solche zu erkennen sind.

16. Preisauslobungen

Bei der Auslobung von Geld- und Sachpreisen in Verbindung mit Gewinnspielen und Quizveranstaltungen, die redaktionell gestaltet sind, ist eine dreimalige Nennung der Firma bzw. zur Verdeutlichung des Produkts auch eine kurze Beschreibung des Preises zulässig.

Sponsoring-Erlass

Bundessteuerblatt 1998 Teil I Nr. 4
IV B2- S2144- 40/98
IV B7- S0183- 62/98

An die
Obersten Finanzbehörden
der Länder

Ertragssteuerliche Behandlung des Sponsoring

Erörterung mit den obersten Finanzbehörden der Länder in der Sitzung KSt/GewSt I/98 vom 9. bis 11. Februar 1998- TOP I/16-

Für die ertragsteuerliche Behandlung des Sponsoring gelten – unabhängig von dem gesponserten Bereich (z.B. Sport-, Kultur-, Sozio-, Öko- und Wissenschaftssponsoring) – im Einvernehmen mit den obersten Finanzbehörden der Länder folgende Grundsätze:

I. Begriff des Sponsoring

Unter Sponsoring wird üblicherweise die Gewährung von Geld oder geldwerten Vorteilen durch Unternehmen zur Förderung von Personen, Gruppen und/oder Organisationen in sportlichen, kulturellen, kirchlichen, wissenschaftlichen, sozialen, ökologischen oder ähnlich bedeutsamen gesellschaftspolitischen Bereichen verstanden, mit der regelmäßig auch eigene unternehmensbezogene Ziele der Werbung oder Öffentlichkeitsarbeit verfolgt werden. Leistungen eines Sponsors beruhen häufig auf einer vertraglichen Vereinbarung zwischen dem Sponsor und dem Empfänger der Leistungen (Sponsoring-Vertrag), in dem Art und Umfang der Leistungen des Sponsors und des Empfängers geregelt sind.

II. Steuerliche Behandlung beim Sponsor

Die im Zusammenhang mit dem Sponsoring gemachten Aufwendungen können

- Betriebsausgaben i.S. des § 4 Abs. 4 EStG,
- Spenden, die unter den Voraussetzungen der §§ 10 b EStG, 9 Abs. 1 Nr. 2 KStG, 9 Nr. 5 GewStG abgezogen werden dürfen, oder
- steuerlich nicht abziehbare Kosten der Lebensführung (§ 12 Nr. 1 EStG), bei Kapitalgesellschaften verdeckte Gewinnausschüttungen (§ 8 Abs. 3 Satz 2 KStG) sein.

Berücksichtigung als Betriebsausgaben

Aufwendungen des Sponsors sind Betriebsausgaben, wenn der Sponsor wirtschaftliche Vorteile, die insbesondere in der Sicherung oder Erhöhung seines unternehmerischen Ansehens liegen können (vgl. BFH vom 3. Februar 1993, BStBl II S. 441, 445), für sein Unternehmen erstrebt oder für Produkte seines Unternehmens werben will. Das ist insbesondere der Fall, wenn der Empfänger der Leistungen auf Plakaten, Veranstaltungshinweisen, in Ausstellungskatalogen, auf den von ihm benutzten Fahrzeugen oder anderen Gegenständen auf das Unternehmen oder auf die Produkte des Sponsors werbewirksam hinweist. Die Berichterstattung in Zeitungen, Rundfunk oder Fernsehen kann einen wirtschaftlichen Vorteil, den der Sponsor für sich anstrebt, begründen, insbesondere wenn sie in seine Öffentlichkeitsarbeit eingebunden ist oder der Sponsor an Pressekonferenzen oder anderen öffentlichen Veranstaltungen des Empfängers mitwirken und eigene Erklärungen über sein Unternehmen oder seine Produkte abgeben kann.

Wirtschaftliche Vorteile für das Unternehmen des Sponsors können auch dadurch erreicht werden, daß der Sponsor durch Verwendung des Namens, von Emblemen oder Logos des Empfängers oder in anderer Weise öffentlichkeitswirksam auf seine Leistungen aufmerksam macht.

Für die Berücksichtigung der Aufwendungen als Betriebsausgaben kommt es nicht darauf an, ob die Leistungen notwendig, üblich oder zweckmäßig sind; die Aufwendungen dürfen auch dann als Betriebsausgaben abgezogen werden, wenn die Geld- oder Sachleistungen des Sponsors und die erstrebten Werbeziele für das Unternehmen nicht gleichwertig sind. Bei einem krassen Missverhältnis zwischen den Leistungen des Sponsors und dem erstrebten wirtschaftlichen Vorteil ist der Betriebsausgabenabzug allerdings zu versagen (§ 4 Abs. 5 Satz 1 Nr. 7 EStG).

Leistungen des Sponsors im Rahmen des Sponsoring-Vertrags, die die Voraussetzungen der RdNrn. 3, 4 und 5 für den Betriebsausgabenabzug erfüllen, sind keine Geschenke i.S. des § 4 Abs. 5 Satz 1 Nr.1 EStG.

Berücksichtigung als Spende

Zuwendungen des Sponsors, die keine Betriebsausgaben sind, sind als Spenden (§ 10b EStG) zu behandeln, wenn sie zur Förderung steuerbegünstigter Zwecke freiwillig oder aufgrund einer freiwillig eingegangenen Rechtspflicht erbracht werden, kein Entgeld für eine bestimmte Leistung des Empfängers sind und nicht in einem tatsächlichen wirtschaftlichen Zusammenhang mit dessen Leistungen stehen (BFH vom 25. November 1987, BStBl II 1988 S. 220; vom 12. September 1990, BStBl II 1991 S. 258).

Nichtabziehbare Kosten der privaten Lebensführung oder verdeckte Gewinnausschüttungen

Als Sponsoringaufwendungen bezeichnete Aufwendungen, die keine Betriebsausgaben und keine Spenden sind, sind nicht abziehbare Kosten der privaten Lebensführung (§ 12 Nr.1 Satz 2 EStG). Bei entsprechenden Zuwendungen einer Kapitalgesellschaft können verdeckte Gewinnausschüttungen vorliegen, wenn der Gesellschafter durch Zuwendungen begünstigt wird, z.B. eigene Aufwendungen als Mäzen erspart (vgl. Abschnitt 31 Abs.2 Satz 4 KStR 1995).

Steuerliche Behandlung bei steuerbegünstigten Empfängern

Die im Zusammenhang mit dem Sponsoring erhaltenen Leistungen können, wenn der Empfänger eine steuerbegünstigte Körperschaft ist, steuerfreie Einnahmen im ideellen Bereich, steuerfreie Einnahmen aus der Vermögensverwaltung oder steuerpflichtige Einnahmen eines wirtschaftlichen Geschäftsbetriebs sein. Die steuerliche Behandlung der Leistungen beim Empfänger hängt grundsätzlich nicht davon ab, wie die entsprechenden Aufwendungen beim leistenden Unternehmen behandelt werden.

Für die Abgrenzung gelten die allgemeinen Grundsätze (vgl. insbesondere Anwendungserlass zur Abgabenordnung, zu § 67 a, Tz. I/9). Danach liegt kein wirtschaftlicher Geschäftsbetrieb vor, wenn die steuerbegünstigte Körperschaft dem Sponsor nur die Nutzung ihres Namens zu Werbezwecken in der Weise gestattet, dass der Sponsor selbst zu Werbezwecken oder zur Imagepflege auf seine Leistungen an die Körperschaft hinweist. **Ein wirtschaftlicher Geschäftsbetrieb liegt auch dann nicht vor, wenn der Empfänger der Leistungen z.B. auf Plakaten, Veranstaltungshinweisen, in Ausstellungskatalogen oder in anderer Weise auf die Unterstützung durch einen Sponsor lediglich hinweist. Dieser Hinweis kann unter Verwendung des Namens, Emblems oder Logos des Sponsors, jedoch ohne besondere Hervorhebung, erfolgen.** Ein wirtschaftlicher Geschäftsbetrieb liegt dagegen vor, wenn die Körperschaft an den Werbemaßnahmen mitwirkt. Der wirtschaftliche Geschäftsbetrieb kann kein Zwecksbetrieb (§§ 65 bis 68 AO) sein.

Dieses Schreiben ersetzt das BMF- Schreiben vom 9. Juli 1997 (BStBl I S. 726).

Bundesministerium der Finanzen

Bonn, 18. Februar 1998

Die Position des Arbeitskreises Kultursponsoring (AKS)

Das Bundesministerium der Finanzen veröffentlichte im Juli 1997 einen bundeseinheitlichen Erlass, der die Grundsätze für die ertragsteuerliche Behandlung des Sponsoring regelt. Dieser Erlass bot zunächst spürbare Erleichterungen im Sinne der Sponsoren. Jedoch wäre den Empfängern von Zuwendungen durch jede Form von Mitwirkung an den Werbemaßnahmen des Sponsors automatisch eine Steuerschuld in beträchtlichem Ausmaße entstanden. Durch das kulturpolitische Engagement verschiedener Wirtschafts- und Kulturverbände unter Federführung des AKS und des Kulturkreises der deutschen Wirtschaft im BDI ist der Sponsoring-Erlass im Februar 1998 schließlich ergänzt und dadurch für die Empfängerseite verbessert worden.

Hintergrund der betriebswirtschaftlichen und steuerrechtlichen Debatte ist die Unterscheidung der Zuwendung des Gebers in eine Spende oder in eine Betriebsausgabe. Spenden können, wenn sie für besonders förderungswürdig anerkannte Zwecke eingesetzt werden, als Sonderausgaben maximal in einer Höhe von zehn Prozent der Privateinkünfte bzw. zwei Promille der gesamten Unternehmensumsätze im Jahr abgezogen werden. Betriebsausgaben hingegen, zu denen der Geber seine Sponsoringaufwendungen zählt, können unbeschränkt abgezogen werden. Die Unterscheidung zwischen Spende und Betriebsausgabe birgt viel Konfliktstoff. Denn im Gegensatz zur Uneigennützigkeit einer Spende handelt es sich beim Sponsoring um ein Geschäft auf Gegenseitigkeit. Daher werden Sponsoringgelder aus Sicht der Unternehmen den Betriebsausgaben zugeordnet, die zum wirtschaftlichen Vorteil getätigt werden und den steuerpflichtigen Gewinn in voller Höhe mindern. Der Sponsoring-Erlass gewährt den Unternehmen nun neue betriebswirtschaftliche Orientierungsmöglichkeiten.

Von besonderer Bedeutung in dem neuen Erlass ist schließlich auch die Feststellung, dass den steuerbegünstigten Empfängern nur dann eine Steuerschuld als wirtschaftlicher Geschäftsbetrieb entsteht, wenn sie an den Werbemaßnahmen des Sponsors aktiv mitwirken. Einfaches Nennen oder Hinweisen auf den Sponsor, etwa durch Platzierung des Firmenlogos auf Veranstaltungsplakaten usw., ist nun steuerunschädlich und durchaus eine akzeptable, angemessene Gegenleistung.

Trotz allem ist die Abgrenzung von steuerfreien und steuerpflichtigen Einnahmen aus Sponsoringgeldern gerade auf Seiten der empfangenden Kulturinstitutionen nach dem Sponsoring-Erlass von 1998 leider nur bedingt möglich. Die Formulierungen „ohne besondere Hervorhebung" sowie „aktive Mitwirkung an den Werbemaßnahmen" lassen viel Raum für Interpretationen.

Darüber hinaus regelt der Sponsoring-Erlass ausschließlich die Körperschaftsteuer. Gerade der Bereich der Umsatzsteuer stellt für viele gemeinnützige Kulturinstitutionen im Sponsoringbereich jedoch ein erhebliches Steuerrisiko dar.

Der Arbeitskreis Kultursponsoring fordert deshalb:

a) eine generelle Erhöhung der Besteuerungsgrenze für den wirtschaftlichen Geschäftsbetrieb von derzeit 30.687 € auf 50.000 €. Dies würde insbesondere kleineren Institutionen zu Gute kommen und die Verwaltungspraxis erheblich vereinfachen.

b) eine rechtspolitische Prüfung, ob nicht Leistungen von gemeinnützigen Körperschaften und Gebietskörperschaften des öffentlichen Rechts, die sich nach den Kriterien des Sponsoring-Erlasses als eine steuerliche Duldungsmaßnahme qualifizieren, von der Umsatzsteuer befreit werden können. Dies würde das Sponsoring vereinfachen und wirtschaftlich effizienter machen.[13]

c) eine weitergehende Verpflichtung der Finanzämter zur Erteilung verbindlicher Auskünfte durch Ergänzung des sog. 87er-Schreibens.[14]

Im Sponsoring-Erlass wird festgestellt, dass dem Empfänger von Sponsoringgeldern nur dann eine Steuerschuld entsteht, wenn er „aktiv an den Werbemaßnahmen des Sponsors mitwirkt“ oder auf den Sponsor „unter besonderer Hervorhebung“ hinweist. Besondere Unsicherheit birgt hier jedoch die Frage, ab wann zum einen eine aktive Mitwirkung des Empfängers entsteht und ab wann zum anderen ein Hinweis unter besonderer Hervorhebung gegeben ist. Eine weitergehende Auskunftspflicht der jeweils zuständigen Finanzämter wäre für die Zukunft des Sponsorings hilfreich.

Der Arbeitskreis für Kultursponsoring (AKS) im Kulturkreis der deutschen Wirtschaft

www.aks-online.org

---

[13] Dies gilt umso mehr, als bis auf in jenen Fällen des Sponsorings durch Banken und Versicherungen durch Erhebung von Umsatzsteuer im Regelfall wegen der Möglichkeit des Vorsteuerabzugs für den Leistungsempfänger sowieso kein höheres Steueraufkommen zu erwarten wäre.

[14] (BMF-Schreiben vom 24.6.1987, IV A 5 S - 0430 - 9/87, BStBl. I 1987, s. 476)

Wortlaut der von den Autoren genannten Gesetzestexte

Wichtige Anmerkung zu den abgedruckten Gesetzestexten

Die in dieser Rubrik abgedruckten Gesetzestexte dienen in erster Linie der Orientierung und sollen das Verständnis der in den betreffenden Beiträgen dargestellten Zusammenhänge erleichtern. Aufgrund fortlaufender Überarbeitungen durch den Gesetzgeber empfehlen die Herausgeber den Lesern nachdrücklich, sich im konkreten Bedarfsfall über die jeweils aktuelle Gesetzeslage zu informieren.

AO - Abgabenordnung

§ 14 AO in der Fassung des Gesetzes vom 02.07.1976 (BGBl. I S. 1749)

(1) Ein wirtschaftlicher Geschäftsbetrieb ist eine selbständige nachhaltige Tätigkeit, durch die Einnahmen oder andere wirtschaftliche Vorteile erzielt werden und die über den Rahmen einer Vermögensverwaltung hinausgeht.

(2) Die Absicht, Gewinne zu erzielen, ist nicht erforderlich.

(3) Eine Vermögensverwaltung liegt in der Regel vor, wenn Vermögen genutzt, zum Beispiel Kapitalvermögen verzinslich angelegt oder unbewegliches Vermögen vermietet oder verpachtet wird.

§ 52 AO Abs. 2 - Gemeinnützige Zwecke

(2) Unter den Voraussetzungen des Absatzes 1 sind als Förderung der Allgemeinheit anzuerkennen insbesondere:

1. die Förderung von Wissenschaft und Forschung, Bildung und Erziehung, Kunst und Kultur, der Religion, der Völkerverständigung, der Entwicklungshilfe, des Umwelt-, Landschafts- und Denkmalschutzes, des Heimatgedankens,
2. die Förderung der Jugendhilfe, der Altenhilfe, des öffentlichen Gesundheitswesens, des Wohlfahrtswesens und des Sports. Schach gilt als Sport,
3. die allgemeine Förderung des demokratischen Staatswesens im Geltungsbereich dieses Gesetzes; hierzu gehören nicht Bestrebungen, die nur bestimmte Einzelinteressen staatsbürgerlicher Art verfolgen oder die auf den kommunalpolitischen Bereich beschränkt sind,

4. die Förderung der Tierzucht, der Pflanzenzucht, der Kleingärtnerei, des traditionellen Brauchtums einschließlich des Karnevals, der Fastnacht und des Faschings, der Soldaten und Reservistenbetreuung, des Amateurfunkens, des Modellflugs und des Hundesports.

§ 55 AO – Selbstlosigkeit

(1) Eine Förderung oder Unterstützung geschieht selbstlos, wenn dadurch nicht in erster Linie eigenwirtschaftliche Zwecke – zum Beispiel gewerbliche Zwecke oder sonstige Erwerbszwecke – verfolgt werden und wenn die folgenden Voraussetzungen gegeben sind:

1. Mittel der Körperschaft dürfen nur für die satzungsmäßigen Zwecke verwendet werden. Die Mitglieder oder Gesellschafter (Mitglieder im Sinne dieser Vorschriften) dürfen keine Gewinnanteile und in ihrer Eigenschaft als Mitglieder auch keine sonstigen Zuwendungen aus Mitteln der Körperschaft erhalten. Die Körperschaft darf ihre Mittel weder für die unmittelbare noch für die mittelbare Unterstützung oder Förderung politischer Parteien verwenden.

2. Die Mitglieder dürfen bei ihrem Ausscheiden oder bei Auflösung oder Aufhebung der Körperschaft nicht mehr als ihre eingezahlten Kapitalanteile und den gemeinen Wert ihrer geleisteten Sacheinlagen zurückerhalten.

3. Die Körperschaft darf keine Person durch Ausgaben, die dem Zweck der Körperschaft fremd sind, oder durch unverhältnismäßig hohe Vergütungen begünstigen.

4. Bei Auflösung oder Aufhebung der Körperschaft oder bei Wegfall ihres bisherigen Zwecks darf das Vermögen der Körperschaft, soweit es die eingezahlten Kapitalanteile der Mitglieder und den gemeinen Wert der von den Mitgliedern geleisteten Sacheinlagen übersteigt, nur für steuerbegünstigte Zwecke verwendet werden (Grundsatz der Vermögensbindung). Diese Voraussetzung ist auch erfüllt, wenn das Vermögen einer anderen steuerbegünstigten Körperschaft oder einer Körperschaft des öffentlichen Rechts für steuerbegünstigte Zwecke übertragen werden soll.

5. Die Körperschaft muss ihre Mittel grundsätzlich zeitnah für ihre steuerbegünstigten satzungsmäßigen Zwecke verwenden. Verwendung in diesem Sinne ist auch die Verwendung der Mittel für die Anschaffung oder Herstellung von Vermögensgegenständen, die satzungsmäßigen Zwecken dienen. Eine zeitnahe Mittelverwendung ist gegeben, wenn die Mittel spätestens in dem auf den Zufluss folgenden Kalender- oder Wirtschaftsjahr für die steuerbegünstigten satzungsmäßigen Zwecke verwendet werden.

(2) Bei der Ermittlung des gemeinen Werts (Absatz 1 Nr. 2 und 4) kommt es auf die Verhältnisse zu dem Zeitpunkt an, in dem die Sacheinlagen geleistet worden sind.

§ 57 AO - Unmittelbarkeit

(1) Eine Körperschaft verfolgt unmittelbar ihre steuerbegünstigten satzungsmäßigen Zwecke, wenn sie selbst diese Zwecke verwirklicht. Das kann auch durch Hilfspersonen geschehen, wenn nach den Umständen des Falles, insbesondere nach den rechtlichen und tatsächlichen Beziehungen, die zwischen der Körperschaft und der Hilfsperson bestehen, das Wirken der Hilfsperson wie eigenes Wirken der Körperschaft anzusehen ist.

(2) Eine Körperschaft, in der steuerbegünstigte Körperschaften zusammengefaßt sind, wird einer Körperschaft, die unmittelbar steuerbegünstigte Zwecke verfolgt, gleichgestellt.

§ 58 AO - Steuerlich unschädliche Betätigungen

Die Steuervergünstigung wird nicht dadurch ausgeschlossen, daß

1. eine Körperschaft Mittel für die Verwirklichung der steuerbegünstigten Zwecke einer anderen Körperschaft oder für die Verwirklichung steuerbegünstigter Zwecke durch eine Körperschaft des öffentlichen Rechts beschafft,
2. eine Körperschaft ihre Mittel teilweise einer anderen, ebenfalls steuerbegünstigten Körperschaft oder einer Körperschaft des öffentlichen Rechts zur Verwendung zu steuerbegünstigten Zwecken zuwendet,
3. eine Körperschaft ihre Arbeitskräfte anderen Personen, Unternehmen oder Einrichtungen für steuerbegünstigte Zwecke zur Verfügung stellt,
4. eine Körperschaft ihr gehörende Räume einer anderen steuerbegünstigten Körperschaft zur Benutzung für deren steuerbegünstigte Zwecke überlässt,
5. eine Stiftung einen Teil, jedoch höchstens ein Drittel ihres Einkommens dazu verwendet, um in angemessener Weise den Stifter und seine nächsten Angehörigen zu unterhalten, ihre Gräber zu pflegen und ihr Andenken zu ehren,
6. eine Körperschaft ihre Mittel ganz oder teilweise einer Rücklage zuführt, soweit dies erforderlich ist, um ihre steuerbegünstigten satzungsmäßigen Zwecke nachhaltig erfüllen zu können,
7. a eine Körperschaft höchstens ein Drittel des Überschusses der Einnahmen über die Unkosten aus Vermögensverwaltung und darüber hinaus

höchstens 10 vom Hundert ihrer sonstigen nach § 55 Abs. 1 Nr. 5 zeitnah zu verwendenden Mittel einer freien Rücklage zuführt,

b eine Körperschaft Mittel zum Erwerb von Gesellschaftsrechten zur Erhaltung der prozentualen Beteiligung an Kapitalgesellschaften ansammelt oder im Jahr des Zuflusses verwendet; diese Beträge sind auf die nach Buchstabe a in demselben Jahr oder künftig zulässigen Rücklagen anzurechnen,

8. eine Körperschaft gesellige Zusammenkünfte veranstaltet, die im Vergleich zu ihrer steuerbegünstigten Tätigkeit von untergeordneter Bedeutung sind,

9. ein Sportverein neben dem unbezahlten auch den bezahlten Sport fördert,

10. eine von einer Gebietskörperschaft errichtete Stiftung zur Erfüllung ihrer steuerbegünstigten Zwecke Zuschüsse an Wirtschaftsunternehmen vergibt,

11. eine Körperschaft folgende Mittel ihrem Vermögen zuführt:

a Zuwendungen von Todes wegen, wenn der Erblasser keine Verwendung für den laufenden Aufwand der Körperschaft vorgeschrieben hat,

b Zuwendungen, bei denen der Zuwendende ausdrücklich erklärt, dass sie zur Ausstattung der Körperschaft mit Vermögen oder zur Erhöhung des Vermögens bestimmt sind,

c Zuwendungen auf Grund eines Spendenaufrufs der Körperschaft, wenn aus dem Spendenaufruf ersichtlich ist, dass Beträge zur Aufstockung des Vermögens erbeten werden,

d Sachzuwendungen, die ihrer Natur nach zum Vermögen gehören,

12. eine Stiftung im Jahr ihrer Errichtung und in den zwei folgenden Kalenderjahren Überschüsse aus der Vermögensverwaltung und die Gewinne aus wirtschaftlichen Geschäftsbetrieben (§ 14) ganz oder teilweise ihrem Vermögen zuführt.

§ 61 AO – Satzungsmäßige Vermögensbindung

(1) Eine steuerlich ausreichende Vermögensbindung (§ 55 Abs. 1 Nr. 4) liegt vor, wenn der Zweck, für den das Vermögen bei Auflösung oder Aufhebung der Körperschaft oder bei Wegfall ihres bisherigen Zwecks verwendet werden soll, in der Satzung so genau bestimmt ist, daß auf Grund der Satzung geprüft werden kann, ob der Verwendungszweck steuerbegünstigt ist.

(2) Kann aus zwingenden Gründen der künftige Verwendungszweck des Vermögens bei der Aufstellung der Satzung nach Absatz 1 noch nicht genau angegeben werden, so genügt es, wenn in der Satzung bestimmt wird, daß das Vermögen bei Auflösung oder Aufhebung der Körperschaft oder bei Wegfall ihres bisherigen Zwecks zu steuerbegünstigten Zwecken

zu verwenden ist und daß der künftige Beschluß der Körperschaft über die Verwendung erst nach Einwilligung des Finanzamts ausgeführt werden darf. Das Finanzamt hat die Einwilligung zu erteilen, wenn der beschlossene Verwendungszweck steuerbegünstigt ist.

(3) Wird die Bestimmung über die Vermögensbindung nachträglich so geändert, daß sie den Anforderungen des § 55 Abs. 1 Nr. 4 nicht mehr entspricht, so gilt sie von Anfang an als steuerlich nicht ausreichend. § 175 Abs. 1 Satz 1 Nr. 2 ist mit der Maßgabe anzuwenden, daß Steuerbescheide erlassen, aufgehoben oder geändert werden können, soweit sie Steuern betreffen, die innerhalb der letzten zehn Kalenderjahre vor der Änderung der Bestimmung über die Vermögensbindung entstanden sind.

§ 63 AO – Anforderungen an die tatsächliche Geschäftsführung

(1) Die tatsächliche Geschäftsführung der Körperschaft muß auf die ausschließliche und unmittelbare Erfüllung der steuerbegünstigten Zwecke gerichtet sein und den Bestimmungen entsprechen, die die Satzung über die Voraussetzungen für Steuervergünstigungen enthält.

(2) Für die tatsächliche Geschäftsführung gilt sinngemäß § 60 Abs. 2, für eine Verletzung der Vorschrift über die Vermögensbindung § 61 Abs. 3.

(3) Die Körperschaft hat den Nachweis, daß ihre tatsächliche Geschäftsführung den Erfordernissen des Absatzes 1 entspricht, durch ordnungsmäßige Aufzeichnungen über ihre Einnahmen und Ausgaben zu führen.

(4) Hat die Körperschaft Mittel angesammelt, ohne daß die Voraussetzungen des § 58 Nr. 6 und 7 vorliegen, kann das Finanzamt ihr eine Frist für die Verwendung der Mittel setzen.

Die tatsächliche Geschäftsführung gilt als ordnungsgemäß im Sinne des Absatzes 1, wenn die Körperschaft die Mittel innerhalb der Frist für steuerbegünstigte Zwecke verwendet.

§ 64 AO – Steuerpflichtige wirtschaftliche Geschäftsbetriebe

(1) Schließt das Gesetz die Steuervergünstigung insoweit aus, als ein wirtschaftlicher Geschäftsbetrieb (§ 14) unterhalten wird, so verliert die Körperschaft die Steuervergünstigung für die dem Geschäftsbetrieb zuzuordnenden Besteuerungsgrundlagen (Einkünfte, Umsätze, Vermögen), soweit der wirtschaftliche Geschäftsbetrieb kein Zweckbetrieb (§§ 65 bis 68) ist.

(2) Unterhält die Körperschaft mehrere wirtschaftliche Geschäftsbetriebe, die keine Zweckbetriebe (§§ 65 bis 68) sind, werden diese als ein wirtschaftlicher Geschäftsbetrieb behandelt.

(3) Übersteigen die Einnahmen einschließlich Umsatzsteuer aus wirtschaftlichen Geschäftsbetrieben, die keine Zweckbetriebe sind, insgesamt nicht

60.000 Deutsche Mark im Jahr, so unterliegen die diesen Geschäftsbetrieben zuzuordnenden Besteuerungsgrundlagen nicht der Körperschaftsteuer und der Gewerbesteuer.

(4) Die Aufteilung einer Körperschaft in mehrere selbständige Körperschaften zum Zweck der mehrfachen Inanspruchnahme der Steuervergünstigung nach Absatz 3 gilt als Mißbrauch von rechtlichen Gestaltungsmöglichkeiten im Sinne des § 42.

(5) Überschüsse aus der Verwertung unentgeltlich erworbenen Altmaterials außerhalb einer ständig dafür vorgehaltenen Verkaufsstelle, die der Körperschaftsteuer und der Gewerbesteuer unterliegen, können in Höhe des branchenüblichen Reingewinns geschätzt werden.

(6) Bei den folgenden steuerpflichtigen wirtschaftlichen Geschäftsbetrieben kann der Besteuerung ein Gewinn von 15 vom Hundert der Einnahmen zugrunde gelegt werden:

1. Werbung für Unternehmen, die im Zusammenhang mit der steuerbegünstigten Tätigkeit einschließlich Zweckbetrieben stattfindet,
2. Totalisatorbetriebe,
3. Zweite Fraktionierungsstufe der Blutspendedienste.

§ 65 AO - Zweckbetrieb

Ein Zweckbetrieb ist gegeben, wenn

1. der wirtschaftliche Geschäftsbetrieb in seiner Gesamtrichtung dazu dient, die steuerbegünstigten satzungsmäßigen Zwecke der Körperschaft zu verwirklichen,
2. die Zwecke nur durch einen solchen Geschäftsbetrieb erreicht werden können und
3. der wirtschaftliche Geschäftsbetrieb zu nicht begünstigten Betrieben derselben oder ähnlicher Art nicht in größerem Umfang in Wettbewerb tritt, als es bei Erfüllung der steuerbegünstigten Zwecke unvermeidbar ist.

§ 90 AO - Mitwirkungspflichten der Beteiligten

(1) Die Beteiligten sind zur Mitwirkung bei der Ermittlung des Sachverhalts verpflichtet. Sie kommen der Mitwirkungspflicht insbesondere dadurch nach, dass sie die für die Besteuerung erheblichen Tatsachen vollständig und wahrheitsgemäß offen legen und die ihnen bekannten Beweismittel angeben. Der Umfang dieser Pflichten richtet sich nach den Umständen des Einzelfalles.

(2) Ist ein Sachverhalt zu ermitteln und steuerrechtlich zu beurteilen, der sich auf Vorgänge außerhalb des Geltungsbereichs dieses Gesetzes bezieht, so haben die Beteiligten diesen Sachverhalt aufzuklären und die erforderlichen Beweismittel zu beschaffen. Sie haben dabei alle für sie bestehenden rechtlichen und tatsächlichen Möglichkeiten auszuschöpfen. Ein Beteiligter kann sich nicht darauf berufen, dass er Sachverhalte nicht aufklären oder Beweismittel nicht beschaffen kann, wenn er sich nach Lage des Falles bei der Gestaltung seiner Verhältnisse die Möglichkeit dazu hätte beschaffen oder einräumen lassen können.

BGB – Bürgerliches Gesetzbuch

§ 80 BGB

(1) Zur Entstehung einer rechtsfähigen Stiftung sind das Stiftungsgeschäft und die Anerkennung durch die zuständige Behörde des Landes erforderlich, in dem die Stiftung ihren Sitz haben soll.

(2) Die Stiftung ist als rechtsfähig anzuerkennen, wenn das Stiftungsgeschäft den Anforderungen des § 81 Abs. 1 genügt, die dauernde und nachhaltige Erfüllung des Stiftungszwecks gesichert erscheint und der Stiftungszweck das Gemeinwohl nicht gefährdet.

(3) Vorschriften der Landesgesetze über kirchliche Stiftungen bleiben unberührt. Das gilt entsprechend für Stiftungen, die nach den Landesgesetzen kirchlichen Stiftungen gleichgestellt sind.

ESt-DVO – Einkommenssteuer-Durchführungsverordnung

§ 48 Abs. 4 Nr. 2 ESt-DVO – Förderung mildtätiger, kirchlicher, religiöser, wissenschaftlicher und der als besonders förderungswürdig anerkannten gemeinnützigen Zwecke

(4) Abgezogen werden dürfen (...)

2. Spenden zur Förderung der in Abschnitt B der Anlage 1 zu dieser Verordnung bezeichneten Zwecke. Nicht abgezogen werden dürfen Mitgliedsbeiträge an Körperschaften, die Zwecke fördern, die sowohl in Abschnitt A als auch in Abschnitt B der Anlage 1 zu dieser Verordnung bezeichnet sind.

ErbStG – Erbschaftssteuer- und Schenkungsgesetz

§ 13 Abs. 1 Nr. 16 lit. b ErbStG – Steuerbefreiungen

(Fassung ab dem Gesetz zur Umrechnung und Glättung steuerlicher Eurobeträge (Steuer-Euroglättungsgesetz - StEuglG) vom 19.12.2000 BGBl. I 2000 S. 1790) (vom 01.01.2002)

(1) Steuerfrei bleiben (...)

16. Zuwendungen (...)

b an inländische Körperschaften, Personenvereinigungen und Vermögensmassen, die nach der Satzung, dem Stiftungsgeschäft oder der sonstigen Verfassung und nach ihrer tatsächlichen Geschäftsführung ausschließlich und unmittelbar kirchlichen, gemeinnützigen oder mildtätigen Zwecken dienen. Die Befreiung fällt mit Wirkung für die Vergangenheit weg, wenn die Voraussetzungen für die Anerkennung der Körperschaft, Personenvereinigung oder Vermögensmasse als kirchliche, gemeinnützige oder mildtätige Institution innerhalb von zehn Jahren nach der Zuwendung entfallen und das Vermögen nicht begünstigten Zwecken zugeführt wird.

§ 29 Abs. 1 Nr. 4 ErbStG – Erlöschen der Steuer in besonderen Fällen

(Fassung ab dem Gesetz zur weiteren steuerlichen Förderung von Stiftungen vom 14.07.2000 BGBl. I 2000 S. 1034) (vom 26.07.2000)

(1) Die Steuer erlischt mit Wirkung für die Vergangenheit, (...)

4. soweit Vermögensgegenstände, die von Todes wegen (§ 3) oder durch Schenkung unter Lebenden (§ 7) erworben worden sind, innerhalb von 24 Monaten nach dem Zeitpunkt der Entstehung der Steuer (§ 9) dem Bund, einem Land, einer inländischen Gemeinde (Gemeindeverband) oder einer inländischen Stiftung zugewendet werden, die nach der Satzung, dem Stiftungsgeschäft oder der sonstigen Verfassung und nach ihrer tatsächlichen Geschäftsführung ausschließlich und unmittelbar als gemeinnützig anzuerkennenden steuerbegünstigten Zwecken im Sinne der § 52 bis § 54 der Abgabenordnung mit Ausnahme der Zwecke, die nach § 52 Abs. 2 Nr. 4 der Abgabenordnung gemeinnützig sind, dient. Dies gilt nicht, wenn die Stiftung Leistungen im Sinne des § 58 Nr. 5 der Abgabenordnung an den Erwerber oder seine nächsten Angehörigen zu erbringen hat oder soweit für die Zuwendung die Vergünstigung nach § 10b des Einkommensteuergesetzes, § 9 Abs. 1 Nr. 2 des Körperschaftsteuergesetzes oder § 9 Nr. 5 des Gewerbesteuergesetzes in der Fassung der Bekanntmachung vom 21.03.1991 (BGBl I S. 814), zuletzt geändert durch Artikel 13 des Gesetzes vom 20.12.1996 (BGBl I S. 2049), in Anspruch genommen wird. Für das Jahr der Zuwendung

ist bei der Einkommensteuer oder Körperschaftsteuer und bei der Gewerbesteuer unwiderruflich zu erklären, in welcher Höhe die Zuwendung als Spende zu berücksichtigen ist. Die Erklärung ist für die Festsetzung der Erbschaftsteuer oder Schenkungsteuer bindend.

EStG - Einkommenssteuergesetz

§ 3 EStG Nr. 40 - Steuerfreie Einnahmen

(Fassung ab Versorgungsänderungsgesetz 2001 vom 20.12.2001 S. 3926) (Inkrafttreten: 01.01.2002)

Steuerfrei sind (...)

40. die Hälfte

a der Betriebsvermögensmehrungen oder Einnahmen aus der Veräußerung oder der Entnahme von Anteilen an Körperschaften, Personenvereinigungen und Vermögensmassen, deren Leistungen beim Empfänger zu Einnahmen im Sinne des § 20 Abs. 1 Nr. 1 gehören, oder an einer Organgesellschaft im Sinne der §§ 14, 17 oder 18 des Körperschaftssteuergesetzes, oder an einer Organgesellschaft im Sinne der §§ 14, 17 oder 18 des Körperschaftsteuergesetzes, oder aus deren Auflösung oder Herabsetzung von deren Nennkapital oder aus dem Ansatz eines solchen Wirtschaftsguts mit dem Wert, der sich nach § 6 Abs. 1 Nr. 2 Satz 3 ergibt, soweit sie zu den Einkünften aus Land- und Forstwirtschaft, aus Gewerbebetrieb oder aus selbständiger Arbeit gehören. Dies gilt nicht, soweit der Ansatz des niedrigeren Teilwerts in vollem Umfang zu einer Gewinnminderung geführt hat und soweit diese Gewinnminderung nicht durch Ansatz eines Werts, der sich nach § 6 Abs. 1 Nr. 2 Satz 3 ergibt, ausgeglichen worden ist,

b des Veräußerungspreises im Sinne des § 16 Abs. 2, soweit er auf die Veräußerung von Anteilen an Körperschaften, Personenvereinigungen und Vermögensmassen entfällt, deren Leistungen beim Empfänger zu Einnahmen im Sinne des § 20 Abs. 1 Nr. 1 gehören, oder an einer Organgesellschaft im Sinne der §§ 14, 17 oder 18 des Körperschaftsteuergesetzes, oder an einer Organgesellschaft im Sinne der §§ 14, 17 oder 18 des Körperschaftsteuergesetzes. Satz 1 ist in den Fällen des § 16 Abs. 3 entsprechend anzuwenden,

c des Veräußerungspreises oder des gemeinen Wertes im Sinne des § 17 Abs. 2. Satz 1 ist in den Fällen des § 17 Abs. 4 entsprechend anzuwenden,

d der Bezüge im Sinne des § 20 Abs. 1 Nr. 1 und der Einnahmen im Sinne des § 20 Abs. 1 Nr. 9,

e der Bezüge im Sinne des § 20 Abs. 1 Nr. 2,

f der besonderen Entgelte oder Vorteile im Sinne des § 20 Abs. 2 Satz 1 Nr. 1, die neben den in § 20 Abs. 1 Nr. 1 und Abs. 2 Satz 1 Nr. 2 Buchstabe a bezeichneten Einnahmen oder an deren Stelle gewährt werden,

g der Einnahmen aus der Veräußerung von Dividendenscheinen und sonstigen Ansprüchen im Sinne des § 20 Abs. 2 Satz 1 Nr. 2 Buchstabe a,

h der Einnahmen aus der Abtretung von Dividendenansprüchen oder sonstigen Ansprüchen im Sinne des § 20 Abs. 2 Satz 2,

i der Bezüge im Sinne des § 22 Nr. 1 Satz 2, soweit diese von einer nicht von der Körperschaftsteuer befreiten Körperschaft, Personenvereinigung oder Vermögensmasse stammen,

j des Veräußerungspreises im Sinne des § 23 Abs. 3 bei der Veräußerung von Anteilen an Körperschaften, Personenvereinigungen oder Vermögensmassen, deren Leistungen beim Empfänger zu Einnahmen im Sinne des § 20 Abs. 1 Nummer 1 gehören, oder an einer Organgesellschaft im Sinne der §§ 14, 17 oder 18 des Körperschaftsteuergesetzes, oder an einer Organgesellschaft im Sinne der §§ 14, 17 oder 18 des Körperschaftsteuergesetzes.

Dies gilt für Satz 1 Buchstabe d bis h auch in Verbindung mit § 20 Abs. 3. Satz 1 Buchstabe a und b ist nur anzuwenden, soweit die Anteile nicht einbringungsgeboren im Sinne des § 21 des Umwandlungssteuergesetzes sind. Satz 3 gilt nicht, wenn

a der in Satz 1 Buchstabe a und b bezeichnete Vorgang später als sieben Jahre nach dem Zeitpunkt der Einbringung im Sinne des § 20 Abs. 1 Satz 1 oder des § 23 Abs. 1 bis 3 des Umwandlungssteuergesetzes, auf die der Erwerb der in Satz 3 bezeichneten Anteile zurückzuführen ist, stattfindet, es sei denn, innerhalb des genannten Siebenjahreszeitraums wird ein Antrag auf Versteuerung nach § 21 Abs. 2 Satz 1 Nr. 1 des Umwandlungssteuergesetzes gestellt oder

b die in Satz 3 bezeichneten Anteile auf Grund eines Einbringungsvorgangs nach § 20 Abs. 1 Satz 2 oder nach § 23 Abs. 4 des Umwandlungssteuergesetzes erworben worden sind, es sei denn, die eingebrachten Anteile sind unmittelbar oder mittelbar auf eine Einbringung im Sinne des Buchstabens a innerhalb der dort bezeichneten Frist zurückzuführen. Satz 1 Buchstabe a, b und d bis h ist nicht anzuwenden für Anteile, die bei Kreditinstituten und Finanzdienstleistungsinstituten nach § 1 Abs. 12 des Gesetzes über das Kreditwesen dem Handelsbuch zuzurechnen sind; Gleiches gilt für Anteile, die von Finanzunternehmen im Sinne des Gesetzes über das Kreditwesen mit dem Ziel der kurzfristigen Erzielung eines Eigenhandelserfolges erworben werden. Satz 5 zweiter Halbsatz gilt auch für Kreditinstitute, Finanzdienstleistungsinstitute und Finanzunternehmen mit Sitz in einem anderen Mitgliedstaat der Europäischen Gemeinschaft oder in einem anderen Vertragsstaat des EWR-Abkommens.

§ 4 Abs. 1 und 4 EStG – Gewinnbegriff im allgemeinen

(Fassung ab Gesetz zur Änderung steuerlicher Vorschriften (Steueränderungsgesetz 2001 StÄndG 2001) vom 20.12.2001 S. 3794) (Inkrafttreten: 23.12.2001)

(1) Gewinn ist der Unterschiedsbetrag zwischen dem Betriebsvermögen am Schluß des Wirtschaftsjahrs und dem Betriebsvermögen am Schluß des vorangegangenen Wirtschaftsjahrs, vermehrt um den Wert der Entnahmen und vermindert um den Wert der Einlagen. Entnahmen sind alle Wirtschaftsgüter (Barentnahmen, Waren, Erzeugnisse, Nutzungen und Leistungen), die der Steuerpflichtige dem Betrieb für sich, für seinen Haushalt oder für andere betriebsfremde Zwecke im Laufe des Wirtschaftsjahrs entnommen hat. Ein Wirtschaftsgut wird nicht dadurch entnommen, daß der Steuerpflichtige zur Gewinnermittlung nach Absatz 3 oder nach § 13a übergeht. Eine Änderung der Nutzung eines Wirtschaftsguts, die bei Gewinnermittlung nach Satz 1 keine Entnahme ist, ist auch bei Gewinnermittlung nach Absatz 3 oder nach § 13a keine Entnahme. Einlagen sind alle Wirtschaftsgüter (Bareinzahlungen und sonstige Wirtschaftsgüter), die der Steuerpflichtige dem Betrieb im Laufe des Wirtschaftsjahrs zugeführt hat. Bei der Ermittlung des Gewinns sind die Vorschriften über die Betriebsausgaben, über die Bewertung und über die Absetzung für Abnutzung oder Substanzverringerung zu befolgen.

(...)

(4) Betriebsausgaben sind die Aufwendungen, die durch den Betrieb veranlaßt sind.

§ 10b Abs. 1 EStG – Steuerbegünstigte Zwecke

(1) Ausgaben zur Förderung mildtätiger, kirchlicher, religiöser, wissenschaftlicher und der als besonders förderungswürdig anerkannten gemeinnützigen Zwecke sind bis zur Höhe von insgesamt 5 vom Hundert des Gesamtbetrags der Einkünfte oder 2 vom Tausend der Summe der gesamten Umsätze und der im Kalenderjahr aufgewendeten Löhne und Gehälter als Sonderausgaben abzugsfähig. Für wissenschaftliche, mildtätige und als besonders förderungswürdig anerkannte kulturelle Zwecke erhöht sich der Vomhundertsatz von 5 um weitere 5 vom Hundert. Zuwendungen an Stiftungen des öffentlichen Rechts und an nach § 5 Abs. 1 Nr. 9 des Körperschaftsteuergesetzes steuerbefreite Stiftungen des privaten Rechts zur Förderung steuerbegünstigter Zwecke im Sinne der § 52 bis § 54 der Abgabenordnung mit Ausnahme der Zwecke, die nach § 52

Abs. 2 Nr. 4 der Abgabenordnung gemeinnützig sind, sind darüber hinaus bis zur Höhe von 40.000 Deutsche Mark, ab dem 01.01.2002 20.450 Euro, abziehbar. Überschreitet eine Einzelzuwendung von mindestens 25.565 Euro zur Förderung wissenschaftlicher, mildtätiger oder als besonders förderungswürdig anerkannter kultureller Zwecke diese Höchstsätze, ist sie im Rahmen der Höchstsätze im Veranlagungszeitraum der Zuwendung, im vorangegangenen und in fünf folgenden Veranlagungszeiträumen abzuziehen. § 10d gilt entsprechend.

(1a) Zuwendungen im Sinne des Absatzes 1, die anlässlich der Neugründung in den Vermögensstock einer Stiftung des öffentlichen Rechts oder einer nach § 5 Abs. 1 Nr. 9 des Körperschaftsteuergesetzes steuerbefreiten Stiftung des privaten Rechts geleistet werden, können im Jahr der Zuwendung und in den folgenden neun Veranlagungszeiträumen nach Antrag des Steuerpflichtigen bis zu einem Betrag von 600.000 Deutsche Mark, ab dem 01.01.2002 307.000 Euro, neben den als Sonderausgaben im Sinne des Absatzes 1 zu berücksichtigenden Zuwendungen und über den nach Absatz 1 zulässigen Umfang hinaus abgezogen werden. Als anlässlich der Neugründung einer Stiftung nach Satz 1 geleistet gelten Zuwendungen bis zum Ablauf eines Jahres nach Gründung der Stiftung. Der besondere Abzugsbetrag nach Satz 1 kann der Höhe nach innerhalb des Zehnjahreszeitraums nur einmal in Anspruch genommen werden. § 10d Abs. 4 gilt entsprechend.

§ 12 EStG – Nicht abzugsfähige Ausgaben

(Fassung ab Gesetz zur Änderung steuerlicher Vorschriften (Steueränderungsgesetz 2001 StÄndG 2001) vom 20.12.2001 S. 3794) (Inkrafttreten: 01.01.2002)

Soweit in § 10 Abs. 1 Nr. 1, 2, 4, 6, 7 und 9, § 10a, § 10b und §§ 33 bis 33c nichts anderes bestimmt ist, dürfen weder bei den einzelnen Einkunftsarten noch vom Gesamtbetrag der Einkünfte abgezogen werden

1. die für den Haushalt des Steuerpflichtigen und für den Unterhalt seiner Familienangehörigen aufgewendeten Beträge. Dazu gehören auch die Aufwendungen für die Lebensführung, die die wirtschaftliche oder gesellschaftliche Stellung des Steuerpflichtigen mit sich bringt, auch wenn sie zur Förderung des Berufs oder der Tätigkeit des Steuerpflichtigen erfolgen;
2. freiwillige Zuwendungen, Zuwendungen auf Grund einer freiwillig begründeten Rechtspflicht und Zuwendungen an eine gegenüber dem Steuerpflichtigen oder seinem Ehegatten gesetzlich unterhaltsberechtigte Person oder deren Ehegatten, auch wenn diese Zuwendungen auf einer besonderen Vereinbarung beruhen;
3. die Steuern vom Einkommen und sonstige Personensteuern sowie die Umsatzsteuer für Umsätze, die Entnahmen sind, und die Vorsteuerbeträge

auf Aufwendungen, für die das Abzugsverbot der Nummer 1 oder des § 4 Absatz 5 Satz 1 Nummer 1 bis 5, 7 oder Abs. 7 gilt; das gilt auch für die auf diese Steuern entfallenden Nebenleistungen;

4. in einem Strafverfahren festgesetzte Geldstrafen, sonstige Rechtsfolgen vermögensrechtlicher Art, bei denen der Strafcharakter überwiegt, und Leistungen zur Erfüllung von Auflagen oder Weisungen, soweit die Auflagen oder Weisungen nicht lediglich der Wiedergutmachung des durch die Tat verursachten Schadens dienen.

§ 26b EStG - Zusammenveranlagung von Ehegatten

Bei der Zusammenveranlagung von Ehegatten werden die Einkünfte, die die Ehegatten erzielt haben, zusammengerechnet, den Ehegatten gemeinsam zugerechnet und, soweit nichts anderes vorgeschrieben ist, die Ehegatten sodann gemeinsam als Steuerpflichtiger behandelt..

§ 35 EStG

(Fassung ab Gesetz zur Fortentwicklung des Unternehmenssteuerrechts (Unternehmenssteuerfortentwicklungsgesetz UntStFG) vom 20.12.2001 S. 3858) (Inkrafttreten: 25.12.2001)

(1) Ausnahme der §§ 34f und 34g, ermäßigt sich, soweit sie anteilig auf im zu versteuernden Einkommen enthaltene gewerbliche Einkünfte entfällt,

   1. bei Einkünften aus gewerblichen Unternehmen im Sinne des § 15 Abs. 1 Satz 1 Nr. 1 um das 1,8fache des jeweils für den dem Veranlagungszeitraum entsprechenden Erhebungszeitraum nach § 14 des Gewerbesteuergesetzes für das Unternehmen festgesetzten Steuermessbetrags (Gewerbesteuer-Messbetrag); Absatz 3 Satz 4 ist entsprechend anzuwenden;

   2. bei Einkünften aus Gewerbebetrieb als Mitunternehmer im Sinne des § 15 Abs. 1 Satz 1 Nr. 2 und 3 um das 1,8fache des jeweils für den dem Veranlagungszeitraum entsprechenden Erhebungszeitraum festgesetzten anteiligen Gewerbesteuer-Messbetrags.

(2) Im Rahmen einer Organschaft im Sinne des § 2 Abs. 2 Satz 2 und 3 des Gewerbesteuergesetzes gilt als Gewerbesteuer-Messbetrag im Sinne von Absatz 1 der Anteil am Gewerbesteuer-Messbetrag, der dem Verhältnis des Gewerbeertrags des Organträgers vor Zurechnung der Gewerbeerträge der Organgesellschaften und vor Anwendung des § 11 des Gewerbesteuergesetzes zur Summe dieses Gewerbeertrags des Organträgers und der Gewerbeerträge aller Organgesellschaften entspricht. Dabei sind negative Gewerbeerträge von dem Organträger oder einer Organgesellschaft mit null Deutsche Mark anzusetzen. Der Anteil am Gewerbesteuer-Messbetrag ist als Vomhundertsatz mit zwei Nachkommastellen gerundet

zu ermitteln und gesondert festzustellen. Die Sätze 1 bis 3 sind nicht anzuwenden, wenn auch eine Organschaft im Sinne der §§ 14, 17 oder 18 des Körperschaftsteuergesetzes besteht.

(3) Bei Mitunternehmerschaften im Sinne des § 15 Abs. 1 Satz 1 Nr. 2 und 3 ist der Betrag des Gewerbesteuer-Messbetrags und der auf die einzelnen Mitunternehmer entfallende Anteil gesondert und einheitlich festzustellen. Der Anteil eines Mitunternehmers am Gewerbesteuer-Messbetrag richtet sich nach seinem Anteil am Gewinn der Mitunternehmerschaft nach Maßgabe des allgemeinen Gewinnverteilungsschlüssels; Vorabgewinnanteile sind nicht zu berücksichtigen. Der anteilige Gewerbesteuer-Messbetrag ist als Vomhundertsatz mit zwei Nachkommastellen gerundet zu ermitteln. Bei der Feststellung nach Satz 1 sind anteilige Gewerbesteuer-Messbeträge, die aus einer Beteiligung an einer Mitunternehmerschaft stammen, einzubeziehen.

(4) Zuständig für die gesonderte Feststellung nach Absatz 2 ist das für die Festsetzung des Gewerbesteuer-Messbetrags zuständige Finanzamt. Zuständig für die gesonderte Feststellung nach Absatz 3 ist das für die gesonderte Feststellung der Einkünfte zuständige Finanzamt. Für die Ermittlung der Steuerermäßigung nach Absatz 1 sind die Festsetzung des Gewerbesteuer-Messbetrags und die Feststellung der Vomhundertsätze nach Absatz 2 Satz 3 und Absatz 3 Satz 2 Grundlagenbescheide. Für die Ermittlung des anteiligen Gewerbesteuer-Messbetrags nach Absatz 3 sind die Festsetzung des Gewerbesteuer-Messbetrags und die Festsetzung des anteiligen Gewerbesteuer-Messbetrags aus der Beteiligung an einer Mitunternehmerschaft Grundlagenbescheide.

§ 50a Abs. 4 Nr. 3 EStG – Steuerabzug bei beschränkt Steuerpflichtigen

(Fassung ab Gesetz zur Änderung steuerlicher Vorschriften (Steueränderungsgesetz 2001 StÄndG 2001) vom 20.12.2001 S. 3794) (Inkrafttreten: 23.12.2001)

(4) Die Einkommensteuer wird bei beschränkt Steuerpflichtigen im Weg des Steuerabzugs erhoben (...)

3. bei Einkünften, die aus Vergütungen für die Nutzung beweglicher Sachen oder für die Überlassung der Nutzung oder des Rechts auf Nutzung von Rechten, insbesondere von Urheberrechten und gewerblichen Schutzrechten, von gewerblichen, technischen, wissenschaftlichen und ähnlichen Erfahrungen, Kenntnissen und Fertigkeiten, z.B. Plänen, Mustern und Verfahren, herrühren (§ 49 Abs. 1 Nr. 2, 3, 6 und 9). Dem Steuerabzug unterliegt der volle Betrag der Einnahmen einschließlich der Beträge im Sinne des § 3 Nr. 13 und 16. Abzüge, z.B. für Betriebsausgaben, Werbungskosten, Sonderausgaben und Steuern, sind nicht zulässig. Der Steuerabzug beträgt 25 vom Hundert der Einnahmen. Bei

im Inland ausgeübten künstlerischen, sportlichen, artistischen oder ähnlichen Darbietungen beträgt er bei Einnahmen

1. bis 250 Euro 0 vom Hundert;
2. über 250 Euro bis 500 Euro 10 vom Hundert der gesamten Einnahmen;
3. über 500 Euro bis 1000 Euro 15 vom Hundert der gesamten Einnahmen;
4. über 1000 Euro 25 vom Hundert der gesamten Einnahmen.

GewStG - Gewerbesteuergesetz

§ 3 Nr. 6 GewStG - Befreiungen

(Fassung ab dem Gesetz zur Bereinigung von steuerlichen Vorschriften (Steuerbereinigungsgesetz 1999 - StBereinG 1999) vom 22.12.1999 BGBl. I 1999 S. 2601) (Inkrafttreten: 01.01.2000)

Von der Gewerbesteuer sind befreit (...)

6. Körperschaften, Personenvereinigungen und Vermögensmassen, die nach der Satzung, dem Stiftungsgeschäft oder der sonstigen Verfassung und nach der tatsächlichen Geschäftsführung ausschließlich und unmittelbar gemeinnützigen, mildtätigen oder kirchlichen Zwecken dienen (§ 51 bis § 68 der Abgabenordnung). Wird ein wirtschaftlicher Geschäftsbetrieb - ausgenommen Land- und Forstwirtschaft - unterhalten, ist die Steuerfreiheit insoweit ausgeschlossen;

§ 9 GewStG [k.F. ab 01.01.2002] - Kürzungen

(Fassung ab dem Gesetz zur Umrechnung und Glättung steuerlicher Eurobeträge (Steuer-Euroglättungsgesetz - StEuglG) vom 19.12.2000 BGBl. I 2000 S. 1790) (Inkrafttreten: 01.01.2002)

Die Summe des Gewinns und der Hinzurechnungen wird gekürzt um

1. 1,2 vom Hundert des Einheitswerts des zum Betriebsvermögen des Unternehmers gehörenden Grundbesitzes; maßgebend ist der Einheitswert, der auf den letzten Feststellungszeitpunkt (Hauptfeststellungs-, Fortschreibungs- oder Nachfeststellungszeitpunkt) vor dem Ende des Erhebungszeitraums (§14) lautet. An Stelle der Kürzung nach Satz 1 tritt auf Antrag bei Unternehmen, die ausschließlich eigenen Grundbesitz oder neben eigenem Grundbesitz eigenes Kapitalvermögen verwalten und nutzen oder daneben Wohnungsbauten betreuen oder Einfamilienhäuser, Zweifamilienhäuser oder Eigentumswohnungen im Sinne des Ersten Teils des Wohnungseigentumsgesetzes in der im Bundesgesetzblatt Teil III, Gliederungsnummer

403-1, veröffentlichten bereinigten Fassung, zuletzt geändert durch Artikel 28 des Gesetzes vom 14.12.1984 (BGBl. I S. 1493), errichten und veräußern, die Kürzung um den Teil des Gewerbeertrags, der auf die Verwaltung und Nutzung des eigenen Grundbesitzes entfällt. Satz 2 gilt entsprechend, wenn in Verbindung mit der Errichtung und Veräußerung von Eigentumswohnungen Teileigentum im Sinne des Wohnungseigentumsgesetzes errichtet und veräußert wird und das Gebäude zu mehr als 66 2/3 vom Hundert Wohnzwecken dient. Betreut ein Unternehmen auch Wohnungsbauten oder veräußert es auch Einfamilienhäuser, Zweifamilienhäuser oder Eigentumswohnungen, so ist Voraussetzung für die Anwendung des Satzes 2, daß der Gewinn aus der Verwaltung und Nutzung des eigenen Grundbesitzes gesondert ermittelt wird. Die Sätze 2 und 3 gelten nicht, wenn der Grundbesitz ganz oder zum Teil dem Gewerbebetrieb eines Gesellschafters oder Genossen dient;

2. die Anteile am Gewinn einer in- oder ausländischen offenen Handelsgesellschaft, einer Kommanditgesellschaft oder einer anderen Gesellschaft, bei der die Gesellschafter als Unternehmer (Mitunternehmer) des Gewerbebetriebs anzusehen sind, wenn die Gewinnanteile bei der Ermittlung des Gewinns (§ 7) angesetzt worden sind; 2a. die Gewinne aus Anteilen an einer nicht steuerbefreiten inländischen Kapitalgesellschaft im Sinne des § 2 Abs. 2, einer Kreditanstalt des öffentlichen Rechts, einer Erwerbs- und Wirtschaftsgenossenschaft oder einer Unternehmensbeteiligungsgesellschaft im Sinne des § 3 Nr. 23, wenn die Beteiligung zu Beginn des Erhebungszeitraums mindestens ein Zehntel des Grund- oder Stammkapitals beträgt und die Gewinnanteile bei Ermittlung des Gewinns (§ 7) angesetzt worden sind. Ist ein Grund- oder Stammkapital nicht vorhanden, so ist die Beteiligung an dem Vermögen, bei Erwerbs- und Wirtschaftsgenossenschaften die Beteiligung an der Summe der Geschäftsguthaben, maßgebend; 2b. die nach § 8 Nr. 4 dem Gewerbeertrag einer Kommanditgesellschaft auf Aktien hinzugerechneten Gewinnanteile, wenn sie bei der Ermittlung des Gewinns (§ 7) angesetzt worden sind;
3. den Teil des Gewerbeertrags eines inländischen Unternehmens, der auf eine nicht im Inland gelegene Betriebsstätte entfällt. Bei Unternehmen, die ausschließlich den Betrieb von eigenen oder gecharterten Handelsschiffen im internationalen Verkehr zum Gegenstand haben, gelten 80 vom Hundert des Gewerbeertrags als auf eine nicht im Inland belegene Betriebsstätte entfallend. Ist Gegenstand eines Betriebs nicht ausschließlich der Betrieb von Handelsschiffen im internationalen Verkehr, so gelten 80 vom Hundert des Teils des Gewerbeertrags, der auf den Betrieb von Handelsschiffen im internationalen Verkehr entfällt, als auf eine nicht im Inland belegende Betriebsstätte entfallend; in diesem Falle ist Voraussetzung, daß dieser Teil gesondert ermittelt wird. Handelsschiffe werden im internationalen Verkehr betrieben, wenn eigene oder gecharterte Handelsschiffe im Wirtschaftsjahr überwiegend zur Beförderung von Personen und Gütern im Verkehr mit oder zwischen ausländischen Häfen, innerhalb eines aus-

ländischen Hafens oder zwischen einem ausländischen Hafen und der freien See eingesetzt werden. Für die Anwendung der Sätze 2 bis 4 gilt § 5a Abs. 2 Satz 2 des Einkommensteuergesetzes entsprechend;

4. die bei der Ermittlung des Gewinns aus Gewerbebetrieb des Vermieters oder Verpächters berücksichtigten Miet- oder Pachtzinsen für die Überlassung von nicht in Grundbesitz bestehenden Wirtschaftsgütern des Anlagevermögens, soweit sie nach § 8 Nr. 7 dem Gewinn aus Gewerbebetrieb des Mieters oder Pächters hinzugerechnet worden sind;

5. die aus den Mitteln des Gewerbebetriebs geleisteten Ausgaben zur Förderung mildtätiger, kirchlicher, religiöser, wissenschaftlicher und der als besonders förderungswürdig anerkannten gemeinnützigen Zwecke im Sinne des § 10b Abs. 1 des Einkommensteuergesetzes oder des § 9 Abs. 1 Nr. 2 des Körperschaftsteuergesetzes bis zur Höhe von insgesamt 5 vom Hundert des um die Hinzurechnungen nach § 8 Nr. 9 erhöhten Gewinns aus Gewerbebetrieb (§ 7) oder 2 vom Tausend der Summe der gesamten Umsätze und der im Wirtschaftsjahr aufgewendeten Löhne und Gehälter. Für wissenschaftliche, mildtätige und als besonders förderungswürdig anerkannte kulturelle Zwecke erhöht sich der Vomhundertsatz von 5 vom Hundert um weitere 5 vom Hundert. Zuwendungen an Stiftungen des öffentlichen Rechts und an nach § 5 Abs. 1 Nr. 9 des Körperschaftsteuergesetzes steuerbefreite Stiftungen des privaten Rechts zur Förderung steuerbegünstigter Zwecke im Sinne der § 52 bis § 54 der Abgabenordnung mit Ausnahme der Zwecke, die nach § 52 Abs. 2 Nr. 4 der Abgabenordnung gemeinnützig sind, sind darüber hinaus bis zur Höhe von 40.000 Deutsche Mark, ab dem 01.01.2002 20.450 Euro, abziehbar. Überschreitet eine Einzelzuwendung von mindestens 25.565 Euro zur Förderung wissenschaftlicher, mildtätiger oder als besonders förderungswürdig anerkannter kultureller Zwecke diese Höchstsätze, ist die Kürzung im Rahmen der Höchstsätze im Erhebungszeitraum der Zuwendung und in den folgenden sechs Erhebungszeiträumen vorzunehmen. Einzelunternehmen und Personengesellschaften können Zuwendungen im Sinne des Satzes 1, die anlässlich der Neugründung in den Vermögensstock einer Stiftung des öffentlichen Rechts oder einer nach § 5 Abs. 1 Nr. 9 des Körperschaftsteuergesetzes steuerbefreiten Stiftung des privaten Rechts geleistet werden, im Jahr der Zuwendung und in den folgenden neun Erhebungszeiträumen nach Antrag des Steuerpflichtigen bis zu einem Betrag von 600.000 Deutsche Mark, ab dem 01.01.2002 307.000 Euro, neben den als Kürzung nach den Sätzen 1 bis 4 zu berücksichtigenden Zuwendungen und über den nach den Sätzen 1 bis 4 zulässigen Umfang hinaus abziehen. Als anlässlich der Neugründung einer Stiftung nach Satz 5 geleistet gelten Zuwendungen bis zum Ablauf eines Jahres nach Gründung der Stiftung. Der besondere Abzugsbetrag nach Satz 5 kann der Höhe nach innerhalb des Zehnjahreszeitraums nur einmal in Anspruch genommen werden. Der Zehnjahreszeitraum beginnt im Jahr der ersten nach Satz 5 berücksichtigten Zuwendung. § 10b Abs. 3 und 4 Satz 1 sowie § 10d Abs. 4 des Einkommens-

teuergesetzes und § 9 Abs. 2 Satz 2 bis 5 und Abs. 3 Satz 1 des Körperschaftsteuergesetzes gelten entsprechend. Wer vorsätzlich oder grob fahrlässig eine unrichtige Bestätigung über Spenden und Mitgliedsbeiträge ausstellt oder veranlaßt, daß Zuwendungen nicht zu den in der Bestätigung angegebenen steuerbegünstigten Zwecken verwendet werden, haftet für die entgangene Steuer. Diese ist mit 10 vom Hundert des Betrags der Spenden und Mitgliedsbeiträge anzusetzen und fließt der für den Spendenempfänger zuständigen Gemeinde zu, die durch sinngemäße Anwendung der Vorschriften des § 20 der Abgabenordnung bestimmt wird. Sie wird durch Haftungsbescheid des Finanzamts festgesetzt; die Befugnis der Gemeinde zur Erhebung dieser Steuer bleibt unberührt. § 184 Abs. 3 der Abgabenordnung gilt sinngemäß;

6. (aufgehoben)

7. die Gewinne aus Anteilen an einer Kapitalgesellschaft mit Geschäftsleitung und Sitz außerhalb des Geltungsbereichs dieses Gesetzes, an deren Nennkapital das Unternehmen seit Beginn des Erhebungszeitraums ununterbrochen mindestens zu einem Zehntel beteiligt ist (Tochtergesellschaft) und die ihre Bruttoerträge ausschließlich oder fast ausschließlich aus unter § 8 Abs. 1 Nr. 1 bis 6 des Außensteuergesetzes fallenden Tätigkeiten und aus unter § 8 Abs. 2 des Außensteuergesetzes fallenden Beteiligungen bezieht, wenn die Gewinnanteile bei der Ermittlung des Gewinns (§ 7) angesetzt worden sind; das gilt auch für Gewinne aus Anteilen an einer Gesellschaft, die die in der Anlage 7 zum Einkommensteuergesetz genannten Voraussetzungen des Artikels 2 der Richtlinie Nr. 90/435/EWG des Rates vom 23.07.1990 (ABl. EG Nr. L 225 S. 6) erfüllt, weder Geschäftsleitung noch Sitz im Inland hat und an deren Kapital das Unternehmen seit Beginn des Erhebungszeitraums ununterbrochen mindestens zu einem Zehntel beteiligt ist, soweit diese Gewinnanteile nicht auf Grund einer Herabsetzung des Kapitals oder nach Auflösung der Gesellschaft anfallen.

Bezieht ein Unternehmen, das über eine Tochtergesellschaft mindestens zu einem Zehntel an einer Kapitalgesellschaft mit Geschäftsleitung und Sitz außerhalb des Geltungsbereichs dieses Gesetzes (Enkelgesellschaft) mittelbar beteiligt ist, in einem Wirtschaftsjahr Gewinne aus Anteilen an der Tochtergesellschaft und schüttet die Enkelgesellschaft zu einem Zeitpunkt, der in dieses Wirtschaftsjahr fällt, Gewinne an die Tochtergesellschaft aus, so gilt auf Antrag des Unternehmens das gleiche für den Teil der von ihm bezogenen Gewinne, der nach seiner mittelbaren Beteiligung auf das Unternehmen entfallenden Gewinnausschüttung der Enkelgesellschaft entspricht. Hat die Tochtergesellschaft in dem betreffenden Wirtschaftsjahr neben den Gewinnanteilen einer Enkelgesellschaft noch andere Erträge bezogen, so findet Satz 2 nur Anwendung für den Teil der Ausschüttung der Tochtergesellschaft, der dem Verhältnis dieser Gewinnanteile zu der Summe dieser Gewinnanteile und der übrigen Erträge entspricht, höchstens aber in Höhe des Betrags dieser Gewinnanteile. Die Anwendung des Satzes 2 setzt voraus, dass

1. die Enkelgesellschaft in dem Wirtschaftsjahr, für das sie die Ausschüttung vorgenommen hat, ihre Bruttoerträge ausschließlich oder fast ausschließlich aus unter § 8 Abs. 1 Nr. 1 bis 6 des Außensteuergesetzes fallenden Tätigkeiten oder aus unter § 8 Abs. 2 Nr. 1 des Außensteuergesetzes fallenden Beteiligungen bezieht und

2. die Tochtergesellschaft unter den Voraussetzungen des Satzes 1 am Nennkapital der Enkelgesellschaft beteiligt ist. Die Anwendung der vorstehenden Vorschriften setzt voraus, dass die Muttergesellschaft alle Nachweise erbringt, insbesondere

   1. durch Vorlage sachdienlicher Unterlagen nachweist, dass die Tochtergesellschaft ihre Bruttoerträge ausschließlich oder fast ausschließlich aus unter § 8 Abs. 1 Nr. 1 bis 6 des Außensteuergesetzes fallenden Tätigkeiten oder aus unter § 8 Abs. 2 des Außensteuergesetzes fallenden Beteiligungen bezieht,

   2. durch Vorlage sachdienlicher Unterlagen nachweist, dass die Enkelgesellschaft ihre Bruttoerträge ausschließlich oder fast ausschließlich aus unter § 8 Abs. 1 Nr. 1 bis 6 des Außensteuergesetzes fallenden Tätigkeiten oder aus unter § 8 Abs. 2 Nr. 1 des Außensteuergesetzes fallenden Beteiligungen bezieht,

   3. den ausschüttbaren Gewinn der Tochtergesellschaft oder Enkelgesellschaft durch Vorlage von Bilanzen und Erfolgsrechnungen nachweist; auf Verlangen sind diese Unterlagen mit dem im Staat der Geschäftsleitung oder des Sitzes vorgeschriebenen oder üblichen Prüfungsvermerk einer behördlich anerkannten Wirtschaftsprüfungsstelle oder einer vergleichbaren Stelle vorzulegen;

   (...)

   8. die Gewinne aus Anteilen an einer ausländischen Gesellschaft, die nach einem Abkommen zur Vermeidung der Doppelbesteuerung unter der Voraussetzung einer Mindestbeteiligung von der Gewerbesteuer befreit sind, ungeachtet der im Abkommen vereinbarten Mindestbeteiligung, wenn die Beteiligung mindestens ein Zehntel beträgt und die Gewinnanteile bei der Ermittlung des Gewinns (§ 7) angesetzt worden sind;

   9. (weggefallen)

   10. die nach § 8a des Körperschaftsteuergesetzes bei der Ermittlung des Gewinns (§ 7) angesetzten Vergütungen für Fremdkapital. § 8 Nr. 1 und 3 ist auf diese Vergütungen anzuwenden.

GrStG – Grundsteuergesetz

§ 3 Abs. 1 Nr. 3 lit. b GrStG – Steuerbefreiung für Grundbesitz bestimmter Rechtsträger

(Fassung ab dem Gesetz zur Bereinigung von steuerlichen Vorschriften (Steuerbereinigungsgesetz 1999 - StBereinG 1999) vom 22.12.1999 BGBl. I 1999 S. 2601) (Inkrafttreten: 01.01.2000)

(1) Von der Grundsteuer sind befreit (...)

3. Grundbesitz, der von (...) einer inländischen Körperschaft, Personenvereinigung oder Vermögensmasse, die nach der Satzung, dem Stiftungsgeschäft oder der sonstigen Verfassung und nach ihrer tatsächlichen Geschäftsführung ausschließlich und unmittelbar gemeinnützigen oder mildtätigen Zwecken dient, für gemeinnützige oder mildtätige Zwecke benutzt wird;

KStG – Körperschaftssteuergesetz

§ 5 Abs. 1 Nr. 9 KStG – Befreiungen

(Fassung ab dem Gesetz zur Senkung der Steuersätze und zur Reform der Unternehmensbesteuerung (Steuersenkungsgesetz - StSenkG) vom 23.10.2000 BGBl. I 2000. S. 1433) (Inkrafttreten: 01.01.2001)

(1) Von der Körperschaftsteuer sind befreit

9. Körperschaften, Personenvereinigungen und Vermögensmassen, die nach der Satzung, dem Stiftungsgeschäft oder der sonstigen Verfassung und nach der tatsächlichen Geschäftsführung ausschließlich und unmittelbar gemeinnützigen, mildtätigen oder kirchlichen Zwecken dienen (§ 51 bis § 68 der Abgabenordnung). Wird ein wirtschaftlicher Geschäftsbetrieb unterhalten, ist die Steuerbefreiung insoweit ausgeschlossen. Satz 2 gilt nicht für selbstbewirtschaftete Forstbetriebe;

§ 8 Abs. 3 KStG – Ermittlung des Einkommens

(Fassung ab dem Gesetz zur Senkung der Steuersätze und zur Reform der Unternehmensbesteuerung (Steuersenkungsgesetz - StSenkG) vom 23.10.2000 BGBl. I 2000. S. 1433) (Inkrafttreten: 01.01.2001)

(3) Für die Ermittlung des Einkommens ist es ohne Bedeutung, ob das Einkommen verteilt wird. Auch verdeckte Gewinnausschüttungen sowie Ausschüttungen jeder Art auf Genußrechte, mit denen das Recht auf Beteili-

gung am Gewinn und am Liquidationserlös der Kapitalgesellschaft verbunden ist, mindern das Einkommen nicht.

§ 8b Abs. 1 KStG – Beteiligung an anderen Körperschaften und Personenvereinigungen

(Fassung ab dem Gesetz zur Änderung des Investitionszulagengesetzes 1999 vom 20.12.2000 BGBl. I 2000 S. 1850) (Inkrafttreten: 01.01.2001)

(1) Bezüge im Sinne des § 20 Abs. 1 Nr. 1, 2, 9 und 10 Buchstabe a des Einkommensteuergesetzes bleiben bei der Ermittlung des Einkommens außer Ansatz.

§ 9 KStG – Abziehbare Aufwendungen

(Fassung ab dem Gesetz zur weiteren steuerlichen Förderung von Stiftungen vom 14.07.2000 BGBl. I 2000 S. 1034) (Inkrafttreten: 26.07.2000)

(1) Abziehbare Aufwendungen sind auch:

1. bei Kommanditgesellschaften auf Aktien der Teil des Gewinns, der an persönlich haftende Gesellschafter auf ihre nicht auf das Grundkapital gemachten Einlagen oder als Vergütung (Tantieme) für die Geschäftsführung verteilt wird;
2. vorbehaltlich des § 8 Abs. 3 Ausgaben zur Förderung mildtätiger, kirchlicher, religiöser und wissenschaftlicher Zwecke und der als besonders förderungswürdig anerkannten gemeinnützigen Zwecke bis zur Höhe von insgesamt 5 vom Hundert des Einkommens oder 2 vom Tausend der Summe der gesamten Umsätze und der im Kalenderjahr aufgewendeten Löhne und Gehälter. Für wissenschaftliche, mildtätige und als besonders förderungswürdig anerkannte kulturelle Zwecke erhöht sich der Vomhundertsatz von 5 um weitere 5 vom Hundert. Zuwendungen an Stiftungen des öffentlichen Rechts und an nach § 5 Abs. 1 Nr. 9 steuerbefreite Stiftungen des privaten Rechts zur Förderung steuerbegünstigter Zwecke im Sinne der § 52 bis § 54 der Abgabenordnung mit Ausnahme der Zwecke, die nach § 52 Abs. 2 Nr. 4 der Abgabenordnung gemeinnützig sind, sind darüber hinaus bis zur Höhe von 40.000 Deutsche Mark, ab dem 01.01.2002 20.450 Euro, abziehbar. Überschreitet eine Einzelzuwendung von mindestens 50.000 Deutsche Mark zur Förderung wissenschaftlicher, mildtätiger oder als besonders förderungswürdig anerkannter kultureller Zwecke diese Höchstsätze, ist sie im Rahmen der Höchstsätze im Jahr der Zuwendung und in den folgenden sechs Veranlagungszeiträumen abzuziehen. § 10d Abs. 4 des Einkommensteuergesetzes gilt entsprechend.

(2) Als Einkommen im Sinne dieser Vorschrift gilt das Einkommen vor Abzug der in Absatz 1 Nr. 2 und in § 10d des Einkommensteuergesetzes bezeichneten Ausgaben. Als Ausgabe im Sinne dieser Vorschrift gilt auch die Zuwendung von Wirtschaftsgütern mit Ausnahme von Nutzungen und Leistungen. Der Wert der Ausgabe ist nach § 6 Abs. 1 Nr. 4 Satz 1 und 4 des Einkommensteuergesetzes zu ermitteln. Aufwendungen zugunsten einer zum Empfang steuerlich abzugsfähiger Zuwendungen berechtigten Körperschaft sind nur abzugsfähig, wenn ein Anspruch auf die Erstattung der Aufwendungen durch Vertrag oder Satzung eingeräumt und auf die Erstattung verzichtet worden ist. Der Anspruch darf nicht unter der Bedingung des Verzichts eingeräumt worden sein.

(3) Der Steuerpflichtige darf auf die Richtigkeit der Bestätigung über Spenden und Mitgliedsbeiträge vertrauen, es sei denn, daß er die Bestätigung durch unlautere Mittel oder falsche Angaben erwirkt hat oder daß ihm die Unrichtigkeit der Bestätigung bekannt oder infolge grober Fahrlässigkeit nicht bekannt war. Wer vorsätzlich oder grob fahrlässig eine unrichtige Bestätigung ausstellt oder wer veranlaßt, daß Zuwendungen nicht zu den in der Bestätigung angegebenen steuerbegünstigten Zwecken verwendet werden, haftet für die entgangene Steuer. Diese ist mit 40 vom Hundert des zugewendeten Betrags anzusetzen.

UStG – Umsatzsteuergesetz

§ 1 Abs. 1 Nr. 1 UStG – Steuerbare Umsätze

(1) Der Umsatzsteuer unterliegen die folgenden Umsätze:

1. die Lieferungen und sonstigen Leistungen, die ein Unternehmer im Inland gegen Entgelt im Rahmen seines Unternehmens ausführt. Die Steuerbarkeit entfällt nicht, wenn der Umsatz auf Grund gesetzlicher oder behördlicher Anordnung ausgeführt wird oder nach gesetzlicher Vorschrift als ausgeführt gilt.

§ 3 Abs. 12 UStG – Lieferung, sonstige Leistung

(12) Ein Tausch liegt vor, wenn das Entgelt für eine Lieferung in einer Lieferung besteht. Ein tauschähnlicher Umsatz liegt vor, wenn das Entgelt für eine sonstige Leistung in einer Lieferung oder sonstigen Leistung besteht.

§ 3 Abs. 9a Nr. 1 und 2 UStG – Lieferung, sonstige Leistung

(9a) Einer sonstigen Leistung gegen Entgelt werden gleichgestellt

1. die Verwendung eines dem Unternehmen zugeordneten Gegenstandes, der zum vollen oder teilweisen Vorsteuerabzug berechtigt hat,

durch einen Unternehmer für Zwecke, die außerhalb des Unternehmens liegen, oder für den privaten Bedarf seines Personals, sofern keine Aufmerksamkeiten vorliegen;

2. die unentgeltliche Erbringung einer anderen sonstigen Leistung durch den Unternehmer für Zwecke, die außerhalb des Unternehmens liegen, oder für den privaten Bedarf seines Personals, sofern keine Aufmerksamkeiten vorliegen. Nummer 1 gilt nicht bei der Verwendung eines Fahrzeugs, bei dessen Anschaffung oder Herstellung, Einfuhr oder innergemeinschaftlichem Erwerb Vorsteuerbeträge nach § 15 Abs. 1b nur zu 50 vom Hundert abziehbar waren, oder wenn § 15a Abs. 3 Nr. 2 Buchstabe a anzuwenden ist.

§ 3a UStG - Ort der sonstigen Leistung

(Fassung ab dem Gesetz zur Bereinigung von steuerlichen Vorschriften (Steuerbereinigungsgesetz 1999 - StBereinG 1999) vom 22.12.1999 BGBl. I 1999 S. 2601) (Inkrafttreten: 01.01.2000)

(1) Eine sonstige Leistung wird vorbehaltlich der § 3b und § 3f an dem Ort ausgeführt, von dem aus der Unternehmer sein Unternehmen betreibt. Wird die sonstige Leistung von einer Betriebsstätte ausgeführt, so gilt die Betriebsstätte als der Ort der sonstigen Leistung.

(2) Abweichend von Absatz 1 gilt:

1. Eine sonstige Leistung im Zusammenhang mit einem Grundstück wird dort ausgeführt, wo das Grundstück liegt. Als sonstige Leistungen im Zusammenhang mit einem Grundstück sind insbesondere anzusehen: a) sonstige Leistungen der in § 4 Nr. 12 bezeichneten Art, b) sonstige Leistungen im Zusammenhang mit der Veräußerung oder dem Erwerb von Grundstücken, c) sonstige Leistungen, die der Erschließung von Grundstücken oder der Vorbereitung oder der Ausführung von Bauleistungen dienen.

2. (weggefallen)

3. Die folgenden sonstigen Leistungen werden dort ausgeführt, wo der Unternehmer jeweils ausschließlich oder zum wesentlichen Teil tätig wird: a) kulturelle, künstlerische, wissenschaftliche, unterrichtende, sportliche, unterhaltende oder ähnliche Leistungen einschließlich der Leistungen der jeweiligen Veranstalter sowie die damit zusammenhängenden Tätigkeiten, die für die Ausübung der Leistungen unerlässlich sind, b) (weggefallen), c) Arbeiten an beweglichen körperlichen Gegenständen und die Begutachtung dieser Gegenstände. Verwendet der Leistungsempfänger gegenüber dem leistenden Unternehmer eine ihm von einem anderen Mitgliedstaat erteilte Umsatzsteuer-Identifikationsnummer, gilt die unter dieser Nummer in Anspruch genommene Leis-

tung als in dem Gebiet des anderen Mitgliedstaates ausgeführt. Das gilt nicht, wenn der Gegenstand im Anschluß an die Leistung in dem Mitgliedstaat verbleibt, in dem der leistende Unternehmer jeweils ausschließlich oder zum wesentlichen Teil tätig geworden ist.

4. Eine Vermittlungsleistung wird an dem Ort erbracht, an dem der vermittelte Umsatz ausgeführt wird. Verwendet der Leistungsempfänger gegenüber dem Vermittler eine ihm von einem anderen Mitgliedstaat erteilte Umsatzsteuer-Identifikationsnummer, so gilt die unter dieser Nummer in Anspruch genommene Vermittlungsleistung als in dem Gebiet des anderen Mitgliedstaates ausgeführt. Diese Regelungen gelten nicht für die in Absatz 4 Nr. 10 und in § 3b Abs. 5 und 6 bezeichneten Vermittlungsleistungen.

(3) Ist der Empfänger einer der in Absatz 4 bezeichneten sonstigen Leistungen ein Unternehmer, so wird die sonstige Leistung abweichend von Absatz 1 dort ausgeführt, wo der Empfänger sein Unternehmen betreibt. Wird die sonstige Leistung an die Betriebsstätte eines Unternehmers ausgeführt, so ist statt dessen der Ort der Betriebsstätte maßgebend. Ist der Empfänger einer der in Absatz 4 bezeichneten sonstigen Leistungen kein Unternehmer und hat er seinen Wohnsitz oder Sitz im Drittlandsgebiet, wird die sonstige Leistung an seinem Wohnsitz oder Sitz ausgeführt. Absatz 2 bleibt unberührt.

(4) Sonstige Leistungen im Sinne des Absatzes 3 sind:

1. die Einräumung, Übertragung und Wahrnehmung von Patenten, Urheberrechten, Markenrechten und ähnlichen Rechten;
2. die sonstigen Leistungen, die der Werbung oder der Öffentlichkeitsarbeit dienen, einschließlich der Leistungen der Werbungsmittler und der Werbeagenturen;
3. die sonstigen Leistungen aus der Tätigkeit als Rechtsanwalt, Patentanwalt, Steuerberater, Steuerbevollmächtigter, Wirtschaftsprüfer, vereidigter Buchprüfer, Sachverständiger, Ingenieur, Aufsichtsratsmitglied, Dolmetscher und Übersetzer sowie ähnliche Leistungen anderer Unternehmer, insbesondere die rechtliche, wirtschaftliche und technische Beratung;
4. die Datenverarbeitung;
5. die Überlassung von Informationen einschließlich gewerblicher Verfahren und Erfahrungen;

6.a die sonstigen Leistungen der in § 4 Nr. 8 Buchstabe a bis g und Nr. 10 bezeichneten Art sowie die Verwaltung von Krediten und Kreditsicherheiten,

6.b die sonstigen Leistungen im Geschäft mit Gold, Silber und Platin. Das gilt nicht für Münzen und Medaillen aus diesen Edelmetallen;

7. die Gestellung von Personal;
8. der Verzicht auf Ausübung eines der in Nummer 1 bezeichneten Rechte;
9. der Verzicht, ganz oder teilweise eine gewerbliche oder berufliche Tätigkeit auszuüben;
10. die Vermittlung der in diesem Absatz bezeichneten Leistungen;
11. die Vermietung beweglicher körperlicher Gegenstände, ausgenommen Beförderungsmittel;
12. die sonstigen Leistungen auf dem Gebiet der Telekommunikation.

(5) Das Bundesministerium der Finanzen kann mit Zustimmung des Bundesrates durch Rechtsverordnung, um eine Doppelbesteuerung oder Nichtbesteuerung zu vermeiden oder um Wettbewerbsverzerrungen zu verhindern, bei den in Absatz 4 bezeichneten sonstigen Leistungen und bei der Vermietung von Beförderungsmitteln den Ort dieser Leistungen abweichend von den Absätzen 1 und 3 danach bestimmen, wo die sonstigen Leistungen genutzt oder ausgewertet werden. Der Ort der sonstigen Leistung kann

1. statt im Inland als im Drittlandsgebiet gelegen und
2. statt im Drittlandsgebiet als im Inland gelegen behandelt werden.

§ 4 UStG – Steuerbefreiungen bei Lieferungen und sonstigen Leistungen

(Fassung ab Gesetz zur Änderung steuerlicher Vorschriften (Steueränderungsgesetz 2001 StÄndG 2001) vom 20.12.2001 S. 3794) (Inkrafttreten: 01.01.2002)

1. Von den unter § 1 Abs. 1 Nr. 1 fallenden Umsätzen sind steuerfrei:
   a die Ausfuhrlieferungen (§ 6) und die Lohnveredelungen an Gegenständen der Ausfuhr (§ 7),
   b die innergemeinschaftlichen Lieferungen (§ 6a);
2. die Umsätze für die Seeschiffahrt und für die Luftfahrt (§ 8);
3. die folgenden sonstigen Leistungen:
   a die grenzüberschreitenden Beförderungen von Gegenständen, die Beförderungen im internationalen Eisenbahnfrachtverkehr und andere sonstige Leistungen, wenn sich die Leistungen
      aa unmittelbar auf Gegenstände der Ausfuhr beziehen oder auf eingeführte Gegenstände beziehen, die im externen Versandverfahren in das Drittlandsgebiet befördert werden, oder

bb auf Gegenstände der Einfuhr in das Gebiet eines Mitgliedstaates der Europäischen Gemeinschaft beziehen und die Kosten für die Leistungen in der Bemessungsgrundlage für diese Einfuhr enthalten sind. Nicht befreit sind die Beförderungen der in § 1 Abs. 3 Nr. 4 Buchstabe a bezeichneten Gegenstände aus einem Freihafen in das Inland,

b die Beförderungen von Gegenständen nach und von den Inseln, die die autonomen Regionen Azoren und Madeira bilden,

c sonstige Leistungen, die sich unmittelbar auf eingeführte Gegenstände beziehen, für die zollamtlich eine vorübergehende Verwendung in den in § 1 Abs. 1 Nr. 4 bezeichneten Gebieten bewilligt worden ist, wenn der Leistungsempfänger ein ausländischer Auftraggeber (§ 7 Abs. 2) ist. Dies gilt nicht für sonstige Leistungen, die sich auf Beförderungsmittel, Paletten und Container beziehen. Die Vorschrift gilt nicht für die in den Nummern 8, 10 und 11 bezeichneten Umsätze und für die Bearbeitung oder Verarbeitung eines Gegenstandes einschließlich der Werkleistung im Sinne des § 3 Abs. 10. Die Voraussetzungen der Steuerbefreiung müssen vom Unternehmer nachgewiesen sein. Das Bundesministerium der Finanzen kann mit Zustimmung des Bundesrates durch Rechtsverordnung bestimmen, wie der Unternehmer den Nachweis zu führen hat;

4. die Lieferungen von Gold an Zentralbanken;

5. die Vermittlung a) der unter die Nummer 1 Buchstabe a, Nummern 2 bis 4 und Nummern 6 und 7 fallenden Umsätze, b) der grenzüberschreitenden Beförderungen von Personen mit Luftfahrzeugen oder Seeschiffen, c) der Umsätze, die ausschließlich im Drittlandsgebiet bewirkt werden, d) der Lieferungen, die nach § 3 Abs. 8 als im Inland ausgeführt zu behandeln sind. Nicht befreit ist die Vermittlung von Umsätzen durch Reisebüros für Reisende. Die Voraussetzungen der Steuerbefreiung müssen vom Unternehmer nachgewiesen sein. Das Bundesministerium der Finanzen kann mit Zustimmung des Bundesrates durch Rechtsverordnung bestimmen, wie der Unternehmer den Nachweis zu führen hat;

6. a die Lieferungen und sonstigen Leistungen der Eisenbahnen des Bundes auf Gemeinschaftsbahnhöfen, Betriebswechselbahnhöfen, Grenzbetriebsstrecken und Durchgangsstrecken an Eisenbahnverwaltungen mit Sitz im Ausland,

b (aufgehoben),

c die Lieferungen von eingeführten Gegenständen an im Drittlandsgebiet, ausgenommen Gebiete nach § 1 Abs. 3, ansässige Abnehmer, soweit für die Gegenstände zollamtlich eine vorübergehende Verwendung in den in § 1 Abs. 1 Nr. 4 bezeichneten Gebieten bewilligt worden ist und diese Bewilligung auch nach der Lieferung gilt. Nicht befreit sind die Lieferungen von Beförderungsmitteln, Paletten und Containern,

d Personenbeförderungen im Passagier- und Fährverkehr mit Wasserfahrzeugen für die Seeschifffahrt, wenn die Personenbeförderungen zwischen inländischen Seehäfen und der Insel Helgoland durchgeführt werden,

e die Abgabe von Speisen und Getränken zum Verzehr an Ort und Stelle (§ 3 Abs. 9 Satz 4) im Verkehr mit Wasserfahrzeugen für die Seeschiffahrt zwischen einem inländischen und ausländischen Seehafen und zwischen zwei ausländischen Seehäfen. Inländische Seehäfen im Sinne des Satzes 1 sind auch die Freihäfen und Häfen auf der Insel Helgoland;

7. die Lieferungen, ausgenommen Lieferungen neuer Fahrzeuge im Sinne des § 1b Abs. 2 und 3, und die sonstigen Leistungen

a an andere Vertragsparteien des Nordatlantikvertrages, die nicht unter die in § 26 Abs. 5 bezeichneten Steuerbefreiungen fallen, wenn die Umsätze für den Gebrauch oder Verbrauch durch die Streitkräfte dieser Vertragsparteien, ihr ziviles Begleitpersonal oder für die Versorgung ihrer Kasinos oder Kantinen bestimmt sind und die Streitkräfte der gemeinsamen Verteidigungsanstrengung dienen,

b an die in dem Gebiet eines anderen Mitgliedstaates stationierten Streitkräfte der Vertragsparteien des Nordatlantikvertrages, soweit sie nicht an die Streitkräfte dieses Mitgliedstaates ausgeführt werden,

c an die in dem Gebiet eines anderen Mitgliedstaates ansässigen ständigen diplomatischen Missionen und berufskonsularischen Vertretungen sowie deren Mitglieder und

d an die in dem Gebiet eines anderen Mitgliedstaates ansässigen zwischenstaatlichen Einrichtungen sowie deren Mitglieder.

Der Gegenstand der Lieferung muß in den Fällen der Buchstaben b bis d in das Gebiet des anderen Mitgliedstaates befördert oder versendet werden. Für die Steuerbefreiungen nach den Buchstaben b bis d sind die in dem anderen Mitgliedstaat geltenden Voraussetzungen maßgebend. Die Voraussetzungen der Steuerbefreiungen müssen vom Unternehmer nachgewiesen sein. Bei den Steuerbefreiungen nach den Buchstaben b bis d hat der Unternehmer die in dem anderen Mitgliedstaat geltenden Voraussetzungen dadurch nachzuweisen, daß ihm der Abnehmer eine von der zuständigen Behörde des anderen Mitgliedstaates oder, wenn er hierzu ermächtigt ist, eine selbst ausgestellte Bescheinigung nach amtlich vorgeschriebenem Muster aushändigt. Das Bundesministerium der Finanzen kann mit Zustimmung des Bundesrates durch Rechtsverordnung bestimmen, wie der Unternehmer die übrigen Voraussetzungen nachzuweisen hat;

8. a die Gewährung und die Vermittlung von Krediten,

   b die Umsätze und die Vermittlung der Umsätze von gesetzlichen Zahlungsmitteln. Das gilt nicht, wenn die Zahlungsmittel wegen ihres Metallgehaltes oder ihres Sammlerwertes umgesetzt werden,

   c die Umsätze im Geschäft mit Forderungen, Schecks und anderen Handelspapieren sowie die Vermittlung dieser Umsätze, ausgenommen die Einziehung von Forderungen,

   d die Umsätze und die Vermittlung der Umsätze im Einlagengeschäft, im Kontokorrentverkehr, im Zahlungs- und Überweisungsverkehr und das Inkasso von Handelspapieren,

   e die Umsätze im Geschäft mit Wertpapieren und die Vermittlung dieser Umsätze, ausgenommen die Verwahrung und die Verwaltung von Wertpapieren,

   f die Umsätze und die Vermittlung der Umsätze von Anteilen an Gesellschaften und anderen Vereinigungen,

   g die Übernahme von Verbindlichkeiten, von Bürgschaften und anderen Sicherheiten sowie die Vermittlung dieser Umsätze,

   h die Verwaltung von Sondervermögen nach dem Gesetz über Kapitalanlagegesellschaften und die Verwaltung von Versorgungseinrichtungen im Sinne des Versicherungsaufsichtsgesetzes,

   i die Umsätze der im Inland gültigen amtlichen Wertzeichen zum aufgedruckten Wert,

   j die Beteiligung als stiller Gesellschafter an dem Unternehmen oder an dem Gesellschaftsanteil eines anderen;

9. a die Umsätze, die unter das Grunderwerbsteuergesetz fallen,

   b die Umsätze, die unter das Rennwett- und Lotteriegesetz fallen, sowie die Umsätze der zugelassenen öffentlichen Spielbanken, die durch den Betrieb der Spielbank bedingt sind. Nicht befreit sind die unter das Rennwett- und Lotteriegesetz fallenden Umsätze, die von der Rennwett- und Lotteriesteuer befreit sind oder von denen diese Steuer allgemein nicht erhoben wird;

10.a die Leistungen auf Grund eines Versicherungsverhältnisses im Sinne des Versicherungsteuergesetzes. Das gilt auch, wenn die Zahlung des Versicherungsentgelts nicht der Versicherungsteuer unterliegt,

   b die Leistungen, die darin bestehen, daß anderen Personen Versicherungsschutz verschafft wird;

11. die Umsätze aus der Tätigkeit als Bausparkassenvertreter, Versicherungsvertreter und Versicherungsmakler;

a die folgenden vom 1. Januar 1993 bis zum 31. Dezember 1995 ausgeführten Umsätze der Deutschen Bundespost TELEKOM und der Deutsche Telekom AG:

aa die Überlassung von Anschlüssen des Telefonnetzes und des diensteintegrierenden digitalen Fernmeldenetzes sowie die Bereitstellung der von diesen Anschlüssen ausgehenden Verbindungen innerhalb dieser Netze und zu Mobilfunkendeinrichtungen,

bb die Überlassung von Übertragungswegen im Netzmonopol des Bundes,

cc die Ausstrahlung und Übertragung von Rundfunksignalen einschließlich der Überlassung der dazu erforderlichen Sendeanlagen und sonstigen Einrichtungen sowie das Empfangen und Verteilen von Rundfunksignalen in Breitbandverteilnetzen einschließlich der Überlassung von Kabelanschlüssen;

b. die unmittelbar dem Postwesen dienenden Umsätze der Deutsche Post AG;

12.a die Vermietung und die Verpachtung von Grundstücken, von Berechtigungen, für die die Vorschriften des bürgerlichen Rechts über Grundstücke gelten, und von staatlichen Hoheitsrechten, die Nutzungen von Grund und Boden betreffen,

b die Überlassung von Grundstücken und Grundstücksteilen zur Nutzung auf Grund eines auf Übertragung des Eigentums gerichteten Vertrages oder Vorvertrages,

c die Bestellung, die Übertragung und die Überlassung der Ausübung von dinglichen Nutzungsrechten an Grundstücken.

Nicht befreit sind die Vermietung von Wohn- und Schlafräumen, die ein Unternehmer zur kurzfristigen Beherbergung von Fremden bereithält, die Vermietung von Plätzen für das Abstellen von Fahrzeugen, die kurzfristige Vermietung auf Campingplätzen und die Vermietung und die Verpachtung von Maschinen und sonstigen Vorrichtungen aller Art, die zu einer Betriebsanlage gehören (Betriebsvorrichtungen), auch wenn sie wesentliche Bestandteile eines Grundstücks sind;

13. die Leistungen, die die Gemeinschaften der Wohnungseigentümer im Sinne des Wohnungseigentumsgesetzes in der im Bundesgesetzblatt Teil III, Gliederungsnummer 403-1, veröffentlichten bereinigten Fassung, in der jeweils geltenden Fassung an die Wohnungseigentümer und Teileigentümer erbringen, soweit die Leistungen in der Überlassung des gemeinschaftlichen Eigentums zum Gebrauch, seiner Instandhaltung, Instandsetzung und sonstigen Verwaltung sowie der Lieferung von Wärme und ähnlichen Gegenständen bestehen;

14. die Umsätze aus der Tätigkeit als Arzt, Zahnarzt, Heilpraktiker, Physiotherapeut (Krankengymnast), Hebamme oder aus einer ähnlichen heilberuflichen Tätigkeit im Sinne des § 18 Abs. 1 Nr. 1 des Einkommensteuergesetzes und aus der Tätigkeit als klinischer Chemiker. Steuerfrei sind auch die sonstigen Leistungen von Gemeinschaften, deren Mitglieder Angehörige der in Satz 1 bezeichneten Berufe sind, gegenüber ihren Mitgliedern, soweit diese Leistungen unmittelbar zur Ausführung der nach Satz 1 steuerfreien Umsätze verwendet werden. Die Umsätze eines Arztes aus dem Betrieb eines Krankenhauses sind mit Ausnahme der ärztlichen Leistungen nur steuerfrei, wenn die in Nummer 16 Buchstabe b bezeichneten Voraussetzungen erfüllt sind. Die Sätze 1 und 2 gelten nicht

    a für die Umsätze aus der Tätigkeit als Tierarzt und für die Umsätze von Gemeinschaften, deren Mitglieder Tierärzte sind,

    b für die Lieferung oder Wiederherstellung von Zahnprothesen (aus Unterpositionen 9021.21 und 9021.29 des Zolltarifs) und kieferorthopädischen Apparaten (aus Unterposition 9021.19 des Zolltarifs), soweit sie der Unternehmer in seinem Unternehmen hergestellt oder wiederhergestellt hat;

15. die Umsätze der gesetzlichen Träger der Sozialversicherung, der örtlichen und überörtlichen Träger der Sozialhilfe sowie der Verwaltungsbehörden und sonstigen Stellen der Kriegsopferversorgung einschließlich der Träger der Kriegsopferfürsorge

    a untereinander,

    b an die Versicherten, die Empfänger von Sozialhilfe oder die Versorgungsberechtigten. Das gilt nicht für die Abgabe von Brillen und Brillenteilen einschließlich der Reparaturarbeiten durch Selbstabgabestellen der gesetzlichen Träger der Sozialversicherung; 15a. die auf Gesetz beruhenden Leistungen der Medizinischen Dienste der Krankenversicherung (§ 278 SGB V) und des Medizinischen Dienstes der Spitzenverbände der Krankenkassen (§ 282 SGB V) untereinander und für die gesetzlichen Träger der Sozialversicherung und deren Verbände;

16. die mit dem Betrieb der Krankenhäuser, Diagnosekliniken und anderen Einrichtungen ärztlicher Heilbehandlung, Diagnostik oder Befunderhebung sowie der Altenheime, Altenwohnheime, Pflegeheime, Einrichtungen zur vorübergehenden Aufnahme pflegebedürftiger Personen und der Einrichtungen zur ambulanten Pflege kranker und pflegebedürftiger Personen eng verbundenen Umsätze, wenn

    a diese Einrichtungen von juristischen Personen des öffentlichen Rechts betrieben werden oder b bei Krankenhäusern im vorangegangenen Kalenderjahr die in § 67 Abs. 1 oder 2 der Abgabenordnung bezeichneten Voraussetzungen erfüllt worden sind oder

c bei Diagnosekliniken und anderen Einrichtungen ärztlicher Heilbehandlung, Diagnostik oder Befunderhebung die Leistungen unter ärztlicher Aufsicht erbracht werden und im vorangegangenen Kalenderjahr mindestens 40 vom Hundert der Leistungen den in Nummer 15 Buchstabe b genannten Personen zugute gekommen sind oder

d bei Altenheimen, Altenwohnheimen und Pflegeheimen im vorangegangenen Kalenderjahr mindestens 40 vom Hundert der Leistungen den in § 68 Abs. 1 des Bundessozialhilfegesetzes oder den in § 53 Nr. 2 der Abgabenordnung genannten Personen zugute gekommen sind oder

e bei Einrichtungen zur vorübergehenden Aufnahme pflegebedürftiger Personen und bei Einrichtungen zur ambulanten Pflege kranker und pflegebedürftiger Personen im vorangegangenen Kalenderjahr die Pflegekosten in mindestens 40 vom Hundert der Fälle von den gesetzlichen Trägern der Sozialversicherung oder Sozialhilfe ganz oder zum überwiegenden Teil getragen worden sind;

17.a die Lieferungen von menschlichen Organen, menschlichem Blut und Frauenmilch,

b die Beförderungen von kranken und verletzten Personen mit Fahrzeugen, die hierfür besonders eingerichtet sind;

18. die Leistungen der amtlich anerkannten Verbände der freien Wohlfahrtspflege und der der freien Wohlfahrtspflege dienenden Körperschaften, Personenvereinigungen und Vermögensmassen, die einem Wohlfahrtsverband als Mitglied angeschlossen sind, wenn

a diese Unternehmer ausschließlich und unmittelbar gemeinnützigen, mildtätigen oder kirchlichen Zwecken dienen,

b die Leistungen unmittelbar dem nach der Satzung, Stiftung oder sonstigen Verfassung begünstigten Personenkreis zugute kommen und

c die Entgelte für die in Betracht kommenden Leistungen hinter den durchschnittlich für gleichartige Leistungen von Erwerbsunternehmen verlangten Entgelten zurückbleiben. Steuerfrei sind auch die Beherbergung, Beköstigung und die üblichen Naturalleistungen, die diese Unternehmer den Personen, die bei den Leistungen nach Satz 1 tätig sind, als Vergütung für die geleisteten Dienste gewähren; 18a. die Leistungen zwischen den selbständigen Gliederungen einer politischen Partei, soweit diese Leistungen im Rahmen der satzungsgemäßen Aufgaben gegen Kostenerstattung ausgeführt werden;

19.a die Umsätze der Blinden, die nicht mehr als zwei Arbeitnehmer beschäftigen. Nicht als Arbeitnehmer gelten der Ehegatte, die minderjährigen Abkömmlinge, die Eltern des Blinden und die Lehrlinge. Die Blindheit ist nach den für die Besteuerung des Einkommens maßgebenden Vorschriften nachzuweisen. Die Steuerfreiheit gilt nicht für die Lieferungen von Mineralölen und Branntweinen, wenn der Blinde für diese Erzeugnisse Mineralölsteuer oder Branntweinsteuer zu entrichten hat,

b die folgenden Umsätze der nicht unter Buchstabe a fallenden Inhaber von anerkannten Blindenwerkstätten und der anerkannten Zusammenschlüsse von Blindenwerkstätten im Sinne des § 5 Abs. 1 des Blindenwarenvertriebsgesetzes vom 9. April 1965 (BGBl. I S. 311): aa) die Lieferungen von Blindenwaren und Zusatzwaren im Sinne des Blindenwarenvertriebsgesetzes, bb) die sonstigen Leistungen, soweit bei ihrer Ausführung ausschließlich Blinde mitgewirkt haben;

20.a die Umsätze folgender Einrichtungen des Bundes, der Länder, der Gemeinden oder der Gemeindeverbände: Theater, Orchester, Kammermusikensembles, Chöre, Museen, botanische Gärten, zoologische Gärten, Tierparks, Archive, Büchereien sowie Denkmäler der Bau- und Gartenbaukunst. Das gleiche gilt für die Umsätze gleichartiger Einrichtungen anderer Unternehmer, wenn die zuständige Landesbehörde bescheinigt, daß sie die gleichen kulturellen Aufgaben wie die in Satz 1 bezeichneten Einrichtungen erfüllen. Museen im Sinne dieser Vorschrift sind wissenschaftliche Sammlungen und Kunstsammlungen,

b die Veranstaltung von Theatervorführungen und Konzerten durch andere Unternehmer, wenn die Darbietungen von den unter Buchstabe a bezeichneten Theatern, Orchestern, Kammermusikensembles oder Chören erbracht werden;

21.a die unmittelbar dem Schul- und Bildungszweck dienenden Leistungen privater Schulen und anderer allgemeinbildender oder berufsbildender Einrichtungen,

aa wenn sie als Ersatzschulen gemäß Artikel 7 Abs. 4 des Grundgesetzes staatlich genehmigt oder nach Landesrecht erlaubt sind oder

bb wenn die zuständige Landesbehörde bescheinigt, daß sie auf einen Beruf oder eine vor einer juristischen Person des öffentlichen Rechts abzulegende Prüfung ordnungsgemäß vorbereiten,

b die unmittelbar dem Schul- und Bildungszweck dienenden Unterrichtsleistungen selbständiger Lehrer

aa an Hochschulen im Sinne der §§ 1 und 70 des Hochschulrahmengesetzes und öffentlichen allgemeinbildenden oder berufsbildenden Schulen oder bb an privaten Schulen und anderen allgemeinbildenden oder berufsbildenden Einrichtungen, soweit diese die Voraussetzungen des Buchstabens a erfüllen; 21a. die Umsätze der staatlichen Hochschulen aus Forschungstätigkeit. Nicht zur Forschungstätigkeit gehören Tätigkeiten, die sich auf die Anwendung gesicherter Erkenntnisse beschränken, die Übernahme von Projektträgerschaften sowie Tätigkeiten ohne Forschungsbezug;

22.a die Vorträge, Kurse und anderen Veranstaltungen wissenschaftlicher oder belehrender Art, die von juristischen Personen des öffentlichen Rechts, von Verwaltungs- und Wirtschaftsakademien, von Volkshochschulen oder von Einrichtungen, die gemeinnützigen Zwecken oder dem Zweck eines Berufsverbandes dienen, durchgeführt werden, wenn die Einnahmen überwiegend zur Deckung der Kosten verwendet werden,

b andere kulturelle und sportliche Veranstaltungen, die von den in Buchstabe a genannten Unternehmern durchgeführt werden, soweit das Entgelt in Teilnehmergebühren besteht;

23. die Gewährung von Beherbergung, Beköstigung und der üblichen Naturalleistungen durch Personen und Einrichtungen, wenn sie überwiegend Jugendliche für Erziehungs-, Ausbildungs- oder Fortbildungszwecke oder für Zwecke der Säuglingspflege bei sich aufnehmen, soweit die Leistungen an die Jugendlichen oder an die bei ihrer Erziehung, Ausbildung, Fortbildung oder Pflege tätigen Personen ausgeführt werden. Jugendliche im Sinne dieser Vorschrift sind alle Personen vor Vollendung des 27. Lebensjahres. Steuerfrei sind auch die Beherbergung, Beköstigung und die üblichen Naturalleistungen, die diese Unternehmer den Personen, die bei den Leistungen nach Satz 1 tätig sind, als Vergütung für die geleisteten Dienste gewähren;

24. die Leistungen des Deutschen Jugendherbergswerkes, Hauptverband für Jugendwandern und Jugendherbergen e.V., einschließlich der diesem Verband angeschlossenen Untergliederungen, Einrichtungen und Jugendherbergen, soweit die Leistungen den Satzungszwecken unmittelbar dienen oder Personen, die bei diesen Leistungen tätig sind, Beherbergung, Beköstigung und die üblichen Naturalleistungen als Vergütung für die geleisteten Dienste gewährt werden. Das gleiche gilt für die Leistungen anderer Vereinigungen, die gleiche Aufgaben unter denselben Voraussetzungen erfüllen;

25. die folgenden Leistungen der Träger der öffentlichen Jugendhilfe und der förderungswürdigen Träger der freien Jugendhilfe:

a die Durchführung von Lehrgängen, Freizeiten, Zeltlagern, Fahrten und Treffen sowie von Veranstaltungen, die dem Sport oder der Erholung dienen, soweit diese Leistungen Jugendlichen oder Mitarbeitern in der Jugendhilfe unmittelbar zugute kommen,

b in Verbindung mit den unter Buchstabe a bezeichneten Leistungen die Beherbergung, Beköstigung und die üblichen Naturalleistungen, die den Jugendlichen und Mitarbeitern in der Jugendhilfe sowie den bei diesen Leistungen tätigen Personen als Vergütung für die geleisteten Dienste gewährt werden,

c die Durchführung von kulturellen und sportlichen Veranstaltungen im Rahmen der Jugendhilfe, wenn die Darbietungen von den Jugendlichen selbst erbracht oder die Einnahmen überwiegend zur Deckung der Kosten verwendet werden. Förderungswürdig im Sinne dieser Vorschrift sind Träger der freien Jugendhilfe, die kraft Gesetzes oder von der zuständigen Jugendbehörde anerkannt sind oder die die Voraussetzungen für eine Förderung durch die Träger der öffentlichen Jugendhilfe erfüllen. Jugendliche im Sinne dieser Vorschrift sind alle Personen vor Vollendung des 27. Lebensjahres;

26. die ehrenamtliche Tätigkeit,

a wenn sie für juristische Personen des öffentlichen Rechts ausgeübt wird oder

b wenn das Entgelt für diese Tätigkeit nur in Auslagenersatz und einer angemessenen Entschädigung für Zeitversäumnis besteht;

27. a die Gestellung von Mitgliedern geistlicher Genossenschaften und Angehörigen von Mutterhäusern für gemeinnützige, mildtätige, kirchliche oder schulische Zwecke,

b die Gestellung von land- und forstwirtschaftlichen Arbeitskräften durch juristische Personen des privaten oder des öffentlichen Rechts für land- und forstwirtschaftliche Betriebe (§ 24 Abs. 2) mit höchstens drei Vollarbeitskräften zur Überbrückung des Ausfalls des Betriebsinhabers oder dessen voll mitarbeitenden Familienangehörigen wegen Krankheit, Unfalls, Schwangerschaft, eingeschränkter Erwerbsfähigkeit oder Todes sowie die Gestellung von Betriebshelfern und Haushaltshilfen an die gesetzlichen Träger der Sozialversicherung;

28. die Lieferungen von Gegenständen, für die der Vorsteuerabzug nach § 15 Abs. 1a Nr. 1 ausgeschlossen ist oder wenn der Unternehmer die gelieferten Gegenstände ausschließlich für eine nach den Nummern 8 bis 27 steuerfreie Tätigkeit verwendet hat.

§ 4 Nr. 20 lit. a UStG

20. a die Umsätze folgender Einrichtungen des Bundes, der Länder, der Gemeinden oder der Gemeindeverbände: Theater, Orchester, Kammer-

musikensembles, Chöre, Museen, botanische Gärten, zoologische Gärten, Tierparks, Archive, Büchereien sowie Denkmäler der Bau- und Gartenbaukunst. Das gleiche gilt für die Umsätze gleichartiger Einrichtungen anderer Unternehmer, wenn die zuständige Landesbehörde bescheinigt, daß sie die gleichen kulturellen Aufgaben wie die in Satz 1 bezeichneten Einrichtungen erfüllen. Museen im Sinne dieser Vorschrift sind wissenschaftliche Sammlungen und Kunstsammlungen,

§ 10 Abs. 2 UStG – Bemessungsgrundlage für Lieferungen, sonstige Leistungen und innergemeinschaftliche Erwerbe

(Fassung ab dem Gesetz zur Bereinigung von steuerlichen Vorschriften (Steuerbereinigungsgesetz 1999 – StBereinG 1999) vom 22.12.1999 BGBl. I 1999 S. 2601) (Inkrafttreten: 01.01.2000)

(2) Werden Rechte übertragen, die mit dem Besitz eines Pfandscheines verbunden sind, so gilt als vereinbartes Entgelt der Preis des Pfandscheines zuzüglich der Pfandsumme. Beim Tausch (§ 3 Abs. 12 Satz 1), bei tauschähnlichen Umsätzen (§ 3 Abs. 12 Satz 2) und bei Hingabe an Zahlungs Statt gilt der Wert jedes Umsatzes als Entgelt für den anderen Umsatz. Die Umsatzsteuer gehört nicht zum Entgelt.

§ 12 UStG – Steuersätze

(1) Die Steuer beträgt für jeden steuerpflichtigen Umsatz sechzehn vom Hundert der Bemessungsgrundlage (§ 10, § 11, § 25 Abs. 3 und § 25a Abs. 3 und 4).

(2) Die Steuer ermäßigt sich auf sieben vom Hundert für die folgenden Umsätze:

1. die Lieferungen, die Einfuhr und den innergemeinschaftlichen Erwerb der in der Anlage bezeichneten Gegenstände;
2. die Vermietung der in der Anlage bezeichneten Gegenstände;
3. die Aufzucht und das Halten von Vieh, die Anzucht von Pflanzen und die Teilnahme an Leistungsprüfungen für Tiere;
4. die Leistungen, die unmittelbar der Vatertierhaltung, der Förderung der Tierzucht, der künstlichen Tierbesamung oder der Leistungs- und Qualitätsprüfung in der Tierzucht und in der Milchwirtschaft dienen;
5. (weggefallen)
6. die Leistungen aus der Tätigkeit als Zahntechniker sowie die in § 4 Nr. 14 Satz 4 Buchstabe b bezeichneten Leistungen der Zahnärzte;

7.a die Leistungen der Theater, Orchester, Kammermusikensembles, Chöre und Museen sowie die Veranstaltung von Theatervorführungen und Konzerten durch andere Unternehmer,

b die Überlassung von Filmen zur Auswertung und Vorführung sowie die Filmvorführungen, soweit die Filme nach § 6 Abs. 3 Nr. 1 bis 5 des Gesetzes zum Schutze der Jugend in der Öffentlichkeit gekennzeichnet sind oder vor dem 01.01.1970 erstaufgeführt wurden,

c die Einräumung, Übertragung und Wahrnehmung von Rechten, die sich aus dem Urheberrechtsgesetz ergeben,

d die Zirkusvorführungen, die Leistungen aus der Tätigkeit als Schausteller sowie die unmittelbar mit dem Betrieb der zoologischen Gärten verbundenen Umsätze;

8.a die Leistungen der Körperschaften, die ausschließlich und unmittelbar gemeinnützige, mildtätige oder kirchliche Zwecke verfolgen (§ 51 bis § 68 der Abgabenordnung). Das gilt nicht für Leistungen, die im Rahmen eines wirtschaftlichen Geschäftsbetriebes ausgeführt werden,

b die Leistungen der nichtrechtsfähigen Personenvereinigungen und Gemeinschaften der in Buchstabe a Satz 1 bezeichneten Körperschaften, wenn diese Leistungen, falls die Körperschaften sie anteilig selbst ausführten, insgesamt nach Buchstabe a ermäßigt besteuert würden;

9. die unmittelbar mit dem Betrieb der Schwimmbäder verbundenen Umsätze sowie die Verabreichung von Heilbädern. Das gleiche gilt für die Bereitstellung von Kureinrichtungen, soweit als Entgelt eine Kurtaxe zu entrichten ist;

10. die Beförderungen von Personen im Schienenbahnverkehr mit Ausnahme der Bergbahnen, im Verkehr mit Oberleitungsomnibussen, im genehmigten Linienverkehr mit Kraftfahrzeugen, im Kraftdroschkenverkehr und im genehmigten Linienverkehr mit Schiffen sowie die Beförderungen im Fährverkehr

a innerhalb einer Gemeinde oder

b wenn die Beförderungsstrecke nicht mehr als fünfzig Kilometer beträgt.

§ 15 Abs. 1 Nr. 2 UStG – Vorsteuerabzug

(Fassung ab Gesetz zur Änderung steuerlicher Vorschriften (Steueränderungsgesetz 2001 StÄndG 2001) vom 20.12.2001 S. 3794) (Inkrafttreten: 01.01.2002)

(1) Der Unternehmer kann die folgenden Vorsteuerbeträge abziehen:

2. die entrichtete Einfuhrumsatzsteuer für Gegenstände, die für sein Unternehmen in das Inland eingeführt worden sind oder die er zur Ausführung der in § 1 Abs. 3 bezeichneten Umsätze verwendet.

Verzeichnis der Mitwirkenden

Gesa Birnkraut, Diplom-Kauffrau, Diplom-Kulturmanagerin, Geschäftsführerin und Wissenschaftliche Mitarbeiterin am Institut für Kultur- und Medienmanagement Hamburg sowie Doktorandin an der Pädagogischen Hochschule Ludwigsburg, davor u.a. Geschäftsführerin der KSR-Birnkraut GmbH, freie Mitarbeiterin des NDR Hamburg, diverse Veröffentlichungen.

Annette Brackert, Diplom-Kulturwirtin, studierte Sprachen, Wirtschaft- und Kulturraumstudien an der Universität Passau, seit November 1999 Referentin im Arbeitskreis Kultursponsoring, einer Initiative des Kulturkreises der deutschen Wirtschaft im BDI e.V.

Alexander Bretz, Rechtsanwalt in Berlin seit 1995, spezialisiert auf die Beratung und Vertretung von Unternehmen der kreativen Branchen (wie Produkt-, Grafik- und Modedesigner, Musik- und Filmproduzenten, Architekten, Galeristen, Veranstalter, Konzert- und Künstleragenten, Verleger u.a.) sowie auf Fragen des Kultursponsorings. Seit 2000 Geschäftsführer des Unternehmerverbandes der Zeitungsverlage in Berlin und Brandenburg (VZBB). Verfasser des Sponsoring-Mustervertrages des AKS.

André Habisch, Diplom-Volkswirt, Dr. theol., Professor für Sozialethik und Gesellschaftspolitik an der Universität Eichstätt-Ingolstadt, Gründungsdirektor des „Center for Corporate Citizenship e.V.", wissenschaftlicher Berater des Bundes katholischer Unternehmer (BKU) und der Initiative „Freiheit und Verantwortung" der Spitzenverbände der Wirtschaft unter Schirmherrschaft des Bundespräsidenten, 1999-2002 sachverständiges Mitglied der Enquête-Kommission „Zukunft des bürgerschaftlichen Engagements" des Deutschen Bundestages, zahlreiche Publikationen zur Wirtschafts- und Unternehmensethik, Familien- und Gesellschaftspolitik.

Rudolf Herfurth ist Partner und Leiter der Niederlassung Frankfurt am Main der KPMG Beiten Burkhardt GmbH Rechtsanwaltsgesellschaft; ein Schwerpunkt seiner anwaltlichen Tätigkeit liegt in der zivil- und steuerrechtlichen Beratung von Stiftungen, Vereinen und Verbänden; Mitglied des Vorstandes einer der größten deutschen Stiftungen.

Susanne Litzel, promovierte Musikwissenschaftlerin, seit 2000 Geschäftsführerin des Kulturkreises der deutschen Wirtschaft im BDI e.V. und des Arbeitskreises Kultursponsoring, davor: Dramaturgin an der Hamburgischen Staatsoper, Orchesterdirektorin des Philharmonischen Staatsorchesters Hamburg, geschäftsführende Koordinatorin des Studienganges Kultur- und Medienmanagement an der Hochschule für Musik und Theater Hamburg.

Friedrich Loock, Diplom-Kaufmann, Dr. rer. pol., Ordinarius für Kultur- und Medienmanagement der Hochschule für Musik und Theater Hamburg sowie Direktor des gleichnamigen Instituts, davor u.a. Referent Public Affairs der Deutschen Lufthansa AG, Vorsitzender der Gemeinsamen Kommission „Public Management" der Berliner Fachhochschulen für Verwaltung und Rechtspflege sowie für Technologie und Wirtschaft, Stiftungsprofessur der ZEIT-Stiftung Ebelin und Gerd Bucerius, Vorstandsmitglied in Stiftungen und Verbänden.

Helmut Rundshagen ist Partner in der Steuerabteilung der Hamburger Niederlassung der ERNST & YOUNG AG Wirtschaftsprüfungsgesellschaft mit dem Tätigkeitsschwerpunkt in der Betreuung von Unternehmen zum nationalen und internationalen Steuerrecht, vor allem der Industrie-Betreuung im Bereich von Medien und Verlagen; Beratung bei Fragen des internationalen Steuerrechts im Zusammenhang mit Auftritten von Künstlern und Sportlern.

Manfred Schwaiger, Prof. Dr., seit 1998 Ordinarius für Betriebswirtschaft, Vorstand des Instituts für Unternehmensentwicklung und Organisation an der Universität München, wissenschaftlicher Vorstand am Deutschen Wirtschaftswissenschaftlichen Institut für Fremdenverkehr (dwif); zahlreiche Forschungs- und Beratungsprojekte mit deutschen Großunternehmen, Leiter der Kultursponsoring-Studie des AKS; mehrjährige Erfahrungen als Aufsichtsrat bzw. Aufsichtsratsvorsitzender in deutschen Aktiengesellschaften.

Rudolf Stilcken bekleidete von 1952 bis 1982 mehrere Führungs- und Partnerschaftspositionen in der Werbeagentur Brose, der späteren internationalen Agentur Benton & Bowles. Er war u.a. PR-Berater von Ludwig Erhard, des ersten Wirtschaftsministers der Bundesrepublik. Von 1964 bis 1968 Vorstandsmitglied bzw. Vorsitzender der GWA-Gesellschaft Werbeagenturen, in dieser Zeit auch Vizepräsident des ZAW-Zentral-Ausschusses der deutschen Werbewirtschaft und Vorstandsmitglied der Aktion Gemeinsinn. Von 1973 bis 1984 war er zunächst Mitglied des Aufsichtsrates und später Mitglied des Vorstandes der Rosenthal AG. 1986 gründete er die Rudolf Stilcken und Partner, Büro für Kommunikation GmbH Hamburg. Rudolf Stilcken war bis 2002 Vorsitzender des Vorstandes des Internationalen Design Zentrums Berlin e.V., ist Mitglied im Vorstand des iF-Industrie Forum Design Hannover e.V., Vorsitzender des Kuratoriums PLAN International Deutschland e.V. und im Board des Stichting Trustfonds Rijksakademie in Amsterdam.

Heike Wilms, Diplom-Musikpädagogin, Diplom-Kulturmanagerin, seit Juli 2000 Assistentin der Geschäftsführung des Kulturkreises der deutschen Wirtschaft im BDI e.V., davor u.a. Persönliche Referentin der Vizepräsidentin an der Hochschule für Musik und Theater Hamburg.

Stichwortverzeichnis

Druck und Bindung: Strauss Offsetdruck GmbH